# 溯源大古冢

赵增武 编著

西安出版社

**图书在版编目（CIP）数据**

溯源大世界 / 赵增武编著. —西安：西安出版社，2016.4

ISBN 978-7-5541-1459-9

Ⅰ. ①溯… Ⅱ. ①赵… Ⅲ. ①科学知识–普及读物 Ⅳ. ①Z228

中国版本图书馆 CIP 数据核字(2016)第 095603 号

**溯源大世界**

编　　著：赵增武
出版发行：西安出版社有限责任公司
社　　址：西安市长安北路 56 号
电　　话：（029）85253740
邮政编码：710061
网　　址：www.xacbs.com
印　　刷：西安润唐印务有限责任公司
开　　本：787mm×1092 mm　1/16
印　　张：29
字　　数：475 千
版　　次：2016 年 6 月第 1 版
　　　　　2016 年 6 月第 1 次印刷
印　　数：1–10000
书　　号：ISBN 978-7-5541-1459-9
定　　价：68.00 元

中华文化
源遠流長

袁正中
一九九〇年九月五日

原西安市市长、广西壮族自治区副主席、自治区政协常务副主席

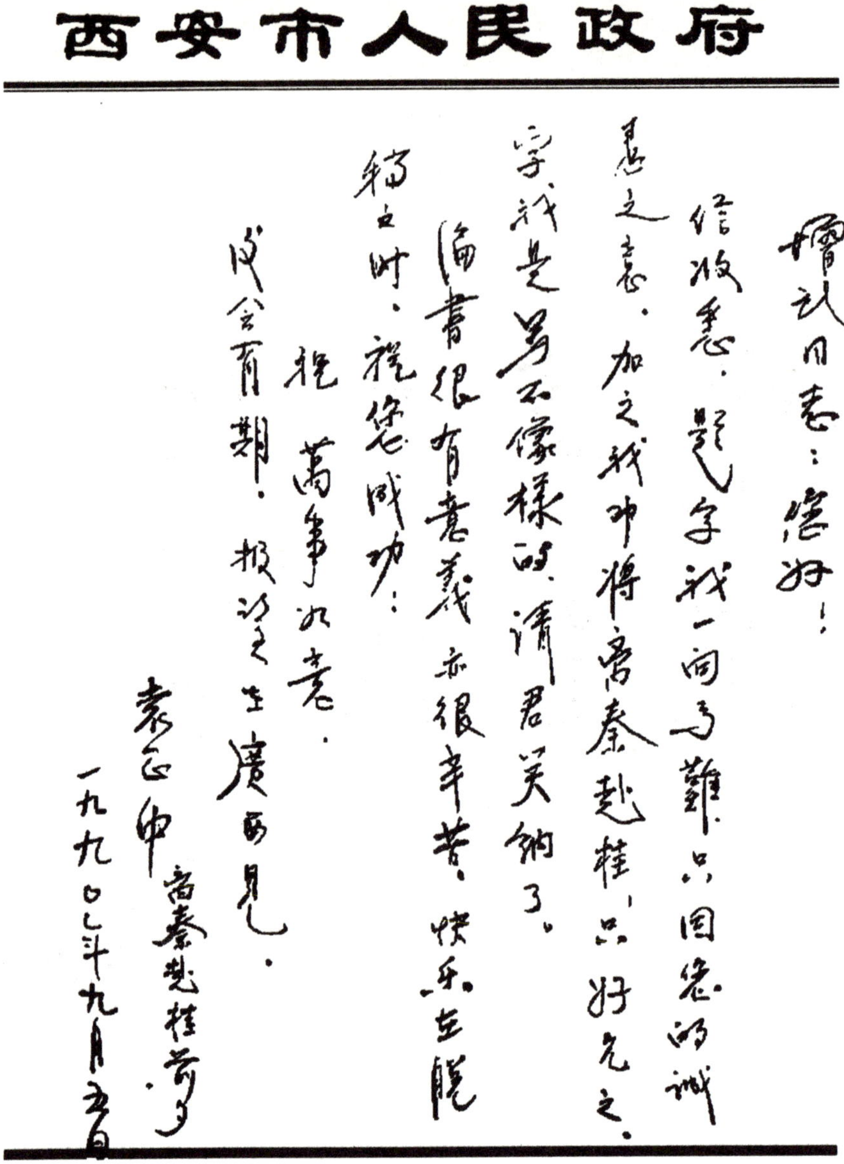
西安市人民政府

增武同志：您好！

信收悉。题字我一向为难，只因您的诚恳之意，加之我即将离秦赴桂，只好允之。字我是写不像样的，请君笑纳了。编书很有意义，亦很辛苦，快乐在脱稿之时，祝您成功！

祝万事如意。

后会有期。极望在广西见。

袁正中 离秦赴桂前夕

一九九〇年九月五日

此为原西安市市长袁正中为作者题字时所附的一封短信，原文如下。

增武同志：您好！信收悉。题字我一向为难，只因您的诚恳之意，加之我即将离秦赴桂，只好允之。字我是写不像样的，请君笑纳了。编书很有意义，亦很辛苦，快乐在脱稿之时，祝您成功！祝万事如意，后会有期，极望在广西见。

袁正中　离秦赴桂前夕　一九九零年九月五日

# 内容简介

大千世界，诸事纷纭。而举凡事物，必有它的由来或渊源。《溯源大世界》作为诸君之友，将带你穿越时空，畅游古今中外，于知识的海洋中，领略人类文化的博大精深，探索世间各种事物的奥秘与来历。

本书共涉猎了政治、军事、经济、社会、科技、文化、体育、卫生、交通、邮电、山水、人物、民族、宗教、节日、礼仪以及俗语、称谓和人们的衣、食、住、行、用等20余个门类的千余个事物，其内容翔实，语言流畅。与其他同类书籍相比，她具有以下几个鲜明的特点：

1. 其他同类书籍只简单叙述了某一事物来历之概貌，而此书却在尊重史实的基础上，尽可能地将引发这一事物的某一事件通过逼真、形象的手法表现出来，因而具有较强的史实性、知识性与趣味性。

2. 本书上至天文，下至地理，纵贯古今，横跨中外，囊括了人世间各个角落、各个方面而且又深为人们所广泛关注的事物，因而以“杂”见长，覆盖面比较宽泛，可适应“阳春白雪、下里巴人”等不同文化层次读者之需要。尤其是婚丧习俗、节日礼仪、古今人物、俚语称谓以及衣、食、住、行、用等门类，具有较强的系统性与相对的完整性，这是目前市场上同类书刊所不及的。

3. 该书文章短小精悍，语言简洁明快，少则三五百字，多则千把字。读来朗朗上口，毫无乏累之虞，实为茶余饭后及居家旅行的必备之物。

作　者

2016年6月1日

# 序

我在一家报纸当了20年编辑，具体工作部门先后为副刊部、理论评论组、周末专刊部（后来有了一顶总编辑助理的“冠冕”，主要任务也是协助一把手看理论评论部的稿子）。同新闻部门的工作样态不同，这些部门的主要任务，不是自己采写新闻稿件，而是组织、编辑各行各业的作者撰写的理论、评论文章和文学、文化作品。也因此，20年的编辑生涯，使我得以结识众多性格有异、职业不同的写作者，赵增武先生便是其中之一。

我和赵增武先生相识，完全应了“以文会友”那句俗话。他撰写的评论文章，常常会在众多的来稿中脱颖而出——因为，作为编辑，对那种有内容、富真情、文字朴实流畅的作品，总是青睐有加。后来，逐渐有了一些面对面的接触，人如其文，赵增武先生的内敛、真诚和朴实坦荡，让我肃然起敬。实事求是地说，在编辑这个岗位上，我应该算是敬业、尽职的，也因此获得了首届西安市新闻十佳、西安市有突出贡献专家等荣誉。但我深知，如果没有包括赵增武先生在内的众多作者源源不断地提供稿件，我是根本没有办法给自己供职的报纸组织出一个又一个精彩的副刊、专刊版面。尽管已经退休十几年了，但每念及此，我都会对遍布在四面八方的作者朋友们心怀感激之情。

一晃十几年过去了。前几天，赵增武先生造访寒舍，说起他也退休有年，让人未免慨叹良多。但翻阅他带来的书稿《溯源大世界》，得知他退而不休，继续笔耕，又不胜欣慰，遂打开电脑，写下几句感言。

面对赵增武先生的这部新著，我不禁想起了年轻时读过的一本古籍，这就是是宋代文人高承编撰的《事物纪原》。此书专记事物原始之属，凡10卷，共记1765事，分55部排列。书中于每事每物，皆考索古书，推其缘起。后人曾评论此书曰：“圣门之学，以格物致知为先；文学之士，以博问洽识为贵，而一物不知，又儒者之所耻也。夫以有限之见闻，而究无穷之事物。况载籍之繁，汗牛充栋，虽矻矻穷年，而欲其知无不尽亦难矣。”我以为，将这一席话移赠给赵增武先生的《溯源大世界》，倒也颇为恰当。

除过“可以资博识”这么一种优长之外，愚以为《溯源大世界》这部著作，集中展示了一代又一代的中国人，为了改善自身生存环境、推动社会进步，所做出的种种发明创造，这对今天我们实现中国梦的伟大事业，无疑可以提供可观的正能量。温故而创新，承前而发奋；文化的发展，社会的进步，历来不都是如此吗？

《溯源大世界》的更为可贵之处，还在于这部书凝聚着两代人的心血，它的出版，是圆了两代人的一个梦。具体情况，赵增武先生在书的前言中已有陈述，此处不再赘言。要表达的，是我对赵志文、赵增武父子的崇高敬意！

是为序。

商子雍

2016年5月3日

# 自 序

1972年4月于西安

从某种意义来讲，人类社会的历史，就是一部物质文化与精神文化的发明史、创造史。这些发明与创造，有些经过数代人的呕心沥血才得以产生，有些则纯属偶然机遇便可轻易萌发；有些在漫长的历史进程中逐渐发展演变始日臻完美，有些则一经“分娩”就显示出无尽的风采与魅力。然不管怎样，她皆系人类文明进步的科学结晶，乃古今灿烂文化的丰硕成果。闲暇之余，倘佯于历史的长河中去探寻这些事物的发展轨迹，无疑是一件十分有意义的事情。

编写此书的目的，就是为了能使读者在茶余饭后增加知识，陶冶情操，给大家以美的熏陶和享受。但茫茫宇宙，浩瀚无垠，世间的事物是无穷无尽并在不断发展变化的，这本书自然不可能包罗万象、囊括一切。因此在编辑过程中，我尽可能取其精华，突出重点，尤其注意集实用性、可读性于一体，融知识性、趣味性于一炉，力求做到雅俗共赏，老幼咸宜。倘若能对广大读者有所启迪或教益的话，那么我就深感愉悦和满足了。

本书资料取材于古今各种史籍文献，经过认真地分析研究综合整理而成。选材过程中，遇有一事多说或有歧异见解时，我一是多方考证，去伪存真，尽量追求事物的原始性；二是兼收并蓄，留待读者自己去思考、去分辩。这样虽然未能给读者交出现成答案，但通过悬念设置，却能启发大家的思考与智慧。从这个意义上讲，还是颇有益处的。书中涉及的人物、地名及事迹，皆有本所依、有据可查。然其中部分内容，尤其是事关民俗方面的，有些则属于民间传说，甚至不乏封建色彩。尽管如此，作为事物的源流探寻来讲，仍有一定的合理性。读者在阅览过程中，可自行鉴赏，批判地进行了解与吸收。

本书的编辑出版，凝聚了两代人的心血。先父赵志文原系西安市长安区的离休老干部，他一生除了兢兢业业地尽职于行政工作外，其唯一的、最大的爱好，就是大量收集各类文字资料和信息。对这些珍贵资料进行认真的研究、整理和运用，让它能够服务于民众，服务于社会，当属先父之遗愿。了却这桩心事，即可足以告慰他老人家的在天之灵了。

本书成稿于1990年前后，后来又作了大量的修改与补正。编写过程中，时任西安市市长的袁正中同志（后调任广西壮族自治区人民政府副主席、自治区政协常务副主席）给予了我很大的关怀、支持与帮助，并亲笔为本书题了词；著名作家贾平凹（现任陕西省作协主席）友情题写了书名。但由于诸事纷扰，尤其是出版方面众所周知的原因，一直搁置了20余年，实为憾事一桩。这次正式出版时，资深报人、著名作家、评论家商子雍老师又在百忙之中热情洋溢地作了《序》，着实令我深感欣慰。

借此机会，谨向上述党政领导与文坛大师，表示最诚挚的敬意与感谢！

赵增武

2015年6月

# 目录

## 政治　军事　经济　社会

## 文化　艺术　体育　卫生

## 交通　邮电　山水　人物

## 民族　宗教　节日　礼仪

## 婚丧 民俗 俚语 称谓

## 衣 食 住 行 用

## 其　它

# 政治　军事　经济　社会

## 中国共产党名称的来历

在当今社会上，无产阶级政党有着各种各样的名称，如工人党、劳动党、共产主义者联盟等。那么，中国共产党的名称又是如何确定的呢？

上世纪二十年代初，由于受苏联十月革命的巨大影响，中国的共产主义者迫切想在中国建立无产阶级自己的政党。李大钊当时经常说："我们组织要扩大，要吸收很多人，事业要求我们这样做。"旅居欧洲的蔡和森在 1920 年 9 月 6 日给毛泽东同志的信中也曾明确提出，中国应该成立无产阶级政党，并可定名为"中国共产党"。毛泽东同志复信说："你这一封信见地极当，我没有一个字不赞成。"

1920 年春，共产国际派威经斯基来华帮助建党。他在对当时中国具体国情进行详细分析后同陈独秀说，中国可以组建共产党。1920 年 5 月，陈独秀便在上海发起成立了共产主义小组，并创办了机关刊物《共产党》月刊，这就为中国的共产主义者普遍接受"中国共产党"的名称创造了条件。7 月底，陈独秀曾开门见山地说，研究马克思主义现在已经不是最主要的工作，现在需要立即组织一个中国共产党。翌年 5 月 7 日，《共产党》第 4 号短言中称："共产党的根本主义，是主张用革命的手段改造经济制度。换句话说，就是用共产主义的生产制度代替资本主义的生产制度"。这一重要观点，可以认为是我党定名的主要依据。

1921 年中国共产党第一次全国代表大会通过决议，将我党的名称正式定为"中国共产党"。

## 中华人民共和国名称的来历

伟大的中华人民共和国已经走过了近百年光辉的战斗历程。然而，我们祖国的名称是谁最先提出来的，恐怕知之者至今并不多见。

1949 年 6 月 15 日至 19 日，新政协筹备会首届全体会议在京举行。会议的主要议题之一，是研究新中国的名称问题。当时不少人主张叫作“中国人民民主国”，而陕西籍的无党派民主人士张奚若先生持有不同意见，他提议将名称定作“中华人民共和国”。张先生的意见很快博得了与会代表的一致赞同。

会议结束时，董必武同志在《关于草拟中华人民共和国中央人民政府组织法的经过及其基本内容的报告》中，专门就国家名称问题作了解释。他说：“我们之所以采用了这个名称，是因为‘共和国’表明了我们的国体。‘人民’二字是指包括工人、农民、小资产阶级和民族资产阶级在内的四个阶层的人，这已经把人民民主专政的意思表达了出来，不必再将‘民主’二字重复了”。就这样，新中国的名字正式确定了下来。

1949 年 10 月 1 日，在雷鸣般的掌声中，毛泽东主席健步登上天安门城楼，用震撼世界的声音，庄严地宣告了中华人民共和国的诞生。

## 中央人民政府大印的来历

1949 年建国时，刻制中央人民政府大印的是一位“洋车夫”，他的名叫顿立夫。

这位洋车夫何以能够担当如此重任？原来民国初年，西泠印社的创始人之一王福昌旅居京华时，曾雇佣顿立夫拉洋车兼做勤杂工。顿立夫在王家多年，办事勤劳，处事勤谨。他一面悉心钻研王福昌的印稿，一面偷偷地学着刻印。一天，顿立夫拿着被王福昌丢弃的印稿说：“先生，此处甚佳，何以再改？”王听后一惊，想不到一个车夫竟懂得治印之道，于是便收他为徒。以后几经努力，顿立夫遂成为西泠印社制印的名家。

建国前夕，周恩来委托陈叔通到上海物色制印专家，陈叔通遂慕名拜访名家王福昌，可王福昌却鼎力推荐顿立夫担此重任。顿立夫果然不负众望，精心镌刻了这枚具有划时代意义的印鉴，从而成为我国印界广为流传的佳话。

## 我国国旗的来历

我国的第一面国旗诞生于清朝末年，她是由洋务派官僚李鸿章上奏皇帝后制定的。当时，李鸿章将画有虎、豹、狮、龙和麒麟、八卦等图案的样旗呈送给慈禧太后，慈禧经过认真挑选，决定以金龙旗作为国旗，又称“黄龙旗”。1911 年辛亥革命后，拟定国旗为横排的红、黄、蓝、白、黑五色旗，表示汉、满、蒙、回、藏五个民族共和之意。1927 年“4·12 反革命政变”发生不久，蒋介石建立了独裁的“国民政府”，遂将国旗改为“青天白日满地红”。

中华人民共和国成立后，将鲜艳的“五星红旗”作为新中国的象征。五星红旗是在全国范围内公开征集的，她是各族人民团结、智慧的结晶。

1949 年 6 月 16 日，新政协筹备会为了迎接新中国的诞生，决定成立国旗、国徽图案初选委员会，并于 7 月 14 日至 8 月 15 日在《人民日报》等报刊发表征求启事。同年 9 月，中国人民政治协商会议第一届全体会议期间，初选委员会从收到的 3012 幅图案中遴选出 38 幅，印发全体代表讨论。9 月 27 日，大会正式通过了由上海曾联松同志设计的图案为入选图案，这就是我们的“五星红旗”。大会决议写道：中华人民共和国的国旗为红底五星红旗，红色象征革命，五颗黄星象征中国各族人民大团结。

1949 年 10 月 1 日，毛泽东主席在天安门城楼亲手升起了我国的第一面五星红旗。他以雄浑的声音向全世界庄严宣告：中华人民共和国成立了！中国人民从此站起来了！

这面具有历史意义的五星红旗，现陈列在中国革命历史博物馆里。

## 我国国徽的来历

中华人民共和国的国徽，是中国人民革命胜利的象征，也是全国各族人民大团结的象征。1949 年 7 月，党中央决定向包括海外侨胞在内的全国人民公开征求国徽设计方案。一个月内，就收到各种方案 1012 份，图案 900 余幅。这些方案与图案，由清华大学营建系研究修改后，报送全国政协审议通过。当时通过的，只是纸上的平面图，将其变为立体浮雕状，则是由在该校执教的著名艺术家高庄完成的。

至于图案设计的麦穗，还是由周恩来总理建议添加的。

1942 年冬天，宋庆龄在重庆为欢送董必武重返延安举行茶话会，周恩来与邓大姐应邀参加。当时桌上摆放着附近农民送来的两串颗粒饱满的禾穗，它们在炉火映照下熠熠生辉。于是有人赞美说：真像金子一般！宋庆龄接过话头："它比金子还宝贵！中国人口80%都是农民，如果年年五谷丰登，人民便可丰衣足食了！"周恩来同志端详着禾穗意味深长地说："等到全国解放了，我们要把禾穗画到国徽上。"

新中国诞生后，周总理在制定国徽图案时提出建议，将禾穗画到上边去。这一建议，于1954年第一届全国人民代表大会上正式通过。

## 我国国歌的来历

我国国歌，始于清末宣统三年，歌名为《巩金瓯》。辛亥革命成功后，中华民国临时大总统孙中山选用《亚东开化中华早》为国歌。1915年袁世凯篡位称帝，改国歌为《中华雄踞天地间》。1922年北洋政府得势后，又以《卿云歌》作国歌。1936年，中华民国中央政府决定，把孙中山在黄埔军校开学典礼上的训词作为国歌，嗣后于1943年正式定为国歌。

中华人民共和国的国歌是《义勇军进行曲》，她是由田汉、聂耳分别填词作曲创作而成的。

《义勇军进行曲》创作于1935年。当时日本帝国主义侵占了我国东北，他们奸淫掳掠，残害无辜，犯下了不可饶恕的罪行。为了揭露日寇的法西斯面目，田汉创作了一部电影《风云儿女》，《义勇军进行曲》就是这部电影的主题歌。

影片的故事梗概刚一完成，田汉就遭到了国民党当局的逮捕。夏衍接过他的工作后，便将主题歌的谱曲任务交给了聂耳。聂耳把自己对党、对祖国、对人民的一腔热诚和对敌人的无比愤慨，都融进了每一个音符之中，终于创作出了这首高昂激奋的抗日战歌。

《义勇军进行曲》诞生后，立刻产生了十分巨大的社会反响，歌声迅速传遍了祖国的大江南北。人们视她为民族解放的进军号，是抗日战争的宣言书，是救亡歌曲的代表作。她激励着亿万同胞用血肉筑成"新的长城"，为挽救祖国的危亡而英勇斗争！

新中国成立前夕，全国政协一届全体会议通过决议：在中华人民共和国国歌尚未正式制定之前，将《义勇军进行曲》作为国歌。1982年12月4日，五届全国人民代表大会第五次会议做出决议：将《义勇军进行曲》正式作为国歌。

从此，这首振奋人心的歌曲就一直回荡在辽阔的祖国大地上。

## 开国大典鸣炮28响的来历

1949年10月1日开国大典前夕，毛泽东主席指示："开国大典的礼炮要放28响。"

政协会上有人提出质疑，说国外最高规格的礼炮只有21响，咱们是否放得太多了。对此，毛主席让大会筹委会的唐水健起草个说明，可唐水健觉得多此一举，28响就是28响，没有那么多的为什么。话虽这么讲，可说明报告他还是写了："28响"象征着中国共产党横空出世至今，刚满28岁，28响礼炮就是28年党史的赞礼。报告呈送上去，毛主席二话未说，就在上面签上他的名字，并及时转发了下去。

## 《没有共产党就没有新中国》来历

1934年秋，蒋介石出版了《中国之命运》一书，宣称"没有中国国民党那就没有了中国"。此说一出，国人无不愤慨。延安的《解放日报》立即以"没有共产党就没有新中国"为题发表社论，针锋相对且又证据确凿地阐述了这一正确论断。

音乐工作者火星读罢社论后，激情难抑，迅即以社论标题为名，创作了歌曲《没有共产党就没有新中国》。这首歌曲很快就从革命圣地延安传遍了整个解放区，飞向了全中国。

时光虽然已经过去了80多年，可是这首深受人民群众喜爱的歌曲，却至今代代相传，久唱不衰。

## 天安门的来历

北京天安门是500多年前的建筑，她以雄伟的气势和精美的造型著称于世。

天安门早先叫"承天门"，系明清两代皇城的正门。明朝永乐十五年（1417年），明成祖朱棣命苏州人士、明代著名建筑师蒯祥负责设计出图纸后，遂征调全国所有的能工巧匠汇集北京大兴土木，历时四年之久方才完工。

天顺元年（1457年）农历7月7日，承天门突遭雷击。顷刻间，一场大火便将城楼大半焚毁。成化元年修复，崇祯十七年（1644年）重建，即今朝城楼之模样。清初，顺治皇帝即位后，下令改名为“天安门”。

天安门一名，取意于“受命于天、平安吉祥”。其中的“安”字，除寓意“天下太平”之外，主要是为了免遭火灾与雷击。后来，天安门前开凿了一条 500 米长、18 米宽的玉带河。天安门上还有许多龙的形象，它既是封建帝王的象征，亦有治水防火之意。

新中国诞生之后，在城楼上安装了避雷针，配备了整套现代化的消防器材，这才使“天安门”更加名副其实了。

## 天安门上毛主席像的来历

自从新中国诞生以来，毛泽东同志的巨幅画像就一直悬挂在雄伟的天安门城楼上，而且每年都要重画一次。

天安门上的第一幅毛主席像，即毛主席中年时期头戴帽子的那张画像，是由来自延安的著名美术家左辉精心绘制的。1953 年到 1963 年这十年间，则由中央工艺美术学院的张振仕副教授画的。随着张教授年龄的日益增大，从 1964 年起，改由北京美术公司的王国栋来画。文革期间，王国栋“靠边站”了，1971 年才又重新提笔。七八年后，鉴于体力亦日渐消弭，遂由该公司的葛小光接替工作。

这幅毛主席画像高 6 米，宽 4.6 米。一般是在 8 月立秋前后开始画，到国庆前夕换上新作。画像要求十分严格，不仅要使人在金水桥、纪念碑和旗杆前三个不同位置观赏，都具有非常理想的效果，而且要在春夏秋冬不同的季节依然保持色调和谐。因此，画像中的五官等重点部位，都要求运用传神之笔，一次成功。

## 天安门前华表的来历

在宽阔、壮丽的天安门广场，耸立着一对浑圆挺拔、雕刻精美的汉白玉石柱，它的名字叫华表。

华表在我国具有悠久的历史。远在尧舜时代，一些主要街道及交通路口就设有华表，不过那时叫“诽谤木”，是很特殊的木柱。它是专门为征集全国百姓的意见而设立的，就如同现在的意见箱一般。根据这些意见，尧舜治理国家“择善而从”。随着历史脚步的移动，华表（诽谤木）逐渐演变为指示行人前进的路标，以后又变成了装饰品，竖立在城市重要的地方。

天安门前的华表，始建于明初的1404年。据《日下旧闻考》载：“外金水桥前立华表二，门内立华表二”。明成祖朱棣即位后，决定迁都北京。1403年，他征集全国的能工巧匠及百万民工，开始营造北京城。1421年，北京城的宫殿与城垣基本完成，华表也正是此时竣工的。

挺拔的华表下面围着玉石栏杆，柱体刻有盘绕的神龙。顶端有承露盘，盘上蹲着一尊石狮。天安门外的那对石狮面向南，叫做“望君归”。意即石狮注视着远出的皇帝，望他早日回归朝廷，管理朝政。天安门内的石狮则面朝北，叫做“望君出”，意即提醒皇帝切勿沉湎于皇宫，而要常到民间看一看。所以，人们又把天安门华表称为“望柱”。

华表作为一种装饰，确实给天安门广场增添了庄严、肃穆、凝重之神气。

## 中共党校的来历

中国共产党诞生后，十分重视用马列主义理论培养教育干部。1923年，中共中央扩大执行委员会的《党内组织及宣传教育问题决议案》中，就迫切地提出“设立党校培养指导人才”。

从培养干部的学校来看，早在1922年10月，党中央就创办了上海大学。邓中夏任总务长，瞿秋白任社会学系主任，李大钊、蔡和森、张太雷等先后在该校任教。正式以“党校”命名的学校，最早是1923年冬由安源党组织创办的中共安源党校。当时由刘少奇任校长，任岳具体负责。1925年9月，在中共北方区委及李大钊同志领导下，北京地委在北京市府胡同开办了一所秘密党校，门口挂着××中学的校牌作掩护。罗亦龙任校长，赵世炎、陈乔年等任教员。首批学员100余人，经过短期培训后分赴北方各区开展工作，使我党的干部队伍及其素质有了很大的提升，为革命成功准备了条件。

## 我党第一部电台的来历

中国共产党诞生后七八年间，尚无电台可供联络。党内情报信息的传递，全靠地下“交通员”出生入死，两地奔波。1927年9月，中央机关由武汉迁往上海，当时正值大革命失败，白色恐怖遍布全国。为了保证中央机关的安全，周恩来同志于同年11月负责筹建了“中央特科”，并将筹建秘密无线电台这一艰巨而又紧迫的任务，交给了该科李强去完成。

李强受命后，一面刻苦攻读无线电教材，一面以无线电爱好者的身份，同经营美国无线电器材的亚美公司、大华公司商人交朋友，陆续购买了电台所需的发动机及其他零部件，边学习边摸索。1928年10月，周恩来又指派张沈川协助李强工作。张报考了上海无线电学校，经过半年学习，便可独立收发报了。

1929年7月，李强秘密绘制好收报机线路板，不久又与张沈川将整机试装成功。接着，他们在沪西吉斯菲尔路（今万航渡路）福康里9号租下一幢房子，秘密筹备我党的第一部无线电台。在这里，他俩潜心钻研发报机，并于当年10月自制成功。夜深人静时，他们用业余电台的呼号呼唤，得到了对方的回答。周恩来同志获悉这一喜讯后，亲自编制了我党的第一本电台专用密码。

1929年底，由李强、张沈川共同培养的第一个报务员黄尚英，奉命到香港九龙建立第二座秘密电台。次年1月，沪港两地通报成功，成为中央自己制造的第一对通报电台。

## 《人民日报》报头的来历

1946年4月，党的晋冀豫中央局拟出一份名为《晋冀豫日报》或《太行日报》的机关报。当中央局副书记薄一波去请毛主席题写报头时，毛主席对这两个报名都不太满意，他认为报名不一定非要冠以地区名称，便随口而言道：你们为什么不叫《人民日报》呢？于是，他挥毫泼墨，一连写了五幅横书的“人民日报”。经过仔细鉴别，他指着其中一幅对薄一波说：这个比较好，就用这幅！

后来为了适应解放战争形势发展的需要，党中央决定将晋冀鲁豫边区同晋察冀边区合并，成立华北人民政府。《晋察冀日报》遂与《人民日报》合为一体，成为中共中央华北局的机关报，但报名仍采用毛主席亲自审定的《人民日报》。为了与此前的地区性报纸相区别，华北局又派薄一波赶赴河北平山县的西柏坡，请毛主席重新题写报头。毛主席一边写，一边对薄一波风趣地讲道：“人民日报”这四个字啊，写成报头，中间这两个字要小一点，两边这两个字要大一点，这样就好看喽!

1949年8月,《人民日报》又由华北局机关报升格为党中央的机关报。隶属关系虽有改变,但报名及报头没有再动,一直沿用至今。

## "社会主义"一词的来历

"社会主义"一词源于欧洲,但其涵义与现在迥然不同,仅指反对个人主义。

有人认为,1803年意大利传教士朱利阿尼的《驳斥反社会主义》一书最早使用这一名词。该书着重抨击了18世纪盛行的个人主义理论。显而易见,当时所说的"社会主义",只是相对于个人主义而言的。

史学界一般认为,"社会主义"一词始于19世纪30年代的空想社会主义。法国圣西门派的《环球》杂志曾载文说:我们不愿意为社会主义而牺牲个人,也不愿意为个人而牺牲社会主义"。社会主义当时之所以在欧洲成为流行语,同产业革命后欧洲社会矛盾的发展分不开。1848年《共产党宣言》的出版,标志了科学社会主义的诞生。马克思、恩格斯使用的"社会主义",都是作为共产主义的同义语对待的。把共产主义第一阶段称作社会主义,那是列宁的创造和发展。

## "振兴中华"口号的来历

改革开放以来,"振兴中华"已成为社会各界的共同口号,成为全国各族人民为之奋斗的共同目标。然而,恐怕很少有人知道,这一颇具新意的"时髦"提法却并非始自今日,它起码也有上百年的历史了!

"振兴中华"一词,是伟大的民主革命先行者孙中山先生在辛亥革命时期最先提出的。1894年冬,孙先生起草《檀香山兴中会宣言》的第一条就是:是会之设,专为振兴中华。后来香港的兴中会亦提出,"本会名曰兴中会,以振兴中华维持国体起见"。于是,"振兴中华"一时便成为资产阶级的奋斗目标。当时,振兴中华是与"驱除鞑虏"相联系的。旨在推翻满洲贵族统治,消灭民族压迫,实行民族平等,使中华民族大家庭兴旺发达起来。同时,它又与反帝斗争相联系,与资产阶级的政治目标相联系。

我们今天提出的“振兴中华”，则具有更新、更为深刻的内涵。就是要发扬爱国主义精神，努力振兴农业和工业，振兴科技与国防，为把我国建设成繁荣昌盛的、自立于世界民族之林的社会主义现代化强国而努力奋斗！

## 少先队“呼号”的来历

每当少先队员过队日时，都要有组织地站在星星火炬队旗下庄严宣誓：“准备着，为共产主义事业而奋斗”！“时刻准备着”！通过这种形式，表达了少先队员的远大理想与坚定信念。

“时刻准备着”这句口号，是无产阶级革命导师列宁提出来的。1902 年，俄国革命遇到了很多困难，为了鼓舞士气，团结广大民众，列宁写了《做什么？》一书，向全俄革命者发出了“准备好”“时刻准备着”的伟大号召。这句响亮的口号，迅即传遍了整个俄国。

1922 年 2 月 13 日，世界上第一个由工人阶级政党领导的少先队组织——苏联列宁少先队在莫斯科诞生了。在成立大会授旗仪式中，工人代表发言说：“少先队员的口号，应该是‘时刻准备着！’”打这以后，“时刻准备着，为共产主义事业而奋斗”，就被确定为苏联列宁少先队的呼号。

中国共产党在建立我国第一个革命儿童组织——劳动童子团时，就把列宁“时刻准备着”的号召作为庄严的呼号。新中国诞生后，党又把“时刻准备着”写进了少先队队章，明确地规定为“我们的呼号”。

## “领袖”一词的来历

一般来说，领袖就是一个政治集团的领军人物，即统帅。如孙中山是民主革命的领袖，毛主席是社会主义革命和建设的伟大领袖等。

“领袖”的本意，是指衣服上的领口与袖口。由于这两个部位平日摩擦相对频繁，易于破损，故人们过去做衣时，对其都是单独用料，甚至镶上金边予以加固。如此一来，“领”“袖”在人们的心目中，则显得既高贵，又醒目。穿起来，也庄重严谨，堂堂正正。久而久之，“领袖”就成了“表率”的象征，成为“领军人物”的代名词。

“领袖”一词最早见诸于文字的，当属《晋书·魏舒传》。书里记载：魏舒为国家鞠躬尽瘁，深受晋文帝器重。文帝每次临朝结束，都会以目送之。曰：“魏舒堂堂，人之领袖也！”

## 身份证的来历

身份证，顾名思义，就是表明公民合法身份的一种特殊证件。

据史籍记载，早在我国的唐代，就开始制定了“出入示证”制度。这种证件，就相当于现在的身份证。当时，凡是出入唐朝宫廷的官员，都须携带官阶证以备查验。这种官阶证用黑色皮袋套着，所以又叫“渔符”或“渔袋”。

宋代程大昌所著的《演繁露》对这种证件作过较为详细的介绍：今之渔袋，本唐制也！渔符正中书写执符人的姓名与官位。它“剖而为二”，左半边藏于宫内，右半边交于执符人，遇事便召执符人进宫。进宫时，要将两边合起，对上了方可入内，否则拒之门外。

渔符作为身份证使用的制度，唐初是在渔袋上设有鱼形，武则天临朝后，又将其改为龟形。形式虽有改变，但“出入示证”的制度，却一直沿袭至今。

我国现行的居民身份证制度，始于 1984 年 4 月。依据国务院发布的《中华人民共和国居民身份证试行条例》，第一代居民身份证在全国正式颁发。2004 年 3 月起，具有防伪技术的内藏非接触式 IC 卡智能芯片的第二代身份证，开始在各省市逐步换发。

## 人口普查的来历

早在古代，大规模的人口统计就在世界许多国家开始流行了。这主要是同早期阶级国家的军事、税收等活动相关联，统计的主要对象是男性居民。

西方统计史学家认为，我国明朝搞的“户帖”，是世界上最早的人口普查。洪武三年（1370 年）11 月，明太祖朱元璋派军队协助地方进行了一次户口清查：给每户发一本“户帖”，贴上印着“钦奉圣旨”，下面依次填写户主姓名、籍贯以及全家人口数。再下面则是家庭其他成员的花名册，包括姓名、性别、年龄、同户主的关系等。最后一项是“户别”，即民户、军户、匠户等选项。户帖填好后，集中存档，封存于户部。各地每年都要上报一次人员增减情况，以便掌握全国人口的准确数字。

其实，除我国之外，印度、埃及、罗马以及秘鲁和墨西哥等国，也是世界上最早进行人口普查的国家。其中有些还比我国搞得更早一些，只不过调查的内容、统计的项目不及我国那么具体和系统罢了。

到了近代，人口普查工作已受到世界各国的普遍重视。美国从 1790 年、瑞典从 1800 年、英国从 1801 年、挪威从 1815 年、法国从 1831 年开始，相继进行定期的人口普查。这种普查，一般每 10 年进行一次。但也有些国家如日本、丹麦和土耳其等，则每隔 5 年一次。

建国以来，我国大规模的人口普查活动已进行了多次。通过这些普查，对进一步了解各个时期的人口数量、结构、素质和地区分布，制定国民经济与社会发展战略规划等，起到了十分重要的作用。

## “只生一胎”的来历

从上世纪 70 年代末期开始，我国一直实行了连续 30 多年严格的计划生育制度，并将此列为我国的基本国策，在政府考核中实行“一票否决”。其实这项政策的创始，至今已有百余年的历史了。

据《盾鼻随闻录》载：太平军在 1853 年就制定出“每人只生一子”的规定。这在当时，的确是史无前例的。

太平天国十分重视妇女解放问题，他们曾大规模地开展过禁止卖淫、溺婴、缠足等运动，积极鼓励妇女在社会生活中发挥作用。在革命初期，他们还严格地实行了“男女分营”制度，虽是夫妻也不得随意同宿。一直到定鼎天京时，“夫妇只准每月‘月晦日’（即每月最后一天）同宿。”

后来，随着家庭生活的逐渐恢复，这些昔日在军事上曾起过重大作用的太平天国妇女的战斗力迅速下降。为了挽回妇女的战斗力，他们遂要求妇女“只生一子”。这也许是太平天国革命的一大创举。

## “红头文件”的来历

在现今的政府机关中，“红头文件”比比皆是。安排工作要发“红头文件”，检查工作要靠“红头文件”，验收工作还离不开“红头文件”。可见“红头文件”的确“功不可没”，须臾不可离开。

可是，“红头文件”的产生，却是上千年前的事情。

南北朝时的西魏时期，有位博览群书、擅于算术、通晓天文地理的政治家苏绰，深受皇宫赏识。据《周书·苏绰传》记载，西魏官员的一切重大决策，都是在征求苏绰意见之后才做决定的。我国现行的公文程式，当初也是由他亲自制定的。“绰始制文案程式，朱出墨入，及记账户籍之法”。

所谓“朱出墨入”，就是讲朝廷发出的文书是用朱（红）标，而下级上呈的文书，则用墨（黑）标。界限分明，绝不混用。由此可见，“红头文件”的使用，至少也有1400余年的历史了。

## “圈阅”文件的来历

“圈阅”公文，我国由来已久。三国时就有在文书与契约上签字署名的讲究，以表明阅卷人之身份，这种署名称为画“押”。唐宋时，臣僚在呈送公文或传阅书牍时，改变了以往署全名的做法，只写上自己的“字”，表示阅过之意。

1069年，王安石被任命为参知政事，须接触大量公文书简。按照惯例，每当阅过文牍，他都要签上一个“石”字。由于文牍太多，他又是急性子，且不注意书写规范，因此“石”字在写了一横一撇之后，下面的“口”字干脆画成了圆圈。据史书记载：他“做圈多不圆，往往窝扁，又多带过”，故给别人造成诸多麻烦。有时候，他本已阅过的文牍因别人误会，往往又辗转传了回来。为避免此类现象再度发生，王安石在一次议政会上声明：凡经他阅过的文牍，都在一横一撇后加一圆圈作为符号。时隔不久，他又索性去掉了横撇，仅仅保留下圆圈。

时间一长，其他同僚纷纷效仿。久而久之，“圆圈”就成为文件阅毕的特殊符号，被人普遍接受了。

## 论资排辈的来历

时下的官场升迁，基本有三种模式：一是“选贤任能”，二为“论资排辈”，再就是“拉关系、走后门”。这其中的“论资排辈”，又发端于何时呢？

据《魏书》卷六十六《崔亮传》记载：崔亮时任吏部尚书时，正值武官得势，太后明令要在武官中遴选中央和地方官员。但是由于“狼多肉少”，位子有限，举荐谁都很作难。于是，崔亮主张无论贤愚，一律按年头、资历定夺。年头不够，就免于选任。如此一来，诸多矛盾得以化解，太后遂夸他“很能干”。

从此，“论资排辈”登上官场舞台，选贤的模式就开始异化了。

## 考勤表的来历

我国的考勤制度起源甚早，当时主要是对朝廷官吏进行约束。至于考勤表的产生与使用，则是从清代才开始的。

清朝初年，宫廷官吏一律实行坐班制。举凡大小公务，皆在衙署办理。乾隆时期，此制日渐松弛下来。清人昭梿《啸亭杂录》卷十载：军机大臣和珅擅权时，曾自立私寓，“不与诸大臣同堂办事，而命诸司员传语其间”。挟死之事，在所难免。后来，其他官吏也竞相效仿，经常待在家里处理公务。清人震钧在《天咫偶闻》七卷中叙说：“自乾隆以后，重臣兼职者多，遂不恒入署。而阅折判牍，多于私宅。且事繁，死宅亦不得见，往往追逐竟日，司官以为苦事”。为此，清政府在朝廷中设置“画到簿（亦称考勤簿）”，专门考核官吏的出勤情况。但由于其无法反映迟到与早退，故而并无多大的约束力。有《嘲京僚诗》为证：“除却早衙签到字，闲来只是逛胡同”，说的就是这种情况。

咸丰年间，为了堵塞上述漏洞，提高办事效率，又成立了总理衙门，规定对朝廷官吏“核其勤惰”，分别给予请奖与弹劾，从而将考勤与奖惩相结合。光绪三十三年（1907 年），开始在朝廷里正式使用“考勤表”。据当时的《京话实报》一则消息披露：“司处俱有考勤表一本，每日什么时候进署，什么时候散值，自司长以下，各人各占一页，注写清楚，六天一呈堂，以考验官吏之勤惰。”

考勤表的设计者，乃是陆军部尚书铁宝臣。

## 离退休的来历

离休、退休古已有之。所谓“告老还乡”就是退休；至于离休，就是带着官衔休养，或是辞去要职，去当小官、“散官”。

我国的离退休制度始于西周时期，当时称其为“致事”。《礼·典礼》说：“大夫七十而致事”，意即年满70岁便辞官告休。春秋时代，致事又改称“致仕”。《公羊传·宣公元年》说：“古之道不及人心，退而致仕。”注云：“致仕，还禄位于君。”古时做官，分乘不同品级的马车，退休后要将车子交回，故而又将致仕叫作“悬车”。《白虎通·致仕》说：“臣年七十悬车致仕”，就是指退休挂车，停止使用公配的车马，因而又将七十岁称作“悬车之年”。

到了明代，退休年龄降至60岁。《大明会典》载：文武官六十以上者，皆听致仕”。清朝的致仕年龄，一度降至55岁。1768年（清乾隆三十三年）再改为65岁，但武官则在60岁以下，且官阶越低，退休越早。

古代对离退休官员待遇颇丰。西汉平帝时，两千石以上的官员致仕，可领原俸禄的三分之一。宋朝则给予“加衔晋级”，同时设立一种“祠禄官”，让离退休官员挂名领俸。对那些在文史方面有特长的，还安排到集贤院、史馆、昭文馆参与修书，“厚其俸禄赡给，以役人心”，使他们继续发挥专长，“卒志于文字之间”。

在历代王朝，历届致仕之年主动引退者不乏其人。唐贞观十年（636年），魏征57岁自感暮年来临，干公务力不从心，加之朝廷“英彦如林”，多有“报国之志”，主动请辞宰相高位，做了“散官”。他虽身已离休，但仍以朝廷大业为重，直言进谏，规劝太宗要“居安思危”，“戒奢以俭”，辅佐太宗治理朝政。宋神宗的宰相王安石，在职五年，连续六次辞相。最后回南京休养一年后，皇帝又召其回朝执政，他坚决不同意。在7年的乡居生活中，他经常微服探访民间疾苦，关心民生大计，为在职官吏做出了榜样。

## 茶话会的来历

据史书记载：三国时东吴末代皇帝孙皓，每宴群臣，必尽兴大醉。大臣韦曜酒量甚小，孙皓便赐他“以茶代酒”。后来，逐渐出现了集体饮茶的茶宴，且日益普及起来。这种茶宴的形式，很像如今的茶话会。

茶宴多以名茶待客。宾主在茶宴上，一边仔细品尝，一边赋诗作对，谈天说地，议论风生。唐宋时的“泛花邀客坐，代饮引清言”和“寒夜客来茶当酒，竹炉汤沸火初红”的诗句，便是对“茶话”的生动描述。

如今，这种茶话会的形式，或用于朋友联谊，或节日欢聚，或学术研讨，或洽谈商务，内容更为丰富多彩了。

## 我国历朝历代名称的来历

我国各朝代的名称，大都是以帝王最初的居住地或爵位名称来命名。

夏：约公元前 21 世纪时，禹受封于夏（今山西南部）。禹死后，其子武力夺取皇位，建立了我国历史上最早的奴隶制国家——夏朝。

商：商部落在首领汤的领导下灭了夏朝，尧封契于商，遂以“商”作为国名。自盘庚迁到殷（今河南安阳）以后，又以“殷”或“殷商”并称。

周：周人原是活动于关中西部（今陕西岐山、虢镇）的一个部族，周公、召公、太公都在此拥有封邑。武王灭殷之后，就以“周”为朝代名称。

秦：秦始皇的祖先是周孝王的马夫，只因饲养御马有功，被赐“嬴”姓，封地在甘肃天水叫“秦”，后扩大至陕西，立国号为“秦”。

汉：刘邦原被楚霸王项羽封为“汉王”，后用韩信为帅。垓下一战，霸王自刎身死。刘邦统一后，开国称“汉”。

新：王莽原被汉封为“新都侯”，成为国丈，篡权 15 年，故国号为“新”。

三国：曹操在汉献帝时被封号为“魏王”，其子曹丕执政后，乃称国号为“魏”；刘备自称为汉中山靖王之后代，因而国号叫“汉”。又因其占据成都，属于蜀地，故亦称作“蜀”或“蜀汉”；孙权建都南京，属于古代吴国的领地，因此也叫“吴”。

晋：三国统一于魏。后来司马懿之孙司马炎逼魏帝让位，自立为王。因其父司马昭曾被魏封为晋公，故立号为“晋”。

隋：北周大贵族杨坚，因功曾受封为随王。登基后嫌“随”字隐含出走之意，故刻意去掉随字下面的“车车”，改称为“隋”。

唐：李渊祖父李虎在西魏时曾被封为唐国公。隋建立之后，李渊承袭爵位为太原留守。公元618年，李渊篡夺农民起义果实，建立了唐朝。

宋：后周大将赵匡胤曾为宋州节度使。经过十余载之战，结束了五代时期的分裂割据局面。夺取政权后，由于发迹于宋州，遂定国号为“宋”。

元：本是蒙古族统治，世祖忽必烈取《易经》中“大哉乾元”四字之意，以“元”为国号。

明：朱元璋放过牛，当过和尚，在农民起义军中被封为“小明王”，故掌政后定国号为“明”。

清：明代三个藩王之一的吴三桂把清兵请入山海关。由于顺治皇帝（清朝首位皇帝）的父亲皇太极在关外建国为“大金”，故入关后取“金”之谐音，名为清朝。

## “社稷”一词的来历

我国是一个具有悠久历史的农业国家。土地是国人生存的根本，五谷乃国民生活之保障。所以自古以来，人们就一直祭祀土神“社”以及谷神“稷”，两神合称为“社稷”。

古籍《白虎通》云：“王者所以有社稷何？为天下求福报功。人非土不立，非谷不食。土地广博，不可遍敬也；五谷众多，不可一一祭也。故封土立社示有土尊；稷，五谷之长，故立稷而祭之也”。

相传社神名叫句龙，是红发蛇身水神共工的儿子。因为他能平九土，被黄帝选中做了土官，官名就叫后土，掌管土地与农业之事。夏代以前人们祭祀的是烈山氏之子、名叫柱的神人，因为它能种植百谷百疏，所以称为稷神；夏代以后，周始祖弃，是农耕垦殖的领袖，教导人民种稷与麦，后人遂尊称他为“后稷”。

“社”与“稷”既然是两个神仙，为何要用它们指代国家呢？这是因为历代统治者都极端重视“社稷”祭祀的国家大礼，把它作为立国之本加以宣扬，使之代代相传。如周礼就把社稷定为“建国之神位”，摆在了比祖宗还高的重要位置。据此，社稷得建制，必须放在皇城的“外门之内、内门之外”，按照“右社稷，左宗庙”的次序予以安置（《周礼小宗伯》）。古人以右为上，社稷之神当然就居于祖宗灵位之上了。后来历代统治者均大体沿袭此制，把祭祀社稷列为国之大典，“社稷”就逐渐成为国家的代称了。

## “皇帝”称谓的来历

秦始皇并吞六国完成统一大业后，权欲急剧膨胀。他认为自己“德高三皇、功过五帝”，“王”的称号已不能显示其至高无上的权威和地位，遂提出要自称为“帝”。众大臣再三劝告说：“黄帝是中华民族的始祖，我等均为黄帝子孙，功劳再大，也不能和祖先相提并论……”未及大臣说完，秦始皇就怒不可遏地反唇相讥：“我秦王并吞六国，焚书坑儒，修筑长城，统一度量衡，统一文字、货币与道路，统一中国大业，哪一点比不上黄帝的功劳？”大臣们知道秦王固执、残暴、好大喜功，再也不敢进谏了。

玉皇大帝知悉此事后，即命九天玄女托梦给秦王曰：天上有玉皇大帝，地上有轩辕黄帝。一个管着天，一个管着地。黄帝在人间降神农、战蚩尤，结束了部落时代，建立了天下第一有中央共主的国家，他功大无边，所以才请他乘龙升天。而你秦王嬴政，胆大包天，竟连祖先也不放在眼里，真是大逆不道！如果胆敢自喻“黄帝”，必死无疑！

秦始皇梦中惊醒，吓出一身冷汗。他自知此事不妙，故心神不安，夜不能寐，于是翻开一部竹书随意浏览。谁知书中“三皇五帝”四个大字跳入他的眼帘，他灵机一动，就从中挑出“皇”和“帝”两字加以合并，称自己为“始皇帝”。为了稳妥起见，他又召集大臣征求意见，大臣们自然不敢提出非议。秦王见状窃喜，就命丞相李斯连夜颁布天下。

玉皇大帝闻知此事，勃然大怒，遂对天宫众神说：“秦王野心太大，他把“黄”字变成“皇”字，有意把自己与黄帝混同起来。这种人贪心不足，不能让他在人间久留”。说完就下令减去秦王 10 年寿命。可怜这位一心想称“黄帝”的秦始皇，没有活到 60 岁，就死于荒野沙丘之地。

他死后不久，爆发了陈胜、吴广农民起义，秦王朝很快就灭亡了。从此以后，各代帝王再无人敢乱用“黄帝”的名讳，而“皇帝”的称号却一直沿袭下来。

## 皇帝年号的来历

年号是我国封建帝王为记录在位年代而设立的，并从汉武帝刘彻开始实施。

公元前140年刘彻即位，称建元元年。以后，每逢新皇帝即位，都要更改年号。一个皇帝在位期间，如遇到重大、吉祥的事件，也可以更改年号。以武则天为例，她在位21年，就曾更改了17次年号。

辛亥革命后，年号这一做法即被废除。新中国诞生后，就改为世界通用的公元纪年法。

## “宰相”称谓的来历

“宰相”乃古代朝廷里的重臣，他位及一品，权倾朝野，堪称“一人之下，万人之上”的最高行政长官。

“宰相”之称源于西周时期的“太宰”和战国及其以后的“相国”与“丞相”。“宰”原指奴隶主的家务总管，“相”字古意为辅佐。两字结合，就有“百官之长”的含义。相对于朝廷来说，前者当为国家的政务总管，后者则是国君下的文官之长。于是，人们便将国家的行政首脑谓之“宰相”。

在世袭制的封建社会里，未成年的“儿皇帝”以及智商欠佳的昏庸君主并不鲜见。如此一来，“君弱臣强”“奴大压主”的现象自然就成为执政者的心腹之患。为了免除这一弊端，历朝历代都在对相制进行微妙的修订。秦汉时期，丞相即宰相，丞相府乃为最高行政机构。而西汉末期则嫌丞相一人权重，遂废丞相、置“三公”，由大司马、大司徒、大司空分管丞相之事。东汉之初，又以太尉、司徒与司空为三公，分掌兵、民、工三职，且分曹辟官，同为“宰相”。隋唐时期，皇帝亦实行“多相制”，意在分散宰相之权力。宋代在中书省内设参知政事为副宰相，并采取其他手段，相继分离了军权与财权。到了元代，又以中书省独掌朝政，宣告了“多相制”的结束。

明洪武年间，中书省被废除，“宰相”一职被取消，改由皇帝直接指挥六部，另设殿阁大学士协助皇帝处理政务。这种“内阁”，实际属于事实上的“宰相”。

由此可见，宫廷内部世事险恶、政治风云变幻无穷。能在如此纷争的态势下稳坐“宰相”宝座者，实属不易也。

## 宦官与太监的来历

宦官与太监系封建王朝的特殊产品，他们虽然同属皇宫内被阉割过的奴仆，但两者还是有一定区别的。

早在公元前 200 年，宦官就已出现，不过时称“寺人”，东汉以后始称“宦官”。由于宫廷嫔妃众多，封建帝王为了独占这些宫女，遂对“宦官”进行阉割，以除却其性功能。宦官除了俯首帖耳地终身为帝王服务外，尽管别无出路，但由于其系皇帝之“近臣”，权势较大，民间趋之者并不鲜见。唐代后期，一些官僚富商还竞相收买男童，私下阉割后送其入宫，为以后的相机利用奠定基础。

“太监”始于辽代。据《续文献通考》记载，当时宫廷中的大府监、少府监、秘书监均设太监，元代依然。朱元璋在明代设十二监，其头目皆为太监。太监乃宦官之上级，也属较高一级的宦官。清朝则将二者相统一，统称其为“太监”。清之太监等级分明，上层太监可为非作歹，下层太监唯有受苦受难。慈禧的太监李莲英权倾朝野，既可制约文臣武将，又与太后共进三餐。隆裕太后的太监张祥斋，自己虽然不能生育，还娶了四房老婆，意在帮其笼络官员，收买权贵。膳房太监左玉秀就将此术发挥得淋漓尽致，凭着老婆诱人的脸蛋，最终爬上了大总管之高位。

由此可见，宦官与太监在不同时期的作用及权力，还是明显不一样的。

## 金銮殿的来历

在我国古代，举凡皇帝临朝决政的正殿，多称“金銮殿”。北京故宫的太和殿也俗称金銮殿。那么，该名称又是如何而来的呢？

原来，“金銮殿”乃唐长安城大明宫内的一座宫殿名。亦称“金鸾殿”。大明宫始建于唐太宗贞观八年（634 年），原名永安宫，中途曾易名“蓬莱宫”。武则天神龙元年（705 年）改为“大明宫”，沿用至今。

大明宫由一组规模宏大、典雅壮观的建筑群组成。自南向北，有含元殿、宣政殿、紫宸殿、蓬莱殿、含凉殿以及玄武殿等，构成宫中大殿的主轴，左右分布着中、小级别殿。金銮殿就是别殿中的一座，位于含凉殿之西北。殿旁有一土坡，谓之“金銮坡”。

盛唐时期，金銮殿与翰林院相通，皇帝召见文人学士均在此殿，故“金銮”亦常被称作翰林学士之美称。据《文献通考·职官入·翰林学士》载：“前朝因金銮坡以为门名，与翰林院相接，故为学士者称金銮以美之”。

由于金銮殿的特殊性质和作用，唐代一些文人墨客对它怀有深厚的感情。李白曾作诗《赠从第南平守之遥》曰：“承恩初入银台门，著书独在金銮殿。”表达了他对金銮殿的由衷之情。后来，金銮殿在人们心目中的的影响和地位越来越大，久而久之，人们便将皇帝决政的大殿称作“金銮殿”。

## “万岁”与“山呼”的来历

在古典剧中，每当皇帝出场，群臣必跪拜高呼：“愿我皇万岁万岁万万岁”！此举谓之“三呼”，为历代帝王所独享。

“万岁”一词，最早见于西周中晚期的金文，内有“眉寿无疆”、“万年无疆”之记载。作为对“天子”的祝福，首见于《诗经·大雅》。书云：“虎拜稽首，天子万寿”。汉高祖刘邦之前，“万岁”仅属于礼仪性之称。如蔺相如捧和氏璧入秦，左右呼之“万岁”；冯驩送孟尝君归薛，百姓呼曰“万岁”。自从刘邦当了皇帝，“万岁”便开始成为皇帝的专利品。据《史记·高祖本纪》载：刘邦临朝，“殿上群臣皆呼万岁”。

汉武帝刘彻掌政后，明确规定“万岁”为皇帝一人独享，皇后及龙子龙孙也只能屈居“千岁”。明代宦官魏忠贤暗中把持朝政，视皇帝为傀儡，但也只能称作“九千岁”，离“万岁”还遥不可及。

刘彻为了独霸“万岁”之誉，曾撒过弥天大谎。据《汉书·武帝纪》载：“诏曰：朕用事华山，至于中岳……翌日亲登嵩高，御史乘属，在庙旁吏卒闲闻呼万岁者三”。这大概乃“三呼”之渊源吧！

至于“山呼”，同样属武帝的吹牛杰作。他曾吹嘘自己“幸琅琊，礼日成山。登芝罘，浮大海。山呼万岁”。这种欺世盗名的伎俩，一直成为后人的笑柄。

## 三宫六院七十二妃的来历

人们常说的“三宫六院七十二妃”，是对封建帝王一夫多妻生活的总概括。所谓“三宫”，指皇帝与皇后的居处，即乾清宫、交泰宫与坤宁宫；“六院”为皇后、妃嫔住所，指东六宫与西六宫而言。其中东六宫为：斋宫、景仁宫、承乾宫、锺粹宫、景阳宫、永和宫；西六宫则是：储秀宫、翊坤宫、永寿宫、长春宫、咸福宫、重华宫。因为这些宫各自为院，故亦称六宫为“六院”。

至于七十二妃，是形容帝王妻妾成群。其实，封建帝王何止七十二妃？据史书载：“周朝天子后六宫三夫人、九嫔、二十七世妇、八十一御妻”。汉唐时期，宫中女子数量之大，更为惊人。“明朝皇宫中宫女多至九千人”。封建帝王不仅占有众多妻妾，还拥有数以千计的宫中侍女。唐玄宗李隆基执政的开元年间，宫女多达四万之众，且久禁不放，可谓奢侈之极。

清朝后宫所蓄女子，较前朝各代数目大为缩减。有关文献载：“按本朝定例，从不拣选天下女子，惟八旗秀女三年一选，择其幽娴贞静者入后宫及配近支宗室。其余者任其自相匹配，后宫使令者皆系内务府包衣下贱之女，亦于25岁放出，从无久居禁内者。到了康熙年间，典制比较完备，宫中后妃分为八个等级。在同一时间内，皇后一人、皇贵妃一人、贵妃四人、嫔六人。在清朝十位皇帝之中，第二代康熙皇帝后妃最多，共有55位；第九位光绪皇帝后妃最少，仅有一位皇后与两个妃子。

乾隆皇帝为第四代皇帝，他在位六十年，又当了三年太上皇，实际把持朝政六十三年。他继承康、雍业绩，又在文治武功方面大力推进，从而出现了显赫的“乾隆盛世”。乾隆帝终年89岁，是封建帝王中寿命最长的一位。他一生共有四十一位后妃，其中有满、汉、蒙、朝、维等民族的女子为妃。

## 乌纱帽的来历

一说起乌纱帽，不少人都会自然而然地把它与做官联系在一起。殊不知在我国古代，乌纱帽并非官宦的专用品，它还曾是官民共享的一种帽子呢！

东晋成帝时（334年），皇帝下令用黑纱制作一种帽子，取名“乌纱帽”，让宫中所有官员戴着登朝。到了南朝刘宋时期，宋文帝之子刘休仁创制了一种用黑纱抽边的帽子，也名曰“乌纱帽”。这种帽子露面后，无论官民，不分贫富，都可随便戴它，只不过颜色不同而已。当时帽子的形状也不统一，有的卷成荷叶形，有的则呈屋宇状，有的还伸出两只或方或圆的黑纱耳朵。据《中华古今注》载：

唐朝武德九年（626 年），唐太宗李世民曾下过诏书说："自今以后，天子服乌纱帽，百官庶皆同服之"。这说明，此时的乌纱帽，仍然是作为"常服"而用的。

乌纱帽成为官吏的专用品和做官的代称，则是明朝以后的事。据《明史·舆服态》载："洪武三年定，凡常朝视事，以乌纱帽、团领衫、束带为公服"。由此可见，从这个时候起，乌纱帽才成了真正的官帽，庶民百姓则无可问津了。

后来，乌纱帽的式样也因官职大小而有了明确的区分，不同职务之间绝不能混用。人们只要看看官吏头上的"乌纱"样式，便可分辨出其官阶之高低了。

## "尚方宝剑"的来历

大凡爱看古典剧的人，都知道"尚方宝剑"之厉害。据史料载，尚方宝剑起源于汉代。1984 年 7 月，河南省曾展出过一柄刻有"敕赐兵部尚书""先斩后奏"十个金字的"尚方宝剑"。

所谓"尚方"，是官署名称，专门掌管供应、制造皇帝所用的器物。尚方剑本名斩马剑，锋利无比，可以断马。由于斩马剑藏在尚方，故名"尚方宝剑"。

《前汉书·朱云传》载：朱云上书皇上曰："臣愿赐尚方斩马剑，断佞臣以历其余"。明代刘伯温的《赠周宗道六十四韵》诗中有云：先封尚方剑，按法除奸赃"。可见持有尚方宝剑者，即使是皇帝最信得过并拥有先斩后奏特权之人，仍需"按法"行使职权——先斩犯人，后奏皇帝，不得违章。

## 明镜高悬的来历

在戏曲舞台上，举凡大老爷升堂，背后总有块"明镜高悬"的匾额横挂其中。这四个字是怎么来的呢？据晋代学者葛洪的《西京杂记》载：公元前 206 年，秦朝灭亡。汉高祖刘邦进入秦都咸阳宫里，看到一块"广四尺、高五尺九寸"的明镜。此镜功能特异："人直来照之，影则倒见；以手扪心而来，则见胃肠五脏；人有疾病在身，则知病之所在。如女子有邪心，则胆张心动。秦始皇常以照宫人，胆张心动者则杀之"。因为此镜出于秦地，故称"秦镜"。又因为它功能奇特，人们便以秦镜来比喻官吏精明，善于断狱。

后来，无论清官、贪官、糊涂官，为标榜自己公正严明，都在公堂上挂起

"秦镜高悬"的匾额。再后来，"秦镜高悬"慢慢就演变成"明镜高悬"了。

## "父母官"的来历

"父母官"是古时期我国老百姓对州、县官吏的尊称。

据《汉书·循吏传》记载：西汉元帝时，南阳郡太守召信臣"视民如子"，劝民农桑、去末归本，为政勤勉，为民兴利。他还出入田陌之间，亲自指导农耕。于是，"百姓归之，户口增倍，盗贼狱讼衰止"。"吏民亲爱信臣"，遂尊他为"召父"。

无独有偶，时隔不到百年，即东汉光武帝刘秀建武七年（31 年），南阳郡百姓又欣逢新任太守杜诗。他担任郡功曹时，同样爱民如子，百事皆为黎民做主，全郡百姓粮丰衣足。百姓将它与原来的召信臣相比，无不称赞："前有召父，后有杜母"，实乃百姓幸哉！

从此以后，"父母官"这一尊称，便流传百世。

## "铁券"的来历

台湾电视连续剧《珍珠传奇》中有这样一段情节：东宫娘娘沈珍珠随皇太子李豫出征前，大唐皇帝赐予她"免死铁券"一件。那么，这个"铁券"又是何物呢？

铁券，又称"丹书铁券"或"誓书铁券"，为汉高祖刘邦所创。它是封建帝王御用的著录臣僚功勋、颂其美德的一种殊荣性铁制凭证。据《汉书·高第纪》载："天下既定……又与功臣剖符作誓，丹书铁券，金匮石宝，藏之太庙"。此外，《水浒传》第九回中有载：赵匡胤曾敕赐誓书铁券于大周柴世宗嫡派子孙柴进。

铁券，文以丹书，券以铁制。外刻履历恩数之详，以记其功；中镌免罪减禄之数获，以防其过。且各分左右，左颁功臣，右藏内府，"有故则合之以取信"。获铁券者以其后世可永享荣华富贵；如遇犯罪，则以铁券为证，得推念其功，予以赦减。

各朝各代的铁券形状、尺寸略有差别。元陶宗信在《南村辍耕录》中载："形宛如瓦，高尺余，阔二尺许，券用黄金镶嵌"。大唐皇帝亲自将"铁券"赐予沈珍珠，足见其功德、地位之高了。

## “董狐笔”的来历

董狐乃春秋时晋国撰修国史的太史，董狐笔则是人们对董狐刚直修史的褒奖。

据《左传·宣公二年》记载：春秋时，晋灵公要杀赵盾，盾出奔，未出晋境。听说赵盾在桃园杀了晋灵公，另立晋成公为君，自己当了宰相。太史董狐在史册上写有“赵盾弑其君”之事，公诸于朝廷。赵盾反驳说，“此非事实！”董狐答道：“你身为正卿，逃奔不出国境，回来又不讨贼，不是你搞的阴谋又系何人？”

孔子知悉后，称赞董狐笔为“古之良史”。后来，人们就常把那些实事求是，不为金钱美女、高官厚禄以至杀身之祸所动，敢于如实记载历史的史官和方志工作者，誉为“董狐笔”了。

## “戒石铭”的来历

戒石铭，顾名思义，就是把名言、警句刻在石碑上，用以指导人们的行动。按其性质来说，它和我们今天的廉政制度差不多，不过在遣词用语方面，显然要比后者简洁明快。

戒石铭产生于宋代，以后元、明、清继续沿袭。那时候，各府、州、县衙门，都在大堂正中立一通碑，南面刻“公生明”三个大字，北面刻“尔俸尔禄，民膏民脂。下民易虐，上天难欺”四句。意即警告官吏说：你拿的钱吃的饭，都是百姓的血汗，要时刻奉以公心为民办事。如果欺压他们，上天就不会饶恕你！

原来，五代时后蜀国主孟昶曾撰写过“诫官吏贪赃枉法”24句，后来宋太宗赵光义将此提炼成上述四句，通令各府、州、县刻成石碑，立于堂前。告诫官吏不得虐民，故称“戒石铭”。清朝末年，官府嫌其挡路，则改为木刻匾，悬挂于大堂正中。

## “座右铭”的来历

“座右铭”，乃人们放在座位右边用以警示人生的格言。但最初置于右边以示警戒的，并非铭文，而是一种称为“歌器”的祭祀器具。

据《荀子·侑坐》载：春秋五霸之一的齐桓公死后，齐国人给他建了一座祠堂，里边陈列了许多祭品。其中有一名叫“歌器”的东西很是特别，它空腹时倾斜，注酒一半则平稳而立，完全装满时复又倾倒。有一次，孔子带领学生前来朝拜。见了歌器，学生无一认识。孔子予以详细介绍后说：“齐桓公总把歌器放在他座位右边，以告诫自己决不可骄傲自满。自满，就会像歌器注足了水，必然要倾斜倒覆。”他领学生注水实验后又说：“读书也是如此，满招损，谦受益，你们要切切牢记”！回家后，孔子请人做了一件歌器，放在桌旁，以警示自己活到老，学到老，永不满足。以后，歌器逐渐被格言警句代替，一直沿用至今。

## “黄色”的来历

为什么人们常把格调低下、内容淫秽的书刊与音像资料称为“黄色”呢？细说起来，这与一种名叫“雌黄”的物质还有一些瓜葛呢？

原来，雌黄是古代一种常用的、毒性很大的颜料。当时的纸张漂白水平差，故略呈“黄色”。而雌黄却是半透明的柠檬色，涂到纸上，既能把墨色掩盖，又与纸色相近，不易分辨，所以说，黄色本是一种弄虚作假的、潜在的精神毒品。

国外亦有“黄色”之称。1887 年，法国蒙索明市一工厂主为了破坏工人罢工，收买工贼组织了假工会。工人怒火满腔，一举捣毁了这个工会的玻璃窗。假工会为了遮风挡阳，遂用黄色纸表将窗户糊了起来。于是，工人就痛骂他们是见不得人的“黄色工会”。从此，“黄色”便成为低级趣味的代名词。

后来，人们还将描写色情、仇杀等情节的书籍，引申为“黄色书刊”，把一些内容污秽的新闻、音乐分别叫做“黄色新闻”“黄色音乐”。19 世纪中期，美国两个报业资本家赫斯特与普里兹为了赚钱，曾不择手段地在自己创办的报刊上竞相刊载低级趣味连环画，以诱惑读者。《黄色孩童》乃其中之一。于是，黄色报刊由此而生了。

## “走后门”的来历

“走后门”这一典故，相传起源于北宋时期。

宋哲宗死后，徽宗继位，遂以蔡京为相。这蔡京平日专横跋扈，拉帮结派，专搞营私舞弊之勾当。他除拼命排斥、打击元祐旧吏外，还规定其子女亦不得出仕入京，甚至连他们的诗文亦不得流传。蔡京的恶劣行径，引起了人们的强烈不满。于是，一些人就变着法儿挖苦、讽刺他。

一次，朝廷大宴宾客，特邀京城一些艺人席间助兴。这些艺人早就恨透了蔡京，他们之间一商量，便专门为蔡京上演了一出滑稽剧：一个大官据案而坐，传判各事。有一和尚要求离京出游，经查戒牒是元祐年间的，就立即令其还俗；一位道士遗失度牒申请补发，一问又是元祐年间出家，立命剥下道袍复为百姓。总之，大凡与“元祐”沾边之事，一概排斥。这时，一位属官上前低声说：“今国库发下俸钱一千贯，皆为元祐钱文，该如何处置”？大官略加思忖，便悄悄告诉属官说：“那就走后门，从后门搬进来吧”！

戏演到这里，众臣早已忍俊不禁，但摄于宰相威严，却又不敢造次。无奈徽宗龙颜大开，笑声不断，众臣才“噗嗤噗嗤”地乐了起来。蔡京环顾左右，羞得无地自容，遂灰溜溜地退了下去。

从此，“走后门”的故事就在民间传开了。不过几经演绎，其内涵已与原来大相径庭。现在，“走后门”已成为凭借关系、以权谋私等社会现象的代名词。

## 意见箱的来历

公开纳谏的意见箱，并非始自今日，而在数千年之前就有了。

据史籍记载：先秦时期的一些开明君主，就已通过设置“进善旌”“诽谤木”和“谏鼓”这些设施，开始征集民意了。比较典型的征集器具，当属西汉时期的罐筒与唐代的木匦。

罐筒乃西汉赵广汉所发明。据《汉书·赵广汉传》载：“又教吏为罐筒，及得投书，削其主名”。汉宣帝在位时，赵广汉任颍川太守。他见土豪劣绅狼狈为奸，危及民安，遂令手下制作一种瓶状的、可入不可出的罐筒，接受“吏民投书”。赵广汉依照举报线索，组织力量狠狠打击，致使“奸党散落，盗贼不发”。赵广汉名声大震，不久便升任京兆尹。

木匦系武则天采纳鱼保宗建议后，专门设置“受四方之书”的意见箱。据《唐会要》记载：“垂拱二年六月，置匦四枚，共为一室，列于庙堂”。这四个匦色泽不同，功能各异。青匦名曰延恩匦，专执“养人”“劝农”之事；红匦谓之招谏匦，专司“论时证得失”；白匦叫作申冤匦，专管“自陈屈抑”；黑匦称为元匦，专事“告朕以谋智者”。上述木匦，由正谏大夫专门负责，“每日所有投书，至暮并进”。这就是说，意见箱每天都正常开启，民众投书可及时送于皇上批阅。

## “天马行空”的来历

沉戟于温都尔汗的林彪生前曾自喻为“天马”，叫嚣要“天马行空，独来独往”。其实，这“天马行空”一词，与北戴河海滨的一处名胜有关。

在北戴河以北 80 公里的地方，有座闻名遐迩的“天马山”。该山奇峰峻岭，高耸挺拔。远远望去，山顶酷似一匹奔驰欲飞的骏马。相传嘉靖四十一年戚继光驻防河北冀州时，曾来此山（时名“马头崖”）附近视察，不料，他的坐骑白斑银鬃马突然长啸一声，奔入山中化为白烟。“天马山”就从此而得名。

如今，在天马山北边的崖壁上，尚有一处投有白马身影的巨大石凹，传说即为戚继光的白马入山处。为了纪念自己的坐骑，当年戚继光亲自登上山顶，挥笔写下了“天马行空”“山河一览”“海天在目”“带砺山河”等大字。现在，这些刚劲有力的笔锋，仍十分醒目地凿刻在天马山山顶的崖石上。

## “刑法”一词的来历

刑法的“刑”字，原来是“井”旁边加“立刀”。其含义是：奴隶社会实行井田制，奴隶主为了防止奴隶抢水喝，就派人拿着刀在井边守卫。谁抢水，就砍掉谁的头，这就叫用“刑”。

刑法的“法”字，原来由三个字组成。左边的三点是“水”字，右边是一个“廌”字和一个“去”字。它的原意是：“水”是很平的，水歪了就会流掉，此乃公平、平等之意。而“廌”是传说中的一种神兽，头上只长一只角，能辨曲直。“廌”与人相斗，总是帮助正直的人。“廌”字下面加一个“去”字，表示用角去抵御那些邪恶之人。

总体来说，它是讲“执灋”就要公平正直，不徇私情。由于“灋”字写起来过于复杂繁琐，以后几经演变，就成为现在的“法”字了。

## 《民法》的来历

民法是国家二级大法，她仅次于宪法而居四大基本法律（民法、刑法、刑诉法、民诉法）之首。可见，她在我们的社会生活中有着十分重要的地位和作用。

民法原先也称“私法”或“市民法”，她最早源于古罗马的成文法。在古罗马时期，由于地中海沿岸国家的商业经济发展很快，罗马就成为此间重要的物资集散地。为了调整商品交换中人们相互之间的关系，罗马当局就制定了“市民法”，即“民法”。后来又以此为基础，制定了“万民法”，以摆脱不同国家、不同民族以及宗教、道德的羁绊，比较客观地反映商品经济的基本规律。

公元6世纪，东罗马帝国汇编了《查士丁尼》等四部法律。12世纪时，将其合称为《国法大全》或《民法大全》。恩格斯曾对此做过高度评价，说它是“商品生产者社会的第一个世界性法律”。因为这部法律对简单商品所有者一切本质性的法律关系，如买主和卖主、债权人与债务人等，都做了比较明确的规定。

民法鼎盛时期的标志，是1804年诞生的《拿破仑民法典》。它从内容到形式，都极大地丰富和发展了《罗马法》，基本上确定了民法的体系及内容，成为资本主义国家立法的蓝本。欧洲大陆诸国的法律，基本上是仿效《罗马法》和《拿破仑民法典》而制定的。史称“罗马法系”或“大陆法系”。

由此可见，民法是随着商品经济的产生而产生，又随着商品经济的发展而发展完善的。它以法律的形式记载和反映了“市民社会”的要求，因而是“市民社会的立法”。

## 我国古代肃贪法令的来历

惩腐肃贪，既打老虎又打苍蝇，是以习近平为总书记的党中央在“十八大”后十分重要的治国之策。但论及“肃贪”之起源，则可追溯至2000多年前。真可谓历史悠久，源远流长！

早在西汉初期，官吏贪赃犯罪，一律处死，并陈尸示众。到了北魏，治贪条款越来越细——枉法十匹，罪至死刑。唐朝定律，课罚趋严。《唐律·职制》篇规定：官吏贪赃枉法的，一尺杖一百，一匹加一等，十五匹处绞刑；只收赃不枉法的，一尺杖九十，一匹加一等，三十匹处流役。宋朝年间，赵匡胤惩治污吏尤为严厉。自建隆三年至开宝六年，十一年间即处死将军一级贪官十余人，且暴尸街井，以儆效尤。

明朝初年，朱元璋对肃贪条款做了进一步完善。除吸取历代做法外，还新增了鞭笞、苦工、抄家、挑筋、剥皮及灭族等酷刑，并明令“贪 60 两银者割其首级”。仅洪武九年，发配到凤阳的贪官就达万名之众。朱元璋的三女婿欧阳伦因贩运私茶违反了《茶法》，也被判了死刑。

清朝的开国皇帝顺治，提出了“朝廷治国安民，首在严惩贪官”。他在短短的三天内，连发四道圣旨，并当场对漕运总督吴惟华、江宁巡抚石国宝革职严审。以后又规定，对地方官每三年进行一次甄别考核。结果首次考核时，就有 969 名大小官员被革职、降调。

## 击鼓鸣冤的来历

古时候，官府衙门前一般都置有一面大鼓，供百姓击鼓申冤之用。

相传汉高祖刘邦登基不久，其侄子仰仗皇叔之势，四处为非作歹，欺压百姓。一次，他路遇貌若天仙的京城少女苏小娥，按捺不住情欲之心，遂上前调戏。遭到过路好汉的痛斥后，他即指使喽啰们大打出手。好汉一怒之下，拔刀捅进皇侄之肚皮，致其一命呜呼。喽啰们当即将好汉押赴皇宫问罪。苏小娥深感内疚，决意去闯金銮殿，以替恩公申冤。

苏小娥携妹妹各持一面小鼓小锣，一路敲敲打打来到金銮殿。她俩边走边喊“冤枉”！吵闹声惊扰了朝上的刘邦，遂龙颜大怒：“扰乱朝廷，该当何罪”！苏小娥回曰：“若不击鼓，咋能面君？民女冤情，何以诉申？”接着就如此这般地将案情细讲一遍。刘邦听后，传人当庭对质，释放好汉，处斩真凶。

为了方便百姓鸣冤报屈，刘邦遂下新令：各级官府门前均设一鼓一钟；钟鼓一响，官必升堂。“击鼓鸣冤”从此开始，千年流传。

## “四菜一汤”的来历

如今接待内宾，提倡吃“廉政饭”，上“四菜一汤”。殊不知早在明代，朱元璋就曾以求节俭、戒奢侈为目标，倡行过“四菜一汤”呢！

明太祖朱元璋得了天下后，想到由于连年征战，百姓流离失所，眼下急需休养生息，安居乐业。而恰在这时，一些朝臣将士、达官贵人却大兴奢侈之风。他们衣则绫罗绸缎，食则山珍海味。朱元璋与皇后商量，决意寻机整治一番。

马皇后生日这天，朱元璋“大宴”群臣，第一道菜是麻辣豆腐。朱元璋见众食客个个发愣，便对身旁的常遇春说：“常卿，你当年赤膊进入军营时，第一次吃的什么菜？”常遇春想起往昔饥不择食之情景，忙回答说：“正是这豆腐”。“豆腐味道如何？”常遇春用汤匙舀了一点放入口中，连称“好极了、好极了”！朱元璋曰：“好！众卿动手吧”！一声令下，谁敢不尊！

不一会儿，第二道菜上来了，是一盆牛肉。这对庶民百姓来说，已属上等好菜了，而在众大臣眼中，无非粗茶淡饭而已！朱元璋对大伙说：“弟兄们，还记得当年我们为何被赶出家门的事儿么”？接着他便旧事重提。原来朱元璋在凤阳时，生活十分清苦。一次为了吃点肉，遂与众弟兄私宰了一头老牛，因而被官府重罚后驱逐出境。众臣听之，无不动容。

第三道菜是肉糜烤饼。刚一上来，朱元璋就夹起一块放到马皇后面前说：“梓潼，你过去为了让我吃到烤饼，曾将滚烫的饼子揣进怀里，饱受了炙烙之苦，朕心不安”。众大臣微微点首，都明白了此时吃饼的意涵。

第四道菜是炒韭菜。“韭”与“久”系谐音，蕴含“长治久安”之意。生辰宴上吃这道菜，图个吉利。

接着便是青菜豆腐汤。朱元璋说：“青菜豆腐保平安。”此后就再也不见上菜了。大家好生诧异，但又不便细究，只好谢恩散席。

这次诞宴过后，一传十，十传百，很快遍及民间。人们给它取了个名字，叫做“五大件”。也有聪明人另出高招，谓之“四菜一汤”。从此，无论官民，不分贫富，凡遇红白喜事请客，皆以“四菜一汤”为时尚。

## “秘书”一词的来历

“秘书”一词由来已久。不过古代最早的“秘书”，并非官场之职，而专指皇家的秘密藏书。东汉桓帝时始设秘书监（相当于国家级图书馆长），年俸粮食六百石。秘书长之称谓，也历经变迁。汉初叫作“长史”，后又改称“中书侍郎”

“翰林学士”等。级别稍低的秘书，就是幕僚中的“记室”或地方官府中的“主簿”。《三国演义》中那位击鼓骂曹的祢衡，唐代时草拟《讨武曌檄》的骆宾王，就分别是黄祖和与徐敬业的秘书。

## 我国警察的来历

我国的警察始于清代。“警察”这一称谓，则是从日本传入的。

1905 年，光绪皇帝下令清政府在中央机关设立“巡警部”。随后，京师与全国各省市按照指令陆续开始整顿警制。

当时的警察，完全效仿日本警制，分段为界，各有各的辖区。凡地面治安、户籍、交通、卫生等事宜，都由段上警察包干管理。宣统年间，开始建立“派出所”，从体制上加强了警察的基础建设与力量，但堂堂京师警察厅的警察，却管不上北京东交民巷的外国人。那里的洋人都有自己的军队和警察，不许中国警察进入，更不许中国的老百姓涉足其中。

由此可见，清政府确实害了“软骨病”，连警察也受到外来的欺压和侮辱。

## 警服铜纽扣的来历

世界各国警察制服上的纽扣多为铜质。我国人民警察制服也于 1984 年 5 月 1 日起恢复使用铜纽扣。

警服流行铜纽扣，源于 1658 年。当时，荷兰政府在首都阿姆斯特丹成立了 8 人为一组的地方保安组织；1693 年，美国各大城市也建立了相应的组织。这是世界上最早归属于国家的警察。

为了使警察在维护社会治安时既显得威武庄严，又易于区别其他行业，服装设计师特意将警服设计成黑色，钉系铜纽扣，以造成强烈的色泽反差。后来，这种做法逐渐为各国政府所接受，纷纷据此制作。

## 我国监狱的来历

我国监狱的设置，起始于商代末年，相传它由残横暴虐的殷纣王所创办。

据史料记载：商朝末期，西伯姬昌（周文王）礼贤下士，所从者甚众。殷纣王听信崇伯虎谗言，疑姬昌聚众谋反，遂在河南汤阳县以北的羑里设立了监狱，将其囚禁于此。此乃我国历史上最早的监狱。

岁月悠悠，世事沧桑。三四千年的时光业已流去，而这个监狱的遗址至今尚留人间。现存的羑里城遗址为方形土台，高约 5 米，面积约 1 平方公里。为了纪念姬昌被囚，后人在此修建了文王庙。现在的文王庙系明嘉靖二十一年所建。

## 枷锁的来历

枷锁是我国古代监狱为防止犯人逃跑而使用的一种刑具。

据专家考证，加锁起源于商周时代，分为“桎”“梏”两种，皆系木制。桎是两脚共锁一木，梏则两手共锁一木，可为现代手铐、脚镣之始祖。

秦始皇时期，在桎梏之外又增设了“钳”和“钛”。钳是以铁束颈，是枷的前身；钛乃以铁束脚，也就是铁镣。三国时期，连年战争使铁价飞涨，曹操便以木代铁，从而创制了木枷。

起初，枷无定制，狱吏可随意动用重枷虐待犯人。如北魏狱吏在枷上悬挂石块套在犯人脖子上，致使他们残废。后来，历代政府都对枷锁镣铐的长短宽窄与轻重，制作过具体的规定。要求量刑而用，不得擅自增减。但狱吏仍各行其是，如明代法定对死刑犯使用之枷不得超过 25 斤，但在厂卫等特务机关设置的监狱内，枷竟重达 150 斤。有时还将 300 斤重的立枷用木棒支起，犯人只能日夜站立，最后精疲力尽而死。

狱吏是反动统治阶级镇压人民的鹰犬。封建政府制定刑具程式也不过是遮人耳目，根本不可能对用刑过度、残害人民的狱吏加以惩办。因此，各种惨无人道的刑具在封建社会里自然是层出不穷的。

## 动刑“打屁股”的来历

古代公堂施刑，往往打屁股。这就是古代刑法中的“笞”刑与“杖”刑。

据史载：笞、杖二刑在隋朝刚一出现，就列入“五刑”之中了。当时的五刑为：笞刑、杖刑、徒刑、流刑与死刑。以后历代如此，相沿至清。每刑中又分若干细刑，如死刑中有立决、枭首、凌迟、斩、绞等。笞刑与杖刑，是五刑之中最轻的刑罚。

实施笞刑与杖刑，是用荆条、竹板或棍子拷打屁股、腿、背等处。施刑中，往往由于击中要害部位，而使受刑者丧生杖下，或者腰断腿折，终生残废。

唐太宗李世民认为，笞、杖本系最轻之刑罚，绝不该让受刑者致残、致死。一个偶然的机会，李世民在太医处见到一幅《明堂针灸图》，从中了解到人体的重要器官多在胸背部，如遭鞭笞、杖击，会有生命危险。而臀部的重要穴位较少，因此他确定将臀部定为实施笞刑与杖刑的部位——这就是“打屁股”的由来。

可是在实施过程中，有时因行刑者与受刑者结有宿怨，或因受刑者未行贿赂等，在笞臀、杖臀期间，往往会出现“上偏打在腰间，下偏击中腿根”之类的伤残事故。于是，唐朝又明确规定：凡受笞杖刑者，不分男女一律褪掉裤子，露出臀部受刑。《元史·刑法志》对此就有明确记载：“诸和奸者，杖七十七；妇女去衣受刑；诸妻以残酷殴死其妾者，杖一百七，去衣受刑”。

明朱元璋不分男女褪掉裤子的行刑方式，一直沿袭到清代。

## 宫刑的来历

宫刑是我国古代主要刑法之一，也是一种极其残酷、极不人道的刑罚。这种刑罚，是由一个苗族部落的贵族们发明的。

远在夏朝以前，苗族首领就在自己部落里施行着一种叫“椓”的刑罚，也就是后来的宫刑。当时主要是为了惩罚男女之间不正当的两性关系，但随着封建专制的强化，宫刑的实施范围也在不断扩大。到了西周穆王时，已规定“宫罪五百”（《周礼》），可见当时受宫刑的罪名已相当繁多。但是，受此酷刑的全是奴隶与平民，奴隶主贵族是绝不会受任何法律约束的。战国时期，秦国统治者已将宫刑用于“危害国家罪”。而在北魏时，凡犯“大逆不道要斩，诛其同籍，年十四以下腐刑”（《通志·卷十六》），对宫刑的使用则有了更明确的规定。

宫刑在我国古代刑制中一直占有重要地位，它前后共施行了近 3000 年。直到隋代，才明确予以废除。

## “法西斯”的来历

一说起“法西斯”，人们便自然而然地想起了德国希特勒与意大利墨索里尼的种种暴行。可当你读过这篇文章后，一定会感到十分惊讶：原来“法西斯”既不是指某一个人，也不是指他的某种行为，而是用来处人以死刑的一种刑具。

“法西斯”是一个古老的名词，它起源于罗马。当时，罗马的每一个执政官都配有12名侍卫官，其肩上均荷着一束打人的笞棒，中间插着一把斧头，象征着国家最高长官的权力。这种笞棒就叫“法西斯”。倘若有人犯了严重罪行，执政官就做出严肃判决：“用‘法西斯’对其处以死刑”！这时，侍卫官立即从肩上解开笞棒束——法西斯，恨恨地抽打犯人，直至其皮开肉绽。然后命其跪地，再从“法西斯”中抽出斧头，砍向他的头颅。这就是“法西斯”的由来。

## “两面派”的来历

大凡“当面说人话、背后说鬼话”，“人前是人、人后为鬼”的行为，世人皆斥其为“两面派”。总览古今，这种两面派，史上不乏其人。生活中的“两面派”，害人害己；而政治上的“两面派”，则害国害民。故对这类人渣，是万万不可轻视的。

元朝末年，元军与朱元璋率领的义军在黄河以北展开了旷日持久的拉锯战。百姓虽然苦不堪言，但却哪方也不敢得罪。不管谁来了，都要在门前贴上花花绿绿的标语，以示欢迎。由于战争处于胶着状态，你来我往地穿梭奔走，故这些标语只好频繁更换。后来，豫北怀庆府有人想出一个一劳永逸的办法：即找来一块薄木板，先在正面写下欢迎元军“保境安民、造福百姓”之词，接着又在背面书上“驱除鞑虏、恢复中华”之语。这样不管他们谁来了，只要将牌子一翻就行。既省钱，又省事。可谁曾料想，就因如此，后来竟惹出一场大祸。

一天，朱元璋之大将常遇春率兵住进怀庆府，但见家家户户门前全都挂有欢迎标语，心中甚为欢喜。可是一阵狂风吹过，瞬间将不少牌子翻转过来。常遇春一看立马震怒，遂下令将悬挂“两面牌”的人家满门抄斩。经过一场杀戮，怀庆人口锐减，不得不从山西大槐树下向此大批移民。

“两面牌”让民众吃尽了苦头，也留下了极为深刻的沉痛教训。可是随着时间的推移,它的音准慢慢出现了微妙的变化——逐渐演绎成令人不齿的“两面派”。

## 联合国名称的来历

1942 年，美、苏、英、中诸国着手建立反法西斯同盟，并决定草拟一份宣言。然而令各方犯愁的是，难于起上一个比较合适的名字。为此，美国总统罗斯福同英国首相丘吉尔多次进行磋商，意欲采用“同盟”“联盟”之类的名称，但总觉不甚完美，只好暂时作罢。

一天清晨，罗斯福起床穿衣时，突然高喊一声：“天哪！我想起来了”。随即跨出房门，向丘吉尔的卧室奔去。他不顾丘吉尔正在洗澡，便急不可耐地说：“亲爱的温斯顿，我想起来了，叫‘联合国’如何”？丘吉尔从浴缸中露出半个身躯，拍拍他那胖乎乎的肚皮说：“太棒了，罗斯福先生！”

这样，宣言的名称就定为《联合国宣言》。1945 年，联合国正式成立时，就沿用了这一名称，至今未变。

## 联合国徽章图案的来历

联合国的徽章图案是一副橄榄枝衬托着整个地球，它意味着努力争取世界和平。用橄榄枝代表和平，则来自一个古老的传说。

在远古时代，主宰人类命运的上帝发现人间的道德风气越来越糟，十分震怒，便决定用洪水把人类全部毁掉。但众天神却对此皆有异议。他们认为，地球上应当保留一些生命，否则显得过于残忍了。上帝觉得言之有理，就派遣许多使者八方查访，终于查清诺亚夫妇是唯一的一对好人。于是，就通知他俩准备一艘方形大木船，备上水与干粮，然后在各种动物中挑选雌雄各一带至船上，以避灾难。洪水来后，世界上的所有动物都被淹没，唯有诺亚船上的动物仍在随波漂流。过了很长时间，洪水逐渐消退，远处慢慢露出了高山、岛屿和空地。诺亚夫妇十分高兴，首先将船上一对鸽子放飞，给它们以自由。时隔不久，这对鸽子飞了回来，嘴里还分别衔着一根翠绿色的橄榄枝，似乎在向诺亚夫妇报喜：大地恢复了生机，一切都和平了！

从此，橄榄枝就成为和平的象征，鸽子也被人们当做和平的使者。

## 鸣放礼炮的来历

鸣放礼炮是国际上一种惯常的外交礼节。世界各国每逢贵宾到访，都以鸣炮表示敬意。

其实，这一礼仪还起源于英国海军。相传400多年前，英国战船上的大炮是前膛炮，放一炮后不能马上装填弹药。因此，当战船驶入他国港口或在公海和外船相遇时，为表示没有敌意，便自动将膛内弹药放空，对方也相应以鸣炮回敬。久而久之，鸣炮便成为国际惯例，成为盛大庆典以及隆重的迎宾仪式上常用的一种礼节、礼遇。

以前，最大的战舰也只能装21门炮。因此，鸣炮21响就是对国家元首的最高礼遇。1874年，美国正式启用这一礼仪。除此之外，鸣炮还有19响、17响、15响和13响的，以贵宾身份的高低而不同。当时远洋航行忌讳双数，故鸣炮只能用单数。现在情况有所变化，一些国家也有鸣双数的。

举行盛大庆典鸣放礼炮，各国不尽相同。英国君主诞辰鸣62响，议会开幕、闭幕鸣41响；美国国庆时鸣炮50响，表示每州一响。

1949年10月1日中华人民共和国成立时，正值中国共产党建党28周年。此时第一届全国人民政治协商会议也刚刚开过，会议共有45个政治单位的代表和9方特邀代表参加，共54个方面的人士。因此，安排54门大炮一齐鸣放28响。以后每逢国庆，在天安门广场举行庆祝活动时，也都鸣放了礼炮。

## 城市“金钥匙”的来历

在国际交往活动中，一些城市的行政长官除了对来访的外国贵宾举行隆重的欢迎仪式外，往往还要将本市的“金钥匙”赠给宾客，以示崇高的敬意。这种礼节是如何而来的呢?

早在远古时期，小小的钥匙就在人们的生活中有着重大意义。小至平民住宅，大到宫殿城门，都要用钥匙启锁。久而久之，在人们的心目中，钥匙就代表一种开放或通往某一禁区的权力，从而具有神圣不可侵犯的色彩。

钥匙除具有日常生活的实用意义外，慢慢又成为高贵的饰物与官阶之标志。

例如，掌管英王加冕典礼的英国掌礼大臣的官徽，就是一把钥匙。主管王室婚丧喜庆与礼宾事务的英国正副宫务大臣，虽然其职务与钥匙无关，但也经常佩戴着金钥匙或镶嵌宝石的钥匙，作为权力和荣誉的象征。

古代各国的城堡，都有高大的城垣和城门，当然更离不开钥匙。于是，国际上就逐渐出现这样一种礼节：由城市的最高行政长官，将钥匙赠给到访的外国贵宾，以此作为尊敬和欢迎，并表示亲密无间的信任与友谊。

到了现代，即使城垣、城墙都不复存在了，钥匙也不能像古时那样开启城门了，然而作为一种象征性的外交礼仪，却一直沿袭至今。

## 世界“姊妹城”的来历

“姊妹城”作为世界各国一项普遍开展的和平友好活动，是在上世纪五十年代经美国总统艾森豪威尔倡导兴起的。开始只是西欧一些国家的民间往来，后来很快发展到许多国家的团体或机构。1957 年，一个国际性的姊妹城市联合组织在法国巴黎正式成立。

据该组织调查，经过 20 年的发展，到了 1977 年，世界上已有 121 个国家 6356 个大中小城镇、市区、郡、港口和村庄，结成了 10250 个国际姊妹城。其中属法国为最多，约有 2800 个。其次为西德、美国、英国、意大利等。挪威、丹麦、瑞典、加拿大、墨西哥和南斯拉夫等国家最少，也有 100 余个。

日美两国最先结为姊妹城的，是日本的长崎市和美国明尼苏达州的圣保罗市。它是由当时在纽约的日本联合国协会工作人员威利阿姆·休斯首先提出来的。这个倡议虽几经挫折，但终于在 1955 年 10 月 24 日，于圣保罗市举行了缔结姊妹城的签字仪式。

结交姊妹城的目的，主要是通过相互间的友好活动扩大交流，为发展两国、两市的友谊，以及经济、科技领域的友好合作架设桥梁。

## 我国古代宾馆的来历

我国素称礼仪之邦，对外友好交往源远流长。因此，宾馆作为必不可少的接待设施，早在 2000 多年前就因运而生了。

西汉武帝时期，张骞两次出使西域后，西域的波斯（汉时称安息，今伊朗）、身毒（今印度、巴基斯坦）等国前来长安的使者与商人日渐增多。与此同时，汉王朝同各族人民间的政治、经济、文化交流也越来越频繁。为了接待远方来客，汉武帝下令在长安修建了“蛮夷邸”，这实际上就是我国最早的涉外宾馆。

北魏时期，孝文帝迁都洛阳，使一度寂寞荒凉的洛阳成为繁荣兴旺的城市，吸引了众多的国外客商。为此，洛阳城里专门修建了“四夷馆”。还有四个“里”，也是专为安置各国使节与商旅而设的。如扶桑馆和慕化里安排来自日本和朝鲜半岛的客人；崦嵫馆和慕义里则安置来自中亚、西亚诸国的使节与商旅。

隋、唐、宋时，这些外事宾馆改称“四方馆”。随着中外交流的日益扩展，宾馆在各商业都市及贸易港口也设置起来。例如唐代扬州建有日本馆，楚州建有新罗馆，广州建有番馆。为了搞好接待工作，北宋还在东京设立了都亭驿、来远驿、礼宾院、同文馆等外事管理机构以及鸿胪寺、客省、引进司、东西上阁门等兼管部门。这些馆驿，既司组织、接待职责，同时又是政府之宾馆。

元、明、清时期，这类宾馆改称“会同馆”。

封建时期，这些宾馆接待宾客，均按不同国籍、不同民族分设馆舍。政府派有专职人员和翻译，对宾馆实施管理与服务。

## 新闻记者的来历

世界上最早的记者，产生于欧洲的威尼斯。

16世纪的威尼斯是欧洲的经济中心，商贸事业非常发达。各国的富商巨贾、金融寡头，蜂拥而入前来进行商贸活动。他们迫切需要了解世界各地的经济信息。因此，一批探报消息者应运而生。他们分别搜集有关政治事件、物资行情与船舶起航等方面的消息，或者书成单篇新闻，或编辑成报纸，然后公开出售。这些最早以收集与出卖新闻的人，便是现代记者的雏形。

记者与编辑、出版人之间，早期并无明确分工，许多人往往身兼数职。随着报业的发展与新闻界的激烈竞争，分工日益精细，这才出现了专职的记者、编辑和出版者。

## “路透社”名称的来历

“路透社”是英国最大的通讯社。它这个奇特的名称，原来是以创建人保罗·米利叶斯·路透的名字命名的。

19世纪40年代，保罗·米利叶斯·路透在巴黎通讯社供职时，就产生了自己创办通讯社的想法。当时，从柏林到巴黎没有直通电讯设备，如果从巴黎拍电报到柏林，先要拍到布鲁塞尔，派人乘火车将电文送至亚琛，而后再转拍到柏林。这样既费时，又误事。为了解决这个问题，路透自己办了一个信鸽邮局，用信鸽代替火车传递从布鲁塞尔至亚琛之间的信息。结果巴黎与柏林两地的收报时间，一下由原来的9个小时缩短为2小时。

路透的事业不断发展，业务亦逐渐向新闻领域渗透，就连许多报社也长期依靠他来提供各类信息与新闻。

1859年2月，路透驻巴黎通讯员电告，法皇拿破仑三世将要发表重要讲话。路透指示他用重金买回一位法国官员秘密抄写的讲话文稿，并租下巴黎到伦敦的电报线路。这一天，拿破仑三世刚一开始讲演，路透驻巴黎的通讯员就跑到邮局，把讲演的全部内容传递给了驻伦敦的路透。路透再以最快的速度，将法皇对奥地利宣战等重要消息送到了各报社。而此时，这些报社的记者还坐在巴黎，争先恐后地抄写法皇的讲演呢！

从此，路透声名大振，“路透社”也跻身于西方国家大通讯社的行列之中。

## 美国总统记者招待会的来历

在美国第六位总统约翰逊·亚当斯以前，历任总统都没有举行过记者招待会。

一天，亚当斯在白宫波多玛河游泳的兴趣正浓，岸上的女记者罗耶尔要求采访他。亚当斯没有答应。但罗耶尔是个泼辣、大胆而又富于韧性的记者，她索性坐在总统的衣服上发誓说：如果总统不接受采访，她就不离开。尽管如此，亚当斯依然不答应。可是，由于波多玛河里的水凉，不宜在水中久停，亚当斯终于“投降”，接受了罗耶尔的采访。

后来，亚当斯想，与其被动地接受采访，何不主动举行记者招待会宣布自己的主张呢？他总结了教训，开始不定期地举行记者招待会，与新闻界交流他在重大问题上的原则立场和意见，并逐渐成为一种惯例。

## “白宫”名称的来历

著名的美国国会大厦白宫，是一座白色的二层建筑。这里林木葱茏，芳草如茵，自然景致十分美观。可是谁也不曾料到，白宫的得名，竟与大火有着不解之缘。

白宫最早建于1792年。当时它并不是白色的，自然也不叫“白宫”。1814年美国独立战争期间，英国远征军一度攻占华盛顿，在这座建筑上放了一把火。虽然一场及时雨很快将其浇灭，但房子已被烟熏火燎得面目全非，十分难看。后来人们就用白漆粉饰了一遍，以掩盖火烧之痕迹。如此一来，大家反觉得这座白色建筑很漂亮。于是，后来重新改建时，就干脆使用白色大理石作为建筑材料，使之成为名符其实的白宫。

不过，“白宫”作为这一建筑的正式名称，是在1901年由美国第26届总统西奥多·罗斯福亲自命名的。

## 国土租期99年的来历

1897年（光绪二十三年）11月，德国借口其传教士在曹州巨野（今山东境内）被杀，派舰队强占胶州湾。次年，又强迫腐败无能的清政府订立关于租借胶州湾的条约。当时，清政府总理衙门遣人去德国驻华公使海清处交涉时，德方还提出6项要约。大致为：将胶州湾四周百里租借100年；由胶州至济南的铁路归德国建筑；路旁百里的矿山交德国开采。总理衙门不肯签约，恳请他们让一点。他说：“租期100年中，减去一年，算作99年；别事不能再减，否则立即占领东三省”。总理衙门自知无可商谈，又惧德国强占东三省，只好允准，遂于1898年3月6日订立《胶澳租借条约》。

这样，租期99年的时间就以法律文件的形式确定了下来。如此先例一开，越发不可收拾。时隔不久，中国近代史上便又出现了3个租期99年的不平等条约。

## 红军名称的来历

南昌起义、秋收起义和黄麻起义时，由于中央对革命军队的统一称号尚无具体规定，因而各地起义军的名称很不一致。即便如此，当时还没有使用“红军”这一称号。

最早使用“红军”这一名称的当属广州起义部队。此次起义失败后，部队奉命撤离广州，改编为工农革命军第一师。因而“红军”这一名称没有继续使用。

1928 年 4 月，朱德、陈毅率南昌起义余部同湘南农军在井冈山砻市与毛泽东同志领导的秋收起义部队胜利会师。部队合编后，称为“工农革命军第四军”。后来，中国共产党接受共产国际意见，于 5 月 25 日发布《中央通告第 51 号——军事工作大纲》明确指出：“可正式命名为红军，取消以前工农革命（军）的名义”。

从此，“红军”这一名称，就正式产生并在全军统一使用。

## “中国人民志愿军”名称的来历

上世纪 50 年代抗美援朝时，究竟以什么名义出兵，毛主席与周总理进行了深入的探讨，主张叫“支援军”。民主人士黄炎培说：“自古道师出有名，否则这个仗就不能打。”周总理解释说：“我们叫‘支援军’，支援朝鲜人民嘛！”黄炎培摇摇头：“这样做是否师出有名？值得商榷。因为‘支援军’显然是国家派遣的，那不等于我们直接向美国宣战？”毛主席觉得他说的很有道理，遂取出一支铅笔，将“支援”二字改成了“志愿”，这下就变成了民间的自愿行为，与国家毫无关系了。周总理兴奋地做了一个手势：“对，世界上有好多志愿军的先例，马德里保卫战就有各国来的志愿兵”。黄炎培则频频点头笑道：“师出有名，无往不胜。”中国人民志愿军的名称，就此正式产生了。

## “八一”军旗的来历

1949 年初，解放战争的隆隆炮声震撼着祖国大地，蒋家王朝陷入了灭顶之灾。这时，正在河北平山县西柏坡指挥作战的毛主席指示解放军总部：尽快提出我军军旗、军徽的制作方案。接着，周恩来同志指示各野战军选送了许多设计图样。在研究过程中，毛主席详细听取了各方面的汇报后指出：军旗要有“八一”二字，表示党领导南昌起义，武装反对国民党反动派的历史节日；旗上要有“五角星”，象征党对人民军队的绝对领导。周恩来同志也反复强调，军旗要以象征革命的、中华民族传统的喜庆颜色——红色为主体，星和字用黄色，旗杆要有红黄两色炫纹，顶部要装一个红缨枪的矛头，再饰以红穗，象征人民军队的由来。根据毛主席和周恩来同志的指示，有关人员经过反复地精心修改，终于确定了方案，制作出人民解放军第一面军旗。

毛主席、党中央进驻北京香山后的一天晚上，研制人员扛着军旗，同周副主席一起来到了毛主席的住所，把她笔直地插在屋前的草地上。这时，晚风习习，红霞朵朵，落日的余晖把军旗装扮得格外鲜艳庄重。毛主席望着迎风飞舞的旗帜，脸上露出了满意的微笑。

5 月 27 日，周副主席亲自批示：同意 6 月 15 日公布中央军委关于颁布军旗的命令。从此，庄严的“八一”军旗正式诞生了。

## 绿军装的来历

世界各国的军装多为绿色或偏绿色，这是实战中便于伪装的需要。因为陆地植物多为绿色，行军作战身穿绿军装不易暴露目标。首先发明绿军装的，当属 19 世纪末受英军侵略的非洲布尔人。

当时，英军大规模地入侵南非。布尔人在 5 倍于己的英军强大攻势下，初战失利了。但他们发现英军穿的红军装，在丛林地带特别显眼。受此启发，他们立即将自己的军装改为绿色。战斗打响了，英军很难发现攻击的目标，而他们自己却暴露无遗，处处挨打。结果，这些装备精良、不可一世的侵略者，终于败给了手执原始武器的布尔人。

英军在南非战场的惨痛教训，被许多国家的军队所吸取。所以，现在大多数国家的军装，都定制为绿色。

## 我军第一套军装的来历

我军的第一套制式军装，诞生于1929年5月1日。它是由当时的红四军军长朱德、政治委员毛泽东及政治部主任陈毅确定式样后，交由军工战士制作的。

这套制式军装为灰蓝色布料，军帽为八角红星帽。当红军第一次穿上新军装时，毛泽东同志意味深长地说：领口上的两个红领章代表两面红旗，领章四周的黑边，是为悼念世界革命导师列宁同志逝世五周年！对于军服的颜色，陈毅同志用诗一般的语言解释说："灰蓝色，代表天空、海洋、青黛的群山和辽阔的大地"。

## 我国军校的来历

我国历史上最早的军校，出现于北宋时期，名曰"武学"。

庆历三年（1043年）5月，宋王朝为了改变军事人才匮乏的不利局面，精心筹办了一所"武学"。然开设数月，就遭到一些臣僚的指责与反对而关闭。宋神宗即位后，于康熙五年（1027年）在武成王庙重新开办"武学"，确立了我国正规军校教育的培训体制。

宋代武学在教学内容与课程设置上是比较科学和严密的。在军事上，它以军事理论、军事历史及军事学术为主体；在政治思想上，则以"前世忠义之节"为偶像，陶冶学员的思想品德与道德情操。学校还开有实兵演习课，以提高学员的实际带兵水平和作战指挥能力。宋神宗还钦命宋代的最高学府"国子监"，特意将《孙子》《吴子》等七部兵书编撰校定为《武经书》，作为学员的规范性教材。

武学在招生制度上亦颇为严格。无论是官宦子弟，还是庶民百姓，都需经过地方官推荐报考，成绩合格后方可入学。校内实行"上舍""内舍"及"外舍"三级培训体制，如各科成绩屡试不佳，则依次下降等级，直至开除学籍。毕业分配时，按成绩好坏及资历深浅授以官职。优等生可提前毕业，劣等生继续留校，来年再考。此外，他们还规定所有学员必须先到边远地区任职，三年无差者，则以例升迁。

这些基本传统与经验，对后世军校建设和人才培训，产生着积极的作用。

## 我军第一架飞机的来历

我军的第一架飞机，是由国民党空军部队“赠送”的。虽然说起来简直叫人难以置信，但这毕竟属于铁的事实。

1930 年 3 月，国民党一架德式教练机从汉口飞往开封执行通讯任务，返航途中因汽油燃尽而迫降于大悟陈家河，被当地赤卫队员缴获。根据中央军委指示，赤卫队员给机身涂上灰色的油漆，并在机翼两端画上两颗红星，将其命名为“列宁号”。这就是我军的第一架飞机。“列宁号”诞生后，先后出航过三次。

1931 年 12 月 20 日，国民党第 69 师在黄安城被我红四方面军围困了 43 天后，仍在负隅顽抗。这天上午，“列宁号”穿破云层在黄安城空盘旋。饥肠辘辘的国民党兵误以为飞机要空投粮食和武器，顿时欢呼起来。谁知飞机却投下漫天飞舞的宣传纸片，接着又突然飞来一连串的炸弹，将不少稀里糊涂的匪军送上了西天。红军乘势发起总攻，一举全歼守敌 69 师，活捉了师长沈冠英。

1932 年 6 月，蒋介石调集大批军队对我鄂豫皖苏区进行第四次反革命围剿，“列宁号”跟随红军几度转移后，终因环境恶劣，被迫将其拆卸并埋藏于大别山一个小山沟里。1951 年，当地群众将“列宁号”挖出后献给了国家。

## 我国坦克部队的来历

我国历史上的第一支坦克部队，是由国民党军队组织筹建的。

1933 年，南京政府派徐庭瑶率 7 人代表团出访英国时，从英国购回 30 辆坦克，于 1935 年在南京方山建立了中国第一支坦克部队——中央陆军直属战车营。同时，还组建了一所“陆军交辎学校”，以培养机械化部队指挥官。蒋介石兼任该校校长，徐庭瑶出任教育长。

抗日战争爆发后，战车营与交辎校一并迁至湖南金井。1938 年，南京政府又从苏联购回 100 辆 T—26 型坦克，将战车营扩建为装甲兵团，由胡献群任团长。番号为第 1149 团，隶属于第 200 师杜聿明部。后因战局变化，又迁址广西金州，把第 200 师改制为第 11 军。第 11 军遂成为我国建立的第一支正规化坦克部队。

## 红军未设三方面军的来历

1936年10月，英勇的一、二、四方面军在会宁胜利会师，完成了二万五千里长征的壮举。那么，细心的人一定会问：怎么不见三方面军呢？

1930年，工农红军已发展至十万之众。6月初，军委扩大会议研究编制时，计划将赣南、闽西、湘鄂赣和鄂豫皖根据地的红军，先编为四个军团，再扩编为四个方面军。当时，彭德怀同志任红三军军团长。后来在实际发展过程中，红三军团未能单独扩编，而与红一军团在浏阳永和市会和，扩编为红一方面军，彭德怀任副总司令。1933年秋，中央军委曾计划把新成立的七、八、九、十这四个军团合编为红三方面军。但由于一部分后来组成了“北上抗日先遣队”，一部分跟随一方面军进行了长征，致使合编计划一直未能实现。

## 军民分开的来历

在远古及商周春秋时代，军和民浑然一起，二者之间并无什么明显的区别。

商周、春秋战国时期，我国还是诸侯分封的奴隶制社会。其时人口少，生产力低下，部落氏族之间战事频仍。当各部落之间相互无争时，人人为民。一旦战火烧起，就又全民皆兵。

到了公元前221年，秦王嬴政灭掉六国，字号“始皇帝”。他废除诸侯分封制，全国设立36郡。为了加强封建中央集权统治，秦始皇下令收缴民间兵器，确立“民任转输，兵任征战”制度，军资兵饷由民缴税赋承担。于是，军民从此正式分开，专业化的军队随之产生。

## “入伍”一词的来历

在军队内部，人们惯常都将参军称作“入伍”。这是为何呢？把参军叫“入伍”，其实与我国古代的军队编制有关。

古时候，军队里五人为一“伍”，五“伍”为一两。整个军队，就是按照伍、两、卒、旅、师、军编制而成的。社会基层单位“比”，也是由五户组成的。征兵时，五户各送一名男丁，一“比”共送五人，组成一个“伍”，不管什么时候，都在一块儿。历代军队编制虽然不断变化，但“伍”的叫法，却一直流传至今。

## “民兵”一词的来历

“民兵”一词，最早见于1045年的《玉海·兵制》。

书云：凡兵有四，即禁兵、厢兵、役兵、民兵。农之健而材者籍之。就是说：把健壮农民列入兵籍，无战事就参加生产劳动，打起仗就征召入伍参加战斗。

我国第一、二次国内革命战争时期，成立的赤卫队、梭镖队、农民自卫军和工人纠察队等群众武装，都是民兵的初期形式。到了第三次国内革命战争时期，才改成民兵和人民自卫军。

1945年4月，毛泽东同志在《论联合政府》一文中提出：乡村中不脱离生产的民兵，要发展到220万人以上。从此，民兵组织普遍建立，队伍不断扩大。“民兵“一词，就此沿用迄今。

## 连队革命军人委员会的来历

连队革命军人委员会，是我军连队普遍建立的、由全体革命军人参加的群众组织。它的前身叫士兵委员会，是1927年秋收起义部队在三湾改编时创立的。其职权是代表士兵利益，参加部队管理，维护部队纪律，监督部队经济，做好群众工作，兼具批评与处分干部的权力。它对消除旧军队的影响，实行民主制度，发挥过积极的作用。然而由于其权力过大，曾助长了极端民主化的倾向，后来被取消了，只保留士兵委员会内的连队俱乐部组织。解放战争时期，一些部队在开展新式整军运动，实行政治、经济、军事民主时，又恢复了原来的士兵委员会。中央军委肯定了这种做法，提出要普遍建立。

1948年3月3日，华东野战军政治部主任唐亮根据部队的实际情况和土改学习的经验，亲自起草电报，以华野参谋长陈士榘和他本人的名义，向中央军委建议，将士兵委员会改为革命军人委员会。理由有三：一是叫士兵委员会，容易造成专门“对付干部”的误解，不利于增强官兵团结；二是战士不欢迎“士兵”这个词，改称革命军人委员会较合时宜；三是与三湾改编时相比，部队情况已发生了很大变化，尤其是一些从国民党部队过来的“解放战士”觉悟有限，权力不宜过大。这一建议，立即得到中央军委的赞同与采纳。

此后，这一组织尽管在不同时期的工作重点与要求有所差异，但其性质、职权等从未作过原则性的改变。

## “凯旋”一词的来历

我们常称得胜回朝为“凯旋”。“旋”者，开宗明义，乃回来之意是也！然“凯”字蕴含何意，得胜回朝又为何叫做“凯旋”呢?

据《尔雅·释天》载：“南风谓之凯风”。它能催动万物，使之茁壮成长；万物欲显示它们内心之喜悦，故以“凯”相称（据刑昺《尔雅疏义》)。由于凯风成了人们心目中的祥和之风，故用音乐来表达，就是“凯乐”。

上古时期，国之大事无非就是“祀”与“戎”。每当将士征战得胜后班师回朝，必进“社”报之。“王师大献，则令奏恺乐”(《周礼·春司乐》)，即“献功之乐”。据《说文》段玉裁注，“恺”即“凯”也。由此可以看出，古时这两字就属于通假字，意思则是一样的。当时，凯乐只能在庆典之时演奏，其他场合不得用之。故“凯旋”一词也沿用至今。

## 投降举白旗的来历

在远古时期，黄、黑、白三色曾是我们祖先视为吉祥的颜色。到了汉朝，由于汉高祖自称为“赤帝之子”，红色便开始成为人们崇尚的喜庆色。

尽管如此，白色作为休战、谈判乃至投降的标志，也具有悠久的历史。秦统一前，诸侯割据，狼烟四起。当时的旌旗都是黑色的，假若战事失利，则打出白旗表示和谈，并派出军使到对方讲明条件或意图。这时，对方便下令停止一切进攻性活动，形成“两国交战、不斩来使”的惯例。随着时间的推移，人们渐渐把在战争中打白旗的举动认为是投降。当年，汉高祖率兵长驱直入秦国，秦王子婴招架不住，遂身穿一袭白衣，骑着一匹白马，颈上系着一条白带表示投降。

于是，举白旗就成了投降的标志，并且一直沿用到今天。

## “辕门”的来历

很多古典剧都有“辕门”之说，比如《辕门斩子》《辕门射戟》等。那“辕门”到底是什么呢？

其实在古时，辕门就是军营营门。春秋战国时期，两军交火是在马拉的战车上进行的。当军队驻扎宿营时，为防止敌军袭击骚扰，兵士们就围成圆形作为屏障。为便于出入，遂以两车相向而为门。由于车辕相对，故称作“辕门”，如此代代相传。后来还将一些高级军事机关的正门，引申为“辕门”。

## “麻雀仗”的来历

麻雀仗是我军在长期革命斗争中创造出来的一种“以少胜多、以弱胜强”的灵活机动的战术方法。

1937 年 11 月，日本侵略者出动五六个步兵连和一个骑兵连，携带六门迫击炮，气势汹汹地向我根据地范村进犯。在强敌的疯狂进攻面前，八路军 129 师某团以一个连的兵力，分散隐蔽在十多里长的山地道路附近。当敌人骄横地向前开进时，战士们三个一组、五个一群地从四面八方向侵略者迎头痛击。他们忽东忽西，忽隐忽现，日军只听到枪声漫山炸响，就是找不到八路的影子，仿佛与一群时聚时散、飘忽不定的麻雀对阵一般。经过几小时的激战，我军消灭日寇近百人，击毁军车一辆。

事后，刘伯承同志给这种战法取了一个贴切、别致的名字——麻雀仗。后来，在 129 师抗战一周年《战术报告》中，还特意提及它。

## “和平鸽”名称的来历

鸽子乃和平的象征，因而人们对鸽子历来情有独钟。不仅中国国际和平年的徽章上铸有展翅飞翔的鸽子图案，而且联合国徽章上同样有鸽子。既然如此，鸽子为何又称“和平鸽”呢？

1940 年 8 月的一天，著名画家皮卡索正在聚精会神地伏案工作，邻居米西突然抱着一只死鸽进来，神情悲愤地向他控诉德国法西斯的暴行：不仅枪杀了正在喂鸽的孙子，甚至连鸽子也未能幸免。他请求皮卡索为他画只鸽子，以纪念他不幸遇难的孙子。

皮卡索义愤填膺地画出一只正在蓝天自由飞翔的鸽子，于 1949 年将其奉献给巴黎国际和平理事会。从那时起，鸽子就成为世界和平的象征。“和平鸽”一词，也就应运而生了。

## “八旗制”的来历

满族入关以前，曾以彪悍骁勇、善于骑射而著称。经过无数次战争的洗礼，其军事实力也得到迅速增强。

明万历二十九年（1601 年），满军正式设立红、黄、蓝、白四旗。14 年后，又增设四旗，“参用其色厢（镶）之”（见《华东录》卷一）。由此，清军共有八旗之众。这时，“旗”才从原来“建旗辨色，用饬戎行”的单纯标志性之物，演变成清代军事单位的专用名词。入关前后，他们又先后增设了蒙古八旗与汉军八旗，合为二十四旗。八旗建制的确立，完全适应了当时政治、军事形势发展的需要。

斗争实践表明，八旗兵在清室入关，定鼎中原，顺治、康熙的平叛削藩以及日常军事行动中的环卫禁城、拱护城池等方面，均发挥了无可替代的历史作用。

然而，八旗毕竟属于封建统治阶级的御用工具，因此就必然有无可挽回的颓败之运。当时，战事稍息，八旗兵就“闲者日众，不事生业”（见《啸亭杂录》）。特别是满族八旗兵，更是游手好闲，吃喝嫖赌抽，样样都拿手。到了同治、光绪年间，竟连祖传的骑射之术也逐渐束之高阁了。后来，他们身无一技，聊以薪俸混日子。所谓“八旗纨绔，落魄无能”，乃为他们的真实写照。

由此可见，八旗子弟的大量涌现，方为清王朝加速崩溃的主要原因之一。

## “公”与“座”的来历

但凡以解放战争为题材的电影、电视剧中，每当国民党高级将领出现时，“公”与“座”的称呼就不绝于耳。譬如，蒋公、委座，军座、师座等。那么，“公”与“坐”究竟是什么意思呢？

"公"原是古代的爵位名（公、侯、伯、子、男），后来用作对尊长或平辈的敬称。如国民党元老何应钦，号敬之，遂被称为"何敬公"；陈诚号辞修，就被称为"陈辞公"。

科举时代，得中的士子，以有司为座主，自称门生。《称谓录》云："座主之称始于唐"。到了明代，科举之士，始称有司为"座师"。1932 年 3 月 5 日，国民党在河南洛阳召开四届二中全会，通过成立军事委员会。该会为全国最高军事机关，由蒋介石任委员长。于是，蒋在中国第一个被尊称为"委座"。如此上行下效，国军的高级将领都开始称"座"了。譬如军座、师座、旅座和参座（参谋长）等。

## 法西斯符号"卐"的来历

地球村的人大概都认识希特勒法西斯的符号——斯沃斯蒂克"卐"，但却鲜有人知，它的起源竟可追溯到遥远的史前时期。

在古代，"卐"曾被当作太阳的记号，也被美洲印第安人作为仁慈的象征；邻国印度将它视为"吉祥的云"；我国北魏时期的经书将它译为"万"字；唐玄奘则把它译为"德"字，昭示佛祖的功德无量；武则天登基后，又把它改回"万"字，意为集纳天下一切吉祥功德。19 世纪晚期，丹麦的卡尔斯伯格·布雷瓦瑞采用它做商标，使其很快变成"优质"二字的同义语。

可是谁也不会想到，"卐"这个具有强大正能量的吉祥字符，竟然会被杀人魔王窃取和利用——自上世纪 30 年代始，希特勒以卑劣的手段，将其定为纳粹德国的特殊标记。

一个原本象征慈爱与优良品质的符号，一夜之间竟被玷污、亵渎成暴力、恐怖的法西斯标记，该是何等的荒谬与卑鄙啊！

## 坦克的来历

坦克能攻能守，可进可退。堪称活动性堡垒。然而谁能想到，如此一个庞然大物的发明，竟出自文人——一个随军记者之手。

第一次世界大战期间，有位名叫斯文顿的英国随军记者，在前线目睹英法联军被德军打得死横遍野，节节败退。他想，如果给拖拉机穿上厚厚的钢甲外衣，用它来进攻敌军，不就能够有效地防御枪弹袭击了吗？于是，他建议将“霍尔特”型拖拉机改装成战车投入战斗。不久，这种攻防两用的重武器就在英国一家水柜加工厂生产出来了。这就是世界上的第一辆坦克。

当时为了保密，英国的研究人员把它佯称为“水柜”。因为水柜的英文音为坦克，所以坦克的名字也就这样叫开了，并被世界各国沿用至今。

## 钢盔与安全帽的来历

1914 年的一天，德军向法军发动了猛烈的进攻。一时间炮声隆隆，弹片横飞，法军阵地被炸得烟雾弥漫。这时，一个正在厨房值班的法国士兵忽见弹片纷纷坠落，慌乱之中竟将一只铁锅顶在头上冲了出去。战斗结束了，法国士兵死伤惨重，只有这个“火头军”安然无恙。一位将军问他：“你是如何脱险的”？他如实答道：“靠头顶铁锅，才免于一死”。将军听后颇受启发，就下令按铁锅的式样制作铁头盔戴在头上。以后士兵冲锋陷阵时，伤亡人数果然大为减少。这就是头盔的来历。

军用头盔启发了人们，于是工矿企业也照猫画虎，制作了安全生产必不可少的“安全帽”。不过，安全帽也是在仿生学的作用下不断改进而成的。人们在生活中发现，啄木鸟整天用嘴啄木头，可它的脑子却丝毫不受震动的影响，更不会因此而成为脑震荡。根本的原因，在于它的脑髓与脑膜之间有一条减弱震动的缓冲地带。因此，人们在军用头盔的基础上，又增加了几条帆布绷带，使头盔内壳与头顶之间留下较大的空隙。这样就可以缓解外来打击物的力量。

## 降落伞的来历

世界上许多事物的产生，都出自一种偶然的现象。降落伞的发明问世，就是这种偶然现象的产物。

1628 年，意大利一个监狱里有位名叫拉文的犯人，一心想找机会越狱逃跑。可是，当时的监狱是个很高的堡垒，即使能够从里面爬上去，也很难下到外边去。后来，拉文想了一个办法：他悄悄找到一把雨伞，用许多小细绳将雨伞的每根条幅系住，然后把绳子的另一端捆在一起握于手中，再抱着张开的雨伞从监狱的顶部跳到了外边。

拉文跳伞逃跑的成功，使航空学家发生了浓厚的兴趣。1785 年，法国人白浪沙尔用重物和狗进行高空试验，从气球上乘伞下降获得成功。1797 年，法国飞行员背着自己设计的降落伞，从 700 米高的气球上跳下，顺利完成了人类历史上的首次跳伞。及至第一次世界大战爆发之时，各国飞行员大都配备了降落伞。

## 无人侦察机的来历

古今中外的一切战争中，收集情报、传递情报都是一件不可或缺的重要工作。信鸽、邮驿、烽火台虽然也发挥了一定的作用，但其功能毕竟还是有限的。因而人们一直在探索、在寻找另一有效的方法来。

2000 多年前，西汉的开国功臣韩信曾致力于研究一种最原始的无人侦察机——飞鸢，并取得了成功。明代王三聘的《古今事物考》载："汉高祖之征陈豨也，韩信谋从中起，故作纸鸢放之，以量未央宫远近，欲穿地遂入宫中，今谓之风筝"。这里是说，当时的列侯陈豨欲向汉高祖刘邦造反，韩信则与陈豨相互勾结，制作了纸鸢作为里应外合的信号，这是最早用纸鸢来传递情报的战争实例。

所谓"纸鸢"，民间亦称"纸鸱""鹞子""木鸢"和"飞鸢"。从其功能来讲，它堪称最原始的无人侦察机。而在纸鸢出现之前，中国人倒是真的设计并制造了一款无人侦察机——木鹊，这无疑是人类最早的航天飞行器。据《墨子·鲁问》记载，"公输子削竹木为鹊，成而飞之，三日不下。"木鹊无须空中加油，就能连续飞行三天三夜，这足见我国人民的聪明才智之高深。

由于纸鸢的制作工艺简单，操作、控制也十分方便，故一经发明，便在军事、间谍活动中得到了广泛的运用。南北朝时期的"侯景之乱"中，当时被叛军侯景围困在都城建邺（今南京）的梁太子萧纲，便是用纸鸢传递情报，搬来救兵的。

纸鸢亦具有较高的安全性，在空中即便被敌方发现，也奈何不得。因为那时并无高射炮和导弹之类的"杀手锏"，仅凭常规弓箭根本无法击落。唐朝时魏博节度使田悦起兵谋反，围攻临洛城。守将张伾遂放纸鸢与朝廷援军取得联系。尽管田悦当时发现了飘过营房上空的纸鸢，亦知道守军在向城内传递军情，遂赶紧找来“善射者”，但因纸鸢飞得“高百余丈”，也只能徒叹奈何，眼巴巴地目送纸鸢飘然而去。

## 间谍的来历

间谍是为特定统治集团服务的特殊工具。他（她）既可游弋于乡间市井，又可以作为定时炸弹潜藏在对方的要害部门。其目的只有一个——千方百计获取对方的政治、经济、科技和军事情报。

人们总认为四大美人之一的西施是中国历史上第一位女间谍，其实不然，早在数千年前的我国夏朝，宫廷里就已出现了谍影，她的名字叫做女艾。谈到这个话题，还得从夏朝的宫廷斗争风云说起。

君主太康在位期间（前 1965～前 1962），因不理朝政外出打猎，被有穷氏首领后羿夺去了政权，在史上留下了“太康失国”的悲惨一页。后羿的亲信寒浞得宠后，又如法炮制夺取了王位。为了斩草除根，到处追杀仲康的儿子——相。当时，相的妻子后缗氏已有身孕。相死后，妻子随宫女从围墙的狗洞里爬出，逃到娘家有仍氏部落，次年便生下个儿子少康。

在母亲的感召下，少康发愤图强，立志夺回天下。他四处招揽人心，各方势力都归顺于他。在攻打寒浞的关键战役中，他派女将军女艾到浇的军营刺探虚实。女艾乔装打扮来到寒浞的统治中心，到处打探消息，了解民情，终于助少康夺回王位，实现了“少康中兴”。女艾也由此成为我国历史上第一位女间谍，同时也是世界上最早的一位女间谍。

中国历史上最出色的女间谍，则非西施莫属。她因貌美而被越国将军范蠡（作为间谍）献给吴王夫差，为越国复兴和吴越战争的胜利做出了巨大贡献。

494 年吴越交战，越败于吴。越王勾践被迫屈膝求和，偕妻将臣入吴为质三年。勾践归国后，发誓洗刷这奇耻大辱，于是采用文种提出的“美人计”。几经寻觅，终于得苎萝山卖薪女西施，准备送于吴王。然西施不善歌舞，更不懂礼仪，于是开始学习。仅仅三年时间，就能伴着悠扬的乐曲翩跹起舞，举手投足均显美态。吴王夫差沉湎于西施的美色，不理朝政，致使朝政混乱。西施还趁机离间吴王夫差与吴国大将伍子胥的关系，旨在削弱吴国的军事力量。与此同时，越国却上下一心，励精图治，经过十年生聚，十年教训，终于打败了吴国。

从此，人们逐渐地认识到间谍战的巨大威力，其后历朝历代都把间谍战作为秘密武器，从而也把军事战争演绎得更加有声有色。

## “经济”一词的来历

“经济”的原意是家庭管理，它最早见于古希腊思想家色诺芬所写的《经济论》一书。

在我国古代汉语中，“经济”一词是从“经纶济世”、“经国济民”演变而来的。其本意是指治理国家，拯救庶民，与西方“经济”的概念不尽一致。

数千年后的今天，“经济”一词的含义已较原来广泛得多：一是指与一定社会生产力相适应的生产关系，或曰社会经济制度。二是指物质资料的生产、交换、分配及消费各个环节之总和。三指一个国家的国民经济，包括农业、工业、商业、交通运输业等物质生产部门的结构、比例与发展情况。四是生产、生活上的节省、节约以及居民家庭的收入、支出和消费水平。

## “钱”的来历

关于钱的来历，至今说法不一。一说钱是由农具转化而来的，一说是从贝壳逐步发展演变过来的。

前者认为：“钱”始于西周末年。《诗经》上说：“命我众人，庤乃钱鎛”。意思是上帝又赐予了一个丰收年，麦子长得很好，大家快准备钱鎛，小麦即将收割了。在这里，鎛是麦收之后用来翻土的一种铲型青铜农具，其状与现今的铁锹十分相似。鎛的首部有安装木柄的銎，因此叫“空首希”。后来为了铸鎛方便，又改成“平首希”，而“钱”则是镰刀。从字形看，“钱”字从金从戈，金指金属，戈指平头戟曲刃，可用来横割。因此说钱是仿戈的横割农具。钱的尾部有銎装木柄，为了免其转动，便将柄做成外圆的方形，后来的方孔圆钱正是照此制成的。由于西周后期青铜农具与货币并无明显区别，二者在商品交换中都可充当媒介物，加之随着历史的发展，钱也向专一、小型、精美的方向演变，所以它就逐渐成为货币的名称。

后一种意见认为：钱起源于公元前 16 世纪在商品交换中充当等价物的贝壳。

贝在当时是人们非常喜爱的装饰品，它既便于计数，又便于携带和贮存，所以人们很早就拿它当钱用。直至商代末期，它才被与之外形相近的铜贝所替代。正因为如此，汉字里大凡与钱有关的字，多数皆同贝相联系。如：财、资、赌等。

秦始皇统一中国后，规定以黄金为上币，铜钱为下币，并把钱铸成方孔圆钱，象征着“天圆地方”。这种钱一直沿用至清朝末年。

我国最早的纸币，当属宋朝的“交子”。它系铜版彩色套印，上有花木鸟兽图案。其与欧洲的纸币相比，还要早出数百年。

## 古钱币上方孔的来历

铜钱是我国古代的流通货币，每枚钱的中心部位都留着一个方孔。有人说这是为了便于绳穿成串——古时的“一贯”不就是一串铜钱吗？又有人说是为了节约金属。还有人说是为了减轻铜钱的自身重量。其实不然，铜钱上的方孔，乃是由当时的工艺制作条件决定的。

原来铜熔化后，要在范模中铸钱，钱的边缘就难免留下许多毛刺，这既有碍观瞻又不便于携带。要去掉毛刺，只能用锉刀修饰。但一次不能只锉一枚，必须串起来才能省时省工。因此，钱的中央得留下一孔，方可串在辊上。假如留成圆孔，钱就会在辊上滚动，有碍操作。留成方孔，这一问题便迎刃而解了。

正是基于这个缘故，古钱币上才出现一个方孔，继而被人们戏称为“孔方兄”。

## 唐代铜钱上“指甲印”的来历

唐时的铜钱上面，有一条非常鲜明的指甲印痕，曾引起不少专家学者的兴趣以至猜测。后经史学家及钱币学家反复研究考证，才确认它是一枚手指甲的印记。那么，这一神秘的指甲印到底从何而来呢？

原来在唐开元年间，一位制钱工做好样品后呈报唐明皇核准。罢朝时，明皇将其随身带入宫内。千古佳人杨贵妃端详良久，一时兴起竟掐了一甲。制钱工误以为此系皇上钦定，未敢妄动，结果就将它留在了钱背上。

这正是：“有似开元钱样，一缕娇痕巧印”。

## 元宝的来历

在人们的想象中，元宝是铸成马蹄形的金银锭，然事实并非如此。古代的元宝，仅仅是一枚普普通通的青铜钱而已。

唐高祖武德四年（621 年），唐王朝开始铸造“开元钱”，意即开辟新纪元。这种钱币的表面，依上下左右之顺序，铸有“开元通宝”四个字。由于当时人们习惯于“圈读”（即由上开始，从左至右），故将“开元通宝”误读为“开通元宝”。如此误读的人一多，“开元钱”也就随之变为“元宝钱”了。

直到唐肃宗乾元元年，朝廷铸造顺天元宝时，才正式用“元宝”来命名钱币。后来世代相袭，“元宝”之称就越来越普遍了。如宋朝的“圣宋元宝”、清末的“光绪元宝”等。至于马蹄形的金银元宝，乃为近代改型之作。

## 人民币的来历

1948 年 12 月 1 日，我党领导的华北人民政府发出〔金字〕第 4 号布告。主要内容为：为适应国民经济发展，迎接全国解放，经山东省政府与陕甘宁、晋绥两边区政府同意，特将华北银行、北海银行、西北农业银行合并为“中国人民银行”，以原华北银行为总行。

据现居北京的“老银行”石雷同志（时任华北银行发行科长）介绍，中国人民银行成立的当天，就发行了上述三区的本位货币——人民币。上午 9 时，河北平山县银行派人来领第一批人民币票款，他就与领款人商量换下标有“00000001”号、面额 50 元的我国第一张人民币，以示纪念。

这张我国最早的人民币，规格为 132×68 毫米。正面底纹为浅蓝色，花边为高粱红色，图景为黑色，中间花符浅紫色。它的正上方，印有时任华北人民政府主席董必武正楷书写的“中国人民银行”几个字，中间有“伍拾元”，底边中部有“中华民国三十七年”等字样。左边图案为水库，右边为煤矿。背面底纹为黄茶色，其边为深茶色。正上方也有“中国人民银行”及“伍拾元”的字样。

人民币的票版，是由晋察冀边区印刷局王益久等人，根据解放区人民生产建设图景精心设计的。

## $的来历

不少国家的纸币、硬币上，都刻有“$”的符号，它是由古代西班牙“本洋”银币中的一种图案演变而来的。

本洋银币系当时西班牙的属地——墨西哥城铸造。因银币的图案上有两根柱子，故又称之为“双柱币”。这两根柱子代表着直布罗陀海峡两岸突兀峻峭的山崖。据传说，在远古时代，欧洲大陆与非洲大陆在直布罗陀地区是相连的，后来被古希腊神话中的大力士赫格里斯拉成现今的模样。

古代欧洲人为了纪念这段传说，就在银币上设计了这一图案。图案中两根柱子上各缠绕着一条卷轴，形成两个“$”形。现在世界上不少国家货币上的“$”符号，都是由此演变而来的。

## 信用卡的来历

信用卡是现代商流过程中不可或缺的、使用起来也十分方便的一种货币支付凭证。然而，谁都难以相信，它竟是一位美国人在分外狼狈的窘态中发明出来的。

1950 年的一天，一位颇有社会地位的美国上层人物邀集一些朋友在饭馆聚餐。酒足饭饱后，他前去清账买单。当手刚一伸进口袋，便大吃一惊，接着头上又涔出一层冷汗。原来他一时疏忽，竟忘了带钱包。在现场诸多诧异和责备的目光中，他羞得无地自容，只好硬着头皮，请另一朋友代为付款。

回到家中，他对这次尴尬处境一直难以释怀。如何才能有效避免此类“丑闻”再度发生呢？经过再三斟酌，他找来一批富商巨贾，共商万全之策。后来，大家终于想出了一个消费时“既不带钱，又不失体面”的良策：组织一家“信用卡”公司，用信用卡来替代流通消费中货币的支付功能。后来他正式创办了世界上第一家信用卡公司，于是，“信用卡”就应运而生了。

## 银行的来历

银行的起源，竟与长板凳有着十分密切的关系，这大概是绝大部分人所始料不及的。

中世纪中期的欧洲，各种商品交换主要通过集市进行。由于当时货币种类繁多，伪币经常充斥市场，于是以专门鉴定、评估与兑换货币为职业的钱商便应运而生。为了摒弃大宗货币携带不方便、不安全之弊端，钱商想了一个办法：商人先将自己的巨额货币交给钱商，再用钱商开出的收款凭据，到预定的经商地点兑取当地的货币。这种凭证，其实就是最原始的汇票。

随着贸易的不断扩大，急需现款的商人开始向钱商借款。他们出具借据给钱商，并议定归还日期和借款利息，信贷业务也就此萌生了。

由于钱商一直坐在长板凳上办公，时间一长，“长板凳”就成为他们的代名词。在商品交换过程中，这些“长板凳”通过经营汇兑及借贷业务获取高额利润，积累了大量的货币资本。由此可见，银行实际就起源于货币兑换业。久而久之，“长板凳”就变成了银行家。

也许有人会问：金子比银子贵重得多，人们为啥不把银行叫“金行”呢？这是有其历史原因的。几百年来，白银一直是我国的主要货币，而黄金既珍贵又稀少，仅适用于制造饰品与贮藏，极少进入流通。因此，当存款、借贷及汇兑业务不断发展，需要建立专门机构统一经营时，人们便很自然地将其与银子联系起来，称作“银行”。“行”者乃处所是也！于是，“银行”这一称谓就一直沿用下来了。

## 储蓄的来历

“储蓄”一说，最早见于《后汉书》。书云：“古者急耕稼之业，致耒耜之勤，节用储蓄，以备凶灾”。句中的“储蓄”是指积谷屯粮，以防灾荒。它与现今银行的储蓄虽略有区别，但从节俭备荒的角度看，其本质是完全相同的。

我国古代有种名叫“扑满”的陶瓷器具，只有入口，没有出口。

将钱投进其腹，待积满后打碎取出，即“满则扑之”。这与现今的“零存整取”所差无几。此外，人们还将装满钱币的陶罐埋入地下，以备灾荒之用。这种“窖藏”之法，则相当于如今的“零存整取”。不过，绝无利息可言。

我国最早的储蓄机构建于唐代。当时商业市场比较集中，加之金属钱币携带不便，一些商人就组建柜坊、钱坊替人保管钱币，并收取少量保管费。明代以后，一些商人开始设立“银号”与“票号”，专门接收存款，支付利息。至清朝中叶，才正式开办了银行，承办各种储蓄业务。

## 大写金额的来历

钱币大写金额的做法，是朱元璋实行财务制度改革的结果。

据史书记载：明朝初年，宫廷发生了一桩重大经济贪污案。任职户部侍郎的郭桓，利用职务之便勾结官吏，大肆侵吞政府钱粮，总额高达2400万石精粮。该案涉及朝廷12名高官，6个部的大小官吏和许多地方官员。

朱元璋对此极为震怒，遂下令将涉案的数万人斩首示众。除此之外，他还亡羊补牢，及时修改完善了惩治经济犯罪的政策法令，制定了许多切实有效的管理措施。其中最切合实际的一条，就是把记载钱粮数字的汉字一二三四五六七八九十百千，改成壹贰叁肆伍陆柒捌玖拾陌阡。堵住了账务管理中的一大漏洞。

此后，人们在实际工作中，逐渐用“佰仟”取代了“陌阡”二字。到了近代，随着阿拉伯数字的推广，人们将大写数字与之相配合，才形成了相对完整的数字记账体系。

关于金额大写的来历，民间还有另一种传说。

相传孔夫子带子路和颜回周游列国时，贫困潦倒，囊中羞涩。一天，师生三人每人身上只剩一文钱。傍晚时分，他们早已饥肠辘辘。正愁没钱吃饭时，偶然发现街头一家元宵店前写着：“一文钱一个”。孔子眼前一亮，遂叫两个弟子进去找座，自己却偷偷取出笔来，往后边那个“一”字上添了一竖。进店后，遂向店主要十个元宵。三人饭毕，孔子掏出身上仅有的一文钱给店主。店主说：“你们吃了十个元宵，理应支付十文钱”。孔子反唇相讥道：“招牌明明写着一文钱十个，你们怎么欺诈外乡人？”店主出去一看，明知有人恶改，也只能自认晦气。那孔夫子倒也坦诚，他告诉店主：“招牌是我改的。假如我再添几笔，你的损失岂不更大了？因此，以后涉及金额事项，还是大写为好”。店主觉得言之有理，向孔子一行真诚道谢后，马上就采纳了。

## 我国税收的来历

税收是国家出现以后的产物，是维持政权的物质条件，也是各项社会事业发展的基础与源泉。

据史料记载：2000多年前，在我国第一个奴隶制王朝——夏朝，百姓就开始以“贡”的形式向朝廷缴纳税赋。春秋时期，对私有土地按亩征税的“初税亩”制实行后，税的征收方式就更加具体，并以法律形式固定了下来。随着手工业与商业的进一步发展，捐税的种类也日益增多。到了明末，又实行了“一条鞭”的新税法。它以州、县为单位，把田赋、劳役以及各种“贡”的杂役统一折成银两，再向土地所有者分摊征收。

清康熙年间，清政府曾将各地上报的人丁数作为丁银的固定税额，后又将其并入田税征收，即丁银与田赋均按田亩征收。这种“地丁合一”的捐税制，是我国古代封建赋税制度的最后方式。

解放前，我国苛捐杂税名目繁多，税收制度相当混乱。据天津《大公报》1932年公布，全国税种多达1750余个，其中农村税种也有数百种。

新中国成立后，我国税收遵循“取之于民、用之于民”的原则，才真正使其成为积累资金、推动经济发展的重要推手。

## 专利制度的来历

专利制度是在封建社会的中后期，随着商品经济的迅速发展而产生的。

早在1236年，英王亨利三世就曾授予波尔多一个市民15年的色布制造垄断权。1474年，威尼斯正式颁布了世界上第一部《专利法》。

美国独立战争后的1790年，就首次提出了“新颖性、创造性、实用性”的专利审查思想，为实现审查标准国际化奠定了基础。日本于1885年明治维新时开创了专利制度，现在是世界上受理与批准专利申请案最多的国家。俄国十月革命后，列宁为了恢复国民经济，在1919年签署了《发明条例》，并首先采用“发明人证书”制度，从而成为世界上第一个对科学发现实行登记制度的国家。

在我国，《资政新篇》的作者洪仁玕是第一个提出近代专利思想的人。1912年12月颁布的《奖励工艺品暂行章程》，是我国第一部类似专利保护法的法令。32年后，专利法正式颁布实施。

建国以来，我国政府对实行专利保护、推动科技进步工作十分重视，先后颁布了《保障发明权与专利权暂行条例》《发明奖励条例》等法规。1980年1月，经国务院批准成立了中国专利局，正式受理发明的审批与奖励。

## 商标的来历

商标俗称“牌子”，它是工商企业为区别其制造或经营某种商品的质量、规格与特点的标志。一般用文字、图形或记号，注明在商品、包装、招牌及广告上面。商标经国家专门管理机关注册登记后，就取得了专用权，任何人不得侵犯。

我国的商标起始于北宋时期。最初是牧民为辨认自己的畜牧，在畜体上烙下特殊标记。后来，手工匠也开始在产品上铭刻自己的姓名和记号。当时济南有家刘记针铺店，就曾以白兔为商标。这个商标是用铜版印制的。中间绘有“白兔捣药”图，侧旁标有“济南刘家功夫针铺”的印记和“认门前白兔儿为记”的条幅。另外，还辅以“收买上等钢条，造功夫细针，不误宅院使用；转卖兴贩，别有加饶。请记白兔”的广告语。这一图文并茂的标记，据说是我国历史上第一个比较完美的商标佳品。

国外最早的商标，是1473年英国伦敦街头上张贴的印刷商标。但与我国刘记针铺店相比，已晚了数百年。我国最早的商标法，是1904年清政府颁布的《商标注册试办章程》。1983年3月开始实行的《商标法》，则是新中国成立后正式颁布的第一部商标法规。

## 保险的来历

在很早很早以前，人们就开始以“保险”的方式来补偿各种灾害、事故造成的意外损失了。

公元前2500年，巴比伦国王就曾下令收取税款，以补救火灾之损失。在古罗马，士兵们自发成立专门组织，主动缴纳会费，用来给不幸亡故的军人之家属发放抚恤金。事实上，这正是人身保险的雏形。

我国的保险历史也很久远。周朝时为了预防天灾人祸，就着手建立了很多粮仓，每逢饥馑来临，便用仓内储粮放赈安民。到了隋文帝时，又开始设立“义仓”，要求老百姓每年秋季缴纳一石或更多一些粟麦，以备度过灾荒之年。这种“储粮防荒”的措施，就是我国保险业的起源。

## “经营”一词的来历

“经营”一词，原意当奔忙讲。《诗经·北山》篇中有“经营四方”一说。讲的是一名小官从早到晚忙忙碌碌，很少闲暇休憩。其主要反映在统治阶级内部不同阶层中，也有劳逸不等、苦乐不均的现象。

随着社会的发展与时代的变迁，“经营”一词的含义已发生了根本的变化。起先我们把东西量地叫“经”，把周围量地称“营”，以后又引申为兴办企业的筹划与管理。如生产经营、合资经营、独家经营、苦心经营等。尤其是改革开放以来，随着商品经济的发展，“经营”一词的使用频率越来越高，范围也愈来愈广。

## “合同”一词的来历

合同就是契约。我国港台地区又称其为“合约”。它是当事人之间设立、变更、终止民事关系的协议，是商品交换的法律形式。

在我国古代，合同只不过是一种契约的形式，也是一种分支契。其形式有多种，或在两支契约押缝处书“同”字，或在两支契上分别书“合”“同”二字。那么，合同一词最早从何而来呢？

合同原来属于逻辑术语，用来表示几个种概念共同囊括于一个属概念，而其外延又相互排斥的平行关系。它源于《墨经》中的“俱处于室，合同也”。如二人共居一室，就是合同关系。在商品交换中，当事人的权利、义务共同指向所交换的商品。于是，己方的权利就是彼方的义务，反之亦然。这正与合同的内涵相一致。

1956年，我国正式将“合同”作为商品交换的法律形式。从此，合同已不再单纯是一个逻辑术语，而演变为一个十分重要的法律概念和法律制度。

## “签字画押”的来历

现代契约文书中的意向书、协议书以及合同书等，一旦正式建立，双方必须签字画押、加盖公章予以认可，并认真履行其中的权利和义务。其实，“签字画押”这一做法，我国早在唐宋时期就已流行开来。

据考证，宋朝叶梦得的《石林燕语》有云：“唐人初末有押字，但草书其名，以为私记。余见唐诰书名，未见一楷字，今人押字，或多押名，犹是此意”。从这里我们可以看出，所谓画押，其实就是草书签名，表其私记。当然，也有以特殊符号或字符来替代草书签名的。

古籍《唐书》记载：董昌僭位，下制诏皆自署名，或曰“帝王无押诏”。昌曰：“不亲署，何由知我为天子？”这充分说明，起码在唐朝之时，帝王就开始在诏书上“签字画押”了。

可是，《程史》对此却有不同看法。此书云：“押字之制，世以为起于唐韦徒五朵云，而不知晋已有之”。倘若《程史》所言有据，那就基本可以认定这样一个事实：“签字画押”发端于魏晋，而通行于盛唐。

## 袖口议价的来历

过去，在陕西的农贸市场上，人们时常会看到这样一种现象：交易双方相互牵手，神秘地避开人群，然后或撩衣遮手，或将手缩进袖筒，亦或用草帽予以遮挡，再用手指捏弄比划着，小声翼翼地告诉对方“这个整、这个零”。他们在干什么？在用手指替代数字，进行讨价还价！

这种民俗风情，首创于声名赫赫的秦始皇。相传秦始皇当年微服私访，在骊山路遇两个卖牛与买牛之人正为价钱吵得不可开交。旁边一些买主也跃跃欲试，想借机搀和进来。秦始皇遂将买卖双方劝离人群，采用牵衣遮袖之法暗中议价，避免了他人的肆意干扰。人们觉得此法极为可行，遂于秦晋一带广泛流传开来。

## “信息”的来历

随着商品经济的发展，我们已进入一个全新的信息时代。许多人都在谈信息、抓信息，日益感到信息之重要。

信息一词，在我国古代就已出现。汉代扬雄的《太玄经》有云：“阳气报于上，阴信萌乎下”。其中已具有“信息”即音信、消息的意思。《三国志》载：“诸葛恪围合肥新城，城中遣士刘整出围传消息。王子真佺期曰：‘正叔欲来，信息甚大’”。这是信息一词最早见之于文字的记载。

唐代诗人李中的《碧云集》里也曾提到过“信息”。诗曰：“梦断美人沉信息，目穿长路倚楼台”。宋代的《二程外书》载：“嵩前隐者董五经谓明道曰：‘先生欲来，信息甚大。’”

综上所述不难看出，信息一词实际上就是“消息”的同义语。我们常说的“通风报信”，不也就是传递消息的意思吗？

## 广告的来历

“广告”一词，顾名思义，就是“广而告之”的意思。它属于新闻的一种，通常见诸于报刊、广播和电视中。

广告是伴随着商品生产与商品交换的出现而产生的。春秋时代的“酒幌”，便是我国最早的广告形式之一。据《韩非子》载：“宋人有沽酒者……悬帜甚高。”这里的“帜”，就是酒幌、酒旗。

除此而外，最初的广告还有声音广告，即卖什么就吆喝什么。或者一边卖东西，一边吹拉弹唱，以招徕顾客。盛唐时期，还出现了灯笼广告，就是把营业标志张贴在点燃蜡烛的彩灯上，悬挂于门前。这也许就是现今霓虹灯广告的渊源。

文字广告出现后，广告从形式到内容都有了很快的发展。据国外专家考证，2000 多年前古罗马一些城市的建筑物与普通墙壁上，就有了千姿百态的广告字画。有谋求职业的，有推销产品的，有竞技演出的，还有寻觅爱犬的。画面也十分逼真、形象。如喝酒的士兵、和面的厨师、裁料的裁缝等。

在众多的广告中，实物广告最为简洁明了。如直接把猪头、羊头挂在门口，表明本店经营肉食。但也有掺杂使假的，“挂羊头卖狗肉”这句话，就是例证。

印刷广告可谓广告史上的第一次革命。在我国宋代的手工业中，就开始出现了铜板印刷广告，它比资本主义国家起码要早300年。尤其值得一提的是，这些印刷广告中已有产品商标出现，如“白兔牌”缝衣针，说明其时人们已有了防止假冒的意识。

最早出现的报纸广告，是1626年英国的《每日新闻》。到了现代，广告更是五花八门，无处不有。据说法国作家巴尔扎克曾因经济拮据，不得不在其小说《塞沙·皮罗多兴衰记》中，为圣马丁街的烧酒商安插了一则广告，因而被一些文坛人物戏称为全球首位“广告作家”。

## 奖金的来历

奖金在我国有着悠久的历史。早在春秋时期，墨子就曾主张把“劳”与“功”作为赏和禄的必要条件和依据，做到“以劳殿赏，量功而分禄”，以使“劳者得息”。

东周末年，随着商品交换的不断发展，货币的作用越来越大，使用也越来越广泛。各诸侯国为了激发将士向上进取、英勇作战的自觉性，遂把奖金作为治国安民的重要国策逐步推行开来。据墨子《号令篇》记载：“人民守城有功，女子赐钱五千，老小赐钱一千”。

这便是我国以奖金形式实施奖励的最早记录。

## “小费”的来历

相传几个世纪以前，英国一名越狱逃犯在一家旅馆过夜后，为了答谢店主并恳求对此事保密，就给了店主一笔额外的赏金，从而成为人类历史上第一个“小费”的施送者。

后来，人们从中受到启迪，凡想得到快捷、舒适的服务，就预先支付一小笔额外的费用。在国外，小费早已司空见惯，而且已成为餐馆、旅店服务人员以及导游小姐个人收入的重要来源。

由于小费没有统一的收取标准，因而时常令收付双方均感为难。于是，一些老板就直接增加一项“服务费”，通常按一定比例计入顾客的消费成本，转由顾客支付。这样既保证了接待人员的收入，也免却了顾客另付小费之麻烦。

我国是社会主义国家，各服务单位除按规定收取各项费用外，一律不得自行收取小费，增加顾客负担。否则，顾客可向其主管部门进行投诉。

## 百货店的来历

据史料载：百货店一名，是由清乾隆帝亲自御赐的。

乾隆帝在位时，常常到城乡去微服私访。一次，他打扮成一个农夫模样，来到一个生意兴隆的江南小镇上，发现有家铺子的招牌是“万货全”。他想，好大的口气，我倒要看看究竟是不是“万货全”。走进去一看，货架上的商品果然琳琅满目，吃的用的、穿的戴的、摆的玩的样样俱全。乾隆环视一周后对店伙计说：“我买把粪钗子”。伙计连忙拿出几把任他挑选。他摇摇头说：“我要的是金粪钗。”伙计一听傻了眼，忙回去告知店掌柜。掌柜定睛一瞧，看他不像庄稼汉，就赔笑说：“小店确实没有金粪钗”。乾隆道：“你不是‘万货全’吗？”掌柜一听恍然大悟，一边让伙计摘下招牌，一边恳切地说：“那就请客官给起一字号”。乾隆说：“就叫‘百货全’吧”！

后来，掌柜风闻乾隆皇帝下江南时曾到小镇私访的消息，才知买“金粪钗”之人乃乾隆无疑。他对子孙说：“买卖再大货再全，也只称百货全，口气不能太大了！”从此，该店就叫成了“百货店”。

## 商人的来历

许多人以为，生意人之所以被称作“商人”，乃是由于他们专靠买卖商品牟取利润为生。其实不然，商人是由“商朝人”演变而来的。

公元前 11 世纪，周武王灭商之后，为了防止百姓反抗，便把商朝的领地分为邶、鄘、卫三个小国，分别让纣王之子武庚和自己的胞弟管叔、蔡权为王。后来，武庚发起了武装叛乱，被周公旦率兵平息。周武王怕商民再次造反，就把一部分“顽民”集中起来迁居洛阳。由于这批移民在洛阳既无土地可耕，又无劳务可做，他们为了生活，便跑来跑去做买卖，从中牟利，基本解决了吃饭问题。

商周时代的商品市场比较发达，移居而来的“商（朝）人”靠做买卖都过上了优裕的生活，也就不再谋求别的职业。于是，一个新的行业就此产生了。因为当时做买卖的主要是这些商（朝）人，所以人们便将专司此业的人称作“商人”。

## “下海”的来历

上世纪末期，人们把党政机关、事业单位“弃官经商”之人统统谓之“下海”。“下海”一词如何而来，且看下面这则故事。

据传，清朝一位蔡姓状元被封为京官后，为了彰显自己的乡土之情，意欲为老家做些修桥补路之善事。经与县令商量，决定在村边小河建一座桥，好让乡亲免受摆渡之苦。

县令为了讨好朝廷大臣，立即招兵买马，破土动工，谁知桥桩却怎么也打不下去。老百姓对此议论纷纷，说是“海龙王不同意，故而挡驾使绊子”。状元知悉后，提笔写了一张告示：“建桥本属善举，惟匆忙之中未能面奏龙王，的确有失敬意。为弥补疏忽之过，诚征‘下得海’去的人向龙王代表诚意。当致重谢，绝不反悔！”告示贴出数月，竟无一人揭榜。眼看一天天过去，县令急得如热锅上的蚂蚁，就对两个衙役下了死令，限其在三日之内一定找到“下得海”的人，否则处以极刑。两衙役夜以继日，四处打探，找了两天半仍一无所获。他们觉得性命难保，便到酒馆借酒浇愁，权当临终诀别。两人推杯递盏，十分惨然。这时，忽闻有人向桌旁独酌的醉汉大喊：“夏德海，到处找你不着，在这儿干甚？”衙役一听“下得海”，真乃喜出望外。这岂非“踏破铁鞋无觅处，得来全不费工夫”？遂把夏德海押回县衙交差。县令问曰：“你叫什么？”醉汉懵懵懂懂地回答：“我是夏德海”。县令向状元禀报后，选了个黄道吉日，将其带至海边，用壮行酒灌个烂醉。“下海”仪式结束时，状元一声令下，衙役们便七手八脚地把夏德海投进了滚滚波涛之中。

上世纪初期，上海戏剧舞台上有一出叫《洛阳桥》的戏，讲的就是这个故事。后来，有人便把考虑不周、盲目行事称为“下海”。

## 集市的来历

我国的乡村集市起源于公元前200年左右，至今约有2210多年的历史。

汉朝初年，著名政治家陆贾和陈平为了促进民间的物资交流，满足百姓的生活需要，向朝廷建议开设乡村集市。朝廷遂作出明令规定：各乡镇自行选定农历每旬的一四七、二五八或三六九为集市交易日，并设立公证人进行叫价评议。

这一措施公布后，交通方便、人口集中的村镇纷纷筹建市场，这就是农贸市场的原始雏形。后来，人们就把前往市场进行交易的做法，统一称之为“上集”或“赶集”（南方叫“赶场”）。

## 快餐店的来历

快餐店是由美国加利福尼亚州的麦当奴兄弟俩创始的。

20世纪40年代后期，麦氏兄弟在加州开设了一家店铺，专门出售汉堡面包。后来，兄弟俩觉得品种单一，难以满足顾客需要，经过商量，便决定增售饮料和其他法国式油煎食品。他们革除了一般餐馆那些冗杂的装饰，甚至连银餐具、玻璃杯、碟盘和长长的菜单都弃之不要，一切都按从快、从简的原则办。

麦当奴的经营方针是：用优质、便捷的服务，吸引那些在短时间内蜂拥而至且又无暇久候的顾客。这么一来，果然收到了良好的效果。不久，他们便给加州其他六家餐厅以经营汉堡包的特许权。从此以后，这种深受过往宾客欢迎的快餐业，就在各地迅速发展起来了。

## 世界博览会的来历

世界博览会起源于18世纪末期的法国。

1798年，法国皇帝拿破仑带领军队征服了大部分欧洲，唯有英国依然雄心勃勃，敢与法国相抗衡。为了挫其锐气，拿破仑命令在法国首都巴黎举行盛大的博览会，搜集各种商品在此展销。凡是能压倒英国的货物，皆由法国政府给以很高的奖励。这次博览会，竟使法国的工商业取得了出乎意料的发展。从此，各国纷纷仿效，大会规模也逐步向世界发展。1851 年的伦敦博览会，1855 年的巴黎博览会以及 1919 年在美国举行的巴拿马太平洋博览会，都有万国之举，盛况空前。

我国在近代和现代也都举行过这样的博览会。其中清末的南阳劝业会名列我国博览会之榜首。此外，还有 1939 年的两湖博览会等，规模也十分可观。现在，一年两度的广州交易会，也具有这种博览会的性质。

## 剪彩的来历

在为建筑物落成、新造车船出厂或展览会开幕等而举行的仪式上，主持人要用剪刀剪断一条彩带，谓之“剪彩”。说起它的起源，还真有些意思呢!

本世纪初，美国商人都有一种习俗，就是在商店开张那天，一清早便将大门打开，在门前横系一条布带。如此，一来可防止人们在开业前随意进入，二则告知大家本店即将开张。待到正式开业时，此条布带方可取走。

1912 年，美国德克萨斯州圣安东尼奥市的一个小镇上，有家百货公司将要开业，店主威尔斯按照惯例，一大早即打开大门，系好布带。事有凑巧，维尔斯的女儿牵着小狗匆匆外出，无意中碰断了布带。久候的顾客以为该店开始营业，便鱼贯而入。一时生意兴隆，令店主、店员应接不暇。后来威尔斯开设另一店铺时，故意让女儿碰断门前布带，果然又是顾客盈门。

人们看到这种情形，认为碰断布带会给店铺带来好运，于是竞相效仿。每逢新店开业，都要请一年轻姑娘来碰断布带。经过几十年的演变，又改成如今这种用剪刀“剪断彩带”的隆重庆典仪式。不过，现在剪彩的人已不再是年轻的小姑娘，而是一些德高望重的社会名流、名骚一时的当红女星以及地方性的达官显贵。

## “铜臭”一词的来历

铜臭，就是铜钱所散发的臭味。原指以钱行贿取得官职者。

据《百川学海·释常谈》记载：东汉崔烈曾官至九卿、大尉之职，名重一时。但其权欲极盛，总想伺机再爬高位。汉灵帝时，他通过宫中保姆，给朝廷送钱 500

万，买得了司徒一职。时隔不久，这一丑闻便走漏了风声，弄得崔烈声名狼藉，无脸见人。一天，他问儿子崔钧："外地人是如何议论我给朝廷捐钱的？"崔军答曰："朝人尽嫌大夫铜臭。"崔烈听罢，羞愧得无地自容。"铜臭"一词，也就开始爆红。

宋朝以后，"铜臭"一词除指以钱买官外，还用来讥讽那些见钱眼开、唯利是图，不择手段牟取不义之财的小人。

## "恭喜发财"的来历

在我国民间，每逢春节来临，人们便相互祝福，"恭喜发财"之声随之不绝于耳。可是大家未必知晓，"恭喜发财"还是"出口转内销"的产物呢！

19 世纪 20 年代中叶，广州有不少人以吃"洋务饭"而谋生。每当春节来临之际，这些人就络绎不绝地到洋人商馆里去拜年。他们双手打躬作揖，口中念念有词："恭喜发财！"这一场景，令当时在美国旗昌洋行做事的英国人威廉亨德觉得十分新鲜。回国后，他将在中国所见的奇闻轶事编写成书——《洋人在广州》，其中特别浓墨重彩地介绍了这一情节。于是，"恭喜发财"不仅在中国普遍流行，也随之传遍世界各地。

## 公元纪年的来历

古时候，当人们的头脑中有了"年"的概念后，就开始创立了种种纪年的方法和作为"起算点"的"纪元"。如在古罗马，人们就常用罗马建国或罗马统治者狄奥克列颠（即戴克里先）称帝的时间作为纪年的开始。

"公元"产生于基督教盛行的六世纪。当时为了扩大教会的统治势力，僧侣们往往把任何事情都依附于基督教上。公元 525 年，一位名叫迪奥尼西的僧侣，为了推算 7 年后（即 532 年）"复活节"的日期，提出了所谓耶稣诞生在狄奥克列颠纪元之前 284 年的说法，并主张以耶稣诞生作为纪元。这一主张，很快得到了教会的大力支持。于是，人们就把狄奥克列颠纪元之前的 284 年作为公元元年，并将此纪年法在教会中使用。1582 年，罗马教皇制定格里高利历时，继续采用了这种纪年法。由于格里高利历的精确度相当高（规定一年为 365.2425 天），因而为国际所通用，称为“公历”。从此，由教士所臆造出来的耶稣诞生的年份，便被称为公元元年。所谓“公元”，就是指公历纪年。

公元元年是我国汉平帝元始元年。我国采用公历，始于辛亥革命后的 1912 年，但与当时中华民国纪元的纪年法并行。新中国诞生后，才完全采用公历纪年。

## 世界时区的来历

世界时区是为适应国际交往和旅游而产生的。

100 多年前，航海家们虽然在海上已能根据太阳与北极星的位置来确定自己所处的纬度，但却无法掌握自己所处的经度。当时，世界各地的计时方法也很不统一，旅客乘火车横穿美国，需要多次拨动表针，才能适应当地时间。人类社会活动的发展，迫切需要在地球上划出经线，以便规定一个世界标准时间。

1870 年，美国人查尔斯·多德提出：确定子午线（即经度线），按照每 15 经度一小时，把美国划分为若干时区，同时把早在 1675 年就已建立的英国皇家格林威治天文台，作为地理经度和世界时区的起点。

1883 年，美国全国铁路率先采纳了多德的意见。次年 6 月，国际经度会议在华盛顿召开。讨论中，多数代表主张以经过格林威治天文台的经线作起点，而有人则提出应选择宗教圣城耶路撒冷，还有人认为埃及金字塔是最理想的经线起点。经过反复探讨，多数人的意见终于通过。

从此，以格林威治为经线起点，向东为东经，向西为西经，各为 180 度。每 15 度为一个时区，相差一小时。而格林威治时间，则成为世界公认的标准时间。

## 国际标准时间的来历

全世界的标准时间，是以英国格林威治天文台的时间为基准的。而这一国际标准时间的来历，还与一段诉讼争执有关。

1858 年 11 月 24 日，英国多塞特郡法庭的时钟刚指向 10 时 6 分，法官便庄严地宣布：由于诉讼人未按 10 点的开庭时间准时到庭，本庭宣告其败诉。可两分钟后，这位诉讼者匆匆地赶来了。他说按照他家乡肯柏蓝郡卡莱尔镇火车站时钟指示的时间，他是准时到庭的。因此，他要求重新审理此案。

卡莱尔镇火车站与多赛特郡法院时间上的差异，以及其后反复出现的类似争执，促使英国国会下决心寻求统一时间的办法。时隔 22 年后（1880 年），终于通过了以格林威治时间为全国标准时的决议。

后来，格林威治时间得到了世界上许多国家的确认。大约从 1884 年起，它就成为至今仍在使用的国际标准准时间。

## 夏时制的来历

1916 年 3 月，正当第一次世界大战打得难分难解之际，法国突然向全国宣布，要求把时钟拨快一小时。为什么？主要是为了节约电力与燃料。

夏季将时钟拨快一小时的主张，是 20 世纪初由英国人威廉・利特最先提出的。他认为，在昼长夜短的夏天里，白白浪费早晨的宝贵时光，太可惜了。遂建议政府制定夏时工作制，但被会议否决了。倒是德国政府领导的头脑敏锐，他们看到这一做法的优越性后，就率先在国内开始实行。紧接着，法国也实行了夏时制。1916 年 4 月，法国议会曾通过了有关法令，宣称如此去做，“目的是珍惜电、石油和天然气”。此后，英国每年节约燃料约值一亿英镑，交通事故亦呈明显下降之势。我国从 1986 年起，也开始在全国范围内推行。

## 一星期为七天的来历

把一星期定位七天，是古巴比伦人的创造。

大约在公元前 2000 年前后，巴比伦人就创立了星期的计日制度。他们建有七星坛，共七层。从上到下依次以太阳、月亮、火星、水星、木星、金星与土星为各层所祭祀的神，每天只祭祀一位，七天为一个周期。

所谓“星期”，就是各星值日的日期。星期日乃一周之始，星期六则为一周之末。所以，七日周期有称为“七曜”星期周。从星期日、星期一再到星期六，我们就可以其顺序用日、月、火、水、木、金、土七个“曜日”来称它。

## “一刻钟”的来历

人们常把15分钟称为“一刻钟”，这是从何而来的呢？

在我国古代，人们是以“铜壶滴酒”的方式来计算时间的。这种铜壶上面装着一个箭盘，箭盘上画有许多表示时间的刻度。当钟表传入我国后，有人专门做过对比试验，结果发现钟表每走完15分钟，铜壶正好滴完一个刻度。于是，人们就把15分钟称作“一刻钟”了。

## 时间用“寸”计算的来历

时间通常都用秒、分、小时、天、年、光年等表示，为什么人们又常说“一寸光阴一寸金”呢？

原来，我国古代有一种叫“晷表”的仪器，它是专门用来测量日影长短定时间的。它由一块测量影子长短的刻板和直立在刻板两端的“表”（即标杆）组成。人们根据刻板上日影的长短，便可知道具体的时间。

汉唐以后，一些诗文中开始出现了“寸阴”“分阴”等词。唐末一诗人在一首诗中写道：“读书不觉春已深，一寸光阴一寸金。”此后，时间用“寸”来形容，就逐渐流传开了。“一寸光阴一寸金”作为惜时格言，也被人们一直沿用至今。

## “指南针”名称的来历

指南针是我国古代著名的四大发明之一。早在战国时期，这种利用天然磁铁矿石琢成的指向仪器就已问世了。不过它当时不叫指南针，而叫做“司南”。

其实，指南针的真正指向是北而不是南。那么，为什么不称它为“司北”或“指北针”，却反其向而名之呢？说起个中原因，与我国对方位的传统认识有着密切的关系。

原来，我国古代素以“南”为南北方位之主，面向南方即为“尊位”。因此，帝王就座议事都是面朝南方的。所谓“南面而王，北面而朝”，就是说面向南方的为帝王，面向北方的则是朝拜君王的臣子。因此，指南针虽然指向正北，但人们仍习惯将它叫做“司南”或者“指南针”。

## 显微镜的来历

在荷兰的乌得勒支市博物馆内，陈列着一架放大倍数为 275 x 的显微镜。这架人类历史上最早的“魔镜”,是 17 世纪时由一位名叫列文虎克的荷兰商人发明的。

列文虎克是一位热衷于磨玻璃透镜的业余爱好者，他磨制的镜子能将物体放得又大又准。1674 年的一天，列文虎克将自己所磨制的不同透镜装配成一架放大倍数为 150 x 的显微镜。他用这架镜体观察雨滴时，偶然发现里面有数以万计蠕动着的微生物（即细菌），感到十分稀奇。后来，他又对蝌蚪的尾巴实施了观察，竟能看到尾部的毛细血管及其里面流动着的血液细胞。当时，人们都将这种透镜称为“魔镜”，并将其当做玩物来观赏。列文虎克因此而成为人类历史上第一个在细胞水平上观察到单细胞生物的人，并获得了“显微镜之父”的美称。

如今，三个世纪已经过去了，人类在科学发展史上写下了一页又一页壮丽的篇章。随着科技事业的不断进步，“魔镜”也从普通的光学显微镜发展成为电子显微镜，从在细胞水平上的观察跨入亚细胞水平上的观察。进入新世纪以后，更新一代的扫描透射显微镜和原子力显微镜又相继诞生，从而把人们对自然界的探索，引入到一个更神秘、更细致的原子世界。

## 无烟炸药的来历

无烟炸药的发明，与一条普通围裙有关。这——你会相信吗?

1896 年的一天，瑞士化学家熊旁正做实验时，不慎将一瓶硝酸、硫酸混合液撞倒在桌上。情急之下，他信手抓来妻子的一件围裙就抹。为了免遭妻子责怪，他忙把围裙拿到火炉去烘烤。谁知刚一接近火炉，围裙就“嘭”的一声燃烧得干干净净，既未冒烟，又无灰尘。这的确使他惊恐不已!

事过之后，他又颇为激动，因为他意识到自己发现了一种可做炸药的新的化合物。于是他又重新试验，得到肯定后，就将其命名为“火棉”。后来，又有人称其为“硝化纤维素”。

就这样，熊旁通过一次偶然的围裙燃烧，发明了世界上第一种无烟炸药，为爆破技术的发展做出了不可磨灭的贡献。

## 原子弹的来历

谁能够相信,威力无比的原子弹,居然是一次错发诺贝尔奖金后的惊人发现!

1934 年，意大利物理学家费米在研究原子弹结构时，用中子轰击原子，得到了另一种元素——超铀元素，并于 1938 年获得了诺贝尔物理奖。其实，这是一次罕见的发错了的奖，因为费米得到的并非真正的超铀元素。

1939 年初，法国两位科学家用化学方法检验了费米的试验。结果发现，用中子轰击铀原子，只能得到早已有之的元素“钡”。但他从费米的错误结论里，意想不到地得出了另一个惊人的结果，即钡的重量只有铀的一半。这个结论提出了一个新的学说：即铀原子核受到中子轰击后，不是“衰变”而是“分裂”。费米的试验，并未制造出什么新元素，只是把铀原子分裂成大致相等的两半而已。著名的“裂变”理论，就这样横空出世了。

费米听到这个消息，先是觉得难堪，继而又感到惊喜。他随即赶回哥伦比亚大学的实验室里，通过实验验证了法国科学家的见解，并提出一整套“链式反应”的基本概念。后来的原子弹，就是在这个理论基础上试制成功的。

一次发错诺贝尔奖的世界大新闻，竟促成了人类史上一项重大的科学发现!

原子弹的研制成功，曾给人类带来灾难与威胁。但用于和平建设，也做出了无可比拟的重大贡献，推动了人类的文明与发展。

## 人造地球卫星的来历

世界上第一颗人造地球卫星，于 1957 年 10 月 4 日由前苏联发射成功。这是人类空间技术发展史上一次划时代的伟大创举。可是谁也未曾想到，他的总设计师，竟是一位被判死刑的苦役犯，名叫科罗廖夫。

1937 年，科罗廖夫因受一次偶然事件的牵连而被判了死刑。由于当时火箭研制工作的需要，他被送往一家特种监狱工厂，以囚犯的身份参与科研工作。在工厂里，科罗廖夫勤奋工作，悉心钻研，先后成功地设计了前苏联第一代导弹与中程导弹。1957 年 8 月 3 日，科罗廖夫设计的洲际导弹试验成功，解决了航天领域许多重大的科技难题。10月4日，第一颗人造地球卫星就正式飞向了九霄云外。

## 发射火箭倒计时的来历

1926年3月16日，世界第一枚液体火箭在美国的马萨诺赛州试飞成功了。德国的乌发电影公司,决定拍摄首部记述太空旅行的科幻故事片——《月球少女》。

为了突出影片的戏剧效果，该片导演弗里兹·朗格在火箭发射的镜头中设计了倒计时的发射程序，即“三、二、一，发射！”这一发射程序引起了火箭专家的浓厚兴趣。经研究，专家们认为这种倒计时的发射程序是十分科学的。它简单明了，清楚准确，突出地显示了火箭发射的准备时间正在逐步减少，促使人们思想集中，产生“准备时间即将完毕，发射就要开始”的紧迫感。正因为如此，倒计时发射程序就被世界各国普遍接受并正式运用于实践之中。

## 天气预报的来历

天气预报产生于100多年前的法兰西帝国。

1854年11月14日，停泊在黑海上的英法联合舰队之军舰偶遭狂风暴雨的突然袭击。剧烈的风暴掀起排天巨浪，将这些正在小憩的舰船无情地摔向礁石与海岸，给舰队造成非常惨重的损失。

法国皇帝拿破仑三世闻讯后，急速命令巴黎天文台调查这次风暴的起因。天文学家勒维耶受命后，就对欧洲各地近期的气象资料进行了系统的收集与分析，终于弄清了这次风暴的成因，并写出了详实的调查报告。他认为，只要各地的气象观测网用电报及时传递气象情报，绘制出一定时期内的气象图表，就可以预测未来几天的天气情况，及早做好准备，防患于未然。

根据他的建议，法国、英国率先加强了气象研究工作，开始了经常性的天气预报，并很快普及到世界各国。

## 特技摄影的来历

特技摄影是在一次偶然的情况下，使人受到启发才产生与发展起来的。

一次，法国巴黎一家电影院放映影片《跳水女郎》时，放映员一时疏忽，将放过的片子未倒回去便直接放了出来。结果，银幕上出现了这样一种效果：一池清水——冒泡——水花由上往下掉——露出一双脚——一个脚上头下的女人——人在空中划出一条弧线——女郎在跳台上亭亭玉立。

当满场观众尚在大惑不解之时，放映员已为自己的失误深感内疚。于是，他急忙倒好重放。可在观众明白过来后，却又为这种正常的顺放大为不满，纷纷要求继续倒着放。放映员只好从命，一遍不过瘾，接着再放两三遍——这就为后来的特技摄影打开了路子，奠定了基础，加速了电影艺术的提高和发展。

## 诺贝尔奖金的来历

诺贝尔奖金是由瑞典著名发明家、化学家和工程师阿尔佛雷德·诺贝尔用其部分遗产（920 万美元）作为基金而创立的。

按其遗嘱，基金的年利将按五等分授予上年度在化学、医学、物理学和生理学等方面有重大发明者，在文学上有最优秀作品问世者，对调停各国纠纷、废止或减裁常备军及对和平会议的组织尽了最大努力者。除和平奖由挪威国会任命的挪威诺贝尔委员会颁发外，其他均由瑞典国王颁发。获奖者不受国籍限制。

由于诺贝尔是 1896 年 12 月 10 日下午 4 时 30 分去世的，所以在 1901 年他逝世五周年纪念日的下午，首次举行了科学奖与文学奖的颁发仪式。自此以后，除因战争中断外，每年都选定这一天的下午四点半，分别在斯德哥尔摩与奥斯陆两地隆重举行颁奖活动。

# 文化　艺术　体育　卫生

## 甲骨文的来历

清光绪年间，北京城里有个叫王懿荣的人，非常喜欢研究古代文字。

一天，王懿荣生病后抓回一副中药，他见药里有几片“龙骨”，就拿出品尝起来。忽然，他发现龙骨上都有非常奇怪的刀纹，立即意识到此纹绝非一般玩刻，而是一种古老的文字。他激动万分，立即让家人将城里中药铺的“龙骨”全部买来了。仔细一看，果然上面都有刻纹，便决心解开其中奥秘。

不久，王懿荣又打听到“龙骨”出自河南安阳小屯村，就亲自前去探访与挖掘。经研究，他发现“龙骨”并非就是龙的骨头，而是龟甲或牛羊的肩胛骨，于是就将其名改为“甲骨”。

经过长期的研究与考证，王懿荣终于发现骨骼上的刀刻纹，原来是我国最早的一种文字。它出现在商朝，是宫廷占卜问事所记录的文字。根据对这些字的深入研究，他初步得知小屯村一带乃商代后期的国都，先后有 12 个国王在此居住过。所有这些，都与史书记载相吻合。后来，人们便把这种文字谓之“甲骨文”。

## 造字台的来历

古城长安，不仅是历代帝王的建都之地，而且是中华民族灿烂文化的摇篮。相传我国的汉字，就是在长安城郊（今西安市长安区长里村）产生的。

据史料介绍，黄帝时代有一个名叫仓颉的史官，才思敏捷，聪颖过人。他受鸟兽踪迹之启迪，在长安城郊创造出了我国最早的文字（汉字），从而使中华民族在野蛮蒙昧的状态下，向人类文明迈进了关键性的一步。字成以后，举国欢腾，感动上苍，“天雨粟，鬼夜泣”。后人为了纪念仓颉的丰功伟绩，遂在其老家——陕西白水县修了“仓颉墓”，在他造字的地方（三会寺）修了“造字台”。

西周时期，帝王大臣常到造字台前拜谒汉字始祖仓颉，周穆王还将自己的陵墓选建于此。到了汉代，它被划入上林苑，当时一望无垠的昆明池就在台的西北方。盛唐时，此间更是热闹非凡。这从上官昭客的《驾幸三会寺》（景龙三年十月）、宋之问的《奉和三会寺应制》等诗中，都可以得到证明。尤其是岑参的一首短诗说得更为明确："野寺荒台晚，寒天古木悲。空阶有鸟迹，犹似造书时"。到了清代，此间仅剩一座孤台古庙。清嘉庆年间，陕西巡抚亲自书写了"仓颉造字台"几个大字，并将其刻上石碑立于台旁。

民国初年，康有为来到这里，他看到台旁一新刻石碑上有"普度监里"四字，甚感不快。他说："仓颉乃斯文始祖，岂可搞成'普度'呢"？遂立即命人将其除掉。"西安事变"前一两天，时任陕西省政府主席的邵力子，曾陪同蒋介石和张杨二将军专程来此参观。

## 书店名称的来历

"书店"一词，早些时候叫书局，古时则称"书肆"。书肆之名，最早始于汉代。还有叫书林、书铺、书棚、书屋、书堂、经籍铺等名的。既刻书，又读书。古时亦有称字号的，如富文堂、养正斋、鸿运楼、崇文阁等，不一而足。上述名称，除统一叫作书肆外，宋代以后还称其为书坊。正式定名为"书店"的，最早见于清乾隆年间，距今仅有二百余年的历史。

## 新华书店的来历

为了适应中国革命发展的需要，1937 年初，党中央决定由张闻天、秦邦宪、周恩来、何克全等同志组成中央党报委员会，负责马列著作与革命书刊的编辑、出版、印刷及发行等工作。委员会下设发行、资料、编辑、校对等机构。

1937 年 4 月 24 日，《解放》周刊出版。发行科在创刊号上第一次以"新华书局"的名义对外发行，并以此与广大读者及各地书界相联系。从此，新华书局就在延安正式诞生了。

时年 6 月间，资料科与发行科合并为出版发行科。一月后，就随同党报委员会从城内迁往东关清凉山下一个石窟里，并在此开设了门市部。由于清凉山较偏僻，为了方便读者，不久又在延安大街开设了门市部——新华书店。从此，中央党报委员会编译的书刊，均以《解放社》名义出版，用“新华书店”名义发行。

## 图书馆的来历

我国最早的图书馆当为西汉时修建的光禄阁。但最早公开并正式命名的图书馆，应推清光绪三十三年（1907 年）端方督江苏时创立的江南图书馆。然就其雏形来说，则可追溯至南宋时代。

据《广信府志》载：“绍熙、庆元间（南宋光宗和宁宗年号；1190 ~ 1200），直敷文阁赵不遇（晋臣）建书楼于江西铅山县以供众览，谓邑人旧无藏书，士病与所求，乃藏书数万卷，经、史、子、集分四部，使一人司钥掌之。来者导之登楼，楼中设几席，俾能众揽。”另外，在《稼轩集词题》中也有记载说：有个名叫郑文英的人，在福州建了一座“巢经楼”，楼旁设“尚友斋”，储备了不少图书。需要看书的人均可自行进入选阅，但不得携出。

这两个事例，均与现代图书馆设置的阅览室十分相似。由此看来，我国公开的图书馆，少说也有八九百年的历史了。

## 关中书院的来历

关中书院位于西安市南门内的书院门街。据《咸宁县志》载：关中书院始建于明神宗万历三十七年（1609 年），为当时著名学者冯从吾的讲学之处。它是当时陕西省最高学府，建筑规模宏大。原有大门、二门各五楹，雕栏砌玉。院内有讲堂一座，面积阔五间，名曰“允执堂”。1611 年（明万历三十九年）又建“斯道中天阁”。二道门的东西两侧有钟鼓楼各一，东西号房及学生书斋，是很完整的古建筑群。清康熙三年（1664 年），西安知府叶承祧、咸宁知县黄家鼎督修关中书院，扩充地基，增设东廨与西圃，作为讲学先生的寓所和憩息之地。又建“精一堂”五楹，左右胁堂及两庑各五楹。关中书院曾一度为督学使署。清康熙六十一年，督学使署改驻三原县，此地仍为书院。光绪七年，关中书院进行整修。光绪三十二年废书院，改为学堂，民国时改为陕西省师范学校。

现在，书院几经修葺，古朴的建筑更显出其独特风韵。除门庭外，东西走廊、允执堂、精一堂及东院的公寓均完好无损。

## 报纸的来历

报纸是以国内外政治、经济、社会、文化等新闻为内容的散叶型出版物，是新闻的重要载体之一。

据《大英百科全书》及《美国百科全书》记载，罗马帝国的凯撒大帝是创办报纸的鼻祖。凯撒于公元前 59 年创办了一种名为《每日纪闻》的报纸。这是一种专门传递紧急军情的官方报纸，可惜此报寿命不长，不久就停办了。

其实，中国办的《邸报》，才是世界上记载最早的报纸。西汉沿袭秦朝的制度，实行郡县制。全国分成若干郡，郡下再分若干县。“邸”是各郡在京城长安设立的办事机构。邸中有各郡派来的驻京城常任代表，这些代表定期把皇帝的指令、大臣的奏章以及各地的动态写在竹简或绢帛上，派人通过驿站送给各郡之长官。这种传递消息的报纸，就是《邸报》。在汉、唐、宋、元、明、清的 2000 余年中，《邸报》的名称虽略有改动，但其发行一直没有中断。只是它的读者仅限于朝野官吏，而平民百姓则是无缘相阅的。

## 杂志的来历

杂志一词源于法文，本意是仓库。早期英国的杂志包括诗歌、小品、论文等各种体裁的文章，可谓包罗万象，应有尽有。这与杂志的本意倒也名副其实。

杂志一词首次被用来称谓刊物的，是 1731 年在伦敦出版的《绅士》杂志。其本意也是指专供绅士们发表各类文章的平台，后来就逐步成为一般刊物的统称。

最初，杂志与报纸的形式差不多，极易混淆。人们常把报纸误作杂志，或将杂志当做报纸。后来，报纸逐渐趋于刊载具有时效性的新闻；杂志则专载小说、游记等娱乐性材料。二者在内容上、功能上的区别日益明显。从形式来看，报纸对折，版面越来越大；杂志则加封面装订，貌似书籍一般。久而久之，杂志与报纸才从人们的观念中逐渐分了开来。

法国是杂志之母。17 世纪，他们就开始发行小册子，主要介绍本国的书店与书籍。1704 年，伦敦也出版了一种介绍报纸和书籍的刊物，发行者是《鲁滨逊漂流记》一书的作者丹尼·迪福。他曾因攻击英国教会而被捕入狱。出狱不久，就开始发行定期刊物《评论》。该刊篇幅为 4 页，每月 3 期，共发行了 9 年。

美国最早发行的杂志，是富兰克林负责的《美洲杂志》与《将军杂志》。他们仿照英国出月刊，可惜未出几期，就都先后告停了。

## 周刊的来历

周刊是我国报刊文苑中的晚字辈，它仅有百余年的历史。据史载，1827 年，英国传教士马礼逊等人在广州创办的《广州纪事报》，乃为我国最早的周刊。

至于中国周刊，则以 1861 年在上海创办的《上海新报》为最早，担任主编的傅兰雅·林乐知是英国的教士。其后相继出现的一些中文周刊，也都是外国教会的会刊。其中以 1868 年创办的《教会新简》影响最大。它在第 121 期和 123 期所刊载的译文“大同学”上，两次提到马克思的名字，从而成为马克思主义流传到中国的开端。

最早由中国人自己创办的周刊，是 1897 年 8 月朱强文在上海主编的《萃报》。它是一份文摘性的刊物，专门汇编近期日报上的文章。

五四时期最负盛名的周刊，是李大钊、陈独秀主编的《每周评论》和毛泽东同志主编的《湘江评论》。

到上世纪 20 年代，各种周刊已层出不穷。其中有中共中央的第一个机关报《向导》和国家中央机关报《中国青年》；有在红色根据地出版的《斗争》《红色中华》以及党在白区的刊物《红旗》等。

建国后，《北京周刊》等刊物相继问世，并在宣传党的方针政策、宣传社会主义革命和建设巨大成就等方面，做出了重大贡献。

## 副刊的来历

我国早期的报纸，都没有“副刊”这一名称。直到 1921 年，北京晨报才开辟了这一专栏，叫做《晨报附镌》。后来，这一栏目因改为单页出版，特意请了一位著名书法家题写刊头。这位书法家隶书写得挺好，但由于隶书中没有“附”字，因此他在书写时就把“附”字改成了“副”字。

从此以后，其他报刊上也相继出现了“副刊”这一名称。

## 《文汇报》报头的来历

上海与香港的《文汇报》，不仅报名一样，而且报头题字也相同。据新闻界老前辈徐铸成先生讲，它是上世纪30年代由上海著名书法家谭译闿写的，而《文汇报》社曾误以为它是立宪派大政客谭延闿所书。谭译闿与谭延闿是一字之差的昆仲兄弟，后者曾担任过南京国民政府行政院院长等要职，不过他在1930年就亡故了，不可能到《文汇报》创刊时的1938年题写报头。当时《文汇报》的董事请了两位在上海名望较高的书法家题写，一是唐驼，一是谭译闿。写成后，唐驼的一幅略带俗气；谭译闿写的一手颜真卿体，丰润饱满，气度恢弘。几位创办人一商量，决定用了谭字。

## 字典的来历

字典在我国已有300余年的历史。

1710年，清文华殿大学士吏部尚书张玉书和名臣陈廷敬等31人，奉康熙皇帝之令，开始编撰一本能解释单字，注明读音、字义与用法的工具书。受命之后，他们立即从人力、物力等方面积极筹备。为了搜集人才，他们在皇宫翰林院与县知府的乡间秀才中，广纳文人贤士，先后发动一万余人提供信息及材料。历经为时6年的艰辛努力，终于编撰完毕。

这本书共收字47035个，另有古文字1995个。按照子、丑、寅、卯等12地支分12集，每集又分为上、中、下三卷。全书有214个部首，各部首所属的单字，均按笔画排列。除了正文外，书前有总目、检字、辨认等韵附录。书末附有补遗与备考，全书共42卷。

康熙帝看到清样后高兴地说，此书善美兼得，遂命名为“字典”，并在前面冠以“康熙”二字。自此，凡是解释单字的工具书，皆称为“字典”。

此书在编辑过程中，深受康熙帝之重视。他除了亲理朝政外，还专门建立了“南书房”，与笔砚为伍，将文学重臣朝夕置之左右，进行修改与审定。诚如其所言：“听政之暇，即在宫内批阅典籍，殊觉义理无穷，乐此不疲。”

《康熙字典》不愧为一部巨大的中华词库。它的问世，为中华民族光辉灿烂的文化宝库增添了色彩，为我们五千多年的文明古国赢得了骄傲。但是严格地讲，它并非我国第一部字典。第一部字典乃东汉许慎所编。只不过当时不叫字典，而叫做《说文解字》罢了。

## 挂历的来历

现代人所用的挂历，是由古代商人的“讨债本”演化而来的。

古罗马时期，民间借贷十分活跃。专门从事放高利贷的人，都要按月向借户收取利息。为了防止遗忘和差错，他们就用一种特殊的小本子，逐日排列记录。哪个人在什么时间该还多少利息，是否尚有拖欠，上面一目了然。后来，这一方法逐步被其他行业所吸纳，成为记事备忘的重要载体而流行开来。

1884年，时任香港英商太古洋行的华人买办莫藻泉兴建了一家糖厂。他专门设计出一种类似海报式的广告“月份牌”，借以宣传产品。其画面多为花卉鸟兽、吉祥人物以及福禄寿喜等内容，印刷十分精致。凡购置太古糖者，均赠送“月份牌”一帧。后来，其他厂家亦竞相仿效，向顾客免费赠送。待到年末，逐月装订成册，悉心保管。

其后，有人将“讨债本”与“月份牌”的形式、功能相糅合，逐渐演化为现今的挂历。

## 稿费的来历

稿费，亦称稿酬、润笔，它最早是从隋朝开始的。

有一次，隋文帝叫手下一位官员起草诏书，另一位官员在旁边笑着说了一个字——“笔！”一个叫郑干了泽的大臣乘机而道：“不得一钱，何以润笔？”从此，文人便把文章卖给别人所得到的报酬叫做“润笔”。有些文人还在不同的文体上分别注明应得报酬的具体数目，名曰“润例”。报刊出现以后，人们就把作者写稿的报酬称作“稿费”。

## 书籍“册”与“卷”的来历

在我国，人们常把书籍分为册和卷，如：小学课本第五册、《鲁迅全集》第五卷等。这是因何而来的呢?

在远古时代，我们的祖先用结绳、刻木作为记事符号。自从有了文字以后，便在甲骨、石块及青铜器上刻写文字。随着社会的发展，人们便用毛笔把字写在木片或竹片上。写在木片上的叫作“木简”或“版牍”；写在竹片上的就叫“竹简”。这样，几百字的文章就要写许多竹木简。为了阅读方便，人们就用绳子将木竹简贯穿起来，这就是书了。在商朝的甲骨文里，“册”是一个象形字，它表示将这一根根竹木简用绳子穿在一起，这就是“册”的来历。

到了西周，人们开始在柔软、轻便的丝织品上写书，这就是“帛书”。书写完之后，可根据篇幅的长短把丝绸剪下来，卷成一个筒子，于是，一卷一卷的书就出现了。时间一长，“卷”就成了书籍的计量单位。如“欲知天下事，须读万卷书”等。时至今日，人们还是习惯将书的分册、分篇称为“卷”。

## 标点符号的来历

标点符号是书面语不可缺少的有机组成部分。现在有不少人认为它是舶来品，其实不然，它不仅诞生于我国，而且已有数千年的历史了。

远在汉朝时，就有人用“离经”之法把文字之间断开。西汉戴圣的《礼记·学记篇》曰：“比年入学，中年考校。一年，视离经辨志”。郑玄注云：“离经，断句绝也”。孔颖达疏云：“离经，谓离析经理，使章句断绝也”。那时古人读书，还常在句旁画勾，作为一种助读的标志符号。

到了宋代，人们采用圈点来标读文字，称为“句读”。即在一句话意思还没有完而需停顿的地方，打一个“、”，其作用类似于现今的逗号；全句意思完成后则画一个圈，等同于现在的句号。朱熹撰《四书集注》，除每句下有旁圈外，还在每章前画一大圈。这些都可视为最初的标点符号。

到了元末，书上的圈点更有助于艺术欣赏。哪些地方应急读，都有所提示，犹如唱戏有了“板眼”。明朝以后，随着刊本小说的出现，又多了两个专名号，即在人名旁画上单直线，在地名旁则画上双直线。至于新式标点符号的提倡和使用，则是“五四”新文化运动前夕的事了。

1951 年 9 月，中央人民政府出版总署公布了《标点符号使用法》，这才使标点符号的种类和用法有了统一的标准与规范。

当前，标点符号种类之多少，各个国家不尽相同。中文是 14 种，西班牙是 13 种，英文是 10 种，德文是 9 种。日文最少，只有 5 种。

## “＋ － × ÷ ＝”符号的来历

在数字诞生后相当长的时间里，“＋ － × ÷ ＝”这五个符号还未问世。后来它们也是相继出现的，并非同时降临人间。

距今 500 多年前，德国数学家魏德美在数学研究中深感无计算符号之不便，决心在这方面有所创造与突破。他想，首先得有一种表示相加的符号，于是就按大写字母 T 的书写规律，先横后竖地画了一个“+”；加号确定之后，他又从上面去掉一竖，意即比原来减少了，从而成为现今“－ ”的样子。

大约相隔百余年后，英国学者列科尔德发明了“=”号。他根据人们喜欢将平衡的东西视为相等的习惯，认为表示平衡的最形象的书写方式，莫过于长短相等的两条平行线，这样等号“=”就应运而生了。

“×”号和“÷”号出生较晚，迄今只有二三百年。英国数学家欧德莱认为，乘法是加法的一种特殊形式。于是他把前人所造的“+”转动 45 度角，使“×”号得以问世。“÷”号是瑞士数学家哈纳发明的。他认为除法的实质，是将一个数字予以分解，于是就别出心裁，用一条横线将一个完整的东西切开，从此就出现了除号“÷”。

## 密封卷的来历

密封卷，古称“弥封”“糊名法”。它是我国古代科举制度的产物，最早起始于唐代。

据《事物纪原》转引《国史异纂》云：武则天执政时，由于吏部统考选士“多不实”，则天便命应试考生将试卷上的姓名用纸糊住封牢，待考官阅卷完毕、确定名次之后，再拆开抄录中选者的姓名。这种方法，当时谓之“糊名法”。

及至宋代，宋太宗、宋真宗不仅继续沿袭了“糊名”制度，而且使之进一步完善。据《宋史·选举制》记载：为了防止考官辨认考生笔迹而徇私作弊，宋代还采用了“誊录法”，即组织专人将考生全部答卷如实抄录后，再交考官评审。

清代对“糊名法”作了不少改进：考试前，先由“弥封官”将卷面上的考生姓名折叠封藏，在卷首以《千字文》字序编以“红号”，试毕则由专人照考生所答“墨卷”，用红笔重新誊写，谓之“朱卷”。考官只对“朱卷”进行评分定次，临放榜时才按考中者“朱卷”上的“红号”调取“墨卷”，当众拆封后唱名题之于榜。这种考试方式，实际上也是对宋代“誊录法”的继承与发展。

实践证明：实行密封卷考试制度，是防止徇私舞弊现象的有效途径。它有利于平等竞争，有利于择优录用人才。因此，现今在招生、招工和招干等考试时，大多都采用此法。

## “传奇”一词的来历

我国最早的小说皆属文言体。因其始于唐宋，故素有“唐宋传奇”之称。其中人们比较熟知的有《南柯太守传》《李娃传》《绿珠传》等。

据《直斋书录解题》载：在数以万计的古文言体小说中，首开“传奇”之先河的当属唐末文学家裴鉶。他曾于咸通年间撰写《裴航蓝桥遇云英》等三部小说，因其内容都是曲折恋情等卿卿我我之作，裴鉶就饱蘸丹墨，信手挥毫，给每本书的扉页上均题以“传奇”两字。后来世代相袭，遂成为一种文体之总称。

## “书山”与“学海”的来历

“书山有路勤为径，学海无涯苦作舟”。这句话，是古人从千百年来的社会实践中认真总结出来的、十分精辟的治学格言。

“书山”与“学海”一词，最早为汉代学者扬雄所言。他在《法言·学行》一书中写道：“百川学海而至于海，丘陵学山不至于山”。其意为：百川奔流不息，故而可直奔大海；而丘陵静止不动，故永远无法比拟高山。喻示只要奋进，方可收益；若懒于多思，则学业无成。于是，人们就用“学海”比喻学识渊博之人。

宋朝咸淳年间，一位名叫左圭的学者，将唐宋名家之野史杂说，收集归拢成一部书，几十集，一百种，取名为《百川学海》。此乃我国成书最早、影响最大的一部笔记丛书。清朝时，另一学者曹溶，又将历代名家的零篇散轶汇集成洋洋大观的《学海类篇》两集，分为经翼、史参、子类与集余四个类型。明代人王文禄将当代的学术思想、生产经验和民俗风情辑录成册，定名为《百陵学山》。后人遂据此将“学山”改为“书山”。由此看来，学海无涯，学无止境，实乃千真万确之理也。

## “观止”一词的来历

清人吴楚材、吴调侯选编的《古文观止》，是一部优秀的古代散文集。它共收集了周代至明代的散文 222 篇，分为 12 卷。

这本散文集里的“观止”二字，源于《左传》一书。据载：鲁襄公 29 年，吴公子季札应邀访问鲁国。当时，鲁国的文化事业比较发达，经常上演乐歌舞曲，季札很想借机欣赏一下。鲁国按照他的请求，选出了许多优秀节目让其观看。当季札看完“韶箾”一舞时，忙向陪同的主人说：“观止矣！若有它乐，吾不敢请已”。意思是说，我已经欣赏到最高境界的艺术了，虽然还有别的音乐舞蹈，我也不敢再提出要看了。

后来，《古文观止》的作者借用了“观止”二字，其用意在于告知读者，这一选本是经过精心筛选的，因而是尽善尽美、无可挑剔的。

## “臭”字的来历

相传字是由黄帝牵头创造的，每个字都有它特定的含义。

一天，黄帝在路上和一个朋友不期而遇，遂主动与他打招呼。可这位有万贯家产的朋友看黄帝衣着贫气，就不屑一顾地扭头就走。黄帝暗自忖度：这家伙自高自大，不仁不义，真是太差劲了。回家后，他就依照“自高自大”的形象结构模式，创造出了“臭”字。“臭”字写好后，他还在琢磨，似乎少了一点什么。突然间他想到，“自高自大之人应该像狗”，随即在“大”字右上角添了一点，先使其成“犬”，再确定了“臭”字的架构。

## 章回小说“开头诗”的来历

在我国第一部章回小说《三国演义》中，每回的开头都有一首诗或词。这种特殊的写作方式，与它的前身——宋代话本有着极为密切的关系。

所谓“话本”，就是说书人为了帮助记忆的底本。最初，说书尚无固定的场所，说书人大多在街头用击鼓鸣锣之法招徕听众。到了宋代，这种专门场所才开始建立。为了吸引行人，他们在讲正文之前，总要先念一首诗或讲一段小故事，以交代正文的背景，概括本篇的主题思想。这种形式，当时称之为“入话”。

话本最初系口头流传，后来就有人动手笔录。经过整理与润色，借人阅读。这样，小说话本就逐渐发展为短篇白话通俗小说，讲史话本则发展为后来的长篇章回体小说。而“入话”这种形式，也被保留了下来，进而演变为章回小说中每回开头的“开篇诗”了。

## 《千字文》的来历

《千字文》是旧时启蒙教育的一种读物。大凡上过私塾的人，对这种文体都十分熟悉。现在最常见的《千字文》，是南北朝梁武帝时周兴嗣编撰的，就是用“天地玄黄，宇宙洪荒”开头的这一种。说起这一识字课本，还有段有趣的故事呢！

据史载：大同（535～543）年间，梁武帝叫诸王书写字，命令殷铁石在所写的字中拓一千字，每字纸片杂乱不成其章。梁武帝召散骑侍郎周兴嗣说：“你很有才学，限于此字数之内给我编成有韵的文章，不得有两字重复”。周兴嗣领命回家，于当晚一气呵成。但就在这一夜之间，他竟将鬓发熬白了。事后，周兴嗣获得梁武帝的重赏。

遗憾的是，《千字文》在当时并未得到广泛传播与应用。后来大书法家王羲之的后裔智永禅师将它抄写了 800 本，广为赠赐，江南各大寺庙均得一册。从此，《千字文》才逐渐流传开来。

《千字文》的诞生虽然出于偶然，亦非为教学而专撰，但由于它在编写上独具匠心，因而深受人们所喜爱。作者把有限的字在有限的时间内，通过排列组合，组织成语言通顺、前后连贯，既富于条理性，又能表达一定意义的句子，而且拘泥于一千个字，既不重复，又要押韵，朗朗上口，没有丝毫牵强附会之嫌。在这种苛求下能编出如此上乘之作，确实是难能可贵的。

由于《千字文》的影响，后人都仿照它的体例改编或撰写续篇，如《续千字文》《广易千字文》以及《万字文》《五千字文》等，但其影响始终未能超过正本《千字文》，而且现在大多已经佚亡。

《千字文》在我国先后流行了1300余年，成为世界上出现最早、使用时间最长，而且影响最为深远的启蒙识字课本，这在中外教育史上都是罕见的。

## "打油诗"的来历

"打油诗"是一种不讲平仄、用大白话与口语入诗，幽默风趣、引人发笑的通俗诗体。

据明代杨升庵的《升庵外记》介绍，打油诗系唐代南阳张秀才——张打油所创。其代表作是《咏雪》：江山一笼统，井上黑窟窿。黄狗身上白，白狗身上肿。

名为《咏雪》，但通篇却无一个雪字。作者在首句先宏观地描写，然后连用三个微观形象来写雪景，真可谓把雪后之景写得活龙活现！

说起张打油别具一格的诗作，还有一段十分有趣的故事呢！有年冬天，大雪纷飞，一位官吏坐着官轿，前呼后拥地到本家祠堂烧香祭祖。刚进大门，他就看见雪白的墙壁上有人龙飞凤舞地留下一首诗：六出飘飘降九霄，街前街后尽琼瑶。有朝一日天晴了，使扫帚的使扫帚，使锹的使锹。

大官看罢，觉得前两句还颇有文采，而后面则索然无味，便问此诗系何人所写。一位随员回禀："大人，我看这诗风，必是张打油无疑。"大官说："把他抓来，本官要治他玷污我神圣祠堂之罪！"张打油来后不卑不亢地问道："大人，你抓我为何？"大官手指墙壁："此诗系你所为？"张打油应声而道："正是在下。"大官说："你身为秀才，作诗赋词为何半文半白，良莠不齐呢？"张打油回答："这正是我平生所追求的呀！""追求什么？""阳春白雪与下里巴人融为一体，雅俗共赏。"张打油正色而答。

原来这大官平日里也喜欢舞文弄墨，只不过以寻章择句为主，懂者甚少。他正在为此烦恼，遂向张秀才说："我要试试你的文采，你敢在本官当面作诗么？""请大人命题！"大官说："当前安禄山兵犯南阳，贼势猖狂，就以此命题。"张打油略加思忖，就吟出首句：“贼兵百万困南阳。”大官拍手叫绝：“好，起句不凡，有气魄！”张打油摇头晃脑地念出第二句：“也无援救也无粮。”大官道：“此句还凑合。”张打油接着吟出第三句：“有朝一日城破了。”大官无言，静候下文。“哭爹的哭爹，哭娘的哭娘”。

这后两句与祠堂内“使扫帚的使扫帚，使锹的使锹”简直如出一辙，在场的人无不捧腹大笑。大官亦忍俊不禁，笑弯了腰。他说：“好，好，打油诗名不虚传。你走吧，我算服了你！”

从此，打油诗作为一种诗体，很快就在民间流传开了。虽然它不登大雅之堂，但在特定的环境下，那种幽默风趣、耐人寻味的辛辣风格，还是深受人们喜爱的。

## “数字诗”的来历

中华文化，源远流长。在我国文学历史中，唐诗宋词虽然独领风骚，但幽默风趣的数字诗也不失为古代文苑中的奇葩。数字诗起源于汉代，至今已有 2000 余年的历史了。

传说西汉时期，女子卓文君美丽多情，聪慧绝世，犹善于诗赋。后来她丧夫家居，与才子司马相如一见倾心，私奔成都。由于生活无着，只好盘炉卖酒，做起生意来。

时隔不久，司马相如经人引荐去长安作了中郎将。一经升迁，便自觉身价倍增，企图另娶高门。一晃五六年过去了，卓文君在家日盼夜想，才盼回一纸书信，信中写着“一二三四五六七八九十百千万”共 13 个大字。卓文君挥笔急赋一首血泪诗，交于官吏回话。司马相如拆开一看，诗中写道：“一别之后，两地相思。只说是三四月，又谁知五六年。七弦琴无心弹，八行书无可传。九连环从中折断，十里长亭望眼欲穿。百思想，千系念，万般无奈把郎怨。万语千言说不完，百无聊赖十倚栏。九九登高看孤雁，八月中秋月圆人不圆。七月里烧香秉烛问苍天，六月里人人摇扇我心寒。五月石榴红似火，偶遇阵阵冷雨浇花端，四月琵琶未黄我欲对镜心意乱。三月桃花随水转，二月风筝线儿断。噫！郎啊郎，下一世你为女来我为男”。

司马相如读了这情泪斑斑的信，深为卓文君的才气与痴情所感动，遂打消了另娶之念，与文君和好如初。

卓文君的数字诗，为诗坛开创了一代新风，后世之人竞相仿效。如明代诗人徐文长的“一片一片又一片，二片三片四五片，六片七片八九片，飞入红尘都不见。”就是在下雪天同几位儒雅之士对酒“咏雪”时的名句。徐文长还曾以《百鸟朝凤》为题，来讥讽那些不学无术之人，同时为那些怀才不遇的书生鸣不平。诗曰：“飞来一只又一只，三四五六七八只，百鸟何真来朝凤，啄去粮榖千万石。”一褒一贬，可谓泾渭分明。

到了清代，数字诗依然十分流行，而且佳作名篇层出不穷。可是由于历史的原因，这些诗大多都已失传。一些保留下来的，作者名姓都无从查考。如无名氏创作的“一望二三里，烟村四五家。门前六七树，八九十枝花”，就是诗人将数字与景物巧妙进行搭配的产物。虽然寥寥几笔，却勾勒出了一幅清新迷人的山村炊烟图。此诗行文流畅，言简意赅，真乃匠心独运，余味无穷。

## 用药名言情的来历

赋诗言情，乃文人骚客的惯常之作，本不足为怪。然而从清朝开始，我国竟有人将许多中药名串在一起抒发情怀，这就不能不让人称奇了！

据清朝褚人获著的《坚瓠集》所载：有一女子思念远离身边的丈夫，遂给他写了一封信。信中写道：“槟榔一去，已过半夏，岂不当归耶？谁使君子，效寄生缠绕它枝，令故园芍药花无主矣。妾仰观天南星，下视忍冬藤，盼不见白芷书，茹不尽黄连苦！古诗云：豆蔻不消心上恨，丁香空结雨中愁。奈何！奈何！”如此纯真的思念之情，仅通过 12 种药名便将其心境表达得淋漓尽致。其夫接到信后，略加思索，提笔回信：“红娘一别，桂香枝已凋谢矣！也思菊花茂盛，欲归紫苑。奈常山路远，滑石难行，如诗从容耳！卿勿使急性子，骂我白苍耳子。明春红花开时，吾与马勃、杜仲结伴返乡。至时有金相赠也！”

这两件书信，情真意切，药名亦用得恰到好处，不失为一篇上乘之作。其实，类似于这样的药名诗，在当时并非绝无仅有。清人梦笔生的《金屋梦》里，就有一首《山坡羊·张秋调》写得也非常流畅，余味无穷。诗中说：“金钱花红，娘子把细辛埋怨：固知道当归也，把金樱贪恋。只待那官桂车前，指望升麻贝母，哪晓得巴豆般心肠，把人参续断！夏枯草百药熬煎，蜜甜的干草，忽变了黄连。牵牛般拴着，把地骨皮剥了。骨碎补的川芎，插了些鬼箭。俺本是浪荡子、威灵仙、大附皮包，弄成了白刺猬、干海马，飞不去的僵蚕、青盐。想我那海狗肾的春方，空费了人言，石莲、牡丹、皮般、茯神，只落了个干蟾。”

在《金屋梦》一书中，这首诗曲是投降金兀术的混棍蒋竹山，被宋将韩世忠擒获、押往建康枭首时，在建康大街上高声大唱的歌词。实际上，这是书作者梦笔生借卖国贼蒋竹山之口，而对其卖国行为所作的无情鞭挞与嘲弄。全曲嵌入了20余种药名，可谓含蓄委婉，独具匠心。

上世纪90年代，《上海中医药报》刊载安徽潜山县汪济老先生撰写的《致在台（湾）友人》，也十分巧妙地连用60余味中药名，抒发自己的思念情怀。此文同样不失为一篇上乘之作，现抄录如下。

白术兄：君东渡大海，独活于异乡生地，如浮萍漂白，牵牛依篱，岂不知母亲思念否？今日当归也。家乡常山，乃祖居熟地。春有牡丹，夏有芍药，秋有菊花，冬有腊梅，真是红花紫草苏木青，金樱银杏玉竹林，龙眼蛤蚧鸣赭石，仙茅石斛连钩藤。昔日沙苑滑石之上，现已建起凌霄重楼，早已不用破纸挡窗防风了，而是门前挂金凤，悬紫珠，谁不一见喜？家中东苑遍布金钱草、益母草，西苑盛开百合花、月季花；北墙爬满络石藤、青风藤，南池结有石莲子、芡实子。但见青果累累，花粉四溢。令尊白前公，拄虎杖，怀马宝，扶寄奴，踏竹叶，左有麝香、藿香，右有红花、槟榔，陪伴上莲房，已是巍巍白头翁也！令堂泽兰婶虽年迈而首乌，犹千年健之松针也。唯时念海外千金子，常盼全家合欢时，望勿恋寄生地，愿君早茴香（回乡）！ 第杜仲顿首

以上三篇诗作，虽各抒其情，却有异曲同工之妙。令人遗憾的是，大概系“阳春白雪，和者盖寡”之故，除此而外，以后再也未见这样的佳作问世过。

## 《不气歌》的来历

清光绪年间，慈禧太后嫁内侄女，想排场又不愿出钱，欲从国库揩点油。她让太监总头目李莲英去找户部尚书阎敬铭办理，却被阎敬铭非常恭敬地拒绝了。慈禧听后颇不高兴，李莲英怕给自己降罪，次日便领了一班大小太监，狐假虎威地闯入户部大门，以太后名义询问年内财政支出情况，威逼阎敬铭拨款。不料阎敬铭威武不屈，硬是顶了回去，结果遭到太监一顿臭骂。

事后，阎敬铭竟因受辱致病而卧床不起。他思绪万千，终于领悟了生气的危害，便挥笔写就《不气歌》贴在床头自勉。

原文为：他人生气我不气，我本无心他来气。倘若生气中他计，气出病来无人替。请来医生将病治，反说气病治非易。气之危害太可惧，诚恐因病将命弃。我今尝够气中气，不气不气真不气。

## 《陋室铭》的来历

唐代诗人刘禹锡的《陋室铭》，是一篇脍炙人口的佳作。可是谁能料到，这个名篇的产生，竟是官府欺压的结果。

原来，刘禹锡因善于革新，得罪了当朝权贵，被贬至安徽和州当通判。按当时之规定，他应住衙门里三间三厦的屋子。可是和州的策知县是个狗眼看人低的小人，他见刘禹锡受贬而来，故意多方刁难。他先叫刘禹锡在城南面江而居，刘禹锡高兴地撰一副对联贴于房门："面对大江观白帆，身在和州思争辩"。策知县见了十分生气，又下令将其搬至城北，并将住房由三间改为一间半。这新居位于德胜河边，附近是一排排杨柳。刘禹锡触景生情，又作一联："杨柳青青江水平，人在历阳心在京"。策知县看罢肺都要气炸了，又在城中另觅一间仅能容一床、一桌、一椅的小屋，让其搬家。

"半年连搬三次家，这狗官欺人太甚了"。刘禹锡想到此，愤然提笔写下《陋室铭》，并请人刻于石头立在门前，气得那狗知县一筹莫展。而刘禹锡的名作《陋室铭》，却经久流传不息。

## 《史记》书名的来历

众所周知，《史记》是西汉时期司马迁所著的我国第一部纪传体通史。然而，这部名作的书名却并非出自作者之手。

西汉末年学者桓谭曾曰："太史公造书成，示东方朔，朔为平定，因署其下。太史公者，皆东方朔所加也"。但也有人认为："太史公"三字由司马迁的外孙杨恽所称。究竟系谁所加，至今尚无定论。但据此可知，，司马迁著作写成后本无书名，而是由别人以其所任官职，替其题写书名为《太史公》。近代学者王国维也认为，原著只有小题（每篇篇名）而无大题（全书总名）。

两汉之际，所谓"史记"皆泛指古代史书。汉代学者谈到司马迁这部书时，除称“太史公”外，也称之为“太史公记”“太史公传”和“太史公书”，而无人称之为“史记”。

司马迁本人在他的这部著作中，谈到“史记”的地方虽达七八处之多，但大致泛指“列国史记”而言，并非指自己的书名。

魏晋时，人们才逐渐将“太史公记”简称为“史记”。到南北朝时，范晔在著《后汉书》中就称司马迁作史记。由此可见，《史记》一书因约定俗成而得名，沿袭至今，无所更改。

## 《西游记》的来历

《西游记》这部妇孺皆知的小说，从故事的产生、流传与演变，到吴承恩完成，其中经历了近900年的光景。

《西游记》是根据唐太宗时玄奘和尚只身去印度取经的真实经历写成的。最初是宋代说话人利用这些史迹写成话本。现存的《大唐三藏取经诗话》共17节，叙述简略，文白相间。其中已见猴行者、深沙僧（即后来的沙僧）之踪影。此书虽然行文粗糙，但却为后来的《西游记》奠定了基础。

元代出现的《西游记平话》，存页不多，现仅能看到两个片段。明《永乐大典》中记载的“魏征梦斩泾河龙”一事，也只有1200字。朝鲜汉语教科书《朴通事谚解》也有“车迟国斗圣”之章节。这些故事与以往的“诗话”大不相同，取经人员中的一师三徒业已齐备，并能看到蜘蛛精、红孩儿、火焰山等情节的大致轮廓。

明末吴承恩以其卓越超群的才华和十分丰富的想象能力，用奇妙的故事做基石、宏伟的篇章做骨架，开辟了幻想小说的新天地，终于使其成为一部极富生命力的通世杰作。

## 《牛虻》书名的来历

公元前399年，古希腊哲学家苏格拉底被法国处以死刑，其罪名是用哲学腐蚀青年。苏格拉底在临刑前说：“只要我活着，就坚决不放弃哲学研究。真正有意义的行动是不应当考虑生命危险的。我被上帝派遣到这个城市来，好比马身上的一只牛虻，职责就是刺激它赶快前进”。这番话强烈地震撼着爱尔兰女作家伏尼契的心灵，她为苏格拉底忠于信仰、宁死不屈的崇高精神所感动。当她反映意大利人民革命斗争的小说脱稿后，就给书中的主人公亚瑟取名为“牛虻”，并将其正式定作小说的书名。

## 《落霞孤鹜》诗句的来历

唐代著名诗人王勃的《滕王阁序》中“落霞与孤鹜齐飞，秋水共长天一色”一句，并非王勃所首创，而是对古人诗句的一种“引进”和沿用。

早在南北朝时，北周诗人庾信在他所写的《三月三日华林马射赋》中，写下了“落花与芝盖同飞，杨柳共春旗一色”的诗句。其中“芝盖”指古时一种固定在车上遮阳的曲柄凉伞，“春旗”指插在车上或执于行人手中的彩旗。庾信描写一支队伍在行进时，周围飞扬的落花与车上的芝盖融为一体，相互撩飞；道旁的杨柳与路人所持的旗子彼此相衬，混为一色。这在当时已成为人们吟咏的佳句。王勃正是点化了这一诗句，把其中的落花、芝盖、杨柳、春旗换做落霞、孤鹜、秋水与长天。但王勃的“落霞孤鹜”与庾信的“落花芝盖”相比，则其高一筹，内容与意境大不相同，故成为“青出于蓝而胜于蓝”的佳句。

## 隶书的来历

隶书的产生，打破了古汉字象形的传统，奠定了现代汉字的基础，因而是汉字发展史上的一个重要的转折点。

隶书起源于秦代。据《渭南县志》载：秦下邽（今渭南县渭北）有一个叫程邈的人，是我国历史上最早的书法家。他在咸阳当狱吏时受人诬陷，被关在云阳监狱。后来秦始皇推行文字改革，了解到程藐对文字很有研究，就令他担当此任。程藐接旨后，遂将六国文字作了详尽的比较和取舍，并以书写方便为原则，弯处抹直，变圆为方，书写出新体字三千余个，呈献给始皇帝。始皇见后大喜，遂放程藐出狱，赦免其罪，拜为御史，并令将新字体颁行全国。

由于这种字体系徒隶程藐所创，开始时又专供隶役使用，故称其为“隶书”。

## 漫画的来历

漫画是一种饱含讽刺与幽默意味的滑稽画。它贴近生活，针砭时弊，具有很强的战斗力。它既能令人捧腹大笑，给人以美的享受；又能促人发省，给人以启迪。因而是人们喜闻乐见的一种艺术形式。

漫画在我国具有十分悠久的历史。但它在古代并不叫作“漫画”，而被称为讽刺画、讽喻画、讽字谐话等。漫画一词的出现，距今还不足100年的时间。

1925年上半年，画坛名家丰子恺在吸收古今各种画派之长的基础上，创造了一种具有独特风格的画。这事被当时的著名刊物《文学周报》主编郑振铎知悉后，便多次向丰老先生索稿，一一刊登在《文学周报》上，将其定名为“子恺漫画”。从此，“漫画”就在我国流传开了。

据考证：漫画一词来源于日本，它含有“随意画”的意思。在国外，漫画至今尚无统一的名称。有的称其为卡通、讽刺画，有的则叫幽默画、滑稽画等等。

## 油画的来历

油画是在400多年前，由荷兰人艾克发明的。因此，我国人民一般习惯称之为“西洋油画”。

文艺复兴时期，由于官方和教廷的需要，壁画已经相当普及了。但当时的颜料并非用油调和，而是用蛋白和含有胶质、且不易褪色的“谭比拉”配制。15世纪时期，这种画法才起了革命性的变化，画家不仅在壁上或器皿上作画，而且开始在画架上进行创作了。

第一个用油画颜料绘画的画家，是荷兰的艾克。1422年前后，他曾用此法在海牙为贵族作画，以后又变成宫廷画家。其一些宗教画作品，现仍存于墨尔本。

荷兰油画问世后，备受各国之青睐。意大利画家郭左里曾专程赶赴弗朗特尔，学习油画颜料的制作和用法，为意大利的油画创立和发展做出了重要贡献。

## 灯谜的来历

灯谜是一种很好的娱乐形式，它既能启迪人们的智慧，又可活跃人们的文化生活。因此，每逢新春佳节来临，各地都在纷纷举行灯谜活动。

灯谜的起源，可追溯到2400多年前的春秋时代。当时列国纷争，一些游说之士便经常饶舌于其间。他们往往不直言本意，而总是拐弯抹角地借助隐词暗语去喻示，好让对方绞尽脑汁去猜测。这就是灯谜的前身。

秦汉以后，这种“隐词暗语”逐渐进入民间生活领域，成为一种玩笑、取乐的方式。到了宋代，“灯谜”这一形式和称谓才开始出现。由于谜语构思巧妙，寓意含蓄，要想猜中犹如射虎一般艰难，所以当时又把灯谜谓之“射虎”。明清两代，灯谜活动已十分流行，《红楼梦》《镜花缘》等著名小说中就有诸多描写。此外，此时还出现了《文戏》《春灯谜》和《俞曲园灯谜大观》等专门的谜语作品。

灯谜形式多样，名目繁杂。按类别论，可分为物谜与字谜两大类。就体式讲，有扣字、会意、离合、象形、谐意、别解及外意、假借等8种。至于法格，则有卷帘、秋千、系铃、解铃、求凤、齐飞和脱帽、脱靴、加冠、纳履以及粉底、遥对、折腰等20余种。

## “猜谜”一词的来历

灯谜在我国虽然出现甚早，可“猜谜”一词的产生，却并不十分遥远。

相传在清乾隆年间，文学家纪晓岚制作了一副对联，将它贴在宫廷里的一盏大灯上。一次，乾隆帝率众臣去文华殿观灯，忽然发现灯上两段饶有风趣的文字：“黑不是，白不是，红黄更不是，和狐狼猫狗仿佛，既非家禽，又非野兽；诗也有，词也有，论语上也有，对东西南北模糊，虽为短品，却是妙文——打两个字”。乾隆帝与随从官员一边鉴赏一边思索，却怎么也想不出来。站在一旁的纪晓岚微笑着告诉他们：上句是一个“猜”字，下句是一个“谜”字，合起来就是“猜谜”一词。乾隆帝听罢，连声称赞：妙、妙、妙！

后来，猜谜活动便在民间广为流行开来。时至现今，不少报刊还专门辟有一席之地，刊载数则谜语，供人们茶余饭后猜玩，以丰富读者的业余文化生活。

## “杜撰”一词的来历

所谓“杜撰”，就是毫无根据地胡编乱造。此乃史学界极其忌讳的卑鄙行为。

相传古时候，有个名叫杜默的人喜欢舞文弄墨，作诗赋词。然而他的作品，内容空洞，逻辑混乱；东拉西扯，不着边际；既不讲韵律，又无明确立意，简直就是胡扯一通。因而有人如此评价他的作品：“诗不像诗，文不像文，实在是不伦不类。”

后来，人们但凡看到此类作品，就会脱口而出：“这是杜默撰写的。”时间一久，干脆简称为“杜撰”，意即胡编乱造，毫无新意。

## 博士、硕士和学士的来历

作为现代学位专称的博士、硕士与学士之名，我国古代早已有之。

“博士”在我国古代是个官名，它起始于战国时期，一般均由知识渊博之士充任。秦始皇时，博士是政府的专职顾问。据《汉书·百官公卿表》载：“博士，秦官，掌通古今”。其职责有三：侍奉朝廷，劝谏上书，参与朝政；保管文书档案，编撰著述；担负教学工作，培养专门人才。从汉代开始，“博士”除授予学官外，还授予某些有专门学问和技艺的职官，如天文博士、太医博士等。

“硕士”，我国古代通常是指那些德高望重、博学多识之人。宋代散文家曾巩在《与杜相公书》中说：“当今内自京师，外至岩野，宿师硕士，杰立相望。”看来，当时堪称“硕士”者，已为数不少。

“学士”一名始见于周代。最早是指那些在学读书的贵族子弟，后来又演变为官名和文人学者的泛称。魏晋以后，学士才正式成为以文学技艺供奉朝廷的官吏。唐宋时期，学士的地位较前大有提高。宰相才能称大学士，五品以上的官员才可选任学士，而六品以下者则任直学士。铁面无私的宋臣包拯，就曾是参与朝政、执掌大权的龙图阁直学士。宋朝对翰林学士十分器重，常由他来充任皇帝嫡亲的顾问和秘书，拥有荣任宰相的希望。到了清代，地位最为显贵的就数大学士，其官阶为正一品，属文职官吏之首。

博士、硕士和学士虽然在我国出现很早，但多数属于从政之官职。作为授予专家学者的学位称号，尚未形成制度。因此学位的真正起源，还应首推欧洲。1130年，意大利的博伦那大学首次给一位研究古罗马法的学者授予博士学位，不久又出现了硕士这一称号。至此，现代意义上的学位制才在欧洲渐渐流行起来。

## 助教的来历

助教，是现代高等学府教学人员的一种职务名称，也是学衔分类中的一种初级称号。

助教一称，在我国已有700余年的历史。西晋武帝司马炎咸宁二年（276年）设立国子学时，就同时设立了助教。以后各朝代的国子学中，基本都设有经学助教，亦称太学助教、四门助教和广文助教等。北魏时，设立医学助教，协助博士传教非儒家经学的专门性技术知识。隋唐时期，又增设了算学助教和律学助教，其职责都是协助博士工作，传授相应的专业知识。

到了宋代，助教一职即被废止。

## 国际标准交谊舞的来历

从古代的宫廷舞到人们自娱性的交谊舞，再到现代国际标准交谊舞，经历了一个十分漫长的历史岁月。

20世纪初期，欧美一些国家经常组织交谊舞比赛，但由于没有一个统一的评判标准，往往谁也不服谁。1920年，英国皇家舞蹈教师协会首先为世界业余选手制定了统一标准的现代舞进行角逐。它包括：华尔兹、探戈、狐步、快步与维也纳华尔兹（快华尔兹）。这种舞蹈，虽然对必须出现的规范动作和不许使用的动作作了明确的规定，但在各个动作间的连接、编排及对音乐节拍的处理上，各对选手却不尽相同。这样，每当选手们同场献艺时，就可将各自的风格、优势较好地发挥出来，给人以美的享受。国际现代舞虽然好看，但经常重复表演，亦会令人产生单调、乏味之感。于是，英国皇家舞蹈教师协会又把欢快流畅的拉丁舞也纳入其中，并于1960年将其列入世界“国际标准交谊舞”的比赛项目中。

因为国际舞是由业余选手进行比赛的项目，故职业选手是不得参赛的。同样，业余选手也不得参加任何营业性的演出。

上世纪 80 年代中期，国际舞才开始进入我国，并在广州、北京等地率先兴起。现在，它早已在各个城市中流行开来。

## 中国古舞的来历

伊莎多拉·邓肯被誉为现代派舞蹈之母，西方世界第一个自由舞蹈家。其实在中国古代，像她这样的自由舞蹈家简直不乏其人。

《史记·高祖本纪》载：公元前 195 年，刘邦击败淮南王黥布叛乱，回师过沛，就曾乘着酒兴击筑高歌："大风起兮云飞扬，威加海内兮归故乡，安得猛士兮守四方"。自己还和着歌声翩翩起舞。这显然是一曲即兴动作的自由舞蹈，反映了他踌躇满志和祈享太平的心情。直到晚年，他依然乐此不疲。《史记·留侯世家》曾记载刘邦晚年欲废太子孝惠，另立戚夫人之子如意。后因未能如愿，他心中烦闷，遂对戚夫人说："为我楚舞，我为若楚歌"。并即兴作词，宣泄他抑郁无奈之心情。戚夫人本是楚女，长袖善舞，便和着刘邦的歌词，飘然舞之。这显然是一种自由表达内心世界的舞蹈。

《汉书·苏武传》记载了苏武出使匈奴，牧羊北海，守节 19 年，终于全旌荣归的故事。临别之时，他的朋友、失身匈奴的李陵，置酒送别。宴席上李陵触景生情，悲歌泣舞，淋漓尽致地抒发了一个降将满腹的苦恼与悔恨。

文臣武将、皇子王孙，皆能舞而蹈之。既借其抒情言志，又以此邀功请赏。长沙定王刘发到长安为皇帝拜寿，席前起舞，却故意轻轻抖开袖子作了几个举手动作，拘谨而不舒展，并且戏称："臣国小地狭，不足回旋也"。其借舞讨封地，可谓乖巧至极。吕布刺杀董卓之后，史载"百姓歌舞于道"。可见当时确如明代乐律学家、郑恭王子朱载堉所说的——"自天子以至庶人，皆善歌舞"。

《诗经·大序》云："情动于中而形于言。言之不足，故嗟叹之；嗟叹之不足，故永歌之；永歌之不足，不知手之舞之足之蹈之也"。前述之言，真可谓对这种舞蹈的理论性总结。瑞典现代派舞蹈大师别基特·奥克桑得知此段名言后，极为激动，认为中国能在 2000 年前对舞蹈有如此深刻、形象的概括，实为一大创举。

## 蒙古族安代舞的来历

蒙古族是一个能歌善舞的民族。在其繁花似锦的民间舞蹈中，最受欢迎的，首推安代舞。它以简洁明快的节拍、错落有致的舞姿和优美动听的韵律，淋漓尽致地表达了蒙古族人民彪悍、豪迈的性格和热爱劳动、追求幸福的精神风貌。

但是安代舞的产生，却并非缘于娱乐，而在于治病。

相传古时候，内蒙古草原有一位勤劳善良的吉尔格勒老人，他有位 16 岁的女儿，生性泼辣，能歌善舞，被老人视作掌上明珠。一次，女儿突然病倒在蒙古包中。老人心急如焚，骑上枣红马四处求医。可是连服十多付药，病情毫无起色。老人无可奈何，只好套上马车，载着女儿去外地问医。一天傍晚，马车正在爬越一座黄沙包时，车轴突然断了。看着女儿痛苦的面容，老人便绕着马车边唱边舞了起来，想以此给女儿带来一丝慰藉。跳着跳着，奇迹出现了！歌舞唤醒了女儿，她慢慢欠起身子，情不自禁地下了车，与阿爸一起跳起舞来。过往客商见此情景，也都跑来同跳。当一轮红日冉冉升起，姑娘的病竟不治而愈了。安代舞能消灾除病，很快传遍了草原，并一直延续至今。

## 宫廷音乐的来历

宫廷音乐是我国传统民族音乐重要的组成部分。它历史悠久，源远流长，在中国古代文化中有着十分突出的地位。

据公元前三世纪的《吕氏春秋》记载，当初的轩辕黄帝曾指令其下人制十二律，铸十二钟，以合五章。我国最早的诗歌总集《诗经》中也有大量描述当年宫廷中祭祀宴飨的音乐盛况。2000 多年前，汉武帝开始设立专门掌管音乐的机构——乐府。其职能是：制定乐谱，训练乐工和收集歌词。从此，历代王朝都在宫廷内设立相应机构。到了盛唐时期，宫廷音乐也进入了鼎盛阶段。当时唐朝人口仅 4000 多万，而宫廷乐工竟达万人之众。我国最后一个封建王朝清朝，对宫廷音乐也相当重视。除了兼收并蓄历代音乐的风格、特点外，还将民间音乐和少数民族音乐糅合进去，使宫廷音乐更加丰富多彩，日臻精湛完美。

为了弘扬民族文化，把历代宫廷音乐挖掘整理，重新搬上舞台，我国第一个专门研究、演奏宫廷音乐的“中国宫廷音乐社”，已于20多年前正式在京成立。

## “靡靡之音”的来历

在港台音乐中，靡靡之音曾经大行其道。然而溯其发源之地，却在我国大陆。

殷商时期，有位叫作师涓的著名乐师，专门从事搜集整理乐曲的工作。一次，纣王将其抓来，意欲欣赏他的演艺如何。随着指弦的轻轻抚动，一曲曲美妙的乐曲飞泻而出，可是纣王并不满意，执意要杀他。为免除杀身之祸，师涓苦思冥想，终于创作出一种“靡靡之乐、北里之舞”，令纣王十分着迷。他欲罢不能，整日陶醉其中，从无心思治国，不久就失去江山，成为周武王的手下败将。

于是，人们遂将这种情迷迷、软绵绵，易使人丧失斗志、失却信仰的音乐歌舞，称之为“靡靡之音”。

## 马戏的来历

马戏是我国的传统技艺之一。从诞生到现在，已有几千年的历史。

汉桓宽《盐铁论》载：“戏弄蒲人杂妇，百兽马戏斗虎”。唐宋时期，马戏在我国已十分流行。相传唐玄宗李隆基在皇宫里训练了一批御马跳舞，节目丰富多彩，成为马戏团的雏形。唐玄宗为了将舞马装饰得花团锦簇，便用大量织锦和珠宝玉器披裹马身，并将特制大“床”配以笙箫管笛，让马按音乐节拍在“床”上霞帔起舞。这便是杜甫说的“斗鸡初赐锦，舞马既登床”。唐玄宗还要当时的名画家曹霸画下御马跳舞的种种姿态。后来，单纯让马在床上跳舞的马戏，逐渐演变为人马共舞，即人骑在马背上作各种精彩、惊险的表演。

安史之乱，唐玄宗逃亡四川，皇宫马戏团的舞马亦四散一空，流落他乡。相传有个名叫田承嗣的将军招兵买马欲行平乱，收回了一些舞马，并与战马混杂在一起。一天，他在战前检阅部队，当鞭炮炸响、军乐齐鸣时，马队中的舞马遂闻声起舞，跳个不停。将军误以为怪马作祟，于出征不利，便责令马夫将大部分舞马怒杖而死。待到玄宗回归，所剩舞马已为民间组团结社带往各地演出。

至清朝时，马戏已盛行于民间，农村、集镇常见演出。他们大的成团，小的为班，跑马卖解，闯荡江湖，技艺亦日渐高超。晚清小说《孽海花》曾作过如此描述："在两条绳上，串出种种把戏。有时疾走，有时缓行，有时似穿花蝴蝶，有时似倒挂鹦哥。一会儿竖蜻蜓，一会儿翻筋斗。一壁婀娜地走，一壁啭着娇喉唱起来"。

现在，马戏团不仅保留了许多传统节目，还发展了独站双马、马上倒立、马钻火圈及马下插旗等精彩节目。此外，驯兽乃至部分杂技也已纳入其中。有时，还穿插一些丑角令人捧腹的滑稽表演，为昔日的马戏增色不少。

## 杂技的来历

杂技是一门古老的文化艺术。它历史悠久、门类繁多、技艺精湛、变化莫测，深受国人之欢迎。

杂技在我国已有 2000 余年的历史了。据史料记载，春秋战国时期就有了它的雏形，《周礼》《国语》中也都有简单的介绍。《庄子·徐无鬼》中曾写道：楚国一位勇士，双手可同时依次抛接 9 个丸铃。这无疑是杂技中的"手技"表演了。

杂技到汉代被称为"百戏"，已初步形成为一种表演艺术。据记载，当时的杂技节目不但多，而且技艺高。主要有高台倒立、高空走索、飞剑、舞轮、舞盘、扛鼎、要坛子、吞刀吐火以及七盘舞、折腰舞等。从吞刀吐火来看，汉时我国就出现了魔术，当时称魔术师为"眩人"。

杂技艺术在隋朝时得到了较快的发展。隋炀帝曾集中众多乐工，成立了一个名为"太常寺"的机构传授技艺，这应该是我国最早的杂技艺术团体了。隋炀帝还规定每年五月都要举行一次"百戏"演出，其节目逐年也都有所增加。到了唐代，马戏艺术有了长足的进步。据记载，唐玄宗每过生日，都要表演马舞。如飞马衔酒杯、马跳高台、横穿火阵、刀剑阵等。

宋时杂技更为普遍，官民皆热衷此道。宫内有百戏教坊，阡陌有百戏艺人。其节目多达四五十种。每逢元宵佳节，京城就进行杂技表演，各帮各派大显身手。演技已经炉火纯青，以至达到了"弄假成真，将无作有，逡巡酒热，顷刻开花，变化多端，奇巧万状"之态。

元朝杂技艺术也很可观，表演规模日趋壮大。晚清比较流行的节目主要有蹬技、坛技、飞叉、爬杆、走索及舞狮与驯兽等。清光绪年间还出现了"杂要馆"，开始将杂技艺术正式搬上了舞台。

## 我国魔术的来历

魔术，亦称眩术和幻术，其表演者则称“眩人”或“幻人”。魔术是杂技的一个分支，它比杂技出现要晚得多——在汉代才由西方与西南夷传入我国。

《汉书·张骞传》有“大宛以犛眩人献于汉”的记载。颜师古注云：“眩读与幻同，即今吞刀吐火植瓜种树屠人截马者是也，本从西域来”。犁靬，据《魏略·西戎传》说：“大秦国，一号犁靬”。可知犁靬就是古罗马帝国，他们的眩术即魔术先传到西域，最晚在汉安帝时又传入了中原。

另据《后汉书·陈单传》说：“永宁元年（120年），西南夷掸国王献乐及幻人能吐火自支解易牛马头”。古掸国，在今滇缅边境一带，早在公元97年已与中国有着友好往来。《太平广记》引《拾遗录》也说：“南垂有扶夷国，其人能机巧变化，易行改服。大则兴云雾，小则入纤毫。缀金玉毛羽为衣服，能吐云喷火，鼓腹则如雷霆之声。或为巨象狮子龙蛇犬马之状，或为虎口中人生，或为掌中备百兽之乐，宛转屈曲于指间。人形或长数分或复数寸，神怪倏忽，佳丽于时。乐府皆传此技，至宋代犹学焉。得粗得精，代代不绝。”

上述诸说，虽然传入地不同，但时间基本一致，约为东汉安帝永乐年间。当时西南夷可通过水陆两路达西方，其魔术或源自罗马，或土生土长，亦未可知。不过可以断定，中国魔术源自古罗马及西南诸国，内容有异形改服、吞刀吐火、喷水成雾等，应该成为当时中外文化交流的历史见证。

## 木偶剧的来历

我国的木偶艺术始于汉、兴于唐而盛于宋，是古代戏曲舞台上生命力最强的一个剧种。

据《后汉书·五行志》记载：“时京师宾婚嘉会，皆作傀儡……傀儡，丧家之乐。”《旧唐书·音乐志》也说：“窟儡子，亦云傀儡子，作偶人以戏，善歌舞。本丧家乐，汉末始用之于嘉会。”这说明早在2000余年前的汉代，我国的木偶艺术已具雏形了。1978年，考古工作者在山东莱西县一座西汉古墓中挖掘出的木偶人，便是物证。

西汉时期，木偶除广泛应用于“丧家之乐”与“宾婚嘉会”之外，还曾应用于战争。司马迁《史记》载：汉高祖刘邦与匈奴交战，“至平成，为匈奴所围，七日不得食。”高祖遂用陈平奇计在城楼上装配了许多貌若天仙的木偶人，使心怀妒意的匈奴单于冒顿之妻阏氏唯恐其夫破城后贪恋女色，坚持让丈夫收兵，刘邦方得以逃生。

盛唐时期，木偶剧更成为一种独具特色的艺术形式。据《封氏闻见记》载：有人“刻木为尉迟鄂公，突厥斗将之战，机关动作，无异于生。”诗人梁鍠在《傀儡吟》中曰：“刻木牵丝作老翁，鸡皮鹤发与真同”，足见其艺术造诣已经到了炉火纯青的地步了。

到了宋代，木偶戏的表演形式不断增多，先后出现了杖头傀儡、提线傀儡、药发傀儡以及水傀儡、肉傀儡等。内容也由原先比较单一的情节，发展成为可表演烟粉、灵怪、铁骑、公案以及历代君臣将相等相对复杂的各类故事了。

木偶戏由人幕后操纵，“傀儡”则在台前表演。其一招一式，惟妙惟肖，因而早就闻名于世。国外艺术界曾将我国称为“世界木偶的祖先”。

## 皮影戏的来历

皮影戏也叫灯影戏，它是先用硬质皮革剪成人物模样，然后通过灯光投射，将其形象映照在白色幕帐上的一种艺术形式。

皮影戏是由我国汉朝齐少翁发明的。据班固《汉书·外戚传》载：汉武帝刘彻的夫人李氏去世后，刘彻终日嗟叹，思念不已。朝中齐少翁出于怜悯，便在一天晚上，将一块白帐挂在室内，再在帐前的桌子上置放一盏烛灯，然后将事先用白纸剪好的李氏形象置于灯前。这时，白帐上立即出现了李氏的黑色影像。随着剪纸的移动，“李氏”在帐面走来走去，把坐在一旁的刘彻直看得如醉如痴。这就是皮影的雏形。

到了宋代，影戏已开始流行，而且色调日益丰富多彩。据南京耐得翁《都城纪胜》载：“凡影戏乃京师人物以素纸雕镞，后用彩色装皮为之。”及至元代，皮影有了快速的发展，并开始向西亚、欧洲一带流传。比较著名的，是河北的驴皮影和陕西的牛皮影，在当时享有很高的声誉。

## “话剧”称谓的来历

话剧是我国比较年轻的一个剧种。直到 1928 年以前，它还没有一个相对固定的名称。在民间，有将它称为“文明剧”的，有称作“爱美的戏剧”的，也有叫作“非职业的戏剧”的。

“话剧”这一名称，是由戏剧家洪深最早提出来的。1928 年冬季的一天，田汉、欧阳予倩等人邀请戏剧界知名人士召开座谈会，研讨“文明剧”的定名问题。戏剧家洪深发言说：这个剧种“是用片段的、剧中人的谈话所组成的戏剧，他表达故事的主要方式是对话”；无论是事实情节、人物个性，还是主题、情调和意义，“都须间接通过剧中人物在台上的对话展现出来”。因此，将其称作“话剧”，比较贴切、得当。洪深的意见，得到了田汉、欧阳予倩及在座各人士的一致赞同。于是，“话剧”一名就正式产生了。

## 广播剧的来历

广播剧是当今世界上比较年轻的一种艺术形式，它的出现迄今只有不足百年的历史。

1922 年 5 月 28 日，英国广播公司在它的演播室里，别开生面地演播了根据莎士比亚原作改编的《第十二夜》，并邀集一批专家、评论家进行收听与观摩。这次演播经电台正式播放后，引起舆论界的广泛关注。赞赏、祝贺者为数不少，而批评、诋毁者也不乏其人。后者认为它看不见、摸不着，不能成为一种严肃的、独立存在的艺术形式。

1924 年初的一天，曾在《第十二夜》中扮演角色的波里费埃，邀请年仅 23 岁的剧作家理查德·休斯，同他合编一部专供电台演出用的剧本。经过商讨，他们决定以“威路斯矿塌方事件”为素材，合作一部在“黑暗中”发生的故事——人们只能听闻其声却不见其影的剧作，并定名为《危险》。

理查德与波里费埃从听觉入手，成功地运用声音效果构思剧情，安排人物。《危险》播出后，在社会上引起了强烈的反响。许多报纸纷纷发表评论文章，对这个剧目倍加赞赏与推崇。

于是，欧洲其他国家都相继开始创作广播剧，并开辟专门节目进行播放，终于使这种艺术形式发展成为当今世界上一种全球性的新剧种。

## 相声的来历

相声是我国传统的曲艺形式之一，它是从民间笑话发展和演变而来的。

曲艺界有人认为，相声是由清同治年间一个名叫朱绍文的丑角演员最先发明的。它起源于保定，后又传至北京，至今仅有 150 余年的历史。其实，这种说法是欠妥的。

从内容与形式来看，相声之起源起码可追溯到 2000 多年前周秦时代的“俳优”和唐代的“参军戏”。当时，帝王身边都配有“俳优”，他们主要在宫中献艺，偶尔也去民间表演。“俳优”以口齿伶俐而见长，他们常以幽默诙谐的语调，或用辛辣的嘲讽，惹得观众捧腹大笑。据《史记·滑稽列传》载：秦朝末年，秦二世胡亥突发奇想，欲把万里长城油漆一遍，并下令加重百姓的劳役和税赋，以广集资金。大臣们明知此举荒唐透顶，可谁也不敢出来阻拦。这时，一个“善为笑言”的艺人优旃奉诏进宫，为胡亥专场演出。他说：“皇上要把长城漆一遍，这多好啊！又好看，又亮堂！敌人打来，想爬也爬不上去。可是，漆要阴干，需要盖‘荫室’，哪来那么大的房子装万里长城呢？”说得胡亥忍禁不禁，继而又恼羞成怒。

这种针砭时弊、抨击邪恶的表演手法，在唐代的“参军戏”里有了突破性的发展。“参军”本是一种官职，相当于现今的参谋。由于他们常常表演滑稽节目，故称为“参军戏”。这种戏一般只有两个角色，一个手持简策，仍以机灵聪敏的参军面目出现；另一个则衣着褴褛，扮作愚昧可笑的“苍鹘”。他们一主一从，一问一答，互相嬉笑怒骂，同现在的相声十分相近。

由此可见，“俳优”是相声的远祖，而“参军戏”则是相声的近亲。现在，相声艺术发展很快。除了传统的单口相声、对口相声和群口相声外，近年来还涌现出音乐相声、戏剧相声及迪斯科相声等新的艺术品种。就连一些洋人、洋学生也趋之若鹜，开始学习用中文表演相声了。

## 秧歌的来历

秧歌是我国一种民间舞蹈形式，主要流传于北方地区。这一艺术的产生，与宋代著名文学家苏东坡有着千丝万缕的关系。

相传苏东坡之父苏洵在河北文安任主簿时，曾多方向乡民传授水稻栽培技术。大约是命运之神撮合的缘故，苏东坡后来亦被朝廷发配到文安附近的定州做了小官。当时定州十年九涝，百姓缺吃少穿。苏东坡上任后，利用这一气候特点，极力主张扩大水稻种植面积，并经常同乡民一道下地插秧耕作。工间休息时，他就组织大家哼唱一些颇具地方色彩和泥土气息的小曲，事后则予以收集、整理与加工。于是，乡民们边干活边哼唱，妙趣横生，韵味无穷，很快就流传开来。

由于这种小曲是在插秧时唱的，大家就亲切地称之为“秧歌”。

## “小品”一词的来历

“小品”作为一种文学形式，是指随笔、杂感等短小精悍的文章。如六朝小品、唐人小品、明人小品等。这种文学形式，早在我国古代就有了。后来，有人将它引入艺术领域，演出了一台台幽默诙谐、妙趣横生的滑稽短剧，并使之逐渐成为一个独具风格的文艺新剧种。

“小品”一词，源于古老的佛教经典。它始见于公元 4 世纪时后秦高僧鸠摩罗什对《般若经》（简称）的译作。在佛经中，有“全本”与“节本”之分，全本被称为“大品”，节本则称为“小品”。鸠摩罗什翻译的《摩诃般若波罗密经》就有 4 种：较详细的 27 卷本称为《大品般若经》，较简略的 10 卷本则叫做《小品般若经》。后来在长期的历史演变过程中，人们逐渐扩大了“小品”的应用范围，使它先后涉足于文学、艺术之中，成为人们喜闻乐见的一种艺术形式。

## 电影的来历

电影是人类文化艺术中的后起之秀，它是在大约 100 年前，由英国科学家格林奈发明的。

1888 年，格林奈潜心研制的世界上第一部电影摄像机获得成功后，首先用它拍摄了伦敦的街景。试演过程中，当他看见街头行人在白幕上徐徐走动时，高兴得又蹦又跳。接着他冲出门外，不由分说便将一位过路警察拉进实验室，使其有幸成为人类电影史上的第一位观众。

其实，在格林奈成功的背后，还有着许许多多辛勤奠基的人。其中一次不同凡响的打赌，竟对他的研究起到了至关重要的作用。

据传，一个叫爱德华·麦布里奇的人，曾与朋友打赌说：马儿奔跑时，在跃起的瞬间是四蹄离地的。而朋友则认为，不管在什么时间，奔跑着的马总是两蹄离地，两蹄着地的。为了证实自己的说法，麦布里奇于 1872 年用 24 部照相机进行了实验。他把相机的快门通通用电线连接起来，然后接通直流电源。当马儿飞奔而过时，便以极快的速度使相机依次拍下 24 张照片，再按顺序一张一张地观察对比，终于证实了自己的推断。

后来，有人将这些照片加工成透明体，依此排列在玻璃圆盘上，通过幻灯来放映。只要旋转玻盘，照片上的形象就在幕布上面活动起来了。这大体就是电影的始祖。

1874 年，挪威天文学家强逊为了拍摄有关天体运行情况，遂研制出一种轮转摄影机。8 年之后，有人又把活动照片同轮转摄影机一起进行了巧妙的处理，制成了摄影枪。

格林奈就是在对上述科研成果进行大量的综合整理、分析研究之后，才使电影摄影机得以成功的。

## 明星制度的来历

明星制度起源于上世纪 20 年代，由美国好莱坞电影制片商所首创。

1910 年以前，电影还是游艺场的杂耍，电影演员也只是个下九流的行当，在社会上根本无人瞧得起。就连一些房主招租时都广而告之：“带狗者与电影演员谢绝上门”。因此，一些演员长期隐姓埋名，以免有辱身份。

可是几年之后，情况就发生了根本性的变化。电影不仅堂而皇之地登上了大雅之堂，而且在艺术领域里占据了十分重要的地位。于是，好莱坞的老板们便因势利导，利用各种形式为观众制造了一批又一批的“明星”偶像。他们在雇佣演员时，首先以貌取人。只要人长得风流、漂亮，具有一定的角色气质，就为之大肆宣传。待“捧红”之后，再给以“明星”桂冠，并以此为招牌获取巨额利润。电影“明星”的问世，使人们的审美情趣亦发生了重大变化。从此，观众不再重视影片的思想境界和艺术质量，却对“明星”的阵容状况表现了异乎寻常的关注。由此可见，“明星制度”完全是影片商业化的产物。

随着“明星制度”的产生，电影制片商之间展开了激烈的明星争夺战。他们以高额聘金作筹码，互相挖对方的墙角，致使械斗流血事件时有发生。在这种情况下，“明星”也就自然身价百倍了。如默片时期的女明星玛丽·璧克馥，1909年的年薪仅为1000美元，几年之后便飙升至100万美元，一举成为世人称羡的富豪人家。为了登上明星宝座，不少影坛女郎出卖了自己的肉体与灵魂，甚至不惜以生命作代价！

明星制度是资本主义世界的特有产物，它虽然孕育了一批颇有艺术造诣的璀璨明星，但其以金钱为核心的本质，对整个影坛发展的影响，却是不能低估的。

## 奥斯卡金像奖的来历

奥斯卡金像奖是西方电影界的最高荣誉奖。

1927年，美国好莱坞的36位影界巨头在一起聚会，研究成立了电影艺术与科学学院。第二年，他们决定授奖，遂将24岁的雕塑家乔治·斯坦利制作的镀金人塑像作为奖品，于1929年5月16日第一届授奖仪式上正式颁发。1931年第四次颁奖时，该学院的图书管理员在金象前凝思良久，突然大声嚷道：“他真像我舅舅奥斯卡”！于是，美国电影界就正式将“奥斯卡”定为这项金奖的名称。

## “点播”的来历

在中央广播电台与各地广播电台的节目中，都开有“听众点播节目”，这“点播”是怎么来的呢？

点播源于戏曲舞台上的“点戏”，在我国古代，戏班到各地演出时，先派掌管把“本单”面呈主家，供其挑选剧目。“本单”是一个折叠式的硬皮本子，里面开列着他们经常上演的“看家戏”。其中既有文武大戏，也有单折小段。

点戏的目的，一来表示戏班对当地观众欣赏习惯和要求的尊重；二来可提高东道主的地位与身份；三则能显示戏班艺术功底之深厚。

据史籍载：点戏最早始于1000多年前的唐都长安。《教坊记》云：凡欲出戏，所司先进曲名，以上墨点者，谓之“进点”。这里所述的，正是长安皇宫内由皇帝御笔钦点剧目的情况。由于这一形式能使客主两便，因而经久不衰，并发展成为现今的观众“点播”节目了。

## 打字幕的来历

在歌剧及其他戏曲舞台上，演员的每一句唱词，都能通过幻灯及时投影在舞台一侧的屏幕上，为观众了解剧情提供了很大的方便。这种打字幕的方法，还是由刘少奇亲自倡导的。

1956年春，刘少奇同志在听取文化部领导汇报戏曲工作时说：“京戏，还有其他戏曲，演员唱得很好，但是一般观众听不懂。是否可以把唱词在字幕上打出来。那样，观众一面看字幕，一面听唱，就听得懂了。”在传达少奇同志的指示后，歌剧及其他戏曲团体纷纷购置幻灯器具，抓紧培训技术人员，很快实现了演员唱词字幕化，提高了观众的观赏效果。

## “梨园”的来历

影片《梨园传奇》上映后，不少青年朋友不知梨园为何物。更有甚者，还发出“从头到尾连一棵梨树都不见，怎么能叫‘梨园’呢”的奇问。由此看来，讲讲“梨园“出处，尤为必要了。

唐朝初年，都城长安光华门外有梨园、枣园、桃园和桑园等果木园林。园中设有游艺场，专供帝王、嫔妃及大臣们游乐。唐玄宗爱好戏曲，便组织了一个拥有“乐工三百人、宫女数百人”的歌舞班子，并将梨园作为他们的活动中心，人称“皇家梨园子弟”。

此后，人们就将戏班子叫做“梨园”，而将戏曲演员则称为“梨园子弟”了。

## “导演”一词的来历

上世纪二十年代初期，一位名叫陆洁的青年创办了我国历史上最早的影刊《影戏杂志》。它虽然只出了几期就停了，但对电影知识和艺术的传播，却起了十分重要的作用。

据史料载：陆洁在一次编审稿件时，偶然发现一篇文章里有 director 的英语单词，便试图将其翻译出来。可他想来想去，却怎么也想不出一个确切的中文译名。不久，他收到一位朋友的来信，信中说自己已当上了学校的“教习”。陆洁一看到教习二字，脑子里立即出现了“导演”这个词，于是就急急忙忙将它记录下来。就这样，“导演”这个中文译名终于产生了。

这一职称最早见之于银幕，是在他本人编剧的影片《人心》中。

## 生旦净丑的来历

唐太宗李世民不但勤政，对戏曲艺术也十分关心。他曾把演员分为四大行当，并给各种角色用微妙的手法御赐了名称。

第一种是演女角的。按照阴阳学说，白天属阳，夜晚属阴；男性属阳，女性属阴。李世民却反其意而用之，把女角谓之“旦”。旦的意思，就是白天的开始。第二种是演男性清秀人物的。男的演男的，这动作、唱白自然娴熟。可李世民真怪，偏要把“熟”叫做“生”。第三种是男角中的刚烈、骁勇及奸诈、暴烈人物。为了显示其中个性，就将其脸上涂得花花绿绿。如此一来，尽管脸上很不干净，可李世民却称它为“净”。第四种是男性角色中的滑稽、诙谐人物。这种人原本就不老实，李世民却拐弯抹角地从十二生肖中找出一个勤勤恳恳的“丑牛”形象，谓之为“丑”。这样，生、旦、净、丑四大行当就此而立，并传至如今。

## 四大名旦的来历

“四大名旦”是指京剧舞台上的四位旦角演员，它是经由公众投票评比出来的。1927 年，北京《顺天时报》举行“首届京剧旦角名伶评选”活动，请广大读者公开投票，参与评比。结果，梅兰芳以《太真外传》、尚小云以《摩登伽女》、程砚秋以《红佛传》、荀慧生以《丹青引》得票最高而当选，遂被人们誉为“四大名旦”。

## “靠旗”的来历

在古典戏曲舞台上，扮演军中将帅的演员除了身披金甲银胄外，还要背插四面“靠旗”，给人以风流潇洒、英俊威武之感。人们知道，金甲银胄在于防身，可这“靠旗”有何之用呢？

“靠旗”也叫令旗，它是古代军令的象征。在古代战争中，双方将帅出征，身后都带有令旗数面，以实施有效的指挥。即使是一般武将，也配有一面令旗，以示军令在身。戏曲舞台上的“靠旗”，就是由此演变而来的。

宋元时代的杂剧演出，还受着生活“真实性”的制约。因此，当副将或由丑角扮演的将帅出场时，只插两面令旗，表示军威不严、戎装不整和军纪涣散。清末以来，为了使武戏演员的服饰既显威武雄壮，又有美观大方之感，遂将元帅、将军、藩王、番将的令旗一律改为四面，使之成为纯粹的装饰品。但为了准确地表现人物个性，丑角身后的一面令旗仍保持原状，未作改动。

## “水袖”的来历

在传统戏曲中，旦角演员的蟒、帔、开氅和褶子等剧装的袖端，都缀有一尺来长的白绸，因其甩动时形似水波，故称“水袖”。水袖技术是传统戏曲表演的基本功之一，它有助于表现剧中人物的身份与性格，揭示人物的内心世界和感情，同时还能给人以美的艺术享受。

水袖源于古代的长袖舞，长袖舞则始于战国时期。近年来，考古学家从洛阳战国古墓中挖掘出来的玉雕佩饰上，就有长袖艺人对舞的倩影丽姿。在长沙楚墓出土的漆奁上，也有长袖起舞的俏态；在河南出土的汉代画砖上，同样有长袖舞女对日起舞的动人画面。因此，我国自古以来就有“长袖善舞”的美谈。

## “龙套”的来历

在古典戏曲舞台上，每逢皇帝或者其他文武大官出场，总要先上几个鸣锣开道、摇旗呐喊的，这就是行内所称的“龙套”。

相传唐明皇闲暇之时，常与“梨园子弟”一起敲锣打鼓，吹拉弹唱。兴致甚高之时，还既当指挥，又演戏文。当时的戏曲舞台，十分简单。即使皇帝出场，也是形单影只，毫无前呼后拥之态势。唐明皇看后觉得有失真实，遂对弟子曰：“平时皇帝出巡是全副銮驾，娘娘是半副銮驾。就连大臣、元帅出去，也有多人相随。怎么台上就不带几个兵”？直问得几个人当下张口结舌，无言以对。这时，小太监答道：“禀告皇上，戏台上带兵不能乱动。要是你动他也动，这戏不就乱套了吗？”唐明皇觉得所言甚是，只好作罢。

过了一些时日，他和大臣们一起看木偶戏。当时的木偶戏全系吊线木偶，一个木偶起码要吊二三十根线，但却运用自如，毫不凌乱。唐明皇从中受到启发，次日便打坐舞台右侧，叫梨园弟子扮演兵丁卫士、家院差人，自己亲自指挥。他要求大家跟着鼓点转，他指到那里，就转到哪里。他一举鼓槌，衙役们就两个一排、四个一行地走到台前；他一挥手，大家又依次分列两旁。唐明皇看后，十分欣喜。从此以后，戏台上四个头、八个头的“龙套”，就开始流行了。

## 丑角“尖尖帽”的来历

在戏曲舞台上，举凡丑角出场，头上总带着一顶“尖尖帽”。这究竟是何故呢？

“尖尖帽”来源于中世纪欧洲颇为流行的神秘剧。这种神秘剧，大都取材于圣经故事。剧中的主要人物多属人类的亡灵与魔鬼。亡灵试图在炼狱中洗刷自己生前之罪恶，以便早升天堂。而魔鬼则千方百计欲把人之亡灵引入地狱。于是，两者就展开了生死搏斗，剧情紧张激烈而又滑稽可笑。

在神秘剧中，亡灵头上总是顶着三束红色尖发，用来象征炼狱之火。这一化妆方式，后来为其他戏剧中的丑角吸收和继承。不过，如此化妆过于费时和麻烦，于是有人就根据尖形发束的形状，设计成用布做的帽子，使丑角的“尖尖帽”盛行、普及并沿用至今。

## 我国戏院的来历

戏院是随着戏曲的发展与繁荣而产生的。

在我国古代，戏曲一般都在皇宫内部演出，偶尔也在豪华的游船里上演部分片段，以供王公贵族取乐欣赏。东汉时期，随着宫廷文艺的逐步兴盛，朝廷在洛阳城建造了我国历史上的第一座戏院——平乐馆。隋炀帝时，官府在每年正月初一到十五，都要宣召各地艺人到洛阳汇演。因场地不足，遂命百官沿路搭棚，绵亘长达八里。这种戏院，也叫作“戏场”。到了唐代，又出现一种可避风雨的戏台，时人名之为“乐棚”。

宋代的戏曲艺术发展更快。在汴梁（今开封）、临安（今杭州）相继建成许多大型剧院，叫作“瓦肆”“瓦舍”或“勾栏”。瓦舍者，谓其来时瓦合、去时则瓦解之意，乃易聚易散是也！而称勾栏，是因为戏台周围装有若干木栏杆之故。元代的戏院仍叫勾栏，但增加了后台，名曰“戏房”。到了清末，戏院里始有楼座，并供应茶点，故又称为茶楼或茶园。民国后，戏院、剧场称谓才正式兴起。

## “易俗社”的来历

名冠西北的秦腔剧社——西安“易俗社”，成立于1912年，是我国现存最古老的文艺团体。即使从全世界来看，它也仅次于法国芭蕾舞剧团和莫斯科艺术剧院，而名列第三。

清末民初，陕西修史局总纂李桐轩和孙仁玉二人在辛亥革命影响下，联络富于民主与革新思想的知识分子，创立了西北第一个秦腔团体。他们以改革社会、启发民主为己任，以“补助社会教育，移风易俗”为宗旨，故取名曰“易俗社”。

易俗社成立后，各类专业队伍发展很快。他们不仅有范紫东、高培支、李义祉和吕南仲等专家编撰剧本，而且有陈雨农、李云亭、党甘亭、赵杰民以及唐虎臣、刘立杰等戏曲名流进行教学与排练。仅解放前的37年间，他们就创作、改编了大小剧本560余种，宣传爱国、民主与科学；培养出13期学生600余名。其中出类拔萃之辈不乏其人，如刘箴俗、刘迪民、沈和忠、马平民、苏牖民、刘毓中、王天民、雒秉华、耿善民以及王秉中、李可易、宋尚华等，都在艺术上具有显著的成就。

1923 年 12 月，鲁迅先生看过该社演出的传统剧目《双锦衣》后，曾赠送了一块“古调独弹”的匾额；1936 年 12 月 11 日晚，张学良、杨虎城两将军在这里刚一看完戏，就发动了震惊中外的“西安事变”。

解放后，易俗社坚决贯彻党的“双百”文艺政策，事业上有了突飞猛进的发展。1953 年，他们赴朝慰问了浴血奋战的志愿军；1959 年，巡回 13 个省市演出，并到福建前线进行义演；以后又把《火焰驹》《三滴血》搬上银幕。现代戏《西安事变》参加国庆 30 周年献礼演出后，获得创作、演出一等奖。

易俗社可谓人才济济。除了创业时期的老一辈演员外，冀福记、任炳汉、张咏华、萧若兰、陈妙华、全巧民、尹良俗、郭葆华、惠敏丽、王荣华等，都是演出队伍中的中流砥柱，名冠三秦。改革开放以来，又涌现出戴春荣、张保卫、侯红琴、李淑芳、韩丽霞等一大批令人称颂的后起之秀。其中戴春荣还获得了中国首届戏曲“梅花奖”。

大约 2010 年前后，随着西安市文艺体制改革的兴起，原来的易俗社、三意社、尚友社以及五一剧团，一起合并为西安市秦腔剧院。

## “三意社”的来历

“三意社”是西安地区乃至西北五省区最著名的秦腔团体之一。近百年来，它一直在秦腔界占有十分重要的位置。然而，它的社名是怎么来的，却至今知之者甚少。

1915 年，由陕西商县浪迹西安的江湖戏班演员苏长泰，联合一些秦腔艺人创立了“长庆社”，自认班主。后因年老多病，遂将社务交由大徒弟聂金山代管。苏长泰有三个儿子，名哲民、新民、育民，乳名依次为大意、二意、三意。于是，苏长泰就按其乳名，将社名改为“三意社”。

苏长泰病故后，聂金山将社务大权独揽，引起了苏氏兄弟的不满，苏哲民遂决定取消“代管”权。不料聂金山来了个釜底抽薪，把大部分老艺人拉出另建“集义社”，欲置三意社于绝境。苏哲民因此而气疯，最后投河身亡。三意社留下来的几位艺人广招贤士，共推苏育民为领班，他们和舟共济，苦心经营，终于使三意社绝路逢生，雄风重振。

## "尚友社"的来历

西安"尚友社"亦是一个遐迩闻名的秦腔文艺团体。它是在三意社诞生23年之后，由该社第一期学生刘光华率众从中游离而出并另起炉灶，重新组建、发展起来的。

1938年，苏长泰创办的三意社经过20余年的风雨洗礼，已经人才济济，名流荟萃，步入鼎盛时期。但与此同时，社内管理方面的一些重大矛盾与问题亦日渐反映出来。除了苏氏长子苏哲民与代理社长聂金山的社务之争外，不少中青年演员为争演主角而相互角逐。是年6月，学生刘光华在"二虎"（杨虎城、李虎臣）旧部李定五、丁增华及当地一些富商的支持下，带领本社部分学员及晋福长、杨金声、李逸生等艺人、剧作家另行组班，成立了"集义社"，旨在"集合各方仁义志士"，致力于秦腔事业。他们将首期学员艺名的第一个字都冠以"集"字，二期学员皆取以"尚"字。意即无论遇到任何艰难险阻，但"志向相同、通力合作的朋友尚有人在"。

集义社诞生后，尽管演员阵容和演出水平相当可观，但由于国民党政府横征暴敛，胡宗南匪帮敲诈勒索，不久便陷入困境。该社在风雨飘摇中仅仅支撑了5个春秋便宣告解体。事业上的挫折，并未使刘光华一蹶不振。1945年8月，他抱定"宁可倾家荡产，也不终止秦腔事业"的决心，邀集晋福长、杨金声、王文鹏及张建民、康正绪等人重整旗鼓，再次筹建新社——尚友社。经过几度风雨，几番起落，他们终于在艰难困苦中迎来了春天，迎来了黎明。

解放后，尚友社在党和政府的关怀下，才真正获得了新生。他们除自身有了较快的发展外，还选派许多优秀演员去西藏、甘肃、宝鸡等地充实文艺团体，为振兴秦腔，繁荣党的文艺事业做出了重要贡献。

## 秦腔名称的来历

秦腔是流行于西北地区的一个古老而优秀的剧种。关于秦腔名称的来源，历来众说纷纭，莫衷一是。一说它是秦地土生土长的剧种，自然姓"秦"；二说它是《秦王破阵曲》之简称，故名"秦腔"；三说是秦襄公收复沣镐，创建秦国，变温柔怯懦之气，成刚劲激昂之风，因此取名“秦腔”等。

其实确切的解释是：秦腔诞生于秦地，故冠以“秦”；它的声腔乃当地人民传统的腔调，故将产地与调别相结合，称之为“秦腔”。

秦腔除了它的正名之外，还有许多别称。如秦声、秦音、西音、西曲、西调、琴腔、西秦腔、秦川腔、梆子腔以及咣咣乱弹等。这众多的称谓，代表了秦腔形成和发展的几个重要阶段。秦声、秦音、西音等，系秦汉之际秦腔音调酝酿初期的名称；西曲、西调等，则是南北朝至元明时期，秦腔由民歌性的音调发展为俗曲的称呼；而琴腔、西秦腔、秦川腔和咣咣乱弹等，却是明代中叶，秦腔从民间俗曲发展并形成戏曲秦腔时的名称。

## 眉户曲调的来历

眉户是深受西北地区人民群众喜爱的又一优秀的地方剧种。它的曲调宛转悠扬，悦耳动听，其代表剧目《梁秋燕》《大家喜欢》《张连卖布》和《十二把镰刀》等，自建国以来一直久演不衰。

眉户的曲子源于明朝。它是由陕西籍的状元康海（武功人）与进士王九思（户县人）一同改编、整理出来的。

明正德年间，康海在翰林院供编撰一职。当时陕西有个名叫刘瑾的官吏阴谋篡权，千方百计拉拢他，均遭他严词拒绝。一次，他的好友李梦阳被刘瑾以“莫须有”罪判斩，为救人危难，他不得不曲意求情。可当刘瑾谋反失败后，康海却因“私通刘瑾”被革职，遂抱琵琶离京返家。

此后，康海整天抚曲明志，借酒浇愁。因刘瑾一案与他同遭贬黜的好友王九思则常来常往，给他作诗填词，供其抚琴奏曲，苦中求乐。天长日久，王九思见康海弹奏技艺日臻娴熟，且弹奏中不时融入一些家乡小调，听起来格外亲切、动人。于是，就同他一起走村串寨，把周至、户县一带的民间小调收集在一起，取其精华，加工整理。与此同时，他俩还出重金请来当地一些乐工歌手，自演自奏，终于形成了一种富于地方特色的高雅曲调。

因为当初的武功县衙在现今的眉县境内，所以后人就将他俩创作、整理的曲子称为“眉户”（户指户县）。

当然，也有人将其称为“迷忽”的，意即人们听了这种曲子，就会入迷得如醉如痴，忘记一切了。

## 秦腔《火焰驹》的来历

秦腔《火焰驹》在上世纪五十年代被搬上银幕后，曾受到社会各届人士的一致好评。可是说起《火焰驹》的来历，恐怕知道底细的人就为数不多了。

《火焰驹》这出戏，是陕西渭南县凭信村的李十三编写的。剧中有这样一段情节：李彦贵因受不白之冤即将问斩，其兄李彦荣却远在边关，音讯渺然。李十三在构思这段剧情时，本想派人搬兵前来营救，无奈边关迢迢万里，鞭长莫及。想来想去，皆无万全之策，于是只好去汉中一位老表家闭门不出，日夜苦思。

表兄见他满容憔悴，怕累坏了身体，就约他同去汉江沿岸散心。这老表有一对十多岁的孪生子，素喜骑马比赛。他俩跟来骑赛时，见马蹄与石子碰撞，不断冒出火星，就问爹爹："马蹄咋冒火星呢？""那是铁掌与石头相碰的。""哪吒的风火轮不碰石头，咋也能起火呢？"这天真无邪的问话，逗得李十三哈哈大笑起来。一会儿，两个孩子又开始比赛。一个说："我的马快，能日行千里！"另一个说："我的马更快，可夜行八百。""我是千里马！""我是火焰驹！""好，李彦贵有救了！"李十三听罢孩子的对话，高兴得叫了起来。他拉着俩娃的手，就往城里跑："走，叔给我娃买芝麻糖吃！"

李十三由此受到启发，就想出了让艾谦骑着宝马"火焰驹"日行千里，夜行八百，飞往边关报信的点子。而后李彦荣率兵赶往京城，冤案昭雪，全家团聚。于是，李十三就将该剧定名为《火焰驹》。

## 小品《超生游击队》的来历

在中央电视台举办的1990年元旦、春节联欢晚会上，黄宏与宋丹丹表演的小品《超生游击队》，曾使成千上万的电视观众笑出了眼泪。要知这个小品的来历，还得先从黄宏与段小洁这对"曲艺夫妻"的一些轶闻说起。

黄宏1960年出生于冰城哈尔滨。他13岁时参军，在沈阳军区前进杂技团学说山东快书。1986年，经"红娘"牵线，他与辽宁省群众艺术馆的段小洁相恋。1989年11月，他俩从冰城度完蜜月刚一返回沈阳，艺术馆的同志就登门报喜，说段小洁创作的小品《游击队》被选中了。原来这年3月，中央电视台与天津市南开区政府等单位合办“南开杯”全国业余话剧、小品邀请赛，由段小洁负责辽宁各地市的小品组织工作。当时全国正在深入开展计划生育宣传，段小洁觉得流动人员中的超生问题是计划生育工作的一大漏洞，反映这个题材一定会引起热烈的社会反响。于是，她就立即动手搜集素材，构思小品情节。小品编好后，连同其他初选的5个节目一并送到了天津大赛办公室。经过评委审查，只选中段小洁所创作的《游击队》这一个节目代表辽宁参加决赛。

后来，中央电视台经过严格评选，又将《游击队》等3个小品选入了元旦、春节晚会节目。1989年12月上旬，中央电视台急电黄宏与宋丹丹进京首次合作排练。这时，宋丹丹正好已有五六个月的身孕，不用化妆，便是一个十分理想的“游击队员”。数天后，排演、录像等工作皆告结束。不过为了避免误会，黄宏把《游击队》改为《超生游击队》，并就此一举成名。

## 剧名《在水一方》的来历

根据台湾著名女作家琼瑶的同名小说改编的电视连续剧《在水一方》，其剧名是从几千年前的《诗经·秦风》中的《蒹葭》里采撷而来的。

《蒹葭》是一部优美的爱情诗。全诗共分三章，其结构基本相似，都是描写恋人寻访意中人无所遇的情景。“在水一方”出自诗的第一章，原诗为：“蒹葭苍苍，白露为霜。所谓伊人，在水一方。溯洄从之，道阻且长；溯游从之，宛在水中央”。其中“蒹”者，乃尚未抽穗的芦苇。“葭”者，指初长起来的芦苇。“伊人”，即那个“意中人”。而“溯”，则指从岸上向上游走。“洄”者系逆流而上也！至于“从”字，意指寻访踪迹。整个意思是说：芦苇长得郁郁苍苍，上面的白露凝成了霜。所说的那个意中人，在水的那一边。沿着曲折的水边向上游去寻找，道路既艰难又遥远。沿着水流的岸上向上游去寻找，那个人却像在水的中央，可望而不可即。

琼瑶如此撷英采珠，真乃贴切典雅、恰到好处。

## 奥运会的来历

具有 2700 多年历史的奥林匹克运动会，起源于古代奴隶制时期地中海北岸的希腊半岛。这个半岛上的奥林匹亚村，依山傍水，风光旖旎，被认为是诸神聚居之所。每年七八月间，古希腊各城邦都要来此祭祀万神之主——宙斯。

在祭祀过程中，人们除敬献祭物参拜外，还要举行诗歌、舞蹈、演说和运动竞技等活动。每逢闰年，则扩大祭祀，搞一次规模宏大的运动竞技。以后逐渐形成制度，就成为四年一次的古代奥运会。

第一次有记载的古代奥林匹克竞技会，是在公元前 776 年举行的，故希腊人就把这一年作为他们的纪元元年。奥运会召开期间，按规定各城邦之间应停止一切战争。会期开始为一个月，后来延至三个月。开幕前夕，还要举行点燃圣火的仪式，以示“光明、和平、团结与友谊”。古代奥运会共举办过 293 届，先后历经 1170 年。从公元 394 年起，轰轰烈烈的古代奥运会因故偃旗息鼓，就此而停办。

现代奥运会的兴起，应归功于法国教育家顾拜旦男爵。1892 年，顾拜旦公开倡议恢复和重建奥运会，并主张应打破一国之限，使之具有广泛性。1894 年，国际奥林匹克委员会宣告成立。希腊诗人拜克拉斯当选为首任主席，顾拜旦任秘书长。时年他仅 32 岁，后由他继任主席达 30 余年。

1895 年，第一届现代奥运会在奥运会的故乡——希腊重燃“圣火”。依照古代奥运会的传统，仍然为四年一届。如因故不能举行，届数照算。

现代奥运会的宗旨是：在奥林匹克理想指导下，鼓励和组织体育运动，促进和加强各国运动员之间的友谊。

## 亚运会的来历

亚运会是“亚洲运动会”的简称，它是由“远东运动会”演变而来的。

1913 年，中国、日本和菲律宾共同发起筹建了远东运动会，并得到国际奥委会的承认。到 1934 年，远东运动会共举行过 10 届。在此期间，“远运会”代表了亚洲地区的体育水平，播下了体育的种子。后来由于第二次世界大战爆发，远东运动会被迫停办。

“二战”以后，亚洲国家要求参加国际体育比赛的愿望日益迫切，因而只恢复“远运会”就远远不够了。1948年，由印度倡议并发起，亚洲13个国家和地区的代表开会协商举办亚运会。1949年2月，在新德里正式成立了“亚洲运动联合会”，决定每4年举办一次亚洲运动会。

1951年3月，首届亚运会在新德里隆重举行，标志着亚运会正式诞生。时年2月底，吴学谦率中华全国体总代表团访问印度，并参观了第一届亚洲运动会。

我国第一次正式参加亚运会，是1974年在伊朗举行的第七届盛会。当时共派出266名运动员参加了16个项目的比赛，共夺金牌33块，银牌46块，铜牌27块。金牌总数名列第三。

1990年9月22日，第十一届亚运会在我国首都北京举行。这是我国第一次承办亚运会，也是亚运史上规模空前的一次盛会。

## 运动会点圣火的来历

1990年8月7日，在海拔7117米的念青唐古拉山脚下，15岁的藏族姑娘达瓦央宗款步走向太阳能取火器，为第11届亚运会采集了圣火火种。

点圣火这一做法，来源于古希腊的奥林匹克运动会。传说在远古时期，众神之父宙斯为了统治人间，不给人类降火，让人们过着冰冷、黑暗的生活。勇敢的普罗米修斯偷偷把天火盗给人间，从而受到宙斯的残酷折磨。后人为了表达对普罗米修斯的感激之情，于是就点燃了圣火。后来，古希腊人每当举行体育竞技时，总要在奥林匹亚山上的宙斯神庙里举行圣火点燃仪式。

1896年，在希腊雅典举行的第一届奥运会开幕式上，12个国家的运动员高擎火炬进入会场，从而把点燃火炬与运动会第一次在全世界联系起来了。1936年召开的第十一届届奥运会，开创了“火炬接力”仪式。当时由主办国派著名运动员到奥林匹亚山的宙斯神庙取得圣火，而后分段接力跑回本届奥运会开幕式会场，点燃运动会的火炬。

第十一届亚运会的火种之所以在西藏采集，是因为亚运会的火炬也属圣洁之火。而西藏是世界上海拔最高、离太阳最近的地方，在这里采集“天火”，最为相宜。火种采集后，很快空运到北京。在8月22日亚运会开幕前夕，天安门广场燃起了众多的火炬，并分东北、西北、中南、西南四路进行“亚运之光”火炬传递活动。9月22日开幕后，才正式点燃了主会场的巨型火炬。

## 篮球运动的来历

篮球运动是一种群众性的体育项目，它是由美国麻省春田青年会学校教授奈·史密斯于1891年发明创造的。

麻省的冬天比较寒冷，史密斯为了为了让学生舒筋活骨、抵御风寒，就将竹篮钉在墙上，用向篮子里投球的方式进行游戏。当时对场地与人数都无什么限制，抢到球即向对方篮子里投，投中多者为胜。从此，篮球运动就悄然而起。1896年，美国纽约市首次出现了职业篮球队。后来其规则与技艺几经改进，直至1921年才演变为现今这样的打法。

随着篮球运动的蓬勃发展，国际业余篮球联合会于1932年正式成立。4年后，男子篮球就被正式列为奥运会的比赛项目，并由国际业余篮联制定了统一的竞赛规则。女子篮球运动始于1917年，由于技术水平欠佳，直到1976年才被列入奥运会比赛项目。

篮球运动是1896年前后传入我国的，1910年正式列为全国比赛项目。新中国成立后，男女各队技术水平发展很快，现正在向世界水平冲刺和迈进。

## 足球运动的来历

世界上最早的足球运动起源于中国。据史书记载：远在公元前的战国时代，我国民间就盛行一种用脚踢“以皮为之，中实以毛”的“蹴鞠”活动。美国《体育记录指南》也曾载文说：约在公元前三四世纪出现的中国足球，是当今世界上最早的原始足球。

足球运动兴起后很长时期内，球门都是以两根柱子为标记。比赛中，如果球从“门”的上方进入，裁判员就很难断定进球与否。后来人们在两根立柱上端拉上一条绳子，才形成了真正的门。1876年，有人又将绳子改为横木，这样效果虽有改观，但对快速入门的球仍难以判断，双方球员时常发生争执。一次，英国一家渔具老板鲍尔吉将一张渔网兜在球门后，使进球明显地处于球门之中，受到运动员和观众的赞许。1890年，鲍尔吉的革新得到英国足联的认可，获得了生产球网的专利权，为足球运动的发展做出了重大的贡献。

然而在英国，人们最早所踢的却并非足球，而是丹麦人头。这并非危言耸听，而是有着一个真实的故事。

1017年～1042年，丹麦人以武力占领了英格兰，引起当地人民的极大愤慨。丹麦人退走后，几个英国清道夫在打扫战场时发现了一个骷髅，经辨认确系入侵者的头骨，便你一脚我一脚地踢了起来。谁知骷髅不受踢，于是几个聪明人就把牛膀胱吹足气当球踢。

以后，英格兰就开始盛行踢膀胱球，并且是千人踢一球。阵法为两个城镇对垒，比赛只有裁判没有规则，而裁判也只负责判定哪方先将“不祥之物”踢进对方的市中心。由于无规可依，双方动作野蛮，险象环生，于是英国政府在1324年予以明令禁止。1603年，詹姆斯一世执政后解除了禁令。

18世纪以后，现代足球开始普及，并很快风靡全球。

## 乒乓球的来历

乒乓球运动起始于1885年前后。当时，欧美国家的一些体育用品制造商看到网球在上层社会备受推崇，就别出心裁地将网球运动搬入室内举行，用一张长方形的桌子代表球场。球是一种坚硬而轻盈的实心体，既可在桌上打，又可在地上打，因此被欧洲人称为“室内网球”“桌上网球”。后来，有人又用软木和橡胶来做球。直到1895年，在英国工程师吉布的提议下，用赛璐璐制成的空心球才得以问世。由于这种球打起来不断发出“乒乒乓乓”的声响，于是人们就称它为“乒乓球”。

乒乓球正式作为比赛项目，只有百余年的历史。我国最早出现乒乓球大约是在1904年，是由日本传到上海的，以后才在全国各地逐渐流行起来。

## 铅球重量的来历

现在成年男子比赛用的铅球，重量为7.26公斤。为什么不取一个整数，而要用如此难记的小数呢？这与铅球的发展有关系。

很早以前，人们是用石头来进行投掷比赛的。公元14世纪，军队中有了炮兵，当时使用的炮弹是圆球形的，重量为16磅。为了便于练习投掷和统一规格，人们就把投掷石头改作投金属圆球，重量定为16磅。按照剂量换算法，16磅折算下来就是7.257公斤，这一标准一直沿用了很多年。直到上世纪70年代末期，国际有关组织考虑到使用三位小数不太方便，才按“四舍五入”的原则，把铅球重量统一改为7.26公斤。

## 马拉松长跑的来历

马拉松长跑源于古希腊的一次反侵略战争。而作为一项正式的体育比赛项目，至今只有百余年的历史。

公元前490年，波斯国大举进攻希腊，希腊人奋起自卫，终于打退了来犯之敌。当胜利的号角刚一吹响，希腊军就派出一位名叫菲迪皮得斯的士兵，从马拉松平原跑了四十多公里，回雅典报告消息。到达雅典时，他振臂高呼：“欢庆吧，我们胜利了！”喊过当即死去。

1896年，第一届奥林匹克运动会在希腊首都雅典召开。为了纪念英勇牺牲的战士菲迪皮得斯，法国学者布列尔建议在田径比赛中增加长跑项目。东道国希腊便将比赛安排在菲迪皮得斯当年跑过的线路上，并定名为“马拉松赛跑”。从此，马拉松长跑就在世界各国兴起了。我国的马拉松运动，是在建国后才开展的，距今只有60多年的历史。

## 旱冰运动的来历

旱冰运动起源于18世纪的荷兰。荷兰人酷爱滑冰，但每到炎夏，冰雪消融，他们唯有思冰相叹。后来，有人想出了办法，建议修建人工旱冰场，用带轱辘轮子的特制鞋代替冰刀鞋。这样无论春夏秋冬，人们都可随时乘兴去滑冰了。

荷兰的旱冰运动创立后，很快传到了世界各地，其他国家也都照这样子学。国际上还专门成立了旱冰联合会，研究指导人们参加这项体育运动。我国于1979年正式加入了国际旱冰联合会。现在无论城乡，旱冰运动已经十分普及了。

## 拔河的来历

拔河在我国是一项古老的游戏和运动，相传起源于战国时期的楚国。当时楚国为了操练士兵，常在四五十丈长的“蔑缆”两端分别系上数百条蔑索，让众士兵从两头互相拉扯，谓之为“牵钩”。后来牵钩运动逐渐传到民间，到最为盛行的唐代时，已更名为“拔河”，蔑缆也随之换成了麻绳。

据史载：唐高宗常在御楼观看拔河，禁卫士卒近千人竞相轮换比赛，热闹非凡。唐中宗李显也常在清明节将使臣分为“东朋”和“西朋”两队，分别由七位宰相、两位驸马与三位宰相、五位将军组成，抽签后即行比赛。

到了近代，拔河运动更为流行。在 1900 年至 1920 年间，拔河比赛曾是历届奥运会的正式比赛项目。后来，英国与瑞典的拔河协会协商制订了国际拔河竞赛规则，并创立了国际拔河联合会，规定每两年举行一次世界拔河锦标赛。现在，爱尔兰、瑞士、美国、意大利及印度、加拿大和澳大利亚等几十个国家，都已成为国际拔联的正式会员国。

## 相扑的来历

相扑是一项历史最为悠久的体育运动。由于它不需借助任何器材，因而无论是在正式的体育活动中还是在民间，都曾广泛地流行过。

相扑最早产生于古埃及。在埃及的许多古墓穴中，都曾有相扑运动的陶像出土，证明远古时期埃及的相扑运动相当活跃。

在我国，相扑起于何时已无从查考。但据史书记载，我国汉朝称相扑为“抵触”，至宋代始称“相扑”，到了清代又叫作“扑交”。在日本，约 800 年前天皇就下令在全国推广相扑运动。千百年来，这一运动项目在亚洲、欧洲广泛流行，并产生了许多不同的流派和风格。如日本相扑只需要将对方扳倒，使其双肩同时着地即为取胜；印度相扑则有一番抵触过程，再用手握住对方的脖颈、头盖或手腕，并以头相顶，将其翻倒在地方可获胜；爱尔兰人的相扑，须用一只手卡住对方的脖子，用另一只手握住对方的臂肘，强使其以双手、膝盖或背贴地取胜。英国的相扑又分两种，一种是专用两足踢绊，使对方倒地为胜；另一种是以双手将对方脖颈合臂抱拢，撑开双腿以防踢绊，然后相机而动，以爆发式的态势绊倒对方以获全胜。

## 少林拳的来历

相传南北朝时期，北周武帝下令“止佛遣僧”。时隔不久的一天，少林寺门前躺着两个人，他们就是被遣散回家的少林和尚还源师父及投子小僧。原来他们返回老家的事被当地财主知道后，便沟通县衙四处捉拿。走投无路之际，只好再次出家少林寺。然而一看寺毁神倒，气上加气，就一头栽倒在地。

为了谋生，还原与投子以开荒种地为名，在少林破刹里偷偷寄宿下来。一次，投子追赶野兽时，被一块石头绊伤了胳膊；又一次，还原在深夜捉拿偷钱贼，被院中的柏树碰伤了腿。他俩就将满腹怨愤撒在石头和柏树上。

从此，投子看见石头就踢，天天如此。时间长了，脚不但不疼，竟把石头踢了个窝，最后还能将400多斤重的巨石踢飞丈把远；而还原看到柏树就用拳头捶，时间一长，拳头磨起厚茧，非但不疼不酸，而且将树捶得晃半天，直吓得鸟儿都不敢往上落。经过几年苦练，师徒俩身如铁塔，面似枣色，声若洪钟。投子来个扫堂腿，能踢倒三狼四豹。还原擂起猛虎拳，直打得墙倒树倾。慢慢地他们还创出了许多姿势与套路，野兽和强盗再也不敢欺负他们了。

周静帝大象年间，朝廷又提倡修复寺院。原来被遣返的还俗和尚纷纷回到少林寺，还增加了一批新僧。大家见还原、投子武艺高强，就推举还原为寺主，投子作藏主。师徒俩理佛秉事时，知府改少林寺为徙古寺，寺里把习拳练武正式列为佛事之一。

因少林拳自成体系，寺僧又重视武德，故少林功夫愈传愈远，名声越来越大。现在，它已成为我国的一项国宝，成为武苑中一枝独秀的奇葩而饮誉国内外。

## 锦标的来历

“锦标”是唐代最盛大的体育比赛——“竞渡”的取胜标志，而竞渡则是春秋战国时期的一个体育项目，相传是湘江人民为拯救屈原而发起的纪念活动。

最初，竞渡只是一般性的划船活动，并无“夺标”之内涵。到了唐代，始成为一项独具特色而又隆重异常的竞赛项目，其目的纯粹为了争夺第一，而不再是纪念屈原了。为了裁定名次，人们在水面之终点插一长杆，缠锦挂彩，谓之“锦标”或“彩标”。竞渡船只以率先夺取锦标者为胜，故这一竞赛又称“夺标”。标者，乃冠军是也！

符载在《上巳日陪刘尚书宴集北池序》一书中，曾对夺标盛况做过详实的描述：“一号令，擂鼓而飞，千桡动，万夫呼，闪电流于目眦，羽翼生于时下。观者山立，阴助斗志。肺肠为之沸渭，草树为之偃悴。揭竿取胜，扬旌而旋。观其猛厉之气，腾凌之势，崇山可破也，青天可登也”！真可谓气吞山河，势如破竹，锐不可挡！

宋代以后，夺标成为竞渡活动的法定规则，其程序、细则亦越来越完备。这些规定，一直沿用到明清时期而未变。夺取锦标者，也因其胜利而享殊荣，受到社会各界的仰慕与敬重。

## 奖杯的来历

说来也许会令人难以置信，体育比赛中发给优胜者的奖杯，竟来源于一次暗杀事件。

978 年 3 月 18 日，英国国王爱德华正在坐骑上饮酒时，被一位刺客从背后一刀捅死。为了避免类似事件，后来英国的宴会上便出现了这样一种礼仪：一个很大的酒杯在宾朋中依次传递，接杯者举杯痛饮，其他人则起身肃立，以示对饮酒者予以保护。这样一来，互相传递的大酒杯无形中成为一件珍贵的礼物，而被人们视作“爱杯”，赠送给体育比赛中的优胜者，表示吉祥与祝福。

现代体育奖杯也是由此演变而来的。一个项目奖杯的创始，都由某一国家或名人捐赠并命名。而奖杯的外形，仍保留有当年“爱杯”之痕迹。如奖杯通常都比较大，多数都带有两个长长的耳朵，这些特点都是“爱杯”所独有的。

## 比赛荣誉称号的来历

**冠军：**汉朝大将卫青的外甥霍去病是个武艺出众的青年。他 18 岁时，参加了反击匈奴侵略的战争。一次，他率领 800 名骑兵，冲进匈奴首领单于伯父的帐篷，横刀跃马，一举获胜。霍去病凯旋长安，汉武帝亲自召见，称赞他“勇冠三军”，并直接封他为“冠军”。后来人们将其引申，称比赛的第一名为冠军，次者为亚军。

**鳌头：**唐宋宗时，皇帝大殿前的石级正中，有一块雕刻着龙和鳌（即大海龟）的大石板。新科状元的晋职仪式，就是站在这块石板上完成的。后来，人们就将获得第一名的选手，称为“独占鳌头”。

**魁首：**明代科举制度以《诗经》《书经》《礼记》《易经》和《春秋》这五经录取考生。每经之首谓之“魁”，“魁首”即为第一。

**桂冠：**古希腊人认为月桂树是太阳神阿波罗的神木。起先，他们用月桂树的枝叶编成冠，授给在祭太阳神阿波罗的节日赛跑中的获胜者。后来扩而大之，将这种冠冕献给最有才华的诗人及在各种比赛中取得优异成绩的佼佼者。

**季军：**“季”原来为“末”的意思，旧时指农历一个季度的最末一月。如季春、季夏、季秋和季冬，就分别指三、六、九、十二月。古时作战，又常将军队分为前军、中军和后军。后军排列第三，即为季军。因而“季军”便成了第三的同义语。

**殿军：**本来是殿后文军的意思。古时军队撤退时，走在最后面的是殿军。称第四为“殿军”，乃取“三军之后”之意。而如此称法，在取前 6 名的比赛中则是不确切的，因为它易被误认为是最后一个获奖者。

## 击鼓传花的来历

在喜迎佳节的各种聚会上，人们常用“击鼓传花”的方式来点节目，以激发大家的雅兴。击鼓传花这一游戏在我国已有 1400 多年的历史，它是由“击钵催诗”和“传花行酒”演变而来的。

据《南史》记载：南齐高帝之孙萧子良曾“夜集学士，刻烛为诗”，规定“四韵者则刻一寸，以此为率”，烛燃至所刻之处，必须交卷。兰陵（今江苏武进县）人萧文琰曰：“顿烧一寸烛，而成四韵诗，何难之有？”遂与令楷、江洪等想出了“击钵催诗”的游戏，即共打铜钵立韵，击钵停止而诗必成。这种戏法虽佳，但由于“曲高和寡”，流传并不广泛。

到了宋代，欧阳修在扬州平山堂会客行酒时，曾遣人“取荷花千余朵，插百余盆”，命取一朵让客人依次传递，每人摘花一瓣，“尽处饮酒”。后人则取“传花”之易及“击钵”之热烈，遂改为“击鼓传花”，只是不再摘取花瓣，而以鼓音起落为令了。

## 风筝的来历

风筝又名纸鸢，亦称鹞子，它在我国有着悠久的历史。相传春秋时期，鲁国著名工匠鲁班曾做木鸢以窥宋城。后来人们以纸代木，制成纸鸢，这便是最早的风筝。但据明代王三聘的《古今事物考》载：“汉高祖之征陈豨也，韩信谋从中起，故作纸鸢放之，以量未央宫远近，欲穿地遂入宫中，今谓之风筝。”若按此说，古都西安当属风筝的发源之地了。

风筝因何得名，至今说法不一。一说是五代时期，李邺在宫中作以线放鸢游戏时，于鸢头部绑上一支竹笛，经风一吹便“筝筝”作响，故名“风筝”。而晚唐诗人高骈诗云：“夜静弦声响碧空，宫商信任往来风。依稀是曲才堪听，又被风吹别调中。”筝为弦乐，笛乃管乐，若以此诗“弦响碧空”为据而称作风筝，似乎更近情理。

虽然古今有不少人都将放风筝作为游戏活动，但就其发明及发展过程来看，仅视作“游戏”是很不够的，因为它还有多种实用价值。《南史·侯景传》载：侯景攻梁台城时，内外交通皆阻。梁简文帝的大臣羊侃遂令儿童放纸鸢，“藏昭于中，以达援军”。这里的风筝显然已用于军事通讯了。明初科学家万户（即王古）曾设想用 47 支火箭把自己送上天，而后凭借大风筝返回地面。可惜火箭刚一点燃即行爆炸，致万户不幸遇难。这里的风筝则被用于科学实验。至于国外，更有人用风筝将温度计送上高空，以测大气温度；用风筝牵引雷电，证实电可放光；还有人用风筝摄影、钓鱼、拉船和给水上遇难者送绳索。

明清时期，风筝的制作工艺日臻完美。郑板桥曾吟诗而赞曰：“纸花如雪满天下，娇女秋千打四围。五色裙罗风摆动，如将蝴蝶斗春归。”可见当时的风筝已千姿百态、绚丽多彩了！

我国的风筝在世界上久负盛名。1914 年，就在巴拿马国际博览会获过金质奖。解放后，东南沿海军民还用无线电操纵风筝，把党和政府对台湾兄弟的关怀送往海峡对岸，为古老艺术赋予了新的使命。

## 象棋的来历

象棋分为中国象棋和国际象棋两种。

关于中国象棋的起源，历来众说纷纭。然而比较一致的看法是说周武王伐纣时，其军队编制以五人为一“伍”，作战兵器也是由弓、殳、矛、戈、戟五种组成。这种五兵构成的战斗形体反映到中国象棋中来，就演变为对弈双方的五个小卒。也有人认为，象棋共 64 格，此乃春秋战国时干戈兵戎的产物，是周易八八“六十四卦”的占卜凝缩在古代兵阵中的推演。

在唐代，中国象棋已颇为盛行。相传唐明皇与杨贵妃曾画地为棋盘，用 32 名美女作棋子，令其随贵妃的指挥而移动。这大概可算作最早的“人棋”了，也当属唐代帝王的一大“发明”。数千年来，象棋除用料有所不同外，其造型与下法并无多大变化。

国际象棋起源于印度，但比中国象棋晚得多。相传 1002 年，印度婆罗门教一位学识渊博的老年高僧收下许多门徒，其中有个是年轻的国王。为了教育这一国王，高僧发明了一种游戏，这就是国际象棋。国王学会后，僧人对他说：“你看，要是没有车、象、马、卒，这其中的国王就很容易被吃掉！因此，这个游戏告诉你这样一个道理：真正的力量在人民之中，要是没有人民，国王将是软弱无力的！”国王听罢连连点头，遂在治理朝政中时常为百姓着想，受到天下老百姓的衷心拥戴。

## “楚河汉界”的来历

所有象棋棋盘的中央，都书有“楚河”“汉界”四个大字。这是怎么回事呢？

原来在一千多年前，楚、汉结盟共同讨伐秦国。可是时隔不久，他们之间却发生了内讧，进而兵刃相见、争夺天下，打得难解难分。楚之项羽勇谋兼备，伺机劫走了刘邦的家人。刘邦无奈，只好俯首相求，表示愿以“鸿沟”为界，平分天下。（注：刘邦所指的“鸿沟”，实乃我国一条古老的运河。它源于河南荥阳，地处开封与洛阳之间。引黄河之水从中流过向东注入淮河支流泗水。）

激烈的楚汉之争，经过反复协商，终于达成了以“鸿沟”为界、中分天下的协议：沟西归汉所有，沟东为楚所踞。现今棋盘上所写的“楚河”“汉界”，指的就是这条鸿沟以及楚汉相争、中分天下的历史故事。

## 围棋的来历

在现今的文化研究中，几乎无人以超游戏的眼光来看围棋之起源。然而，日本著名棋手吴清源对此却独树一帜，另有高见。

吴清源认为，围棋在上古尧帝时代，并非是用来争输赢的玩意儿，而是借以占卦天文、易经的道具。帝王用棋盘占卦气象，预测播种时间，并以此为人们起着“导国之手”的作用。

围棋成为娱乐品之后，“国手”这个词也保留了下来，不过演变为“天下第一手”之意。无论是政治还是围棋都来自易经，是同一性质的东西。名医也可以称为国手。中医把人分为三百六十体、七十二脉。围棋盘上的数目与古代历法的数目相当，它们都来自易经。

吴先生说，中国文字产生于殷商，而在这之前人们就开始研究天文气象。当时无文字可供记载，用什么研究呢？这就是围棋。棋盘上画有一道道的线，用白子和黑子就能推测阴阳变化。人们可将棋盘视作宇宙，天体由三百六十之数组成。而棋盘上纵横各十九道，计三百六十一个交叉点。多于一个是天元，也就是太极，代表宇宙的本源。“三百六十”这个交叉点数，在旧历中是一年的天数。将其四分，即为春夏秋冬。白子表白昼，黑子乃黑夜。如此这般，天地就被形象化了。

吴先生虽然未能确凿有据地对围棋起源加以系统的考证，但这毕竟是一种富于启发性的大胆设想。

我们不妨认真思考一下：为什么黑白子与太极图像如此相似；为什么《道德经》的箴言“高者抑之，下者举之，有馀者损之，不足者补之”与围棋之道那么相合。任何游戏都在一定程度上模拟着人生。象棋的模拟是具体的：两国首领——将士相，两国兵力——车马炮。而围棋的模拟竟那么抽象，它在模拟什么呢？无论是道具还是玩具，它必然反映了当时一定的思维方式。正是这种神秘的思维方式，产生了易经、气功与围棋。

# 麻将的来历

麻将是国人喜闻乐见的娱乐形式。关于它的来历，史上有多种版本可供参考。

## (一)源自郑和下西洋

关于麻将牌的来源，民间流传最广的，是郑和率船队下西洋时发明的。

从明永乐三年（1405年）起，到明宣德八年（1433年）的28年间，三保太监郑和曾先后七次奉旨率船队出使西洋。当时，由于航海技术甚差，船队在海上航行的时间自然很长。郑和怕水手们无聊，就以纸牌、牙牌、牌九等为基础，以100多块小竹片为牌子，设计了一种竹牌游戏。那时的行船动力就是风帆，船上人最关心的是刮什么风，因此麻将牌里最先有了东、南、西、北风四张牌。船上撑帆要用绳索维系，靠岸时要靠绳索拉动。大风来了，甲板上的货物以及水手们的睡铺还都要用网索固定，于是麻将中又有了1至9索（条）的牌名。由于终日在海上航行，淡水必不可少，故船上有很多淡水竹筒一行行地放在船舱。这样，牌中就有了1至9筒。9张万字牌则是源于每次出海前，朝廷都要按照级别拨给1至9万串铜钱，以供船员上岸后购买生活用品。另外，受“大中华耀兵异域”口号的启发，又刻了红色的“中”；根据一年四季刻了春夏秋冬四个花牌（即“发”），最后有一张牌不知刻啥为好，就干脆啥也不刻，于是就产生了“白板”。

## (二）源自水浒108将

麻将本名为“抹将”，抹的是《水浒传》的108个好汉。

相传元末明初有个名叫万秉迢的人，非常推崇施耐庵笔下的梁山好汉。为了将他们的故事让达官贵人知晓，进而爱民护民，遂发明麻将。

麻将以108张为基数，分别隐喻108条好汉。如牌中9条喻为九纹龙史进，2条喻为双鞭呼延灼，1饼喻为黑旋风李逵。之所以分为万、饼、条三类，是取其本人姓名的谐音。每类从一到九各有4张牌。刚好108张。由于108好汉从四面八方汇聚梁山，所以加上东、西、南、北、中5个方向，各添4张牌计20张。这些好汉又有富贵贫穷之分，所以再加上“发”和“白”八张牌隐喻富有及贫穷，整副牌共计136张。

打麻将用四方桌，既指东西南北四个方位，也是指春夏秋冬四季。每人 13 张牌，因为一季有 13 个星期。四季合 52 周，共 364 天，加上和牌时的那一张，共 365 天，恰好一年。

**（三）源于粮仓的守卫**

麻将牌起源江苏太仓，这是苏州杂文作家谷新之的研究结论。太仓在古时是皇家粮仓，仓内常年囤积稻谷，以供南粮北运。粮仓既设，雀患便生。守仓兵丁以捕雀取乐，仓官遂发给竹制筹牌记数酬劳。这筹牌上刻有字，可用作游戏；这牌子又是赏钱，还可作有价证券。这种游戏流传日久，演变定型，便成了麻雀牌，即今天的麻将。其玩法、术语等都与捕捉麻雀有关。

以筒、索、万为例：筒的图案是火枪的象形符号，几筒表示几具火枪；索即束，是细束捆串起来的鸟雀，所以一索图案的是鸟，二索上像竹节，表示鸟雀的脚。官吏验收时以鸟足计数，兵丁将鸟雀集合成柬；万，即赏钱。另外东、西、南、北为风向，土枪无力，发射时要考虑风向；红中，即打中，故涂红色；白，即白板，打空枪之谓也；发，即得赏发财；碰，乃“砰”的谐音，即枪声。成牌之胡，实为鹘，属鹰的一种。有了鹘就不愁抓不到麻雀，故每局牌胜皆曰鹘。此外，麻将中的吃、杠等术语，几乎都与捕捉麻雀联系起来。

麻雀牌又怎么叫作麻将牌呢？原来太仓方言中的麻雀，就叫作麻将。打鸟或者打麻雀统称打麻将，故麻雀牌也叫麻将牌。

当然，还有人说麻将牌是由马吊牌、纸牌发展演变而来的。众说纷纭，莫衷一是。

## 春游的来历

据典籍记载，春游之俗，远在先秦即已形成，而后代代相传，盛而不衰。古往今来，春游获得了许多美名与雅称。

春游早先叫游春。汉蔡邕有《游春曲》，唐王维有《游春辞》，《唐诗纪要》中也有贾会的游春诗。春游又叫寻春、探春。“梨花风起正清明，游子寻春半出城”（吴惟信《苏堤清明即是》）。“胜日寻芳泗水滨，无边光景，一时新”（朱熹《春日》）。说的都是这个意思。外出春游，还当须寻花读柳。“日日出西园，只望花柳色”（孟郊《长安》）。故春游又称“花柳游”。而男女相伴外出作春日游散，还名之“野游”或“冶游”！

现代春游虽有郊游或远足之类的雅称，然其古今通誉之美名则是“踏青”。外出探寻春色，一举步就得踏地上的草。唐人李淖《秦中岁时纪》说：古人“上巳节”即三月入“禊日”，须往江头沐浴。“祓禊”之后，“践踏草，谓之踏青履”。

由于各地踏青的风尚不同，故踏青的时日也各有差异。早者有在正月初八的。明冯应京《月令广义》载：“蜀俗正月初八日，踏青游冶”。还有选在二月二的。元人费著《岁华纪丽谱》云：二月二日“踏青节”。其实在盛唐时期，踏青则为“三月三”。“三月三日气象新，长安水边多丽人”，杜甫的这一千古名句，正是唐代踏青时节的有力佐证。

然而由于我国地域辽阔，南北气候差异甚大，北方及塞外等地，春之脚步往往姗姗来迟。纵使其时寻春踏青，亦难免留下“草色遥看近却无”（韩愈《初春小雨》）之憾。

## 红十字会的来历

红十字会是战争的产物，它是从战地救护中发展起来的。

1859 年 6 月 24 日，法国撒丁与奥地利在意大利北部的沙发利诺小镇附近发生了一场激战。战斗持续了 15 个小时，双方士兵死伤多达四万二千余人。整个沙发利诺平原上，大批伤兵在饥饿、痛苦中呻吟叹息。这时，一个名叫亨利·杜南的瑞士人来到此间。他积极组织附近居民来救护这些伤兵。从战场归来后，他写了一本《沙发利诺回忆录》，记述了战地血肉横飞的凄惨景象，并极力主张建立旨在发扬人道主义的伤兵救护组织。在他的倡导下，瑞士于 1863 年成立了一个名叫“伤兵救护国际委员会”的组织。同年，在瑞士的日内瓦召开了有 16 个国家参加的不代表政府的会议，提议成立民间救护团体。这就是红十字会的创始期。1864 年，由瑞士政府发起，在日内瓦召开外交会议，签订了“关于改善战地伤兵境遇”的公约，规定将五个正方形拼成的红十字印在白布上，作为战地医疗机构的标志，交战双方必须尊重。从那时起，伤兵救护组织就叫“红十字会”。以后，其他国家相继建立这种组织，均采用共同的标识。白底红十字，表示该组织机构及其医护人员执行战地救护和战俘救济任务时，在敌对双方保持中立性，各方人员都有接受治疗的权利。

1919 年，世界各国红十字会为了加强联络、研究与协调，开办国际性的卫生、救济、输血与护理等社会服务工作，发起成立了“红十字协会”。以后又相继组建了国际红十字会和红十字国际委员会，它们之间既相互独立又密切合作。总部设在日内瓦。

中国红十字会成立于 1904 年，1919 年加入红十字协会。1950 年，我国政府宣布，中国红十字会是我国唯一合法的红十字会，是全国性的人民卫生救护团体。

## “大夫”称谓的来历

在我国古代，人们始将为人治病者称为“先生”，以示对其尊敬仰慕之意。如战国时期的名医秦越人，博极医源，精通医道，治病用药如神，有“起死回生”之术。因而被世人尊为“医祖”，并以吉祥鸟扁鹊相誉之，称其为“扁鹊先生”。

其实在当时，“先生”一词并无定指，而是一个比较抽象的概念与称谓，大凡受人尊敬者皆可用之。如为人师表的学校教师，学识渊博的社会名流，德高望重的社会贤达，都可称其为“先生”。

至于“大夫”之称，自殷周、春秋、秦汉至唐宋元明清，世代相传，可谓源远流长。但在唐朝以前，它仅为行政官职之名，与行医治病毫无瓜葛。唯从宋朝起，开始在“看病先生”中设立大夫、郎医效、祇候等数级官衔。久而久之，“先生”就自然变成“大夫”了。

把先生称为医生，乃为近代之事。以词释义，“医生”者，医治人之生命也！一个人患了病，便将自己的身家性命交给了医生，患者病家对“医生”的虔诚之心，可谓足矣！

唐代名医孙思邈云：“人命至重，贵于千金，一方济之，德逾于此。”喻医生责任重大，切不可等闲视之。

## 护士的来历

在古代，由于医疗卫生事业极不发达，因而就没有医生、护士之分。一个医生，也常常承担照料病人的“护士工作”。后来，促进医护分工的是英国女医务工作者弗洛伦斯·南丁格尔。

1854 年 10 月，英、法、土耳其及沙俄进行了克里米亚战争，英军伤亡十分惨重。当时医疗技术还比较落后，一般外科手术比屠夫的手艺高明不了多少。许多伤病员的伤口化脓感染，不得不含泪锯掉胳膊或大腿。这时，南丁格尔小姐率领了 38 名姐妹奔赴前线，手提油灯，精心护理，使伤员的死亡率一下子从 50% 猛降至 2.2%。从此，人们才真正意识到护理工作的重要性。

1860 年，在英国政府的支持下，南丁格尔在伦敦圣多玛医院正式开办了第一所近代护士学校，专门培训专业护理人员。

1907 年，国际红十字会正式设立南丁格尔奖，该奖每 2 年颁发一次，每次最多 50 名。以表彰她在护理事业中做出的卓越贡献。并将每年的 5 月 12 日作为“国际护士节”。

## 称医家为“杏林”的来历

医家被称为“杏林”，最早见之于《太平广记·神仙传》。相传三国时，吴国名医董奉在匡山（即今庐山）行医，不收报酬，只求治愈者在他家门前种植几棵杏树。天长日久，杏树蔚然成林。后来董奉在此修炼成仙，人们就将这片树林称作“董仙杏林”。

由于董奉之医术达到出神入化的地步，而成为与张机、华佗齐名的建安三大神医之一，加之他的高尚医德亦是中华医学史上的美谈佳话，故人们常用“董仙杏林”“杏林春满”“誉满杏林”等词来赞誉医德高尚、医术超群的医学人士。

## 诊脉的来历

中医大夫在看病时，总要为患者先摸摸脉。这种做法，医学上叫做“诊脉”。诊脉是中医诊断的重要组成部分，也是祖国医学的卓越成就之一。

诊脉的出现，至少可追溯至 2000 多年前的战国时期。当时问世的《黄帝内经·素问》中，就曾对脉象的生理、病理及诊脉的具体方法进行了专门的论述。与此同时，扁鹊在《黄帝八十一难经》里，也对诊脉进行了大量的探索与研究。

东汉末年，我国的诊脉技术已相当发达。著名的民间医生涪翁曾写就《诊脉法》一书，从理论到实践对诊脉之术进行了系统的总结，提出了许多科学的见解。涪翁的弟子郭玉得其真谛，在诊脉方面造诣很深。据《后汉书·方书列传》载：皇帝为了测试郭玉的诊脉技术，曾让一宫女和另一手腕酷似女性的宠臣藏于幕后，然后各伸出一只手，假并成一人之双手，召郭玉切脉。郭玉仔细号脉之后说："这两手的脉象不同，有男女的差别。左手是女脉，右手是男脉，我怀疑里面有原因"。皇帝听罢，对郭玉的医术赞赏不已。

对诊脉写得最系统、最集中的，当属西晋时期著名医学家王叔和所著的《脉经》。此书详述了脉象的辨别方法，注意了脉、证、治的全面结合。它不仅在国内独树一帜，在国外亦颇有影响。大约在六世纪时，它传入了日本。十一世纪传到了阿拉伯。到了十七世纪，即被译成英、法等文本在欧洲发行，为丰富世界医学做出了显著贡献。

几千年来，诊脉一直是我国中医诊断的基本手段，即使在医疗事业日益发达的今天，它仍然深受医务界及广大患者的重视、信赖和欢迎。

## 病理解剖的来历

世界上最早的病理解剖起始于我国。但令人遗憾的是，这位旨在给成千上万危重患者带来生的希望的探索者，竟被官府视为"大逆不道"而处以极刑。

据《南史·顾觊之传》记载：南北朝时，沛君相县（今安徽濉溪）有个叫唐赐的人，一天他从邻居喝酒回来，突然得了急病，嘴里吐出 20 多条虫。腹痛难忍，医不见效，只好耐心地等待着死神的召唤。

唐赐临终前，将妻子张氏叫到身边，再三嘱咐张氏在他死后，要剖开他的肚子，看看里面究竟出了什么问题。唐赐死后，张氏强忍悲痛亲自操刀，与儿子唐副一起对尸体进行了解剖。这才发现，其内脏皆已糜烂穿破。按现在推测，这是一例类似于急性弥漫型腹膜炎致死的古代病例。

张氏的举动，无疑是对封建礼教的挑战。这件事一时轰动四方，令沛君相县官府十分震惊，遂派人将张氏母子缉捕归案，并火速呈报主管司法的刑部尚书顾觊之。顾觊之认为张氏忍心抛夫，大逆不道；其子助纣为虐，有不孝之罪，均应推出问斩。一个叫刘勰的官吏知悉后，觉得如此判决未免过分，就竭力为张氏母子辩护。但顾觊之却置之不理，仍下令将张氏母子处以极刑。

张氏母子虽然忍辱负重、含冤而死了，但他们的这次有益探索，却给了后世医学界以莫大的启迪，为我国医学科学的发展，做出了卓越的贡献。

## 输血的来历

世界上最早的输血器械，系英国设计师克里斯朵夫·莱恩发明的。

据英国《皇家学会会刊》记载：1656年，莱恩自制了一种装置，能把含有不同药物的液体直接注入动物的血管,以观察药物在血液循环中是否作用更快一些。实验发现：这些动物依所注药物的多少和种类差异，分别出现腹泻、呕吐、中毒、死亡及康复等不同结果。莱恩对医学的重要贡献在于——他既为以后出现的输血作了必要的物质准备，又亲自做了大胆的尝试，为后人的深入探索，奠定了基础。

世界上第一例成功的输血记录，是由英国医生理查德·劳尔进行的。1665年，劳尔将一条狗的血液抽出一部分，使它陷入休克状态，接着又将另一条狗的血液直接注入。结果，这条狗又奇迹般地苏醒了。时隔不久，劳尔就为一位患“头脑过热”的牧师做了输血治疗，并取得了成功。他先从病人左臂上抽出部分“不正常”的血，再用一根细导管将右臂血管与一只绵羊的动脉接通，让羊血注入人体，以冷却病人的血液，终于使病人恢复了健康。约在同一时期，法国路易十四的医生吉恩·丹尼斯，也用此法治好了一个发高热的男孩。可是在其他一些地方，病人输入动物血液后却出现了严重后果，直至不幸死去了。

可悲的是，丹尼斯在偶然成功后不久，也跌入了“火坑”。一次，在一位精神狂躁病患者之妻的坚决要求下，他给病人输了一头“性情温顺”的小牛的血液。首次输血疗效尚好，但第二次却出现了严重症状。当病人再次发作时，其妻又要求输血，被踌躇中的丹尼斯拒绝了。结果，病人当晚死亡。其妻遂控告丹尼斯犯有杀人罪。经法院调查裁决，判定属病人之妻用砒霜毒杀了丈夫。事情虽然就此了结了，但给输血蒙上了阴影，致使整个欧洲将输血禁止了近200年之久。

1854年，欧洲大陆流行霍乱，有些医生又斗胆将牛奶注入病人血管，希图增加人体白血球的抗病力，结果输入牛奶者大都死于非命。

本世纪初，一位名叫詹姆斯·布兰德尔的产科医生曾用输入人血的办法救活了几名严重失血的妇女。布兰德尔纯属偶然中的幸运者，因为当时人们尚未认识人体血型的差别。后来，维也纳的病理学家卡尔·兰斯登纳经过长期实验，才发现了 A、B、O、AB 四种人体血型，使输血技术取得了关键性的突破。

从此，输血才作为一种安全可靠的抢救办法，在临床上广泛应用。

## 坐堂就诊的来历

“坐堂就诊”是我国一种传统的行医方式。其内涵是指医生在药店里“坐堂”行医，为患者治病。这一方式，相传是由汉末医圣张仲景首创的。

东汉名医张仲景（今河南南阳人），既是一位医学家，又是一位官居太守的朝臣。献帝刘协建安年间，伤寒流行。当时医生不去精心研究医术，却敷衍了事地去应付病人。张仲景目睹此事十分义愤，他决心为民行医，拯救黎民于水火。此后，他在公堂上一边判断官司，一边行医治病。消息传出，求救者络绎不绝，门庭若市。公堂变成了诊病之所，太守当上了切脉先生，一时在南阳传为佳话。

古代行医多为走乡串户，称为“走方医”。而张仲景却“坐堂”诊脉看病，开创了医学史上的一代新风。于是，一些当地郎中也就竞相效法，坐在中药店里等候患者，被人称为“坐堂先生”。从此，中药店也逐渐被称为“堂”了。如藻露堂、达仁堂等。

## 摇铃行医的来历

现代京剧影片《沙家浜》里有这样一组镜头：一位常州名医身背药箱，手摇串铃，令大街小巷的求医者闻风而至。这种摇铃行医的习俗，过去曾在我国农村中普遍盛行过。

相传唐代名医孙思邈曾为老虎治过骨刺哽喉症。为了在拔除骨刺时防止被老虎咬伤，他自行设计制作了固定开口器——虎撑。它形如手镯，外面开着一圈“吉口”。将其戴在手腕上，正好支撑着虎牙。后来，他又照此制作出人用、畜用的“虎撑”医治口腔、咽喉之疾。从此，举凡医生都将此物视为行医必备之器械。

事物都是在实践中不断发展完善的。后来，有人又在“虎撑”内圈中安装了一个铁丸，摇之便叮铃作响。每当外出行医即随身携带，以招徕患者，人们遂称其为“铃医”。这就是摇铃行医的由来。

## 病历的来历

病历是医生对患者患病过程与治疗情况所做的文字记录，也是患者健康状况的档案材料，它在整个医疗过程中有着十分重要的作用。我国目前发现的最早的病历，是汉代著名医学家仓公所作的。

据《史记·扁鹊仓公列传》载：仓公，姓淳于，名意，今山东临淄人。因任齐太仓公故名。他自幼聪明伶俐，先跟随名家公孙光学医，后又求救于医术精湛的公乘阳庆。曾拜读了公乘的家藏秘书《皇帝·扁鹊之脉书》《五色谱》及《药论》等，使其医术获益匪浅，以至达到了“诊病决生死，有验、精良”的地步，成为技压群芳的著名医师。

仓公的医疗技术比较全面，内外科、妇儿科、五官科样样精通。他对许多病症都有独到见解，从不人云亦云。针灸疗法在当时虽然业已普及，但他并不盲目引用，而始终坚持对症下药，取得了显著的临床效果。

在长期的医疗实践中，仓公发现许多患者对自已的病因、病史记不清楚，诊治过程中的用药情况及药后效应也难以掌握，给辨证施治带来了诸多困难。于是，他发明了“诊籍”，也就是现在的病历，将有关情况一一记录在案。患者复诊时，打开一看就一目了然，为重新制定医疗方案和措施，提供了可靠的依据。

仓公发明病历已有 2000 余年的历史。它不仅给病人复诊带来了方便，而且有利于医生积累临床经验，有利于推进医疗科学研究。如《史记》记载仓公的 25 例医案，至今仍有十分重要的科研价值。

## 处方签上“℞”的来历

假如你是一位比较细心的人，就一定会发现医院处方签的左上角都有一个“℞”的标志，这是什么意思呢?

据有关资料介绍，发明“℞”并把它搬上处方签使用的人，是 1700 年前的古罗马名医盖伦。盖伦在任罗马国王的御医时，模仿古埃及神话中驱祸辟邪的“神医”豪拉斯的眼睛，别出心裁地创造出“℞”这一符号，作为开写处方的标记。由于这个标记象征着得心应手，手到病除，因而被人们当做吉祥之物一代一代继承了下来。

现在，“℞”已成为全球医学界的通用符号，不过其意思已与原来大相径庭。如今处方上的“℞”，表示“请取给如下药品”之意。

## 中西医结合的来历

中西医结合诊治疾病，始于上世纪20年代，它是由著名医师施今墨率先提出并首创的。

1922年，施今墨开办了中医医院。两年后就开始使用听诊器、血压计和体温表进行中西医结合会诊。他主张西医辨病，中医辨证，两者结合，互为补充。也就是说，诊断时，不仅要发挥中医望、闻、问、切的长处，而且还应采取西医先进的科学诊断手段，切实查清病因和症状，然后根据病人的身体素质、病机、病程、环境以至脾气等情况，决定治疗方法和药量。

半个多世纪以来的医疗实践表明：用中西医结合的办法诊治疾病，具有诊断准确、见效迅速、收费低廉等特点，因而受到群众的广泛欢迎。现在，无论在城镇，还是在乡村；无论大型专科医院，还是普通的中小型诊所，都已实行了中西医结合诊治疾病的方法，并已总结出了许多成功的经验。

## 植物检疫的来历

14世纪时，威尼斯为了防止外来疾病的侵入与传播，便规定凡是经海洋来到该国的海员，一律随所乘船只停泊隔离40天。经检查确无流行病役时，方可获准登岸。

后来，他们的检查范围越来越广，越来越严格。除了对入境人员进行检疫外，还对动物、植物及部分商品也实行检疫。由于采取了这种措施，基本堵塞了漏洞，把住了外来疾病入侵的关口。

我国早在1935年就制定了《植物病虫害检验实施细则》。1983年，国务院废止了1957年颁布的《国内植物检疫试行办法》，正式制定了《植物检疫条例》，同时由农牧渔业部提出了《植物检疫实施细则》，使植物检疫工作逐步走上了法制化、正规化、具体化和经常化的正常轨道。

## 中成药的来历

中成药在我国具有悠久的历史。它所产生的历史朝代虽已无从查考，但从马王堆汉墓中挖掘的《五十二病方》来看，少说也有 2000 多年了。汉代医圣张仲景的《伤寒杂病论》共收载成药 60 余种，几乎囊括了注射以外的所有给药方式与途径，为后世留下了一笔内容丰富的医学遗产。

到了晋代，葛洪在《肘后备急方》中首次提出“成剂药”的名词与概念。他主张将药物加工为一定剂型，储之以备急用，并由此衍生出剂型“稳定性”的成药理论，开创了中药剂型工业发展之先河。葛洪在书中还提出用羊肝配黄连制成羊肝丸以治眼疾，成为我国最早的脏器疗法方剂。

唐代著名医师孙思邈编著的《千金要方》收集的成药更多，而且至今仍有重大的医用价值。

到了宋代，朝廷诏命陈师文等对各种成药处方进行筛选、校正和分类，汇编成《太平惠民和剂局方》。书中共集载成药 788 种，并对每一成药的应用范围、制作与使用方法都作了详细的介绍，从而使成药应用趋向理论化、系统化。

金元时代百家争鸣，四大医学流派出现后各抒己见，改变了往昔“泥古不化”的局面，也促进了中成药品种的百花齐放。及至明清时代，私人开办的药店已很兴盛，一些独具特色的“独门药”相继问世，并一跃而成为药界中的“名门望族”。其时药圣李时珍编著的《本草纲目》载方万余首，涉及剂型 40 种，为现代药剂学提供了丰富详实的研究资料。

## 汤药的来历

我国中医临床实践中，各种药物剂型虽然很杂，但使用最多的当属中药汤剂了。据晋代著名学者皇普谧的《甲乙经》载，中药汤剂为商代初期伊允所发明。

伊允是商始祖汤王的厨师，《史记》称他是作为汤王妻子的陪嫁奴隶来汤王身边的。他自幼聪颖过人，见多识广，不仅具有高超的烹调技术，而且善识本草药性。在长期的烹饪实践中，他发现将某些谷物、草药煎制成汁，服后可以祛病。经反复试验，确信疗效显著后，遂向民间广为传播，被人们尊为“汤剂之祖”。

汤剂的出现是医药史上的重大发明，它使祖国医学向前迈进了一大步。后来，伊允又以《神农本草》为依据，将汤药的治病技巧编撰成书，取名《汤液经法》。

汤剂的使用已有3700年的历史。然时至今日，它仍在世界医学中占据着十分重要的位置，发挥着巨大的作用

## 将药渣倒在路上的来历

我国民间有这样一种习惯：病人服过中药后，常将中药渣倒在路上。这是一种啥讲究呢?

相传明代大医学家李时珍一次路过一个村庄时，忽闻一位老太婆失声痛哭，忙上前询问。老太婆说她媳妇服了游方郎中的汤药后，病情日见加重。李时珍问，都有那几味药？老太婆向路边一指，说“那就是刚倒下的药渣”。李时珍为病人切脉诊视后，再细细打量这堆药渣，发现那郎中误将“七叶一枝花”当做“虎杖”下在药里，因而起了反作用。于是，他重新配方，病人只服了一副便起死回生。婆媳二人十分感激，逢人就夸李时珍是“神医”。人们从中受到启发，也都将药渣倒在路上，主要是为了让过路良医来鉴别。万一吃错了药，尚可挽救。久而久之，沿袭成俗。可是，后来竟有人给这种做法蒙上了迷信色彩与损人意识，以为将药渣倒在路上，让千人踩万人踏，就可将病带走了。由此可见，这种意识是非常荒谬的，应该坚决予以破除。

## 云南白药的来历

云南白药是我国云南生产的一种珍贵的中成药。它的原名叫“曲焕章白药”，是由云南省江川县民间医师曲焕章首先研制出来的。

据民间传说，曲焕章原是一位勇敢的打虎猎手。一次他打伤了一只老虎，追踪过程中，偶然发现老虎吃过一种草药后，很快就不留血了。于是，便将这种药采回来进行试验，结果证明它对治疗跌打损伤有奇效。经过潜心研究，他终于在1914年正式创制出“曲焕章白药”。

抗日战争时期，由于曲焕章不愿将此秘方交给国民党反动派，遂被押至重庆杀害。但后来他儿子制作的“白药”、儿媳制作的“百宝灵”，都是曲家的真传。

现在，云南白药早已进行了批量生产。除满足国内需要外，还远销欧美等西方国家，受到世界人民的欢迎与赞誉。

## “鸦片”一词的来历

鸦片是一种对人体危害极大的毒品。1840年，英帝国主义为了对中国实施侵略和扩张，曾大量走私输出鸦片，毒害中国人民。同年6月，林则徐奉清道光皇帝之命亲赴广东禁烟时，与英军发生冲突，遂爆发了震惊中外的鸦片战争。

鸦片是从罂粟花中提炼出来的，罂粟最早产于埃及。公元前5世纪左右，希腊人将罂粟花取汁入药，发现其具有“安神止痛，多眠忘忧”之功效。公元6世纪初期，阿拉伯帝国十分推崇希腊的医学成就，便遣人前去学会了提取罂粟汁的技术。希腊人将罂粟汁称为“阿扁”，而阿拉伯人却把“扁”发音为“芙蓉”。传到波斯后，波斯人又将其念成“片”。于是，“阿扁”即成为“阿芙蓉”或“阿片”。

待罂粟经印度传入中国后，中国人将“阿”读成“鸦”，这样“阿片”自然就变成了“鸦片”。明朝成化年间（1456～1487），中国始将其“取汁之法”初步掌握，从此就埋下了内衰外辱的隐患。

## 黄连药名的来历

从前，秦巴深山中有一位姓陶的中医，在庭院里栽种了数百种中草药。每当他外出远行时，都请邻村一个名叫黄连的小伙帮他守家看护，经管药园。

一个隆冬的早上，寒霜遍地，冷气袭人。黄连偶然发现通往后山的小径边有朵墨绿色的小花，在凛冽的寒风中昂首挺立，可爱极了。于是，他把小花移回园中，浇水施肥，精心管理。次年初春，小花便孕育了绿油油的一大片。

陶先生的令爱名叫妹娃，天资聪慧，美丽可人。这天她突然得了急病，上吐下泻，浑身燥热。陶先生外出未归，尽管她妈四处求医，可病情却一直未见缓解，三四天后就不省人事了。黄连见状十分焦虑，情急中，他想起了那绿色的小花，何不采来一试？于是他从后院扯下一棵，熬成清汤送给妹娃喝。谁知连饮三次，妹娃的病竟奇迹般地痊愈了。陶先生回来后，闻听了黄连之治病经过，便从中悟出了道理：妹娃患的是肠胃热重，须用清热解毒药方才能治好。看来此花对清热解毒还有特效呀！

为了纪念黄连辛勤培育的这种药草，陶先生就把它定名为“黄连”。从此，黄连就成为中医方剂上的常用之药了。

后来，陶先生还将妹娃嫁于黄连为妻。乡村民间至今仍流传着颂扬这对“黄连姻缘”的佳句：“良药苦口数黄连，绿花争艳隆冬间。清热解毒除沉疴，苦尽甘来结姻缘”。

## 刘寄奴药名的来历

刘寄奴是一味常用的中草药。《本草纲目》说它的功能作用在于主攻“破血下胀”，但多服则“令人下痢”。它“下血止痛，治产后余疾，止金疮血，极效”。“心腹痛，下气，水胀血气，通妇人经脉症结，止霍乱水泻……”以汤服之，疗效亦颇佳。

刘寄奴对人类健康有着巨大的功劳，而它的名字也既富于传奇色彩。据史籍载：南北朝时，南朝的宋高祖（武帝）刘裕，字寄奴，原为东晋大将。420年废东晋皇帝而称帝，国号宋。他称帝前曾率兵征伐新洲，在灭敌主力追歼残部时，被一条巨蛇挡住去路。刘裕弯弓搭箭，射中蛇身，巨蛇负箭而逃。次日，忽闻密林深处有杵臼声，刘裕遣人查看时，只见数名青衣童子正在捣药。士兵欲举刀杀之，众童子连声哀求：“我等并非贼兵，乃因昨日刘将军箭中我主，伤痛难耐，遂命捣药敷之。”。士兵回报后，刘裕前去观看，众童子却不翼而飞了，只见地上散落着一些草药，遂命士兵将其带回营地收藏。

以后，将士每遇金疮，即用这草药相敷，甚是灵验。可他们都不知这草药之名，有人提议用刘裕的名字去称谓，故此得名“刘寄奴”。从此，刘寄奴这个药名就代代相传，沿用至今。

## 山药名称的来历

山药是人们非常熟悉的一种植物，既可食用，又可入药。它虽然与“避讳”二字风马牛不相及，但其名称却是因避讳而来的。

史载：我国从西周起即有“避讳”之说。《公羊传》讲其要旨是：“为尊者讳，为亲者讳，为贤者讳”。关于避讳的方法，《孟子·尽心》说，讳名不讳姓。《礼记·曲记》则称不避同音字；名若为双字时仅避一字；写诗及抄录古书时可不避讳。实际上自秦汉以来，随着中央集权制的加强，避讳之讲究越来越多，越来越繁杂。

山药原名叫“薯蓣”。763年，唐代宗即位。因代宗名豫，为讳其名，故将薯蓣改为“薯药”。北宋时，有英宗名曙，为避其讳，薯药再次更名，去薯改山，称作“山药”，一直沿用至今。而“薯药”之称，仅用了300余年。

## 六神丸的来历

抗日战争时期，日本药商的“人丹”广告遍及北京的大街小巷，销路也逐日看好。“人丹”疗效虽佳，但在亡国之际任其充斥街头，人们难免“别有一番滋味在心头”。

同仁堂药店的老经理乐铎先生，决心扯起爱国大旗，研制新药，抵制日货。他经常彻夜不眠，查资料，试配方，把一本《本草纲目》翻得稀巴烂，终于研制成功了以牛黄、麝香、珍珠、蟾蜍等为主要原料的名贵成药“六神丸”，从而使日货人丹从霸主地位一落千丈，威风扫尽。当时六神丸不仅在国内十分走俏，就连日本人也争相抢购。他们或走私出口，或悄悄带回日本珍藏馈赠。

六神丸问世后，北京市民高兴地将其称为“争气丸”“爱国丸”。日本商人也曾多方笼络关系，试图以高价买下其配方，但被乐先生严词拒绝了。

## 培坤丸的来历

培坤丸是西安藻露堂中药店的著名成药，主要用于妇科疾病。它是由该店的创办人宋林元先生创制而成的。

宋林元祖籍湖北。明朝熹宗年间，他挑着一副药担，辗转千里到了西安。开始他主卖成药，继而兼给人看病。以后就在五味十字租了间门面，开起药铺来。在长期的医疗实践中，他积累了不少医治妇科病的宝贵经验，并研制了一种妇科专用成药“培坤丸”。清康熙年间，宋林元之子宋应全把小店发展为大店，汤剂、成药一应俱全，但最为走俏的还是培坤丸，年销量高达万余斤。“藻露堂”也就此兴旺发达了起来。

宋家对方剂是绝对保密的，只传儿子不传女儿。解放后，该店成了公私合营企业，配方才向政府公开了。

## 诸葛行军散的来历

三国时期，蜀国著名的军事家、思想家诸葛孔明，奉刘备之命统帅几十万大军，准备与魏军决一雌雄。时值炎夏，将士们经过长途跋涉，不少人发生中暑，非战斗减员异常严重。于是，诸葛亮就召集随营医生研究防治措施。

由于部队地处深山旷野，煎服汤药极为不便，随营医生都一筹莫展。诸葛亮在无奈之中打开真人传授的医书，认真研究，反复试验，终于研制出既可内服、又可外用的中药散剂。只要将其用水吞下或吹入鼻腔，患者很快就痊愈了。

翌年仲夏，蜀军暑病迭起，随营医生又如法炮制，使将士们的疾患豁然而去。于是，人们就将这种能治暑病的中药散剂称为“诸葛行军散”。后来，散剂验方传到魏国，魏人便将其易名为“武侯行军散”。

“诸葛行军散”历经一千余年，一直沿用至今。不过后来人们又去掉了“诸葛”二字，简称为“行军散”。

## 温度计的来历

自然界的冷热变化对人类生活有着最直接的影响，但千百年来人们却对温度一无所知。直至300多年前，意大利著名科学家伽利略发明了温度计之后，这种现象才得以改变。

1592年，伽利略试制温度计时，曾在一个鸡蛋大的玻璃泡上插上一根约一尺余长的玻璃细管，他先将玻璃泡握在手中使其受热，然后将其倒插进一个盛水的容器里。当玻璃泡冷却时，玻管内的水位就上升，高出容器水面约半尺。这种温度计虽然过于简单，准确性也很差，但它毕竟为人类测量温度提供了最初的手段。

在伽利略的启发下，意大利医生逊托里欧于1597年自制了一支可用来测量患者体温的温度计。这种温度计的玻璃细管呈弯型，一端圆球可含在嘴里。它由于计数不太准确，故在临床上没有应用。

1654年，伽利略的学生伏迪南用酒精代替了管中的水柱，并将一端封闭了起来，使温度计较前有了很大的改进。三年后，意大利人阿克得米亚又用水银代替了酒精，基本确定了温度计的形体。

1724年，德国物理学家华伦海特测定水的溶解温度为32度，水的沸点为212度，这种温度测定法就是现在的华氏温度。1742年，瑞典科学家摄尔休斯又将水的冰点定为零度，将水的沸点改为100度，从而成为现今所通用的摄氏温度。

温度计正式用于临床，始于1736年，是在荷兰著名医师布尔哈默的倡导下进入医疗卫生领域的。从此，医生诊病再也离不开它了。

建国以来，我国先后研制了电偶测温计与半导体测温计。它们测温迅速，灵敏度高，还无须消毒。但由于造价昂贵，目前尚未普及。

## 药王孙思邈翻穿黄袍的来历

在陕西耀县的药王庙中，药王孙思邈塑像的帽沿下坠，黄袍翻穿，遍体通红，呈现出一幅邋遢相。这是什么原因呢？

相传唐太宗时，孙思邈医术精湛，药到病除，被民间尊为“神医”。皇室知悉后，遣人将他请进宫中，由太宗帝亲口封为“药王”，并赐以王冠黄袍，与公侯享受同等待遇。可孙思邈心中牵挂着黎民百姓，他不愿在宫中享乐，更不愿伺候王公贵族。于是趁人不备之时，悄然离去了。

可是，护国公尉迟敬德却对孙思邈充满嫉妒之心。他想：我出生入死，南征百战，为唐朝打下江山，才得了一个国公封号。而孙思邈一个江湖郎中，竟被尊封为“药王”，还不愿在宫中伺候皇上，真个不识抬举。我得飞马去追，将他羞辱一番。

再说孙思邈身穿黄袍，头戴王冠，在回归途中越走越不自在，便压坠帽翅，翻穿黄袍。敬德飞马上前，见他毫无半点“王”气，不免暗自钦佩起来。他施礼问道：“先生欲往何处？”思邈答曰：“小民想寻一偏僻幽林钻研医道，为民治病，造福世人。”敬德听罢越发佩服：“日后先生若成神仙，我愿在您身边站班听用。”

后来，孙思邈定居于耀县北五台山，一面研究医术，一面上山采药。在过了百岁生日之后，“跨虎成仙”，离开了人间。后世百姓为了纪念他，就依据药王离宫之史实，给他建祠塑像，并让尉迟敬德站班相陪，以实现敬德之夙愿。

# “卖药不还价”的来历

在我国所有商务活动中，一切商品交易都可讨价还价，但古往今来，唯独药品买卖是个例外。这一民俗，实为东汉隐士韩康所首创。

据《后汉书·逸民传·韩康》介绍：韩康字伯林，霸陵（今西安东郊）人氏。他自幼博览群书，多才多艺，尤其精于药材和医学之道。韩康虽出身名门氏族，但从无为官之意。为了躲避官府征聘，他刻意隐姓埋名，遂以其“字”为号，于长安城内开设药铺，卖药为生。在经营过程中，他坚持诚信为本，质量为先，实施公平交易。然价钱一旦出口，绝不更改。在几十年的经营生涯中，他的这一“规则”闻名遐迩，妇孺皆知。

一次，有位女子买药时不停地讨价还价，韩康就是双唇紧闭，绝不松口。女子略显愠怒，遂大声斥责道：“都说韩康‘药不二价’，难道你就是不成？”也许是说者无意，听者有心，韩康不由心中一惊：我本来就为隐名而卖药，如今竟连一普通民女都知晓我的姓名，怎么了得！时隔不久，他就从人间蒸发——隐居于霸陵山中。

后来，药界同仁为了尊崇韩康之医德，纷纷效法“药不二价”的行为准则，一直流传至今。

# 交通　邮电　山水　人物

## 鸣锣喝道的来历

鸣锣喝道是我国古代的宫廷礼仪之一。在古代，大凡官员出行，必有仪仗士卒前引后呼，谓之“喝道”。但当时并无“鸣锣”之举。真正将鸣锣与喝道结合起来并用，只是从清代开始的。

据《周礼·秋官·条狼氏》记载：周朝大官上街，即有前导吏役“掌执鞭以趋辟”，这是喝道的最初形式。自汉代起，其内容有所简化，喝道者一般仅作“传呼”而不再“执鞭”。喝道的目的，就是为了“使行者止，坐者起”，以显示宫廷官吏之威严。

到了清代，城市人口日渐稠密，仅凭仪仗士卒之喝呼已不能使行人迅速廻避，于是便以“鸣锣”附之。这鸣锣颇有讲究，它依据官吏职务高低而不同：州、县官上街，仪仗鸣锣七下，谓之“打七棒锣”，意使“军民人等齐闪开”；道、府官上街，打九棒锣，意即“官吏军民人等齐闪开”；提督、巡抚上街，打十一棒锣，意为“文武官员军民人等齐闪开”；若是都统以上官员上街，则打十三棒锣，告知“大小文武官员军民人等齐闪开”。封建等级之森严，与锣鼓声中可见一斑。

## 我国铁路路徽的来历

路徽是铁路的标志，各国铁路都有自己的路徽。我国铁路的路徽，是在建国前夕由一位名叫陈玉昶的同志设计的。

1949 年 5 月，中央军委、铁道部向社会各界发出通知，广泛征集路徽式样。6 月 4 日至 7 日，铁道部将收到的 3200 多种应征图案详细编号后，举办展览会，公开征求各界人士意见。其后还专门成立了路徽图式审查委员会。经过反复审查评比，并呈报中央人民政府政务与财经委员会批准，才确定了现在的这幅样式。

为此，中选第一名的设计者陈玉昶曾获得酬谢小米八千斤。

1950 年元月，中央人民政府铁道部正式公布了中国人民铁路路徽的图案样式，规定全国铁路职工佩戴的证章、帽徽、纽扣和机车、车辆、建筑物以及会场装饰等有关铁路的标记，都应按照规定制作路徽。

## 铁轨距离的来历

现在，世界各国铁道轨距的宽度，几乎都采用了同一标准：143.55 厘米。这是为什么呢？

原来，古罗马战车的轨距，就是这个宽度。公元前 55 年，古罗马军队曾乘坐这样的战车侵入了大不列颠岛。于是乎，当地人便照猫画虎，竞相仿制。如此一来，英国的道路上到处都深深印下了两轮间距为 143.55 厘米的车辙。以后，为了使四轮马车也能沿着这种车辙行驶，英国人就将马车轮都制成了这样的标准。当英国出现火车时，依然采用了这个宽度的铁轨，最后相沿成习。

## 我国火车夜行的来历

自从我国有了火车后，为了运行安全，车辆一直都是白天行驶，夜晚停开。1912 年（民国元年），以孙中山先生为首的南京临时政府成立时，按照论功行赏的原则，将于右任先生任命为交通部长。于先生上任后，立即召集专门会议，提出夜间行车的主张。当时有人怕出事故，不愿采纳这个意见。于先生便以国外夜间行车为先例，来做与会同仁的思想工作，指出关键的问题在于科学管理，终于说服了大家。

从此，我国就彻底打破了过去长期固守的夜间禁行之规定，使铁道交通昼夜不停地进行运转，大大提高了铁路的运输能力。

## 公共汽车的来历

世界上第一辆公共汽车是在英国产生的。

1803 年，英国煤矿机械工程师理查德・特雷威蒂克研制出一辆形似马车的蒸汽车，平路、坡路时速分别可达 9.6 公里和 6.4 公里，一次可乘载 8 人，但没有正式开办公共汽车营运业务。

1825 年，英国格尔斯瓦蒂·嘉内公爵重新制造了一种公共车。这种车的发动机置于汽车尾部，车体自重 3 吨，时速 19 公里，可同时乘坐 18 位旅客。这辆车曾在英国中部的切尔特纳姆与格洛斯特之间担任旅客运输任务，从而成为世界上第一辆公共汽车运营车辆。

到了 1828 年，一位名叫瓦尔塔·哈恩格克的英国人又制造出了新一代的蒸汽式公共汽车，其时速已达 32 公里，可乘 22 位旅客。它以伦敦为基点，开辟了若干条连接近郊各地的公共交通线路。1834 年，世界上第一个公共汽车公司——苏格兰蒸汽机车公司便宣告成立，为发展人类的公交运输事业奠定了基础。

19 世纪末期，随着内燃机的诞生，新兴的汽车发动机以其高效率、高运转、躯体轻巧等特点，很快取代了蒸汽机的地位，并于 1895 年最早用于公共汽车，开创了公共汽车的新纪元。

现在，公共汽车正在向大型化、高速化、舒适化发展。高级客车不仅装有收音机、电视机、无线电话等通讯和音频设施，还设置了卧铺、厕所及空调。国外一些双层大客车，除有 140 多个座位外，还具有厨卫、娱乐和行李舱等功能，几乎可与火车相媲美。

## “的士”的来历

“的士”是现代城市必不可少的交通工具。当你乘坐舒适漂亮的“的士”去旅游观光时，你是否会想到，它竟是一个“报复性”的产物呢?

1907 年的一个春夜，美国富豪子弟亚伦偕女友去纽约百老汇看歌剧。散场后他去雇马车，可车夫却漫天要价，以至于高出平时十余倍。亚纶觉得太离谱，就与车夫吵了起来，结果被车夫打倒在地。后来，为了报复车夫及同行，亚伦就萌发了用汽车挤垮马车的想法。他提出此车一要小巧灵活，二要有计程装置。这种计程仪表，就是其与一位修钟表的朋友发明的。

为了标明这种车用于出租和按里程计费，亚纶决定给它起一个简单的名字。这时，他想起了曾在巴黎看到的一个字——Taximetev（意即按公里计算的出租马车），于是就将此车定名为 TaxiGab。1907 年 10 月 1 日，这种出租计程车就开始奔驰在纽约的繁华街市上。

## 红绿灯的来历

“红灯止，绿灯行，黄灯亮时准备停”。自从红绿灯问世以来，尽管闹市区车水马龙，游人如织，但在它的指挥下，公共交通却始终秩序井然，有条不紊。由此可见，红绿灯是现代公路交通中不可缺少的指挥工具。可在 1927 年以前，世界上还没有一个国家制定具体的交通行止规定，致使各种事故不断发生。后来，美国首先使用了灯光信息，但什么颜色该停止，什么颜色可通行，却是五花八门，各行其是，致使驾驶员很难对此作出准确的分析与判断。时隔不久，他们就制定了两项国家标准，其中在《交通讯号颜色》中，统一规定用红灯表示“停止”，绿色象征“通行”。此后，各国逐渐沿用，最终成为大家共同遵守的交通信号。

## 人行横道线的来历

在古罗马时代，意大利庞培市车马混行，交通秩序十分混乱。为了解决这一问题，他们将人行道加高，使行人与车、马分离，然后又在接近路口的地方，横砌起一块块凸出路面的石头——跳石，作为指示行人过街的标志。这样，行人可踩着跳石横穿马路，而跳石正好位于马车的两轮之间，也不影响马车的安全通行。

进入 19 世纪后，汽车代替了马车，其速度与危险性亦大大超过了马车，原有的跳石显然已无法适应这种新情况的需求。经过多次试验，在 19 世纪 50 年代初期的英国伦敦街道上，首先出现了现今这种横格状的人行横道线。由于它洁白、醒目，酷似斑马身上的白斑，因而又称作“斑马线”。

斑马线不仅给行人提供了一条安全的通道，而且也给行驶中的汽车司机传递了“礼让行人”的信号，防止了交通事故的发生。

## 立交桥的来历

立体化的城市道路交通，是随现代高速公路的出现应运而生的。

上世纪初以来，许多发达国家都在为越来越多的汽车使公路交通拥堵不堪而烦恼。为了确保车流通畅，1928 年，美国首先在新泽西州的两条道路交汇处，建立了第一条苜蓿叶形的公路交叉，两年后又在芝加哥建起了一座立体交叉桥。其后不久，瑞典等国也陆续在一些大中城市开始兴建立交工程，迈出了城市交通立体化的步伐。

我国的立体交通建设虽然起步较晚，但发展步伐很快。1956 年，我国首次在北京京密引水滨河路修建了三处部分互通立交，1963 年在广州修建了第一座立交桥。1970 年以后，各大中城市的立交建设纷纷上马，特别是在南京的长江水面上，还架设起绵延数公里的铁路、公路两用交通设施，使我国的城市交通向着现代化迈进了一大步。

现在，随着高速公路的迅猛发展，我国立体交通已经遍布神州的大江南北，成为现代化建设的重要动脉之一。

## 国外车辆行人“靠左行”的来历

我国的交通规则规定：在公路、马路上，一切车辆行人都要“靠右行”，但在国际上却并非都是如此。譬如：不少国家就规定车辆行人“靠左行”。这是什么原因呢？

这种反其道而行之的做法，与航海有着直接的关系。原来在 15 世纪后，欧洲各国竞相开拓海外殖民地。英国、葡萄牙、西班牙与荷兰等航海事业比较发达的国家，其舰船经常往返于大西洋和地中海之间。每逢海上相遇，双方的水手都习惯跑到船的右舷互相招呼，这样船体就自然而然地形成了靠左驶的规矩。后来在制定城市交通规则时，英国首先将海上这一规矩引入陆地，此后一些国家亦竞相效仿。

现在，世界上约有 50 多个国家或地区是采用左行的。在欧洲有英国、冰岛、马耳他等 5 国；亚洲有印度、缅甸、孟加拉等 15 国；大洋洲有新西兰、澳大利亚等 8 国；非洲有坦桑尼亚等 6 国。

## 台湾禁设“8 路”汽车的来历

在我国的宝岛台湾境内，柏油马路四通八达，公共汽车、电车比比皆是。可是你走遍全岛所有市镇，却根本找不到“8 路”车辆。此乃何因，你知晓吗？

原来，在蒋介石几十年的反共生涯中，曾吃尽了“八路军”的苦楚。他的封锁也好，围剿也罢，非但不能置“八路”于死地，反而被“八路”打得狼狈逃窜，溃不成军。直至 1949 年败退孤岛之后，依然心有余悸。只要一提起“八路”二字，他就胆战心惊，不寒而栗。为了防止这“倒霉”的字眼在台湾流传，故下令全台境内所有城镇一律禁设“8 路”交通线，而改用“7 路甲”来替代。

## 破冰船的来历

“叶尔马克”号破冰船是人类历史上的第一艘机动破冰船，它是经苏俄和英国人设计、制造，于 1899 年胜利诞生的。辛亥革命后的 1912 年，我国也成功制造了“通凌号”与“开凌号”两艘机动破冰船，从而揭开了航海史上崭新的一页。

其实早在宋代，我国的原始破冰船就已问世了。这种破冰船当时叫“冰碓”，曾由朝廷置于汴梁附近的黄河、运河古道上使用。南宋人赵彦卫在《云麓漫钞》里记述：北宋中期后，宋辽两国开始互通贸易，外交使者亦往来不断。尤其是每年正月初一的朝贺大典，使者更是纷至沓来。然而时值隆冬，黄河水面冰雪覆盖，过往行人十分不便。于是，朝廷遣人设计一种竹筏，前端装上石碓，可经人工操纵起落破冰，以使舟船畅通无阻。这种竹筏就是“冰碓”（亦称冰簰）。与之配套使用的，还有一种名为“滉舟”的小船，它在已开通的航道里往返游弋，以确保水面不再凝结成冰。

宋神宗时，“冰簰”的使用已形成制度。每到“千里冰封、万里雪飘”的隆冬之际，黄河、运河古道上的数十只“冰簰”往返如梭，竞相为过往舟楫开辟通道。其时流行这样一首民谣：“昔有磨，磨浆水；今有簰，摧冬凌”。就是对这种景况的生动写照。

“冰簰”虽然过于原始和简陋，但它毕竟是现代破冰船的先祖，开创了人类航运史上的新篇章。

## 信鸽的来历

信鸽，古称“飞奴”。因它能竟翔千里为两地人互传信息，故被现代人类誉为“空中信使”。

我国饲养信鸽始于唐代。据《开元天宝轶事》载：著名宰相张九龄年少时，喜欢饲养群鸽，“每与亲知书信，往往只以书系鸽足下，依所教之处，飞往投之。九龄目之为飞奴。时人无不爱讶”。其实，张九龄以鸽传信，还是随着盛唐时期中外文化的交流和发展而从外域学来的。据唐李肇《国史补》卷下云：南海舶，外国船也。每岁至安南，广州……舶发后，海路必养白鸽为信，舶没，则鸽虽数千里亦能归也。”段成式《酉阳杂俎》亦云：“鸽，大理丞郑复礼言，波斯船上多养鸽，鸽能飞行数千里。辄放一只至家，以为平安信。”

如上来看，驯养信鸽最初是由波斯商船经广东传入我国的。那么，张九龄何以有缘很快学得养鸽之方呢？原来，九龄祖籍韶州曲江，即今广东韶关市。其祖父张君政唐初官韶州别驾，父亲张弘愈当过广州都督（《张曲江集》卷十二附录《张公碑铭》）。九龄的两个弟弟张九皋、张九章也先后任岭南节度使和广州都督（《旧唐书》《新唐书》张九龄传），故九龄本人自幼即常来常往于广州和家乡之间。他正是这时从停泊于广州的外船上学会了养鸽之术，进而在家中驯养出第一批“飞奴”的。后来，张九龄考上了进士，又以“道侔伊吕科”策高第，到长安来作了朝廷中的左拾遗。于是，便将养鸽之习自岭南带到了都城长安。

## 我国邮政的来历

我国是一个文明古国，在邮政通讯方面，有着悠久的历史。

距今3000多年的殷商时代，我国就已出现了有组织的“邮驿”通信。这种邮驿，是专为传达朝廷命令与官府文书兴办的，即“通达边情，布宣号令”。宋朝虽然允许达官贵人经邮驿传递家书，但庶民百姓是绝然不可享受这种待遇的。到了明永乐年间（1403～1424），随着社会经济的发展，由民间开办的“民信局”应运而生。清道光、咸丰和同治年间（1821～1874），是民信局发展的鼎盛时期。当时有大小信局数千家，彼此相联，形成了一个民间通信网。直到近代邮政出现后的1935年，民信局才被下令停办。在此期间，我国西南的云、贵、川等省，也出现过名为“麻乡约”的民间通信组织，在重庆设立了总局，有着很广的经营范围。但好景不长，同样于1935年宣告停业。

后来，由于航海事业发展十分迅速，我国沿海一带外出、经商和定居的人员日渐增多。为了适应华侨同国内互通信息和汇款的需要，于是又出现了“侨批局”。这种组织在国内、国外都设有分号，总计逾千家之多。全国解放后，“侨批局”亦随之寿终正寝。

建国后，我国的邮政事业才有了突飞猛进的发展。现在，全国的邮政局所已达五六万处，邮路总长上千万公里。一个以首都为中心，连接城乡、辐射世界的邮政通信网络早已形成。

## 航空邮政的来历

航空邮政是在 1903 年人类发明飞机之后，才逐渐开展起来的一项新的邮政业务。

1911 年，英国为了庆祝英王乔治五世的加冕典礼，在温泽与亨登之间进行了世界上第一次航空邮件的传递。但这仅是偶一为之，待典礼活动结束后，这一服务即被取消了。

1918 年，美国军队开辟了华盛顿与纽约之间的定期邮政航线。几个月后，英国也正式建立了邮政航线，但只运送信件，而且邮资非常昂贵。

到了 1921 年，英法两国在伦敦与巴黎之间开设了国际性的航空包裹定期服务。18 年后，横跨大西洋的航空邮政线路才初步开通。

航空邮政的历史虽然不长，但其发展却十分迅速。目前，它的线路已遍及世界各国，而且传递速度也越来越快了。

## 我国邮政标志色的来历

在国际上，用何种颜色作为邮政专用标志色，向来没有统一的标准与规定。英国是红色，美国是灰色，而我国则是绿色。

远在汉代时，我国也曾用红色作为邮政标志色。驿卒头戴红色头巾，身穿红色衣服，肩挎红白相间的信袋。其目的在于让沿途行人远远看见驿卒飞马奔驰而赶快让路。

鸦片战争后，中国海关试办邮政。当时掌权的英国人规定：信差、船夫均穿海军蓝哔叽马褂，胸前缀“大清邮政”四个红色大字。到了 1905 年，法国人总管邮政，遂统一规定以黄色作为标准的邮政专用色彩。

新中国成立后，在第一次全国邮政会议上，大家一致认为：绿色象征和平、青春、茂盛与繁荣，因此，会议决定采用绿色作为我国邮政标志的专用颜色。

## 邮政信箱的来历

邮箱于上世纪初在美国诞生。在此之前，人们寄发信件，都是直接交由邮局统一办理，邮局之外并未设置邮箱。1901 年，美国国会决定为未设邮局的乡村提供免费投递邮件服务时，当时的邮政总局局长却伤透了脑筋。因为“什么是邮政信箱？它到底是什么样子？”谁也说不清楚，就连邮递员也不知该让群众将邮件投与何方。于是人们就自行探索，有用罐头盒、肥皂盒与香烟盒代替的，有用废旧烟筒或下水管道制作的，还有的干脆在门前裂开的篱笆上写道：请把邮件插在这儿！

一年后，有关部门才对邮箱制作做出了具体规定：所有邮箱必须用铁皮或钢皮做成方形、长方形的镀锌盒子，再用铆钉固定在免费投递的邮路旁。这种方形、长方形的邮箱，一直沿用了五六十年的时间。

上世纪 70 年代，富于创造性的美国乡村农民不甘墨守成规了。他们别出心裁地制作了许多令人眼花缭乱的、千奇百怪的邮政信箱。印第安纳州玉米种植主杰·谢利沃迪夫妇，制作了一个由一株玉米和一座玉米仓为造型的信箱，以彰显自己的职业特点；俄亥俄州的贝卡·胡佛先生视龟和龟型工艺品为珍宝，于是就自制了一个酷似龟妈妈驮着小宝宝沙滩漫游的信箱。还有一位曾做过兽医的企业职员咸肉商，做出了以三头猪为造型的奇异信箱。上面写着：哈丁，第 32 街东街 1125 号。这类既具有艺术欣赏价值，又能充分体现主人职业特点的邮政信箱，的确别有一番情趣。

## 邮票的来历

世界上第一枚邮票诞生于 1840 年 5 月 6 日，它是由英国的罗兰·希尔发明的。由于这种邮票面值一便士，且又呈黑色，故人们将其称作“黑便士邮票”。

在罗兰·希尔生活的时代，英国的邮政制度非常复杂，收费标准亦十分惊人，尤其是邮资要由收信人支付，这给人们彼此之间的书信往来带来了诸多不便。

一天，罗兰·希尔在乡间散步时，看到乡邮员将一封远方来信交给一位年轻的姑娘，姑娘接过信只在信封上瞅了一眼，就立即将信塞回乡邮员手中，执意不肯收下。希尔走过去问她为何不愿收信，姑娘含泪道：这是她未婚夫的来信，尽管她迫切希望知道信中内容，但由于邮资昂贵，她无力支付，只好凄然退回。

这次偶然的发现，对在邮电部门工作的希尔震动很大，他决心改革邮政制度，以保障人们的通讯自由。经过深思熟虑，他向英国政府提出建议，信件邮资应由寄信人支付，付资后在信封口贴上特殊标记——邮票；所有信件不分远近，邮资皆为一便士。这个建议几经周折，终于在 1839 年 7 月 27 日被英国政府采纳。接着，希尔又以维多利亚女王 18 岁即位时的侧面浮雕像为准，设计了邮票的图案，使“黑便士”邮票得以问世，并在不到一年的时间内售出 6800 多万枚。

邮票诞生不久，希尔就被英政府任命为邮政总长，同时被老百姓誉为“近代邮政之父”。

我国的第一套邮票是 1878 年由清政府发行的“蟠龙邮票”。由于当时的邮政大权被亲英分子所把持，故所有邮票上都带有英文。

我国的第一套人民邮政邮票，是 1929 年由湘赣边区中华赤色邮政湘赣省总局发行的赤色邮票。建国后的第一套纪念邮票，是 1949 年 10 月 8 日发行的《庆祝中国人民政治协商会议第一届全体会议》邮票。

## 军用邮票的来历

军用邮票也称“军事邮票”，它是世界各国为其现役军人发行的一种专用邮票，表示对军人的家书减收邮资或免费。

世界上最早发行军用邮票的国家是土耳其，它们在 1898 年就发行了形状为八边形的军用邮票。1937 年，我国开始办理军邮业务，但当时并未发行专用邮票，只在邮件上加盖军邮局邮戳。1941 年，中华邮政在孙中山像普通邮票上加盖了“军邮”二字，使之成为我国的第一套军用邮票。1938 年 9 月，我国解放区也曾发行过一套（一枚）军用邮票，图案为一持枪军人。

解放后，中国人民邮政和解放军通讯部于 1953 年联合发行了一套军用邮票。该票全套三枚，图案为“八一”军徽加麦穗，下方有“中国人民邮政”及“军人贴用”的字样。

## 邮票齿孔的来历

邮票上的齿孔虽然平淡无奇，但它的产生却是邮政史上一个重要的里程碑。

人类历史上的第一枚邮票是 1840 年在英国诞生的。当时的邮票是几十张乃至上百张连印在一起的，相互之间没有小孔儿。因而无论是邮局出售，还是个人使用，都需借助剪刀的帮助。

一天，有位记者在伦敦的一家饭店里写好了一篇新闻稿，准备寄往几家报馆发表。当他从口袋里掏出一大张邮票时，方知自己忘了带剪刀。这时，记者灵机一动，便找来一只钢针，用它沿着邮票的分界线扎出了许多井字型的小圆孔，然后轻轻一撕，一张张邮票就顺顺当当地掉了下来。不过，这位记者当时并未意识到自己的举动已经是一项了不起的发明，而该店一位名叫亨利的小伙计却从中受到启发。他想：如果能制造出这样一种小型机器，于邮票发行前就在它们各自之间打上小孔，不就可省去诸多麻烦？于是，他刻苦钻研，终于制造出世界上第一台邮票打孔机。他的这项发明成果被英国当局正式采用，并逐步传向了世界各国。

## 我国集邮的来历

我国最早的集邮活动始于上海，至今已有百余年的历史。

1879 年，上海的《申报》首次刊登了一篇收买邮票的广告。第二年，该市清心书馆发行的《花图新报》上，又刊登了题为“各国信馆之印图”的长达 600 余字的介绍集邮的文章。文内将邮票称为“信印”和“国印”。辛亥革命以后，我国的集邮活动日渐普及。到 1922 年，我国在上海组建了第一个名叫“神州邮票研究会”的集邮组织，发行了第一本集邮杂志。后来，这个研究会又改名为“中华邮票会”。

现在，集邮在我国具有广阔的市场，各界人士都趋之若鹜。其中既有古稀老人，又有少年儿童；既有党政干部，又有工农群众。总数已达数千万之众。

## 明信片的来历

明信片是普通信件的低价代用品，它是由一位德国人偶然发明的。

1865 年，一位德国画家在一张硬纸上画了一幅画，背面写了几句问候的话，准备寄给他的亲友。可是找来找去，却没有合适的信封。这时，一位邮局职工建议他在画纸背面写上收件人的地址和姓名，寄了出去。这就是有史以来的第一张明信片。

正式发行明信片是 1870 年。先是奥匈帝国邮政局在三个月内发行了 300 万张，接着德国邮政局也开始大量发行。于是，明信片便在世界各地开始流行起来了。

现在，明信片在全世界至少已发行千万种以上。其中有旅游风光、人物肖像、名胜古迹、花卉鸟兽及摄影作品、世界名画等艺术珍品。它不仅可以使人陶冶情操，还可以增益智趣，从中学到不少知识。

## 邮政编码的来历

邮政编码是为了适应“邮件分拣电脑化、传递速度高速化”的需要，而采用的一种现代化管理手段。它由几个阿拉伯数字所组成，用来表示一个大的邮政区域和一个小的投递区段。

1959 年 7 月，邮政编码在英国诞生时，仅在诺威治邮区内进行试用。没过多久，它就显示出强大的生命力，引起了许多国家的注意。1961 年，联邦德国正式推行邮政编码制度，并把它定位四位数，从而使该国成为世界上第一个在全国范围内实现由电脑自动分拣信函的国家。后来，美、法、日、意等西方大国和印度、泰国、菲律宾等发展中国家也相继采用，令使用邮政编码的国家达到了 50 多个。现在，是否利用邮政编码传递邮件，已成为国际邮政行业评价一个国家邮政技术水平的重要标准。

我国的邮政编码制度，是上世纪八十年代才开始分步实施的。专家们把全国分为 9 个大区，每一大区内包含 2～3 个省，再将各省划成若干邮区。邮区的大小，大体与专区的行政区划相一致。每个邮区又设一个中心局。中心局大都建在交通枢纽上。

我国的邮政编码现为“四级六码”制。即前二位代表省，前三位代表邮区，前四位代表县（市），最后两位代表投递区域。同一投递区域内的邮政编码，是该地区所有用户的总代号。

## 电话的来历

电话是一种重要的现代化通讯工具，它是1876年由出生在苏格兰的美国科学家贝尔发明的。

贝尔早就想研制电话，以方便人们的通讯联络。可是苦于电学知识不足，一直未能如愿。后来，他与精通电学的华特生合作，在一间狭小的房间里开始进行研究。小屋既是他的宿舍，又是实验室。他们把电线通过邻居的房间，两端装上仪器，一次又一次地进行通话实验，可是等待他们的，却是一次接一次的失败。

1876年3月10日，贝尔与华特生正在进行一次新的实验。当贝尔将一部分设备浸入硫酸里时，由于用力过猛，致使硫酸溅到腿上。他疼痛难忍，连声呼救：华特生先生，快点来啊，我非常需要你！声音通过电线，很快传到了华特生的耳中。华特生情不自禁地欢呼：“成功了，我们成功了”！

电话就这样诞生了。可谁能料到，人类通过电线传送的第一句话，竟是发明者自己的呼救声！

## 电报的来历

电报是运用电波讯号传递文字和图片的一种通讯方式，也是现代通讯中最迅速、最安全的一种。它是在19世纪由美国马萨诸塞州的著名画家萨缪尔·弗·伯·莫尔斯和意大利人马可尼发明的。

1832年的一天，莫尔斯在开往欧洲的一艘邮轮上，听了一位名叫查尔斯·杰克逊的青年医生关于电磁学的演讲，便萌生了利用电磁原理研制有线电报的想法。经过刻苦钻研，他终于制定了一套用36个符号，就可代替全部英文字母（26个）和10个阿拉伯数字的电码编制方案。接着，他又奋力拼搏，在不长的时间内研制出了收发报机，架设了世界上第一条有线电报线路（从华盛顿到巴尔地摩），在人类通讯史上竖起了一块划时代的里程碑。

但是，有线电报离不开电线，这样使用起来既麻烦又不安全。1894 年，20 岁的意大利青年马可尼决定进行无线电方面的尝试。他首先就如何发送和接收无线电波讯号的问题做了大量艰苦细致的工作，继而通过“天地线法”，提高了发射台的发射能力和接收台的接收能力。开机实验时，终于收到了二英里外发来的讯号。这一成功的喜讯，激发了许多有识之士的浓厚兴趣，他们与马可尼通力合作，使通讯范围很快扩展到方圆几十公里。

马可尼并不满足现状，他继续进行深入的探索与研究。20 世纪初年，他在英国架设了一座高耸入云的发射塔，向高空发射的电磁波讯号，使远在千里之外的大西洋彼岸都可轻而易举地接收到。从此，无线电报再也不受距离的限制，很快取代了有线电报而迅速普及开来。

用无线电报通信，我国是从 1907 年开始的。最早的无线电台，设在上海和长江口外的崇明岛上，用的是火花发报机和矿石接收机。

## 密电码的来历

密电码是现代机要通讯尤其是军事通讯的核心机密，在下情上达、上情下传过程中发挥着无可替代的重要作用。京剧样板戏《红灯记》中，共产党员李玉和一家三代人面对严刑拷打，宁死不屈，为的就是捍卫我军密电码的绝对安全。

密电码如此重要，它究竟是如何产生的呢？其实，密电码就诞生于我们中国，它是由我国明代著名抗倭将领戚继光发明的。

东汉末年，著名军事家戚继光为了适应对敌斗争的需要，经过潜心研究，发明了“反切注音”方法以确保军事情报之安全。所谓反切法，就是用两个字为另一个字注音，取上字的声母和下字的韵母，“切”出另外一个字的读音。为此，戚继光专门编了两首诗歌作为“密码本”。一首是：“柳边求气低，波他争日时。莺蒙语出喜，打掌与君知”；另一首是：“春花香，秋山开，嘉宾欢歌须金杯，孤灯光辉烧银缸。之东郊，过西桥，鸡声催初天，奇梅歪遮沟”。

这两首诗歌是反切码全部秘密所在——取前一首中的前 15 个字之声母，依次分别编号 1-15；取后一首 36 字韵母，顺序编号 1-36。再将当时字音的八种声调，也按顺序编上号码 1-8，形成完整的“反切码”体系。使用方法为：如送回的情报上之密码有一串是 5-25-2，对照声母编号 5 是“低”，韵母歌编号 25 是

"西"，两字的声母和韵母合到一起是 di，对照声调是 2，就可以切出"敌"字。

戚继光还专门编写了一本《八音字义便览》，作为训练情报人员、通信兵的教材。

## "密写术"的来历

在以谍战为题材的影视片中，我们经常会发现，无论我方的地下工作者，还是敌方的间谍人员，都在用一种密写纸传递消息。殊不知，这种情报工作常用的密写术，早在 800 多年前，就由我们的祖先发明出来了。

密写术是借用于明矾的隐形原理来书写，以期达到写字看不出之目的。明矾水写出的字，干后无痕迹，但浸入水中，字迹将会顿现。在我国古代，这类谍报战例就已频频出现。 据《金史 · 宣宗本纪》记载，金宣宗贞祐四年（1216 年），蒙古人围攻太原城。时任太原最高军事长官（宣抚使）乌古论礼，"遣人间道赍矾书至京师告急"。换言之就是，乌古论礼派间谍带着用明矾水写的密信，到京师告急，请求援兵。康熙年间的"矾书案"，则是由废太子胤礽利用密写术这种间谍手段引出的。康熙五十四年（1715 年）春，康熙亲征准噶尔，胤礽遂决定利用这次机会实施解禁。他重金收买了经常为福晋看病的医生贺孟頫，请贺孟頫带一份用明矾水书写的密信，潜到宫外。岂料此事竟被辅国公阿布兰侦知，矾书被截获，恢复皇太子地位的计划即告失败。

在现代间谍活动中，密写技术仍被广泛使用。不过"墨水"的成分更为复杂、特殊，也并非见水便能显现，而是要用一种特别配制的药水（显影剂）才能读出。

## 窃听器的来历

窃听是内外间谍搜集情报最原始、最常见的手段，也是现代高级特工必修之基础教程。中国人很早就意识到了这一点，并且发明了人类最早的"窃听器"听瓮。

听瓮是一种口小腹大的罐子，使用时将其埋于地下，在瓮口蒙上一层薄薄的皮革，供其振动发音。有侦测需要时，只要侧耳伏在上面，即可"听"出周边的动静。若需长时间侦听，，则让情报人员坐于瓮中，听辨声响，这叫"罂听"。为了减少情报失误，一般都会叫盲人来执行"听侦"任务。因为盲人视力虽然不佳，但听力却往往超强，方圆数十里的动静，都能通过听瓮分辨出来。

听瓮在对付隧道攻城战时，曾屡建奇功。如清末曾国荃率领的湘军进攻太平天国都城天京（今南京）时，城内太平军便在城墙脚下埋设听瓮，侦探城外敌军的动静，导致湘军长时间无法得手。虽然天京最后还是让善于挖地道的湘军攻破了，不过这并非听瓮本身之过，而是执行侦听任务的听瓮之人出了差错的缘故。

听瓮的发明距今约有 2500 年，《墨子 · 备穴》中对听瓮的制造和使用方法早有详细的说明。在后来的使用过程中，听瓮得到了不断的改进，成为现代窃听器出现前最有效的窃听工具。如在唐代，出现了葫芦状枕头形窃听器，休息时将窃听器枕在头下，外面一有动静便能察觉；到宋代时窃听器已相当普遍，而多功能窃听器“矢服”则成为首选。

沈括《梦溪笔谈 · 器用》中记载了这种窃听器。矢服，就是盛装箭（矢）的器具，矢服用牛皮来制作。当时侦察兵都会配备这种工具，当需要窃听时，拿出箭矢，吹足气，夜里枕在头下，几里以内人马声都能听到。矢服是利用空腔接纳声音之原理而发明的。另外，民间常用的窃听器还有“听管”，“隔墙有耳”就是这么来的。

## 中国、中华的来历

“中国”一词，在我国古代文献中多有记载，但其含义不一。它曾专指帝王所在的国都。《诗经 · 大雅 · 民劳》云：“惠此中国，以绥四方”。毛传曰：“中国，京师也！”《集解》讲得更具体：“刘熙曰，‘帝王所都为中，故曰中国。’”另一个含义，是指古代华夏族、汉族居住的地区。《诗经 · 小雅 · 六月序》：“《小雅》尽废，则四夷交侵，中国微（衰弱）矣。”《史记 · 楚世家》：“熊渠曰：‘我蛮夷也，不与中国之号谥。’”华夏族、汉族多在黄河南北建都，并不断扩大活动范围，故称黄河中下游为“中国”。

秦汉以后，我国逐渐发展为多民族国家，因而又有了“中华民族”的说法。“中”即中国，“华”乃历史悠久、文化发达的意思。在国外，还有将我国称为“支那”“震旦”的。“支那”是梵文音译，意即善于思考、善于创造；“震旦”则是日出之地。

然而更多的人认为，我国无论叫作“中国”，还是谓之“华夏”与“中原”，都是取“天下中心”之意。中字正，华为美，故称“中国”或“中华”。这种观点的依据有二：一是“中国”这一名称大约始于商代，而商朝的一部分为商王直接统辖，更大部分则隶属于商王的分封区域。“商地”是位于东西南北四土之中的国土，古汉语就称“中国”为“国中”。二说是三千年前周公曾在阳城用土圭测度日影，他测得夏至这天午时，八尺之表与周围景物均无日影，因而判定此乃大地之中心，“中国”就此得名。这一说法，郑众（汉代）所注的《周礼》一书中有较为详细的记载：“…… 土圭之长有五寸，以夏至之日立八尺之表。其景适于土圭等，谓之地中，今颍川、阳城（今河南登封）为然……”

## “九州”一词的来历

很久以前，“九州”就是中国的代称。它是怎么来的，又指哪些具体事物，至今鲜为人知。

西汉以前，人们普遍认为“九州”系大禹治水后划分的。如《史记》载：“驺衍言，中国名曰赤县神州，赤县神州内自有九州，禹之序九州是也”。至于九州的具体名称是什么，则众说纷纭。有云“冀、兖、青、徐、杨、荆、豫、梁、雍”者；有云“冀、兖、青、徐、杨、荆、豫、雍、幽”者。更有《淮南子·坠形训》所云：“何谓九州？东南神州曰农土，正南次州曰沃土，西南戎州曰滔土，正西弇州曰并土，正中冀州曰中土，西北台州曰肥土，正北泲州曰成土，东北薄州曰隐土，正东扬州曰申土。”

由此可见，“九州” 主要是以不同的地理方位来划分的。 起初它只是虚指，后来才逐渐具体化了。从本意上讲，它并非指九个大的行政区划，而是有众多河流环绕的高地（山丘）之总谓，后又引申为“全国”的代称。

## 我国“六大古都”的来历

中华民族有数千年的历史，经历了几十个朝代。在历代王朝中，比较著名的都城有六处。这就是西安、北京、开封、洛阳、南京与杭州，它们也是我国著名的历史文化名城。

西安作为帝都，从周武王伐纣灭商，在沣河沿岸兴建镐京开始，至唐末元祐元年迁都洛阳为止，历时1100余年。其间先后有周、秦、汉、新、前赵、前秦、后秦、西魏、北周及隋、唐等13个王朝在此建都。

北京作为都城也有上千年的历史。春秋战国时期，即为诸侯国燕国之国都，名叫蓟城。辽时为陪都，金、元、明、清各代都曾建都于此。

开封一名，是依据春秋时期郑庄公在此修筑“仓城”，取“开疆封土”之意而定的。开封作为帝都，有战国时期的魏，五代时期的后梁、后晋、后汉、后周以及北宋和金等朝代。因而其素有“七朝古都”之称，其中以北宋时期为兴盛。

洛阳乃“九朝古都”。先后有东周、东汉、曹魏、西晋、北魏以及隋、唐、后梁、后唐等王朝在此建都。

南京这座帝都，从公元221年孙吴迁都秣陵始，继之有东晋、宋、齐、梁、陈、南唐、明及太平天国和中华民国在此建都，历时450余年，故有“十代古都”之称。

杭州有五代吴越及南宋王朝先后建都于此，历时200余年。

## 省及部分省简称的来历

省本是官署的名称，如唐代设有尚书、门下、中书、秘书、殿中及内侍六省。其作为行政区域的名称，是从元代开始的。

700多年前，忽必烈统一了中国，便以中书省作为中央政府（皇帝之下的最高行政机构），再把全国分为15个路，每路设“行中书省”（相当于中书省办事处或中书省行署），通称“行省”。后来行省成为正式的行政区域名称，就简称为“省”。明代朱元璋沿用元朝制度，把全国分为12省1直隶。燕王迁都北京后，改为直隶13省，后又增至22省。民国年间，全国为28个省。

上古时代，我国中原地区划为九州。今河北省大部地区属于古冀州，故简称“冀”；河南省大部属于古豫州，所以简称为“豫”；秦统一中国前，我国各地被分封为许多诸侯国，不少省、市、自治区的简称还来源于先秦时期的古国名。如陕西叫“秦”，山西叫“晋”，山东称“鲁”。秦时四川置为蜀都，三国时又建立蜀汉，故简称为“蜀”。广东大部分地区古为南粤辖地，就简称为“粤”。

有些省则用山水名城做简称。如湖南简称“湘”，得名于湘江；江西简称“赣”，得名于赣江；甘肃简称“陇”，得名于境内之陇山；吉林省简称“吉”，则源于满语“吉林乌拉”，意即松花江大川沿岸。

## “东北”称谓的来历

“东北”二字用来概指辽宁、吉林和黑龙江三省，本属于近代之事。

远在春秋战国时期，北方的燕国以辽河为界，在东北设置辽东、辽西两郡。直到明代，东北仍被统称为辽东。清朝初年，将沈阳改为盛京，东北遂称“盛京省”。光绪33年（1907年），清政府将东北划分为奉天（辽宁）、吉林、黑龙江三省后，东北始被称为“东三省”。1921年，当时的北洋军阀政府任命张作霖“督办东北屯垦边防事宜”，他的奉军即改为“东北军”。1923年4月，东北大学在沈阳成立。从此，报刊上对于“东北”名称的使用亦日渐增多，并成为人们的习惯称呼。

## 台湾名称的来历

古代的台湾曾有过不少名称：汉代、三国时期称为“夷洲”，隋朝称为“流求”，南宋称为“毗舍耶”，明代则叫作“东番”。明末清初之后，始出现“台湾”之名。据考证，“台湾”一名来自土著名称。

台湾土著族即现在的高山族，它包括平埔人、阿美人、泰雅人、排湾人和布农人、鲁凯人、卑南人以及曹人、雅美人、赛夏人等。在明代，分布在台湾西南的平埔人中，有一支称为“台窝湾”（Tayovan . Taioan）的部落，最早与汉人接触，汉人遂以该族名称其地，并简称“台湾”。

荷兰传教士罗·朱奈斯1636年的报告书有称为Taiouwang的部落，应是“台窝湾”人的直接记载。

明万历壬寅（1602年）陈第写《东番记》，称台湾为“东番”。说当时平埔人“起魍港，历大员、尧港、打狗屿、小淡水……”其中“大员”即后来文献中的“大湾”“台园”和“大园”。原指“台窝湾”人所居地，随后以一地之名称“台湾岛”。跟随郑成功的杨英所写《从征实录》就记郑成功曰：“前年何廷斌所进台湾一图”。

据《蓉州文稿》述：“万历间（1573～1615）海寇颜思齐据有其地，始称“台湾”。说明民间早已将这个岛屿叫做“台湾”了。

外国殖民者多采用葡萄牙对台湾的叫法，称为 Foymosa，意为美丽之岛，而对安平一带则写成 Tayovan. Taiyowan（台窝湾）、Tyovan（梯窝湾）、Teijoan（大员）、Toyouan（台员）等。尽管拼音字母有异，但大体上与中国文献资料记载相一致，证实系由“台窝湾”人的族名命名当地，后来扩展为全岛的名称。

当然，也有人认为该名称是由台湾西南部的内港“大湾”转化而来的。“大湾”在荷兰文献中亦称“台窝湾港”。

综上所述，大员、大湾、台员、台湾均系闽南话的同音别字，是来自台湾西南部平埔人“台窝湾”的简称。它先由族名演变为地名，再慢慢成为全岛的名称。

## 香港名称的来历

香港原名叫做“抱旗山”，后来又称“太平山”。至于现今的名称，则与其广植香树、盛产香料具有直接的关系。

香港为亚热带气候，各种乔木遍及四野，遮天蔽日。其中有种香树，主干可达六七米高。切开树皮，里面的汁液流出后，就会凝结成“香”，其价格可与黄金相媲美。由于香港是香树的主要种植地，商贩将“香”收购后，还要从港湾输送出去，人们便称其为“香港”。

## 陕西省名称的来历

陕西设置为省始于元代，迄今已有 700 多年的历史。

公元前 11 世纪，周武王灭商后建都镐京（今西安以西），史称西周。周成王时，周公（姬旦）营洛邑（今河南洛阳）而称成周，遂将西都镐京谓之宗周。为了便于统治，召公奭（音 shì）常驻镐京，统治西方诸侯；周公旦则常驻洛邑，管辖东方诸侯。两人的势力范围以“陕”（今河南陕县）为界，各执一域。这种划分，相沿了很长时间。

1279 年元灭南宋后统一了中国，疆域较历代王朝更为辽阔。为了加强封建统治，元政府实行行省制度，“立中书省一，行中书省十有一”，陕西省即为其中一个。行中书省简称“行省”，后正式改为“省”，由中央委派官吏管理。

我国“唐以前以郡领县而已”。元朝开始才正式有了“省”的建制，陕西即为最早的省份之一。

## 西安名称的来历

随着历史的变迁，西安的名称曾出现过多次更改。譬如镐京、长安、京兆、西京、安西、大安、奉元等。其中以“长安”最为著名，使用时间亦最长。

1368 年，朱元璋建立大明王朝。次年遂命大将徐达率兵攻打奉元，元兵纷纷弃城而逃。奉元光复后，即改称为“西安”。“西安”这一名称，至今已有 600 多年的历史。

据有关史料记载，为了西安的更名，徐达曾广招天下文人墨客共同商榷。一位老者主张复称“长安”，取其“长治久安”之意。他还援引汉、唐长安均属两个少有的鼎盛时期，称此乃吉祥之兆。徐达对此不能苟同，言其“具有沿袭之嫌，并无创新之意”。一中年文人为取悦徐达，遂曰：“大将军挥师奉元，元将闻风丧胆，弃城而逃，何不以‘安西’名之？”徐达驳斥说：“吾奉圣命行事，凭借将士英勇，岂敢贪功自居、沽名钓誉？”言毕，一青年人士曰：“在下以为，将‘安西’两字倒置过来，以‘西安’名之，可昭示我华夏西部平安无事、黎民安居乐业、永享太平之瑞兆”。徐达听罢甚悦，当即上奏朝廷，将奉元改为“西安”。

## 大连名称的来历

我国美丽的海滨城市大连，其名称的历史并不久远。屈指数来，也仅仅只有一百来年的光景。

清光绪六年（1880 年），清政府拟在现在的大连湾建立北洋水师和军港，遂派大臣李鸿章率部前去考察。由于当时的大连尚无正式名称，故李鸿章一路思忖，回去后给皇帝的奏折该如何写。他们到达海滩后极目远眺，但见蓝天白云之下，百舸争流，千帆竞发，甚为壮观。这时，一个幕僚不禁脱口而出：“好大的阵势，连着海、连着天啊”！李鸿章听后略一沉思，就高声叫道：“再也不用发愁了，海湾的名称就叫‘大连湾’，既气派，又实际”。于是，“大连湾”的字样，就这样首次出现在给朝廷的奏折里。

日本侵华期间，曾于1905年2月正式将这座城市命名为“大连市”。建国后，大连与旅顺合并为“旅大市”，1981年2月，经国务院批准，又复称“大连市”。

## “三秦”的来历

把“三秦”作为陕西的代称，来源于2200多年前的楚汉之争。

公元前209年（秦二世元年），陈胜、吴广起义的号角吹响后，广大农民及六国的贵族纷纷响应。三年后，刘邦率兵攻入咸阳，秦遂宣告灭亡。秦亡后项羽依仗武力，诛杀楚怀王，自封为西楚霸王，又封各路诸侯为十八王。其中刘邦为汉王，统辖巴蜀与汉中，以南郑为都。将刘邦视为最大威胁的项羽，为阻遏封锁刘邦向关中扩张，特意将秦故地关中地区分而为三，封与三位秦之降将。封章邯为雍王，据咸阳以西地区，都废丘（今兴平县东南）；封司马欣为塞王，据咸阳以东至黄河，都栎阳（今临潼北）；封董翳为翟王，据上郡之地（今榆林东南一带），都高奴（延安东北延河北岸）。因邯、欣、翳3人均为秦王朝将领，故把雍、塞、翟三国统称为“三秦”，并逐渐演变为陕西的代称。

## “芙蓉国”的来历

“我欲因之梦寥廓，芙蓉国里尽朝辉”，是毛泽东同志所写七律《答友人》中的动人诗句，这里的“芙蓉国”即为湖南省的别称。那么，为何要将湖南省称为芙蓉国呢？

我国有三种花都叫作“芙蓉”：一种是木芙蓉，一种是莲花，一种为罂粟。湖南地处江南，不仅适宜于木芙蓉生长，而且盛产莲藕。唐朝末年，一位名叫谭用之的书生，在《秋宿湘江遇雨》一诗中，写有“秋风万里芙蓉国”之诗句。从此以后，“芙蓉国”便成了湖南省的代称。

## “天府之国”的来历

四川被誉为“天府之国”，已有2000多年之久。“府”在古文中有聚、藏之意，因而人们常把聚藏财富的地方称作“府”。

早在秦、汉以前，以重庆市为中心的巴国和以成都市为中心的蜀国，就因土地肥沃、物产丰富、地势险要而被誉为“天府”。在古人心目中，就是天聚、天赐的意思。用“天府”二字喻巴蜀，初见于史书《战国策·秦策一》：“苏秦对秦惠王曰：‘大王之国，西有巴蜀、汉中之利’，‘田肥美，民殷富，沃野千里，此谓之天府。’”

## “石头城”的来历

石头城为南京的异称。南京市内有座清凉山，早在唐代以前，就因长江紧逼山麓，而将西部崖壁冲刷得遍体鳞伤，紫石与砂岩全部裸露在外。于是，人们就将它叫做石头山。东汉末年，孙权率兵搬石，在石头山上建成一座周长约六华里的石城，名叫“石头城”。现今的南京市就是历代政府在石头城的基础上修筑扩建而成的，故仍保留了“石头城”这一名称。

## “五羊城”的来历

我国南方的明珠城市广州有一个别致的雅号，叫作“五羊城”。

相传周朝的时候，南海有五位身穿不同颜色服饰的仙人，骑着五只毛色各异的山羊，带着谷穗降临楚庭。神仙们把良种谷穗赠给当地民众，然后祝福道：“愿此阛阓，永无荒饥”。随即升空而去，留下的五只山羊亦即刻化成了石头。

为了纪念这些赐福于民的神仙，当地百姓曾多次修过“五羊观”。从此以后，人们就把广州称作“五羊城”，简称“羊城”。

## “上有天堂 下有苏杭”的来历

江苏的苏州与浙江的杭州，是两处久负盛名的旅游胜地，向来就有“上有天堂、下有苏杭”之美誉，为国内外游客所神往。

“上有天堂、下有苏杭”，此语出自元朝奥敦周卿写的小令《蟾宫曲》：“春暖花开，岁稔时康，真乃上有天堂，下有苏杭。”形容苏杭两地像天堂一般美丽富饶，人间无与伦比。

## “桂林山水甲天下”的来历

桂林风光，以“山青、水秀、洞奇、石美”闻名于中外，因而素有“桂林山水甲天下”之称。

宋代诗人范成大在《桂海虞衡志》中云：“桂山之奇，宜为天下第一”。南京李增伯在《重修湘南搂记》中有“桂林山川甲天下”的说法，后来又出现“桂林山水甲天下”一语，并成为人们评价、赞美桂林山水的名句。

## 佛教“四大名山”的来历

佛教四大名山的提法，并非一开始就有的。

佛教传入中国的2000余年中，所建寺院无数处。初始只是信徒间互相“参方”往来，学无常师，朝无定处。直到唐末，朝拜的地方才逐渐集中于声名鹊起的丛林地带。一是五台山——文殊菩萨圣地；二是泗州普光王寺——僧伽大圣圣地；三是终南山——三防教圣地；四是凤翔法门寺——佛骨圣地。

“五山”是：杭州经山的兴盛万福寺，灵隐山的灵隐寺，南屏山的净慈寺，宁波天童山的景德寺，阿育王山的广利寺。

“十刹”是：杭州中天竺的永祚寺，湖州的万寿寺，江宁的灵谷寺，苏州的报恩光孝寺，奉化雪窦资圣寺，温州的龙翔寺，福州雪峰崇圣寺，金华的宝林寺以及苏州虎丘的灵岩寺，天台的国清寺等。由于南宋偏安江南，故“五山十刹”全都集中与杭州、苏州和宁波等东南一带。

五台、普陀、峨眉、九华并称为“四大名山”，则是明代以后的事。原来的“五山十刹”经过元明动乱，早已衰竭。时至明代，四海统一，信徒活动范围及规模也远远超过唐宋。于是，“四大名山”已不同于往昔集中都城一隅的畸形繁荣景象，它地跨江河南北，域及山海东西，奠定了今日中国佛教的地理格局。

四大名山虽然彼此齐名，但在佛教徒心目中的地位则各有所别，即所谓“金五台、银普陀、铜峨眉、铁九华”。它们虽同为佛门，但供奉对象有异。五台山供文殊菩萨，其被民间视为智慧化身；普陀山供观音菩萨，是慈悲化身；峨眉山供普贤菩萨，乃理智化身；九华山供地藏王菩萨，系志愿化身。四位菩萨分别代表了不同的四种品格，适应了不同信徒的精神需求，因而香火不断，久盛不衰。

## “峨眉山”名称的来历

峨眉山地处四川乐山境内，是我国佛教四大名山之一。李白有诗云：“蜀国多仙山，峨眉邈难匹。”峨眉作为地名，最早见诸于汉扬雄《蜀都赋》：“男则有犍牂嫱夷，昆明峨眉。”晋代左思在他的《三都赋》中说：“第二江之双流，抗峨眉之重阻。”意指蜀地之广袤，山水之胜概。晋人长琚的《华阳国志》则称：“杜宇称王……以褒斜为前门，峨眉玉垒为城廓，”在此以峨眉、玉垒指代蜀国之疆域。

任豫《益州记》的问世，不仅确切地指出了峨眉的治地，而且道出了得名的由来：“峨眉在南安（今乐山）县界，两山相对如蛾眉”。《四川通志·犍为郡》则进一步为其涂上浓厚的文学色彩：“此山云鬟凝翠，鬓黛遥妆，真如螓首蛾眉，细而长，美而艳也！”把巍峨挺拔、重峦叠嶂的峨眉山记述得如此细腻柔美，色彩纷呈。其实，这不过是文人雅士以凝练的文笔，从不同的位置和角度，反映自身的直观感受罢了。大峨山海拔 3000 余米，而二峨山高不及其半，何以能说“两山相对如峨眉”呢？细细揣之，方可探知奥妙所在。

今峨眉九里镇有个羊镇场，距二峨山不足 3 公里，而距大峨山则有 20 公里之遥。驻足于此，但见两山峰峦叠翠，烟雾迷蒙，万流飞光，灿若云霞。两座山峰并列而峙，恰似“螓首蛾眉”。其实，这是缘于人们“看远则矮、看近则高”的视错觉造成的。假若站在嘉州凌云山头去望，则自然又是另一番景象了。

高崖深谷，莽莽丛林，一般都极富神话意味和宗教色彩。道家造天尊皇人，授“三一五牙”之法，曾将峨眉山名之为牙门山、胜峰山、西皇人山、第七洞天和虚灵洞天、灵陵太妙之天等。

唐宋之后，道家衰微，佛教兴盛，就宣扬普贤示象，画现佛光，夜有神灯，故取名“大光明山”。近年来，外国游客赞叹其间的奇峰峻岭，又称它为“四川的阿尔卑斯山”。然无论如何，都不及“蛾眉”生动形象，源远流长。

## “雁荡山”名称的来历

雁荡山是我国著名的旅游胜地之一，它位于浙江省温州市，以山水奇秀而闻名海内外。

“雁荡”这一名称始于唐代。相传雁荡山顶有个湖，从前湖中杂草丛生，芦花遍地，秋雁南飞，常常栖宿于此。于是古人就把此湖叫作“雁湖”。又因秋雁不断飞荡于此山，人们就将它称为“雁荡山”。

## “五岳”的来历

自古以来，人们就将泰山、华山、衡山、恒山及嵩山称为“五岳”。

然而鲜为人知的是，“五岳”最初并非山名，而是主管各方的一种官职名称。

史载，尧时命义和氏的四个儿子分别管理四岳。义仲为东岳长官，义叔为南岳长官，和仲为西岳长官，和叔为北岳长官。此时的“四岳”仅仅是主管方岳的官吏职务。

到了舜时，这种官职同所在地方的山名开始融合。天子巡察当地时，主管方岳的官吏，就要在驻地选择一个适宜于放火发信号的高山，以便召集诸侯。而这山从此就成为岳官的首府，“岳”这一官名也就逐渐与当地的山名统一起来了。

据《尚书》载，舜曾在一年中巡游四岳：二月巡狩至东岳泰山，五月去南岳衡山，八月赴西岳华山，十一月到北岳恒山。舜帝的巡狩，不但决定了四岳的地理位置，而且形成了五年一巡的制度。由于中岳历来归天子直辖，故无需巡狩。

至于东西南北中的划分，主要由当时的历史及地理条件决定的。据《史记》载：夏、商、周三代之君皆建都于河洛之间，故嵩山为中岳，其余四岳则各如其方。

五岳被神化，是从汉武帝开始的。后来，历代帝王效仿汉武帝不断封禅，给五岳留下了众多的人文遗迹，使其既具天地造化之自然灵秀，又有巧夺天工的艺术之妙，进而成为中外游客日益向往的游览胜地。

## “白虎山”名称的来历

白虎山位于海州古城南门外（今连云港）。传说古时候，东海有一位黄公，能用一把宝刀抵御猛虎。当时郁洲岛上常有猛虎出没，危及百姓生命。黄公听后抖擞精神，手持利剑上山灭虎，老虎见状落荒而逃。那黄公紧追不舍，对准白虎猛刺一刀，白虎长啸一声吐血而死。不一会儿，虎尸就变成了一座外体灰白、形似虎踞的小山。故名之。

白虎山，北依古城墙，南靠锦屏山，西邻蔷薇河，东对石棚山。山体虽小，但景致极佳。山头树木葱茏，怪石遍布，千姿百态，栩栩如生。“虎嘴石”形态逼真，“三蟾争食”惟妙惟肖，“七步龟”生动奇特，“仙山琼阁”“松风水月亭台”绮丽无比。山崖上，还有唐、宋、元、明、清的历代石刻20余处，不愧为具有重要历史价值和艺术价值的石刻工艺珍品。

白虎山北坡有块巨大的玄武石，石前有片大坟堆。相传北宋时，宋江率36名梁山好汉从海州东门外登陆。当时，海州官府暗设埋伏，烧其战船，断其退路，梁山好汉只有背水一战。但终因寡不敌众英勇就义，尸骨就埋葬在这白虎山下，因此，当地群众又叫它“好汉墓”。

## “黄河”名称的来历

黄河是中华民族的摇篮。千百年来，她用甘甜的乳汁，哺育了一代又一代优秀的儿女。但是直到汉代以前，“黄河”这一名称还未产生。《尚书·禹贡》里说“导河积石”，“入于河”“达于沙”。这里所说的河，指的就是黄河。当时人们常用“川”来泛指一般河流，如四川，就是得名于四条大河。

“黄河”这一名称，最早见于班固的《汉书》：“封爵之誓曰，使黄河如常，泰山如厉。”然而，黄河之称谓当时并未被普遍采用，直至宋代才逐渐深入人心，而且还简称为“黄”。如《宋史》中就开始有“黄、汴、清、御”的提法。

由于黄河浊浪滔天，因而古代又称之为“浊河”。《史记·高祖本纪》中说：“夫其东有琅琊即墨之饶，南有泰山之固，西有浊河之限”。这里的“浊河”，指的便是黄河。

## “灞河”名称的来历

“灞柳风雪”乃长安八景之一，它因灞河而得名。可是，这条河原来并不叫“灞河”。据史书记载：“灞水，古滋水也，亦名蓝谷水，即秦岭水之下流，在雍州蓝田县”。那么，紫水何时改名为灞水呢？欲知端详，就需从秦国的历史说起。

西周后期，秦仅是“西垂大夫”，无人瞧得起。周平王东迁时，因秦襄公护送有功，始被封为诸侯，划岐以西作为封地。后来，秦在与西方戎狄的战斗中，巩固与扩大了地盘。历经百余年的发展，到秦穆公时（前 659 ~ 621）国力日盛，势力逐渐东移。为了表示称霸的雄心壮志，秦穆公就将滋水改为“霸”（三点水旁，为后人所加）。“灞河”一名，从此而得。

## 西安钟楼的来历

明洪武十七年（1384 年）在西安迎祥观修建的钟楼，至今已有 700 多年的历史。

说起钟楼的来历，当从唐代铸钟谈起。唐睿宗李旦景云二年（711 年），在今西安北广济街南口以东的景龙观内，铸造了一口高八尺、周长一丈五、重达上万斤的大铜钟，名“景云钟”，并建楼悬挂于内。此钟呈圆形，上小下大，口沿为六角弧形，顶端有兽钮。钟身分为上、中、下三段，每段又分六格。除下格中段为铭文外，其余均饰八棱花瓣及各种动物，“飞天浮雕，栩栩如生”。

唐玄宗李隆基开元二十九年（741 年），将一尊 3 尺高的老君玉石像供奉于景龙观大殿，遂改名为“迎祥观”。由于朝廷认为景云钟乃先王留下的神钟，故在迎祥观临街处另建一座大钟楼，悬钟于内。“安史之乱”时，钟楼毁于战火，但景云钟完好无损，现存于省博物馆内供游人观赏。如今西安报话大楼上那清脆悦耳、犹如凤鸣的报时钟声，就是这口钟的录音。

明太祖朱元璋洪武十七年，在迎祥观又新建一座十丈多高的三层钟楼（与鼓楼东西相对），悬钟于上层中央，早晚敲钟报时。明神宗朱翊钧万历十年（1582 年），巡抚龚懋贤命咸宁、长安二县令按洪武年间的原钟楼样式，在西安城东、西、南、北四大街交汇处另建一座更为壮观的钟楼，其位置当在唐皇城东部一代。清高宗弘历乾隆五年（1740 年），巡抚张楷曾重新修缮。辛亥革命后，每小时打一次钟，民国 6 年耿直打炮后，钟楼上就不再报时了。

现在钟楼上陈列的大钟，为明代铁钟，约重 5000 公斤，相传于明代成化年间所铸。

## 大雁塔的来历

652 年，唐高宗李治为纪念母亲长孙皇后，在长安城南修建了一座寺院，取名叫“慈恩寺”。

当时，佛教有大小乘之分。按照佛门规矩，小乘派和尚可以吃“三净食”，即雁、鹿、犊几种肉。慈恩寺和尚属于小乘派，他们的大法师极爱吃肉。因此，寺里主管膳食的和尚每天都得外出打猎。这年隆冬的一天，长安城内外银装素裹，方圆百里瑞雪冰封。打猎和尚顶风冒雪跑了一整天，却连猎物的影子也未看到，只好怀着忐忑不安的心情踏上归途，准备听候师父的发落。奇怪的是，他刚一进入寺院，忽见一只大雁从空而降，缓缓落在他的面前。和尚俯身拾起大雁，高兴地边走边说：“天助我也，真乃天助我也！”

晚饭时，这和尚给大法师送上味道鲜美的雁肉，并讲述了雁的由来。法师听罢立即停箸拒食，让众人将大雁深埋于其落下的地方。他说：观音菩萨昨晚派使者告诉他，今天观音要亲临寺院，这大雁就是观音之化身。接着命众僧上香念佛，祈求免罪消灾，并告诫天下小乘派和尚从此再不能杀生食肉。

为了纪念观音菩萨亲临慈恩寺，皇上降旨在大雁落地之处修起一座七级浮屠，取名为“雁塔”。后来，后人为有别于荐福寺塔（即小雁塔），遂给该塔名前冠以“大”字，更名为“大雁塔”。

## “雁塔晨钟”的来历

雁塔晨钟、骊山晚照、灞柳风雪与草堂烟雾等，都是长安八景的重要内容。可是，你知道“雁塔晨钟”的来历吗？

雁塔晨钟是悬挂于西安城南荐福寺慈民阁钟楼内的一口大钟。据《荐福碑记》记载：“其钟原出自武功河畔，砧妇作石捣衣，忽一日声自石出，响闻数里，妇惊走，士人报官发之，乃巨钟也，遂送为寺钟。”

碑刻于清雍正十二年（1734 年）。当时，每天清晨有和尚按时敲击，钟声清脆洪亮，传及四方。由于荐福寺内有一古塔名叫“小雁塔”，故“雁塔晨钟”由此得名。

## 西安仙游寺的来历

仙游寺位于西安市周至县南约 17 公里处的黑水河畔。这里群山环抱，一水中流；峰峦叠嶂，薄雾缭绕；甘泉飞瀑，古洞通幽。自古以来就是八方来客的旅游胜地。

604 年，隋文帝杨坚巡视天下，被此间的自然景观所吸引，遂在此间修了座行宫，取名为“仙游宫”。14 年后隋朝即行灭亡，附近的楼观台道士便迁此居住，更其名为“仙游观”。随着佛教的兴起，有些道士搬回了楼观台，有些则云游四方，不再回归。于是，沙门和尚又迁居于此，诵经参禅成为寺院。从此，“仙游寺”的名字就叫开了。明哲宗正统六年，仙游寺由少数民族喇嘛桑加巴主持，改名为“普缘禅寺”。清康熙二年重新修葺时，又恢复了原来的名称。

在仙游寺长达 1300 余年的历史中，诗人王勃、苏轼、白居易以及韩翊、赵涵等人都曾来此吟诗作赋，留下了不少佳作和趣闻，给仙游寺增添了瑰丽的色彩。尤其是 806 年，白居易考试及第，奉命为周至县尉，在这里写下了千古绝唱《长恨歌》。

## 扬州救生寺的来历

扬州市邗江县杨寿乡有座闻名遐迩的“救生寺”。此寺因何而得名？所救之人系哪方人氏？欲知端详，且看下面这则故事。

西汉末年，王莽篡位自立新朝，引起刘秀的强烈不满。为了铲除后患，王莽就派兵攻打、捉拿刘秀。由于寡不敌众，刘秀兵败后只身逃走。一天夜晚，他途经扬州西北的杨寿乡时，慌不择路，一下陷进了水套子。眼看逃兵迫近，刘秀急得抓耳挠腮，一时不知如何是好。正在危难之际，他突然发现前面有座破庙，就不顾一切地钻了进去。

这座庙早已破败不堪，只是殿内佛像倒还完好。如来佛居中，十八罗汉分列两侧。刘秀进庙后东躲西藏，总觉心里不踏实。他摸来摸去，竟在如来佛坐像后面掀动了一块盖板，遂爬进洞穴，将盖板恢复原状。

追兵闯入大殿后，在众罗汉四周仔细搜寻，没有发现任何异常。头目嚎叫着来到如来佛像后面，刚敲了一下盖板，突然头顶电光闪闪，炸雷滚动，只听“哐”的一声，一块破瓦砸在头上。他一声惊叫掉头就跑，顷刻消失在雨幕中。

刘秀爬出暗厢，对着如来佛像连磕三个响头，感谢菩萨救命之恩。并许下宏愿：以后一旦出人头地，定来重建庙宇。

后来，刘秀推翻了新莽，建立了东汉政权，作了光武帝。为了庆幸那次死里逃生，便降旨在扬州北乡修建庙堂，并亲题“救生寺”三个大字。

## 洛阳白马寺的来历

白马寺位于洛阳城北 15 公里的地方，其原名叫“菩提寺”。相传它刚建成时，佛殿里有幅大型壁画，中间画的是座宝塔，塔的四周有成千上万匹白马引颈长啸。这幅画与白马寺的名字有着直接的关系。

很早以前，天竺国有位十分贪婪的国王，他搜刮民脂民膏，连寺院的财产也不放过。他曾下过一道诏书，敕令拆毁天下佛寺，所得佛物如数上交。僧人稍有不从，便被就地处死。

诏命传到招提寺，众僧皆悲从心起，泪流满面。寺主就召集他们虔心诵经，希望得到佛主的垂怜。天色微明，国王的使者刚要动手，忽见又一使者飞驰而至，向人们宣读新的诏书：收回成命，停止毁寺。拆寺者顿时目瞪口呆！众僧人口念“阿弥陀佛”，但却弄不清到底怎么回事！

原来在先天夜里，天竺国王突然梦见白马绕塔悲鸣，其声之凄厉，裂人肺腑。国王惊醒后，浑身冷汗淋漓。他想，这场噩梦，一定是因其抢掠佛财，引起佛祖震怒，对他行将惩罚的征兆。于是他翻身而起，重新拟定诏书，派人连夜送出。

招提寺众僧弄清原委后，无不拍手称快，颂扬佛祖功德无量。为了纪念白马对寺院的挽救之恩，大家一商量，便将菩提寺改名为“白马寺”，并在大殿精心绘制了一幅白马鸣塔的壁画。

## 苏州寒山寺的来历

“姑苏城外寒山寺，夜半钟声到客船”。唐朝张继这一脍炙人口的千古绝句，至今为人们所称道。然而，对“寒山”究竟是不是“山”这一客观事实，却历来鲜为人知。

寒山寺位于苏州西部约十华里的枫桥镇，它是国内外久负盛名的文物古迹之一。寺中的大殿上有块青色石碑，上刻“和合二仙”像。其中手捧竹篦盒的叫寒山，手持莲花者叫拾得，二人相视而笑，给人以慈善、坦诚之感。

寒山出家前曾做过屠夫，与青山湾的一位姑娘相识并产生了爱情。当他得知这位姑娘早与拾得相好且感情甚笃时，为了成全他们的婚事，忍痛割爱来到苏州枫桥，结草立庵当了和尚。不料拾得知悉此事后，也毅然斩断情思，离开姑娘四处寻找寒山。为图吉利，他在途中采得莲花一枝，历经千辛万苦，来到寒山面前。寒山见状，便手捧一素斋竹篦盒迎了出来。二人相见，畅怀而笑。这便是石碑上刻的象征团结友爱的“和合二仙”了。

此后，为了传教，拾得东渡大海去了日本，并在当地建立了“拾得寺”。苏州的老百姓为了铭记寒山的高风亮节，遂将枫桥寺改为“寒山寺”。时至今日，日本人到了苏州，总忘不了乘兴游览寒山寺，目的就是为了纪念“和合二仙”。

## 寒山寺新年钟声的来历

每逢除夕之夜，一些日本朋友都要赶到苏州寒山寺聆听悠扬的“寒山钟声”。按日本人的传统习俗，要在除夕撞响寺钟108声，而后躺下睡觉，凭梦境之吉凶，来预测新一年的祸福。

其实，暮鼓晨钟，原是佛教寺院报时惊世的讯号。“晓击则破长夜，惊睡眠；暮击则昏衢，疏冥昧”。静夜听来，声波庄严、洪亮、悠扬，确有振聋发聩、澄思涤虑之感。

据记载：钟声之所以叩一百零八之数，是按一岁之象，即一年十二个月，二十四节气，七十二物候（每节三候，如立春为东风解冻、蛰虫始振、鱼上冰等）。三项之和，正得一百零八之数。然击钟也有法度，据寺僧介绍：“引杵宜缓，扬声欲长。凡三通，各三十六下，总一百零八响。”民间对此讲得更详细：“紧十八，慢十八，三遍凑成一百八；前击七，后击八，中间十八徐徐发。更兼临后击三声，三通共成一百八。”虽然敲法不同，但不管哪种，当最后一遍悠扬的钟声响起时，正好进入新的一年。

敲“百八钟”的目的，在于“醒百八烦恼”。按佛家之说法：六根与六尘相接，而生六不同，即好、恶、平、苦受、乐受、不苦不乐受。六六相乘，得三十六，于去、今、来三世，都有此烦恼，故称“百八烦恼”。所以佛门中一百零八这个数字很多，如穿佛珠以一百零八颗为一串，念佛号以一百零八遍为一卷。佛家还以为敲一百零八下钟声，便可叩开地狱之门，进而使受苦人闻钟即醒。

其实，六根清净，只是禁欲主义者的天真想法。唯有时时、事事、处处出以公心，减少私念，方能清心寡欲，免其烦恼之扰。

## 法门寺“卧虎石”的来历

在举世闻名的法门寺大佛殿前，有一块奇特的方形青石。它表面光洁平滑，似乎并无刻纹，但若用水仔细冲洗，就隐约可见石面雕着一只蹲着的老猴。更为奇怪的是，人们并不将这块猴雕称作“猴石”，而却叫做“卧虎石”。这是何故呢?

相传宋徽宗到法门寺拜佛时，扶风县的贪官污吏为了献媚，在寺院内张灯结彩，准备恭迎御驾。一时间黄旗遮天，黄砖铺地，大小树上彩绸飞花。他们还从秦岭运回一块上好的方形青石，让石匠打磨光滑后，置于佛殿门前。

法门寺内有个小和尚，其父为帝王兴修宫殿时凿石累死，其母亦被官吏逼迫身亡。他决心借皇帝来此之时机将他戏弄一番，以解心头之恨。一天夜晚，他用父亲传授的“水隐法”刻术悄悄在青石上雕出一只老猴。这种刻纹平日无迹，用水一冲便清晰可见。宋徽宗前来拜佛时，就跪在石面上烧香叩首。他一离开，一些好事者便蜂拥上前，想查看皇帝是否留下什么“龙迹”。可看来看去，什么也没发现。次日一早，小和尚扫地时故意用水冲洗了这块拜佛石，并大声喊道：“快来看，拜佛石上有只老猴！”众和尚纷纷上前，果见一只龇牙咧嘴、凶神恶煞的老猴蹲在上面。可朝廷官员看罢，却指鹿为马，硬说那是一只虎。还说宋徽宗属虎，此乃皇帝留下的“圣迹”，遂将此事禀报皇上。宋徽宗喜不自禁，当下钦赐拜佛石为“卧虎石”。于是，卧虎石的名称就一代代流传至今。

## 葬马石的来历

辽宁省岫岩满族自治县汤沟乡的一条河边，有块临水而立的突兀巨岩，名叫“葬马石”。这块巨石的得名，与一个神奇的传说有关。

相传清朝初年，清太祖努尔哈赤曾在此间率兵征战。他的坐骑是一匹能日行千里的乌眼赤兔马，曾伴随主人过关斩将，屡立战功，深受主人之宠爱。一次，努尔哈赤在追杀敌将时，眼看就要手到擒拿，岂料乌眼赤兔偶然失蹄，把主人甩出丈把远，以致贻误了战机。努尔哈赤一气之下，将其赶入马圈与常马为伍。御马被贬，雄心未已，它遥望征尘，仰天悲鸣，一连七天七夜不吃不喝。第八天，它一声长啸跃出栏墙，然后飞奔而下，一头撞在河边那块巨石上。只听一阵惊天动地的轰鸣，巨石崩裂，分而复合，将御马葬入其中。当地群众无不称奇，故将这块岩石唤作“葬马石”。

说来也真算神奇，这段真假难辨的民间传说，竟在现实生活中得到了验证。1986年，当地一个石匠取石造房，当他劈开这块岩石时，竟奇迹般地发现断崖两面清清楚楚地显现着一个完整的马形。其大小与真马相差无几，通身呈红色，唯眼睛是黑色，恰与传说中的宝马偶合。此马前腿半跪，后腿蹬直，似在负荆请罪；又像阵前伏卧，待命出击。马头昂起，马尾高翘，威风凛凛，栩栩如生。

现在，被劈开的葬马石，一半在岸边直立，一半仰卧于河中。

## “爱晚亭”名称的来历

坐落在湖南长沙的名胜古迹爱晚亭，是清代岳麓书院掌教罗慎斋先生创建的，原名叫做“红叶亭”。

一次，袁枚来到岳麓书院访问。慎斋先生见袁枚行为放荡不羁，轻其为人，甚是讨厌，便脱口而道：“如此风流才子，不屑一见。”话虽这么说，但暗中却派人尾随其后，观其所为。袁枚对此并不介意，他独自游览，兴趣盎然。当行至“红叶亭”时，面对“红叶”二字摇头不已，遂连连叹息曰：“此名太俗，何不引唐诗‘停车坐爱枫林晚，枫叶红于二月花’之句，取名爱晚亭呢”？

慎斋得知此事后，认为袁枚虽然行为有失检点，但所取的名字要比自己高雅得多，遂将红叶亭改名为“爱晚亭”。

## “兵谏亭”名称的来历

1936年12月12日，西北军和东北军将领杨虎城、张学良在我党抗日民族统一战线政策的感召下，发动了震惊中外的“西安事变”，并与临潼骊山半山腰的石缝中活捉了蒋介石，促成了国共两党的第二次合作。

抗日战争期间，国民党在此修建了一座异常简陋的“蒙难亭”。1946年胡宗南驻陕时，将此亭予以重新修葺并更名为“正气亭”。西安解放后，党和政府拨款，对此亭进行了维修，起名为“捉蒋亭”。为了适应新时期的统战工作，从有利于“一国两制”的实现及祖国和平统一的大局出发，在纪念“西安事变”50周年前夕，又将它正式更名为“兵谏亭”。

如今，兵谏亭以其独特的历史魅力，吸引着成千上万、南来北往的中外游客。

## “止园”名称的来历

“止园”位于西安市青年路中段，是“西安事变”时期著名爱国将领杨虎城的公馆。

唐朝初年，宫廷的政治中枢太极殿就坐落于此。到了明代，秦王朱樉的儿子汧阳郡王在这里修建王府，后来其后人却“舍宅为寺”，将府邸变为庙宇，名曰“十方院”，专为云游四方的僧人提供食宿。随着历史的变迁，“十方院”几经易主。直至1930年9月，时任陕西省政府主席的杨虎城才买下“十方院”的西半部，修建了一座具有民族风格的官邸。为纪念杨将军从胶东、豫东班师回防，故取“紫气东来”之意，命名为“紫园”。

鉴于杨将军并非蒋介石之嫡系，为了免除“委员长”之猜忌，1936年，杨将军之同乡、心腹、省政府参议长李元鼎先生建议将“紫园”改为“止园”。一来意在“止戈为武”，避免内战；二则是向蒋暗示自己“止乎于此”，别无它想。

## “玉祥门”与“中山门”名称的来历

西安城墙始建于隋朝初年，至今有1400多年的历史。现存的西安城墙是大明洪武年间在原有城墙的基础上修建而成，约有600余年的历史。它是中世纪后期中国历史上最著名的城垣之一，也是我国至今保存最完整、规模最大的古城墙。

城墙周长约为12公里，包括护城河、吊桥、闸楼、箭楼、正楼、角楼、敌楼、女儿墙、垛口等古代军事设施。另有城门十三座：东有朝阳门、中山门和长乐门；西有玉祥门、安定门；南有建国门、和平门、文昌门、永宁门、朱雀门、勿幕门和含光门；北有安远门。后来由于交通的需要，又陆续在北面城墙开凿解放门、尚勤门、尚俭门和尚德门、尚武门 5 个门洞，使整个城墙门洞达到了 18 个。城门庄严雄伟，气势恢弘，其中以中山门、朱雀门和永宁门最为著名。

1926 年年底，冯玉祥将军率国民联军入陕后，一举击溃直系军阀刘振华对西安长达八个月之久的围困。接着又出兵潼关，乘胜追击盘踞豫西的北洋军阀。1927 年 5 月誓师出征前，为了激励士气，并表示对孙中山先生的敬仰之意，遂下令在东城门以北新开一座“中山门”。“中山门”有两个门洞，南侧叫“东征”，北侧谓“凯旋”

1928 年，为了确保西安东西向的交通便捷，时任陕西省政府主席的宋哲元将军又下令在西城墙再开一座城门，与“中山门”遥遥相对。这个城门就是“玉祥门”，旨在纪念冯玉祥将军解除西安围困的历史功绩。

## “香格里拉”的来历

在藏语中，“香格里拉”是一个令人向往的世外桃源，是一块吉祥如意的神秘之地。

1993 年，英国作家詹姆斯·希尔顿出版了一部长篇幻想小说——《失去的地平线》。小说描写了一个叫康威的英国外交官，与三个朋友乘坐一架飞机穿越世界屋脊，在飞行过程中汽油耗尽，不得不迫降在一片冰天雪地里。一位藏族老人帮他们逃离了危险。第二天，他们惊喜地发现，这是一片多么神奇的地方啊！雪山毗连，阳光明媚，鲜花盛开，牛羊成群。藏族人民在这里世代生息繁衍，安居乐业，过着宁静祥和的生活。踏上归程之后，他们抽暇又来寻访，却再也找不到那片梦中的世外桃源，只记得当地藏民说过一句话——香格里拉。于是，“香格里拉”迅即在全球声名鹊起。

据考证，“香格里拉”一词，源自藏语之康巴南路土语中甸方言，意为“心中的日月”。当地有首民歌这样唱到：“太阳最早照耀的地方是东方的建塘，人间最殊胜的地方是奶子河畔的香格里拉”。

## 《集王书圣教序》碑的来历

竖立于古城西安碑林里的《圣教序》碑，是一块由“唐太宗撰文，王羲之手笔”的石碑。对此，不少人感到不可思议：王羲之乃晋代著名书法家，生活于321～397年；而唐太宗则生活于599～649年，较王羲之晚了200多个春秋。他们二人怎么能够相互穿越，一起撰文书碑呢？

原来，唐太宗为了表彰玄奘印度之行及刻译75部佛经之举，曾亲自撰文，制《大唐三藏圣教序》（佛教经典总称“三藏”），简称《圣教序》，冠诸经之首。当时有个名叫怀仁的高僧，对皇上亲自为和尚撰文制序，深感荣耀。于是，他花了20年时间，一个字一个字地汇集王羲之的手笔，刻写了这块碑文，谓之《集王书圣教序》，简称《王圣教序》碑。

所以，新编的《辞海》在《圣教序》一条中说：由于“怀仁集王羲之行书，故王羲之的行书字迹，大都集摹于此碑”。

## 西安莲湖公园的来历

莲湖公园始建于明朝初年。当时，朱元璋的次子秦王朱樉利用唐代太极宫承天门遗址高低不平的地势，在这里修建了一处别具风格的私人园林。它将通济渠水引入园内，大量种植莲花，形成了初具规模的“莲花池”。

明末之后，渠道淤塞，池水干涸。清初时期，陕西巡抚贾汉复于康熙七年（1668年）疏通渠道，重新开凿，使莲花池恢复了生机。由于他在河南任职时曾修过一个“放生池”，并对此一直津津乐道，因而就把莲花池改名为“放生池”。他还立碑以记其事，希望游人“在醉情花草湖水之际，更应不忘爱物之心，益广仁民之事……大家和睦共处，共沐大清皇恩，共享太平盛世”。贾汉复乃明代降将，为取悦新朝，自然格外卖力。从莲花池的更名，便可知其工于心计了。

明清两代，莲花池虽任人游览，但一直属于官家花园。直至1922年，才正式辟为公园。

每逢莲花盛开之际，湖内碧波荡漾，红花绿叶相映成趣，简直使人流连忘返。

## 永乐大钟的来历

北京西外大钟寺内的“永乐大钟”，有着一段感人肺腑的传奇式经历。

相传明朝时期，明成祖永乐皇帝下令铸造一口铜钟，要铸钟师限期完工。铸钟师受命之后连铸两次均告失败，致使永乐帝大为震怒。几天后，永乐帝再次指令，第三次必须成功，否则便处以极刑。铸钟师忧心如焚，遂到挂摊算命，以卜祸福。算命先生告诉他，不牺牲纯洁的处女，就无法铸出好钟。铸钟师的女儿听到这话后，沉思良久，毅然决定用自己的身体去保全父亲的性命。

第三天铸钟开始了，这位处女趁人不备，猛然跳入滚沸的铁水中。沸腾着的铜、铁和白银，顷刻间就把她化为乌有。大钟终于造成了，它含着一腔哀思，整天发出“咣咣咣”的呜咽低鸣声，向人们诉说着处女的不幸。

## 汉桑城的来历

万里长城雄伟壮观，以气势磅礴而举世闻名。可是，我国还有一座举世罕见的小城——汉桑城，长期以来却鲜为人知。

汉桑城坐落于河南省新野县县城中心，是一个袖珍型的城中之城。它高不过一丈，宽不过八尺，墙头有城垛，城门有石碑镶嵌，因其中间栽着一棵汉代古桑而得名。据说这棵古桑是三国名将关云长亲手所栽，距今已有1700余年。

相传东汉末年，刘关张桃园结义，驻军新野，请来了诸葛亮做军师。诸葛亮宽仁爱民，纪律严明，深得百姓拥护。关云长住在一间破草房内，与房东张老汉为伴。某日，关云长一时疏忽，把“坐骑”拴在门前的桑树上，就进屋研读兵书去了。不料这马饥渴难耐，竟将树皮啃了个对头圈，桑树亦日渐枯萎了。诸葛亮得知此事，立即召集全军将士宣布了爱民纪律，并罚关云长另栽一棵，作为对张老汉的赔偿。关云长服从军令，亲自买来一棵桑树，于原地栽上，并率领士兵，围着桑树建造了这座城池。

如今，这个曾长期紧锁“深闺”的城中城，正以其典雅秀丽、精巧玲珑的特有风格，吸引着大批中外游客。

## 孙中山名字的来历

我国伟大的革命先行者孙中山先生，姓孙名文，字逸仙，中山是他的号。说起这个，还有一段不寻常的来历呢！

1896年9月，日本青年宫崎滔天、平山周历经曲折，在横滨中国革命志士陈少白的寓所见到了孙文。孙文谈及革命时慷慨激昂，犹如深山虎啸。他俩被其见地、抱负和革命热情深深感动，遂决心帮助孙文，并为他的生命安全担忧，劝其暂留日本。孙文同意后，就与宫崎和平山去找旅馆。他们经过中山侯爵府邸，来到“对鹤馆”旅社，由平山代笔登记。由于孙文当时正处于流亡之中，不便公开姓名身份。该写什么呢？平山略一踌躇，便想起中山侯爵府那块牌匾。于是就在登记簿上写下“中山”二字。但“中山”仅是日本人一个姓，还得有个名才行。平山正在犹豫，孙文接过笔，就在“中山”后面加一“樵”字，然后笑着说：“我是中国之山樵”。意即中国山里的砍柴人。从此，“孙中山”的名字就传开了。

## “天下为公”题词的来历

1918年5月，滇桂军阀为了排斥孙中山，改大元帅制为总裁合议制，接着选出岑春煊、陆荣廷、唐继尧、孙中山等7人为总裁。中山先生看清了当时的形势，通电辞去大元帅职务，指出“南与北如一丘之貉”，愤而离粤赴沪。在沪期间，中山潜心著述，但仍牵挂着中国革命的前途。那时，护法的粤军陈炯明部和许崇智部驻兵福建漳州，困守一隅。

一天，马逢伯前来拜访中山先生，中山要他去漳州向陈炯明、周凤岐等人传达瓦解闽浙军阀童保暄部的机策。马逢伯听后面露难色，中山遂问其缘由。原来，马逢伯正准备回家为老母做八十大寿。中山先生说：“你母亲八十大寿，我也应该送个寿帐吧！”说着就铺纸提笔，写下了“天下为公”这刚劲有力而又含义深刻的四字题词。

马逢伯见中山先生为老母亲题寿词，至为感激。于是说：“中山先生，我明天就去！”中山听后反问道：“你不是要回家替母亲祝寿吗？”“公事要紧！”马逢伯坚定而响亮地回答着，欣然接受了赴闽的任务。

## 孙中山遗嘱的来历

1924年深冬，孙中山先生由广东绕道日本入京，主张召开国民会议，解决国是。谁知入京后偶染疾病，且日见沉重。在此期间，广州、上海等地的中国国民党中央执行委员和监察委员纷纷来京探视。当时中国国民党北京执行部时常举行扩大会议——实际上等于中央执行委员会移京举行，决定有关重大问题。开会时，一般都推汪精卫担任主席。

在一次扩大会议上，因孙先生病情严重，汪精卫提出要为他起草遗嘱，以防万一。于是，大家公推吴稚晖起草。下次会议上，吴稚晖摇头晃脑地当众宣读遗嘱草稿，汪精卫边听边摇头。宣读完毕后，汪精卫征求大家意见，众人皆沉默不语。汪精卫说："我来起个草试试看"。后来开会时，汪精卫又当众宣读草稿，大家一致认为写得比吴稚晖好得多，遂一字不易地予以通过。

会后，他们将此稿交给孙夫人宋庆龄，准备在孙先生清醒时签字。但孙夫人怕刺激孙先生，一直不肯拿出来。直到病势危笃之时，宋庆龄才扶着孙先生的手签了字。这就是后来风行一时的"总理遗嘱"。

## "毛主席"称呼的来历

1931年9月，毛泽东同志领导工农红军粉碎了蒋介石发动的第三次围剿之后，来到了苏区首府瑞金，与任弼时一起住。毛泽东对中国革命的精辟论述和他从井冈山到赣南、闽西的种种传奇式经历，使任弼时深为敬佩。同年11月7日，中华苏维埃在江西瑞金叶坪村召开了第一次代表大会，任弼时随毛泽东、朱德在主席台上就座。

会议决定成立中华苏维埃共和国临时中央政府，选举毛泽东为政府主席，项英、张国焘为副主席。大会主持人任弼时在会上第一次称呼毛泽东同志为"毛主席"，并请毛主席为大会题词。毛主席提笔书写了"苏维埃是工农劳苦群众自己管理自己生活的机关，是革命战争的组织者与领导者"。毛泽东同志的题词使参加大会的代表们激动万分，大家振臂高呼"毛主席"。从此，"毛主席"这个称呼诞生了。

## 毛主席水晶棺的来历

1976年9月9日，中国人民的伟大领袖毛泽东主席与世长辞了。噩耗传来，举国悲痛。9月18日，党中央决定在天安门广场为毛泽东同志修建纪念堂，将这位一代伟人的躯体安放其中。但是采用何种棺材方可保证遗体得以妥善保存，一时难成定论。

有关方面翻阅了大量中外资料，决定选用水晶棺材。然而水晶原料系稀有的贵重矿产，一部水晶棺起码需用10吨一级熔炼水晶方能制成。

国家地矿总局接到任务后，立即在衡阳召开全国主要水晶矿负责人会议，将此项工程交给海南岛水晶矿承担，并限期40天内完成。但根据海南岛矿当时的生产能力和一级品率测算，完成任务起码需要90天。面对重重困难，矿党委果断决定：选矿车间连轴转，科室人员全力以赴协助。经过艰苦奋战，终于提前一天完成了这项光荣任务。

1977年8月29日，安放着一代伟人遗体的水晶棺，在庄重、肃穆的气氛中放入纪念堂内。

## 周恩来骨灰撒江河的来历

周恩来总理去世后，他的骨灰撒进了祖国的江河湖海。这是早在60年代初期，他就与邓颖超大姐相互约定好的事情。

一天午餐时，周总理双眉紧锁，面色严峻，一副心事重重的样子。邓大姐关切地问他："是否身体不适？"总理深深地叹口气说："小超，我们参加共产党，出生入死闹革命时想过要地位、要待遇吗？那些成千成万牺牲了的先烈，有的连名字都没留下，他们又要过什么待遇？现在胜利了、进城了，当了领导干部了，去世后骨灰送八宝山，家属要争送第一室，进第一室还要选好的、突出的位置，不答应就不行！我们共产党人是全心全意为人民服务的嘛！死了，怎么还要争座次呢？"

周总理显然太激动了，他调整一下情绪，又说道："小超，我想我们百年之后，不要保留骨灰，把骨灰撒到祖国江河大地上，算最后为人民做点力所能及的事情。你说好不好？”“我赞成！”邓大姐爽快地点点头。“好！”总理快慰地笑了。“小超，我们现在就约定：后走的为先走的撒骨灰，后走的请组织代撒”。

1976 年 1 月 8 日，敬爱的周恩来总理与世长辞了。根据他的遗愿，一架飞机飞越北京、长城、密云水库、海河入海口及黄河入海口的上空，把他的骨灰撒在祖国的大地上。八宝山虽然没有他的位置，但他却在亿万人民的心中立下了一块不朽的丰碑。

总理去世后，邓大姐恪守原来之约定。生前她曾郑重致信党中央，提出了以下请求：遗体解剖后火化，撒掉骨灰；不搞告别仪式，不开追悼会；住房交公使用；不搞什么故居和纪念等。

1992 年 7 月 11 日，邓大姐在北京逝世，享年 88 岁。遵照她的遗愿，1992 年 7 月 18 日，其骨灰由身边工作人员撒在天津海河。

## 世界首尊周恩来铜像的来历

世界上最早为周恩来总理雕塑铜像的，是朝鲜民主主义人民共和国。这尊半身铜像，竖立在“三千里江山”东部的兴南化肥联合企业之内。它建成于 1979 年 5 月，比我国国内第一尊——淮安周恩来故居的半身铜像还要早整整 7 年。

兴南的周总理铜像举着右手，笑容可掬地凝视着前方。铜像附近，鲜花芳草，香气袭人，象征着中朝两国人民的友谊如花似锦，万古长青。1979 年 5 月 31 日，朝鲜人民的伟大领袖、中国人民的亲密朋友金日成主席，特邀邓颖超同志出席铜像的揭幕典礼。当邓大姐在金日成陪同下一起拉开铜像上的红绸纱时，激动的泪水夺眶而出。她说，雕塑得真像啊！那大衣袖口露出的毛衣，就是她当年为即将赴朝访问的周总理连夜赶织而成的。

原来，周总理曾由金日成陪同参观过兴南化肥厂。在该厂欢迎集会那雷鸣般的掌声中，总理神采奕奕地登上讲台，亲切地举起右手频频向人们招手致意。摄影师飞快地拍下了这一激动人心的画面。后来雕塑铜像时，就是以这张相片为原型的。

## “鲁迅”一名的来历

著名史学专家侯外庐在一篇文章中，曾就“鲁迅”一名的由来作了如下解释。

把“迅”字解释为“快速”是不正确的。“迅”字，《尔雅·释兽》云：“牝狼，其子獥，绝有力，迅”。注曰：“狼子绝有力者，曰迅”。

“獥”者，激也！从犬言兽性，从水言水性。二者都是“激烈”的意思。鲁迅的“鲁”，取自其母之姓；“迅”即古意的狼子。鲁迅的字义，可理解为牝狼一个有勇力的儿子。

鲁迅为何以狼子自居？他曾说过，自己甘做封建制度的逆子贰臣。从历史的逻辑来看，这个名字反映出他前期的思想上，刻印着资产阶级民主主义者勇敢的叛逆精神。

上述解释，侯外庐曾向许广平同志讲过。许广平笑着连声说“谢谢！谢谢！”此就足以证明，她已肯定了这一解释。

## 宋庆龄名字的来历

《文汇读书周报》曾经刊载过“宋氏三姐妹改名”一文，披露了一些鲜为人知的情况——宋庆龄易名的由来。

宋庆龄的父亲宋耀如早年曾留学美国。由于他十分敬仰解放黑奴的林肯，后来便为三位女儿分别取名为爱琳、庆琳和美琳。1904 年的一天，爱琳陪父亲拜访沈毓桂。这位 97 岁高龄的老人曾担任过《万国公报》主笔。他学识渊博，深为宋耀如所敬慕。他见爱琳豆蔻年华，风姿秀丽，只是名字略显洋气，要她改个中国式的名字。宋耀如觉得老人讲得对，即请教改个什么名字好。沈老说：女性的名字应该文雅一些，不如改“爱”为“霭”，改“琳”为“龄”。霭、蔼可以通用。司马相如《长门赋》：“望中庭之蔼蔼兮，若季秋之降霜”；苏轼《题南溪竹上》诗：“湖上萧萧疏雨过，山头蔼蔼暮云横”。父女俩欣然接受了沈老的意见。从此，爱琳即改名为蔼龄，两位妹妹也随之改为庆龄和美龄了。

## 杨虎城名字的来历

杨将军名彪，号虎城，西安城解围之前叫“虎臣”。

1926年4月，军阀刘振华纠集十万大军围困西安时，守城的李虎臣部和卫定一部，兵力总共不及5千人。在这危急关头，杨将军挺身而出，亲帅所属各部进驻古城，抗击敌匪，策应北伐战争。从4月11日起到11月28日，冯玉祥、于右任的联军亦南下解围。在极端困难的情况下，坚守西安达七八个月之久，为三秦父老、为中国革命事业建立了不可磨灭的历史功绩。

围城期间，杨将军的高级顾问、参谋长蒙浚生先生起了很大作用。蒙先生知识渊博，精通兵法，人称“蒙丞相”。他建议杨将军将“臣”字改作“城”，寓意西安是座坚不可摧的“虎城”。杨将军听后欣然同意，遂以“虎城”名之。后来又以号代字，这就是杨虎城名字的由来。

## 许世友名字的来历

已故的许世友将军原名叫“许仕友”。许世友这个名字是在长征途中，由毛泽东同志亲自为他改定的。

1935年6月，红四方面军与红一方面军在四川懋功会师。一天，许世友在一个小山村里第一次见到了毛泽东主席。毛主席问到他的名字后幽默地笑着说：“喔，仕友，可是当‘官’的朋友啊！”许仕友红着脸笑了：“已经改了。我是大老粗，原先不知道，参加红军后抽空学文化，才发觉‘仕’字是要做官的意思，我便悄悄地把当官的‘仕’改为士兵的‘士’……”毛主席拍拍他宽阔的肩头说：“哎！你坐下，我们需要商量一下，改个字行不行”？毛主席略一沉思，就用手指着远方连绵起伏的山峦说：“一个红军战士嘛，要看得远一些，把‘仕’改为‘世’好不好？这个字一改，你就成为世界之友了！我们红军战士，不但要想到全中国，还要放眼世界哟！”一席话，说得许仕友直点头。从此，他就正式改名“许世友”。

## 李四光名字的来历

我国著名地质学家李四光，原名李仲揆，少年时学习成绩优异，每次考试都名列前茅。一次，他听说省城新办了一所官费的高等小学堂，凡学习好者皆可报考。征得父母同意后，他带上盘缠前去应试。到学堂买来报表填写时，由于心情激动，一不小心竟在姓名栏内填上了年龄——“十四”两字。发现后本想买表重填，可钱又不够了。情急之下他灵机一动，遂将“十”改成“李”。然而“李四”这个名字实在不雅，怎么办？苦思冥想之际，突然抬头望见大厅牌匾上所刻的“光被四表”几个字。于是，他就取其“光”字，端端正正地补写在前两字的后面。从此，“李四光”这个名字就取代原名，伴随了他辉煌的一生。

## 李敏名字的来历

李敏是毛泽东主席的亲生女儿，但她却姓李而不姓毛，这其中有何奥秘呢？

李敏原名毛娇娇。上中学前，毛泽东决定给她取个学名。他指着《论语》中的一句话——子曰：“君子欲讷于言而敏于行”对娇娇说：“讷，就是语言迟钝的意思；敏，指敏捷、聪敏，还可以作灵敏、迅速、多智等解释。”接着他又说：“你的名字叫敏，但不一定叫毛敏，可以叫李敏。”“为什么？”娇娇眼含疑惑的神情，十分不解地问。

毛泽东语重心长地说：“爸爸姓毛，这是不错的。但为了革命工作的需要，爸爸曾用过毛润之、子任、李德胜等十多个名字。爸爸特别喜欢‘李德胜’这个名字，所以让你也姓李。”

原来，1947 年 3 月间，党中央为了反击蒋介石的进攻，毅然决定暂时放弃延安。在转战陕北途中，毛主席就用了“李德胜”这个名字。李德胜即“理得胜”的谐音，指革命会“理所当然地取得胜利”。

从此，毛娇娇就改为“李敏”这个名字了。

## 常香玉名字的来历

常香玉是蜚声豫剧舞台的著名演员，她的名字早已为人们所熟知。可是大家不一定知道，关于她的名字，还有一段十分有趣的故事。

常香玉本不姓常，“常”是其干爹的姓，她的生父也是当地知名度较高的演员。香玉从小学戏时，就受到父亲的熏陶和影响。当她在剧坛亦小有名气时，父亲便邀集几位艺友给她取艺名。这几位先辈同他父亲一样，并不识字，仅凭耳提面命的“口授”法来学戏。因此商量“艺名”时，提来提去都不如意。这时，一位老者忽然说：“我看霸王的名字不错，既有香又有玉，干脆就叫香玉吧！”

原来，他错把“项羽”当成“香玉”了。在座的人不辨真伪，遂交口称赞，接着就“香玉香玉”地叫了起来。后来有人看过她主演的《花木兰》和《破洪州》后赞扬说：常香玉“的确既有‘项羽’的气魄，又有‘香玉’的气质”。

## “盖叫天”一名的来历

我国杰出的京剧表演艺术家盖叫天，原来的艺名叫“金豆子”。可是唱文戏用这名字便不怎么合适。他 13 岁那年在杭州演戏时，大伙商量为他另起名字。有人提议叫“小菊仙”，他不喜欢。那时前辈京剧艺术家谭鑫培叫“小叫天”，他说：“那我就叫小小叫天吧”！他的意思是借着谭鑫培的名儿，弄点小米糊口。结果在座的有两个人不喜欢他，遂在一旁冷嘲道：“哼，你也配叫这个名儿！敢与谭鑫培比！”他年少气盛，当场就与人顶起嘴来。他想，能把人看死了吗？我不仅要继承前辈的艺术，还要自成一家，“盖”过叫天。就这样，他凭着个人意气，用上了“盖叫天”这三个字。

后来，他在近 70 年的艺术生涯中，大胆探索，勇于创新，果然形成了独具风格的艺术流派——盖派。

## “牛得草”一名的来历

豫剧名丑牛得草，在《七品芝麻官》中运用“丑角正演”的表演方法，幽默而不落俗套，受到观众的一致称赞。尤其是剧中“当官不为民做主，不如回家卖红薯”的格言，给观众留下了极其深刻的印象。

牛得草原名叫牛俊国。解放初，他的丑角艺术就已颇具特色。当时，开封有个叫李春芳的80多岁的老人，虽然一生清贫，但知识却很渊博。他十分爱听牛俊国的戏，而牛俊国也特别尊重他。一天，牛俊国向李老先生请教：“人家都说我的名字不符合丑角行当，我又想不出好的名字来，特请先生指点！”李老先生说：“姓侯的有叫侯得山的，猴子得了山可任意攀登；姓于的有叫于得水的，鱼儿得了水可欢快畅游；姓朱的有叫朱得糠的，猪得了糠就能膘肥体壮。你姓牛，何不叫作‘牛得草’呢？”牛俊国点头称是。于是，牛得草这个名字就叫开了。

## 马德华名字的来历

电视连续剧《西游记》中，扮演猪八戒的演员马德华，原名叫马芮（ruì）。只是由于“芮“字比较生僻，在现实生活中常常被人念错，以至弄得他啼笑皆非，才不得不舍弃“马芮”，改作马德华这个名字。

一天，老马患了重感冒，到一家颇有名气的医院去看病。一会儿，值班护士拿着挂号牌在走廊高声喊道：“马内，谁叫马内？”马芮东瞅西望，竟无一人应声。他想，大概是叫我吧！便起身走进门诊室。医生问：“你叫马内？”马芮硬着头皮，只好将错就错地回答“是的。”

到化验室抽血后，他在耐心地等待着化验结果。半个小时后，化验员就吆喝道：“马苗，谁是马苗？你的化验结果出来啦！”马芮弄不清到底在喊谁，也不敢贸然答应。眼看化验室要关门了，他急忙跨进去抓住化验单。女化验员一看是他，嘴上一时来了“电”：“你就是马苗呀，那你刚才是聋了还是哑了?”直问得他张口结舌，神情愕然。

马芮到药房去买药，药剂师隔着窗口尖声嚷道：“马丙，马丙的药拾好啦！”马芮不敢怠慢，管他马内、马苗和马丙呢，拿起药就往注射室走去。谁知女护士拿起药，不及问他竟先笑了:”哎，这个病号叫马肉！马肉，该你啦！”马芮真是哭笑不得。

后来，马芮参加了《西游记》的拍摄。他想，这么多人都不认识我这个“芮”字，那一旦将名字打到屏幕上，还不知会被人家念成啥呢！干脆就此更名，叫作

“马德华”吧！

马芮更名的事被“唐僧”“孙悟空”与“沙和尚”知道后，个个乐得捧腹大笑。“唐僧”双手合十，郑重其事地说：“阿弥陀佛！我的弟子八戒有了正宗名号啦！”话音刚落，“师徒”四人就又笑成一团。

## 托翁取名叫“列夫”的来历

俄国大文豪托尔斯泰全名叫列夫·尼古拉耶维奇·托尔斯泰。按照俄国人的习惯，姓名的写法排列次序是名、父名和姓。那么，为什么托翁取名叫“列夫”呢？这里有一段缘由。

托翁的外公沃尔洪斯公爵与另一名叫戈里曾的公爵是莫逆之交，两人很早就相约为亲家。后来，由于戈里曾的儿子列夫·戈里曾年纪轻轻就夭折于热症，结果沃尔洪斯就把独生女儿玛丽娅·沃尔洪斯卡娅，嫁给了托尔斯泰伯爵（托翁生父）。玛丽娅为了纪念已故的年轻未婚夫列夫·戈里曾，便将自己最心爱的第四个儿子取名为“列夫”。

## 蒋经国、蒋纬国名字的来历

台北的《中国时报》曾载文介绍说，蒋氏兄弟的名字都是由孙中山先生给取的。当年孙总理身边有三位“重要干部”：一是蒋介石，一是戴季陶，另一位是金诵盘。这三个人的四个儿子，分别由孙中山命名为蒋经国、蒋纬国、戴安国、金定国，以取其“经纬安定”之意，希冀后辈有经天纬地、安邦定国之才。

解放前夕国民党溃逃台湾时，金定国难舍故土，严拒赴台。2006年9月，他应安徽省省长傅锡寿之聘，担任省政府参事。蒋经国、蒋纬国、戴安国均已作古。

## 包公黑脸的来历

合肥市郊，有座后人为纪念宋代名臣包拯而建的包公祠。游人至此，无不惊奇地发现，包公塑像竟是一张白白净净的书生脸。若与戏曲舞台上那两颊墨黑、蹙眉凝目、脑门印有古怪月牙的形象相比，简直判若两人。

作为历史人物的包拯（999～1062），宋史有他的本传，说他"立朝刚毅，贵戚官宦为之敛手，闻者皆惮之"。时称"关节不到，有阎罗包老"。可见他是封建时代不可多得的清官。

戏曲舞台上的包公脸，是在突出人物性格的基础上，经过夸张变形的艺术手法创造出来的。因他平生刚直不阿，执法如山，连皇帝的女婿陈世美与自己亲生侄儿包勉都敢绳之以法，处以极刑，所以就给他勾了个大黑脸，以示铁面无私之意。双眉紧锁是刻化他嫉恶如仇、爱民如子，为审理黎民百姓无数冤案苦情而愁眉后凝结下的神情。至于脑门上的白月牙，有说是他幼年遭父弃养，放马困倦时被马踩伤的；有说他不辞辛苦昼夜审案，乃"日理阳，夜断阴"的象征；还有说是表达穷苦百姓对他如仰望日月一般的崇敬、爱戴之意。尽管说法不同，但都表现了劳动人民对包拯有着极为深厚的敬仰之情。

## 秦始皇的身世来历

电视连续剧《秦始皇》播放后，不少人对秦始皇以前叫赵政，后又易名嬴政；吕不韦说秦始皇是他的儿子，异人却不相信而发生争执等表示疑惑。这究竟是怎么一回事呢？

据汉司马迁《史记·秦始皇本纪第六》上说：秦庄襄王（异人）为秦在赵作人质时，赵国的珠宝大商吕不韦将其赵姬（邯郸豪家女，善歌舞，已有身孕）献于异人。秦昭王四十八年正月，赵姬在邯郸生下始皇。因是正月所生，又生于赵国，故名赵政。还有一种说法，秦与赵原来同祖，以赵城为荣，故姓赵名政。

传说秦始皇之母怀胎 12 个月，与异人婚后 10 个月生始皇，故异人认为始皇是他的孩子无疑，可吕不韦却认定是他的骨血。这已成为千古公案，难得定论。

秦庄襄王原是秦昭襄王的孙子、秦孝文王的中子，名字楚。据《战国策》上说：他本名子异，后来吕不韦买通华阳夫人，因她无子便将子异作嗣。华阳夫人原是楚国人，故将子异改为子楚，这就是以后的秦庄襄王。庄襄王死后，13 岁的嬴政代立为秦王。

## 诸葛亮改姓的来历

闻名中外的三国名相诸葛亮，复姓诸葛，名亮，字孔明，这是尽人皆知的。其实，他的祖先并非此姓。诸葛这个复姓，是后来才改的。

《三国志·诸葛瑾传裴注引吴书》载："其先葛氏，本琅琊诸城人，后徙阳都。阳都先有葛姓者，时人谓之诸葛"。据此看来，诸葛亮祖上原姓葛，住琅琊诸城县（今山东诸城县西南30里），后迁至阳都（山东沂水县南）居住。因阳都原来就有葛姓之人，为了区别从诸城迁来的葛姓者，人们就将后者称为"诸葛"。

此后，诸葛便成了复姓，且一直相沿至今。

## 司马迁后代改姓的来历

《史记》作者司马迁乃陕西韩城人氏，但他的后代却姓"同"、姓"冯"而不姓司马。这是什么原因呢？

原来，我国古代有"夭族罪"。一人犯法，株连九族，乃惯常之事。当年司马迁被汉武帝治罪后，为防止殃及后代，就在本姓的司字左边加一竖，让大儿子改姓"同"；又在马字左边加两点，让二儿子改姓"冯"。然后叫他们从京城悄悄逃回老家韩城，躲进深山去求生。

现在，在司马迁的家乡，仍找不到一个姓"司马"的。每逢清明或其他祭祖之日，给司马迁上坟扫墓者，皆系同、冯二姓之人。不过，他们都是司马迁真正的嫡亲后裔。

## 华佗名字的来历

华佗是我国汉代的著名医师，他在中国医学史上素有"神医"之称。但据著名历史学家陈寅恪先生考证，他的真名叫作"华敷"，华佗不过是他的绰号而已。

华佗一词，出自梵语"阿伽陀"的译音，是药神之意。华敷在世时，印度佛教已传入中国。由于他医术超群，有"起死回生"之妙，因此民间就以佛教神话作比喻，尊称他为药神——华佗。后来，这一尊称就普遍流传开来，以至其本名反而鲜为人知了。

## 屈原改姓的来历

我国古代大诗人屈原，姓屈，名平，字原，这是人所共知之事。但是，《史记·屈原贾生列传》中说："屈原者，名平，楚之同姓也"。这就是说，屈原与楚王同姓。然而楚王之先祖却是姓熊而非姓屈。那么，屈原到底姓什么呢？

屈原的祖先熊绎，是颛顼（部落首领；音 zhuān xū）的后代。周成王时封于楚，传国至熊通，称为楚武王。熊通封儿子熊瑕于屈邑，于是熊瑕便以屈为"氏"。上古时，同姓贵族的几个分支各有称号，叫"氏"。屈原是熊瑕的后代，但仅以屈为"氏"。后来，姓氏合一，他当然也就姓屈了。

## "佘太君"姓氏的来历

在《姓氏寻源》中，有"古时有'余'无'佘'"之说。那么小说、戏剧中杨家将杨业之妻佘太君的"佘"姓是怎样来的呢？

毕源的《关中金石记》是这样讲的："杨业妻，乃折（shé）德扆之女，世以为折太君"。还说"折为宋时之大姓，由于古时'折'、'佘'的转音很接近，所以以'佘'代'折'为其姓氏"。于是，"折太君"就变成"佘太君"了。

## "李闯王"一名的来历

传说李自成母亲怀他的时候，整整 15 个月还生不下来。夫妻俩心慌意乱，急得像热锅上的蚂蚁。一天夜里，李母刚一入睡，就见一匹高头大马撞开大门，直奔而进。一惊醒来，方知是梦。不一会，便生下一个胖乎乎的小男婴。夫妻俩十分喜欢，就商量给孩子起个名儿。李母将梦中的事告诉丈夫，丈夫双手一拍道："这门里进了马，不就是个'闯'字吗？这孩子就叫'闯儿'吧"！

后来，李自成揭竿而起，成了农民起义的领袖，带领军队夺关闯隘，直至闯进了北京城，人们就称他为"李闯王"。

## "洪秀全"一名的来历

太平天国的洪秀全，是大家熟悉的历史人物。他的姓名来历，颇有一番讲究。

据同治十三年刊印的《粤寇起事纪实》载：洪秀全本姓郑，原名仁坤。"洪秀全"是他创立拜上帝会，从事推翻清政府事业时所改的。

原来，"'洪'是拜上帝会的立会之号，以作联络暗号，称为'三八二十一'"（即洪字由三、八、二、十、一四个字组成）。"秀全"之名由"我乃人王"四字组成。在这里，"我"借用"禾"字，禾、我系近音。

洪秀全姓名之来由，充分反映了这位领袖人物的聪颖、智慧及权欲心态。中国人的名字，或是一字名或乃二字名，从未见过三字名的。洪秀全的长子本名"天贵"，可洪秀全登基为王之后，又给后边加了一个"福"字，称为"洪天贵福"。这个名字蕴含了洪秀全永保社稷、代代为王的企盼，同时也足以说明，他在这个方面是工于心计的。

## "曹雪芹"一名的来历

"曹雪芹"——这个温文尔雅、颇具女性色彩的名字，同他的文学巨著《红楼梦》一起，早已蜚声海内外，为世界人民所熟知。其实，作者真正的名字叫曹霑（zhān），"雪琴"不过是一个笔名而已。他之所以如此署名，还是很有一番由来的。

曹霑原是豪门世家子弟，日子自然过得比较舒心。后来由于家道衰落，生活拮据，不得不经常自己动手操持烹饪。他平生最喜欢吃"雪底芹芽"这道菜，就是用冰雪覆盖下的芹菜嫩芽，配以细鸠肉丝爆炒之。其味清淡鲜美，十分可口。苏东坡曾赋诗称赞此菜曰："泥芹有宿根，一寸嗟独在。雪琴何时动，春鸠行可烩"。因此，曹霑便将诗中的"雪琴"二字摘出，作为《红楼梦》的署名。

## 李白称"诗仙"的来历

唐朝大诗人李白，字太白，号青莲居士。他才气横溢，诗风奇特，有飘逸如仙之意境。同代诗人贺知章推崇李白，溢美其为“谪仙”。宋代诗评家严羽撰《沧浪诗话》云：“人言太白仙才，长吉（李贺）鬼才，不然。太白天仙之词，长吉鬼仙之词耳”。明代诗词大家杨慎的《庵诗话》则说：“李白神于诗，杜甫圣于诗”。后世诗评家冠于李白的“仙”与“神”均因诗而得，遂使“诗仙”之雅号广为传颂。

## “金圣叹”一名的来历

明代官吏金圣叹，原名张采。明朝末期，他不愿继续为官，故改名为“金喟”，字“圣叹”。说起他的改名，还真的蛮有风趣呢！

一次，张采到文庙参加祭孔大典。祭祀刚毕，一帮秀才便纷纷哄抢供桌上的贡品。他们抢肥抛瘦，丑态百出。原来，明时有种迷信说法：谁吃了祭孔后的大肥肉和大馒头，谁将来就可中状元，得肥缺。张采对眼前这幕闹剧十分鄙视，旋即愤慨地写下一首打油诗：“天晚祭祀了，两廊闹吵吵。祭肉争肥瘦，馒头抢大小。颜回见了抿嘴笑，子路气得双脚跳。座上孔夫子，喟然叹息道——在阵我也曾绝粮，却未见过此饿殍”！

为此，张采改姓“金”，名“喟”，字“圣叹”了。金者，偶像之所谓金身也。喟者，叹息也。圣叹者，孔子（圣人）见了也叹气也！

## 武则天怕猫的传说

猫是家庭的宠物，尤其是体态玲珑的波斯猫，更令人爱不释手。然而身为皇帝的武则天却与众不同。她不但对猫十分厌恶和惧怕，还曾指令皇宫中一律不得养猫。这究竟是为什么呢?

史载：武则天被唐高宗立为皇后之前，就与原先的王皇后、萧淑妃进行了激烈的争宠角逐。后来，她利用新皇后的权势，“遣人杖王氏及萧氏各一百，断去手足，投酒瓮中。曰：‘令二媪骨醉’！数日而死，又斩之。”萧淑妃死前咬牙切齿地痛骂武则天：“阿武妖猾，乃至于此！愿它世生我为猫，阿武为鼠，生生扼其喉。”

此话本不足介意，但武则天害人心虚，竟信以为真。她怕王皇后与萧淑妃冤鬼索命，怕她俩变成猫咬断自己的咽喉，故终生对猫十分憎恶，遂颁布了宫中不准养猫的荒唐禁令。

## 诸葛亮爱摇鹅毛扇的来历

在戏曲舞台上，不管春夏秋冬，三国里的诸葛亮总是扇不离手，此乃何故？

刘备三顾茅庐，恭请诸葛出山。离别时，岳父黄承彦送他一把鹅毛扇，一再嘱咐说："军务在身，不得懈怠，不要粗心，要随时记着'机警'二字。鹅是最为机警的，稍有风吹草动，它便知晓。你带着这把扇子，切记谨慎用事。"言毕，诸葛亮就携带兵书和鹅毛扇，随刘备一行告辞了。诸葛亮作为军师统帅三军，首战新野就立下赫赫战功，以三千人大胜曹军十万之兵，写下以少胜多的著名篇章。

刘备见诸葛终日扇不离手，遂问："寒冬腊月，摇扇何为？"答曰："刘皇叔'三顾茅庐'，恩重如山。我出师用兵要靠它煽风点火呀！"

后来，"摇鹅毛扇"的含义又逐步出现延伸，即暗喻那些幕后出主意、想办法的"军师爷"。

## 魏孝文帝改姓元的来历

魏孝文帝拓跋宏系鲜卑族人，是献文帝拓跋弘的长子。他在统一北方、迁都洛阳（494 年）之后，大力实行改革，推行汉化。要求鲜卑族读汉书、讲汉语、改汉姓，逐步祛除鲜卑族风俗习惯。为此，他身先士卒，带头改姓为"元"。他说："黄帝是我们神州大地各民族的祖先，也是我们鲜卑族的祖先。我拓跋氏起源于北方，称土为'拓'。土是黄色的，本为万物之元。因此，从即日起，改为元姓。"

## 将慈禧称"老佛爷"的来历

"老佛爷"是清代对皇帝的特称，但它由来已久。

自古以来，皇帝除了庙号、谥号、尊称外，还有特称。宋代皇帝的特称是

"官家"；明代皇帝的特称为"老爷"。而清代皇帝的特称，为何偏偏叫作"老佛爷"呢？

原来古时候，女真族首领最早的特称为"满柱"，它恰好是佛号"曼珠"的谐音，亦即佛爷、吉祥之意。后来，一些地位显赫的家族，就取名叫满柱。清代立国之后，将"满柱"一词译为汉语"佛爷"。于是，官府就将其正式定为皇帝的特称。

慈禧太后本来做梦都想当皇帝，自然就让人称她为"老佛爷"了。

## 光绪称慈禧为"亲爸爸"的来历

大家知道，慈禧是光绪的亲姨娘。可是在一些电影、戏剧中，常听到光绪将慈禧叫作"亲爸爸"。此系何故？

据《文史知识》1982 年 12 期载文介绍：那拉氏（即慈禧）于 1861 年通过"辛酉政变"，已经攫取了一切大权而居于太上皇的地位。在中国封建社会的历史上，太上皇只有皇帝之父才可充当。慈禧为显示其高贵尊严，当然没有比皇帝叫她"爸爸"更为合适的了。慈禧说过："光绪皇帝的母亲是我亲妹妹，我妹妹的儿子，就跟我亲生的一个样。"

因此，光绪在称呼那拉氏时，还要在"爸爸"前面再冠以"亲"字，以掩饰非亲之嫌。

## 仓颉塑像四只眼的来历

大凡来陕旅游的人们，一旦踏进白水县黄龙山南麓的仓颉庙，往往都会情不自禁地凝神静思：仓颉既非神仙，又非妖怪，为何头上长着四只眼？

相传，仓颉是轩辕黄帝的佐史。他自幼聪明伶俐而又勤劳朴实，常跟大人一起挖地种禾，因而对人类缺少文化的苦恼感触颇深。长大成人后，他决心发明创造文字，以推进人类社会的发展。

春天来了，桃红柳绿，一派生机。他站在家门口极目远望，却被一座巍峨的大山挡住了视线。于是，他依照山的外貌，在地上画了"山"形，表示山的符号。接着他又想，如果把两个山叠在一起，不是更重么！想着描着，就又画出了表示重的符号“出”。

仓颉白天下地劳动，晚间还要伺候卧床不起的母亲。久而久之，虽然双眼模糊不清了，却依然坚持创造文字。一日，他忽觉头晕目眩直打瞌睡。瞬间迷蒙中，一不小心竟把“出”(两山相叠谓之重)字和“重”(千里之外谓之出)弄颠倒了。

此事被轩辕黄帝知悉后，便立即恩赐了两只眼睛给他。从此，仓颉潜心研究，再未错过一个象形文字。这就是仓颉塑像四只眼的来历。

## 金陵莫愁女的来历

被誉为“金陵第一名胜”的莫愁湖，位于南京城西水西门外的秦淮河边。这里松竹并茂，山石耸立，亭榭绿树相映，风景十分迷人。郁金堂西池中的古装仕女雕像，乃传说中的莫愁湖主人——莫愁女。

莫愁原是古乐府中的文学形象，流传下来的共有两人。一是洛阳莫愁。南北朝诗人萧衍的《莫愁歌》:“河中之水向东流，洛阳女儿名莫愁。莫愁十三能织绮，十四采桑南陌头。十五嫁为卢家妇，十六生儿字阿侯。卢家兰室桂为梁，中有郁金苏合香。头上金钗十二行，足下丝履五文章。珊瑚挂镜烂生光，平头奴子提履箱。人生富贵何所望，恨不嫁与东家王。”

这足以说明莫愁是位聪颖美丽、勤劳善良的典型农家妇女形象。据说她嫁于卢家为媳不久，丈夫应征戍边十年未归，音讯全无。她思念丈夫，满腹忧愁。但她处“愁”不愁，却以助人为乐、扶危济贫为寄托。为此，常遭公公怒斥，继而进行诬陷迫害，致使莫愁只得撒手人寰，投河而去。

总览历代关于莫愁的文学作品，广受热议的还应首推石城莫愁。据《唐书·乐志》载：石城有女名莫愁，善歌谣，曾依《石成乐》作《莫愁乐》。其中有云：“莫愁在何处？莫愁在城西。艇子打两桨，催送莫愁来。”唐诗人张祜也有一首《莫愁乐》:“侬居石城下，郎到石城游；自郎石城出，长在石头城。”应该指出的是，这里的石城，并非现在南京的石城，而在今湖北钟祥。石城附近有北湖，所谓“艇子打两桨，催送莫愁来”，是说莫愁女就居住在石城湖滨。石城莫愁与洛阳莫愁的不同之处，就在于前者以善歌谣而著称。南朝陈智匠在《古今乐录》中亦云：“石城西有女子名莫愁，善歌谣。”唐代很多诗人或顺江而下，或溯流而上，都在石城写下了关于莫愁的诗作。女诗人鱼玄机曾有过“莫愁魂逐清江去，空使行人万首诗”的感慨。那么，到底是谁误将“石城”当作“石头城”，错把莫愁“迁”到南京去的呢？

据史料载：六朝时，南京莫愁湖尚不是湖，而是长江的一部分，唐朝时叫横塘。关于南京莫愁的最早记述，是北宋初的《太平寰宇记》：“莫愁湖在三山门外，昔有妓女卢莫愁家此，故名。”

莫愁先从洛阳卢家妇变成了钟祥卢家女，又从石城善歌女变成石头城的妓女。由此可见，历史流传下来的“莫愁”只有两人，一个在洛阳，一个在钟祥。至于金陵之莫愁，显然是两地莫愁形象的综合体。

然而在民间，还有另一种说法。言及北宋诗人周邦彦游历金陵时，填了《西河·金陵怀古》一词。其中有：“佳丽地，南朝盛事谁记？……断崖树，犹倒倚，莫愁艇子谁系？”这样就把莫愁湖与南朝莫愁的故事连接起来，从而再次推论“石城即石头城”。倘若如此，石城西的莫愁，无疑就是金陵莫愁湖之莫愁了。随后人们以讹传讹，也自然就弄假成真了。

## “八仙”的来历

“八仙过海，各显神通”，是人们常说的一句成语，借以比喻在共同从事某项工作中，各有各的本领。民间传说的八仙为：汉钟离、张果老、韩湘子、铁拐李、吕洞宾、曹国舅、蓝采和、何仙姑。关于他们的出身，足可编出精彩的故事来。

说来也真有意思，他们原来既不是神，也不是仙，而是颇享盛名的民间艺人。

怀抱渔鼓的汉钟离，是个演唱道情的鼻祖；手执简板的张果老，是位有名的说唱家；韩湘子擅长吹箫，而何仙姑、蓝采和则是先后从宫廷逃出的歌伎优伶；吕洞宾是个善于编写唱词的艺术家；一瘸一跛的铁拐李，却另有来历。他幼年是位宰相家中的书僮，由于年少好学，瞟学诗书，竟被打断一条腿而赶出相府，沦为游方艺人；其貌不扬的曹国舅，原是连年不第的穷秀才，后亦沦为专替人家举办婚丧喜庆的礼仪先生。

他们都有一段辛酸史。后来自愿结合，游方献艺。由于技艺高超，不断受到后人神化，久而久之，遂成为“仙人”。

## “仙人”吕洞宾的来历

吕洞宾何许人也？从古自今，众说纷纭。山东一带说他是西周初年辅佐武王灭商的功臣吕尚（即姜太公姜子牙）的后裔，学道于汉钟离；《岳阳风土记》则说，他乃唐代山西礼部尚书吕渭之孙；成书于清代的《杨家将演义》，又说他在北宋年间曾“下凡”帮助辽国萧太后大摆“天门阵”……真可谓五花八门，无奇不有。

其实，这位“八仙”中的重要人物，乃唐末陕西长安人氏。他姓吕，名宕，号纯阳子，故又称“纯阳道人”。据《雅言系述·吕洞宾传》载：吕洞宾“关右（今西安）人，（唐）咸通初，举进士不第。值（黄）巢贼为梗，携家隐居终南（山），学老子之法”。宋人吴曾收录的岳州石刻《吕洞宾自传》，更为详细地记载了他的籍贯及身世。其云：吾乃京兆（今西安）人。唐末，累举进士不第，因游华山。遇钟离，传授金丹大药之方……吾唯是风清月白、神仙聚会之时，常游两浙、汴京、谯郡。尝著（常穿）白兰角带，右眼下有一痣，如人间使者筋（筷子）头大。世言我卖墨，飞剑取人头，吾闻哂之。实有三剑，一断烦恼，一断贪嗔，一断色欲，是吾之剑也。”

据上所知，吕洞宾不过是唐末一个落魄儒生而已。因科场失意，对现实不满，便弃儒皈道。他虽籍贯长安，一生却云游四方，从而落得仙名远扬，流传后世。

## “如来”尊号的来历

读过《西游记》的人都知道，“如来”是西天佛祖释迦牟尼的尊号。《大乘义章》上说：佛祖有十个尊号，分别是如来、应供（音译为阿罗汉）、正遍知、明行足、善解、世间解、无上士、调御大夫、天人师、佛世尊。其中“如来”居十号之首。

何谓如来？《金刚经》说：“无所从来，亦无所去，故曰如来”。《道院集》说“本觉为如，今觉为来，故曰如来”。这两说都含含糊糊，朦朦胧胧，大有“以其昏昏，使人昭昭”之嫌。相比之下，还是《大智度论》讲得直率：“如实道来，故曰如来”。《成实论》则较《大智度论》说得更详尽一些：“如来者，乘如实道来成正觉，故曰如来”。通俗地讲，如，就是如实，即佛门经论的“绝对真理”。通过参禅悟道，不断精进，对佛教绝对真理的觉悟臻达最高境界，便是“如来”。

不过在佛教历史上，其修养能达如来境界的法师绝非一人。《西游记》小说讲如来仅属释迦牟尼一人之代称，应系误传。其实，如来名号并非中国所创，而是从梵文经典里翻译而来的，属于古代中印两国宗教文化交流的结果。如来是音译，在有些经典里则译作“多陀阿伽陀”“答塔葛达”“怛陀仪多”等等。

说来道去，“如来”还是从印度所来。

## 观音菩萨改名的来历

观音菩萨原称“观世音菩萨”。唐太宗时，因迫于皇权之威慑，才不得不去掉一个“世”字，改为现在这个称呼。

原来，历代君王为维护自己的尊严，无不仿效秦始皇而实行避讳政策。唐太宗叫李世民，为讳“民”字，遂将中央设立的大部之一“民部”改为“户部”。而“世”字该谁避讳呢？太宗想来想去，想起了佛国中大慈大悲的观世音菩萨。于是大笔一挥，将“世”字抹掉了。可怜这位能呼风唤雨、降妖捉魔的观世音，终因身在天国，鞭长莫及，只得在当朝皇上面前甘拜下风，改为“观音”。

由此看来，对付皇上的避讳，神仙也是没有办法的。

## “唐三藏”一名的来历

《西游记》中的唐僧、唐三藏，历史上真有其人。他原名玄奘，姓陈，唐代河南缑氏人（今偃师）。贞观初年，他西行求法，历经20载千辛万苦，从印度取回佛教经典657部，并在长安组织专门机构翻译出佛经75部，计1335卷。他还著有《大唐西域记》一书。

唐僧翻译的佛经共分三大类：经（记载佛教创始人释迦牟尼的事迹）；律（信仰佛教必须遵守的清规戒律）；注（对佛经的解释批注）。这三类合称“三藏”。

由于他在佛教知识方面博广精深，首屈一指，人们就将他与所译著的三类佛经联系起来，称之为“三藏”。

## “孙悟空”的来历

电视连续剧《西游记》刚一开始，随着“轰”的一声，山崩地裂，猴王孙悟空就横空出世了。这不过是神话传说而已。其实，历史上确有孙悟空其人。据《宋高僧传》卷三《唐上都章敬寺悟空传》和《悟空入竺记》记载，他是唐代一个地地道道、远行苦修的虔诚和尚。

悟空俗姓车，名奉朝。“悟空”是他西游留学考察回归京都长安时，唐朝政府正式赐予他的法号。他原籍为京兆云阳（今陕西泾阳县西北），祖上为北魏拓跋氏贵族，鲜卑人。他本是唐朝一名下级军官，玄宗天宝十年（751年），奉旨随中使张光涛出使罽宾（古西域国名，位于阿富汗东北一带）。完成出使任务后，他偶患重疾，不能随团回国，遂留居犍陀罗国（今巴基斯坦白沙瓦附近）。他在“病中发愿”，“如待病愈，愿落发为僧”。后来为实现诺言，即在当地拜三藏法师舍利越魔为师，正式剃度为僧，取法号为达摩驼都。时年他才27岁，即肃宗至德二年（757年）。29岁时，他又去迦温弥罗国（今克什米尔南郊）考察，而后入印度遍游。访师求道，巡礼佛迹。苦心学习梵文，时达四年之久。由于常年在外，他对故乡魂牵梦绕，终日“思恋圣朝，本生父母，内外亲属，焚灼其心”，毅然提出归国要求。师父怜悯之情油然而生，便欣然应允，并送他三部梵本佛经及佛牙舍利一枚，让其取道阿富汗进入新疆。在今喀什、和田等地，他与人合作翻译出《十力经》《十地经》及《回向轮经》。

德宗贞元五年（789年）9月13日，译经完毕。他取道回鹘国，经过5个多月的跋涉，终于贞观六年（790年）抵达长安。其时，他已年近花甲。

纵观唐代云阳人车奉朝之全部经历，足以证明他就是《西游记》中孙悟空的原型。只不过《西游记》经过艺术形象的再创造，比之更加完美、更加神化罢了。

## 悟空封号“弼马温”的来历

明代吴承恩在小说《西游记》中，写玉皇大帝封孙悟空为“弼马温”，这只不过是个马夫头头般的小吏而已。然“弼马温”究竟源自何处，还是值得一考的。

唐代文豪白居易诗云：“猕猴看枥马，鹦鹉唤家人”。北宋梅尧臣也有诗赋曰：

"尝闻养骐骥，辟恶系猕狲"。陈师道在《猴马》诗里谈到楚州紫极宫壁画里，有沐猴振索以戏，马顿索而惊，圉人（马夫）不测而在其后鞭之状者。楚州为今江苏淮阴县，正是吴承恩写《西游记》的活动场所。可见唐宋时在马厩里养猴之俗由来已久。

《四时纂要》也说："常系猕猴于马房内，则避邪恶而免百病"，正说明养猴可"避马瘟"。由此可见，吴承恩借题发挥，信手拈来，给孙悟空冠以"弼马温"之称，确是很有出典的。

## 猪八戒形象与名称的来历

据古籍记载，《西游记》作者吴承恩的家乡——江苏淮安，有一个名叫"朱八"的二流子。此人好吃懒做、游手好闲且鲁莽好色，经常滋事生非惹祸端，吴承恩曾代人写状告过他。

吴承恩认为，朱八这种人，只有戒懒、戒馋、戒偷摸，经磨练，才能由坏变好成为一个有用之人。他意在劝告世人当以"朱八"为戒。

吴承恩在创作过程中，还听到一个关于野猪精的故事。于是，他就采用移花接木的手法，将传说中的野猪精与现实生活中的朱八融为一体，产生了一个活脱脱的"猪八戒"形象。

此外，关于"八戒"名字的来历，还有另一种解释。据《法苑珠林》载：八戒原为佛教用语，即"八关齐戒"：戒杀生、戒偷盗、戒淫邪、戒妄语、戒饮酒、戒坐高广大床、戒著花鬘璎珞、戒习歌舞伎乐。由于猪刚鬣（天蓬元帅原名）违犯了佛门教规，所以取名"猪八戒"，意在望他改邪归正。

## 秦桧夫妇跪岳庙的来历

在杭州岳庙前，奸佞秦桧夫妇面对民族英雄岳飞，已整整跪了数百年。那么这尊跪像又是从何而来呢？关于这个问题，目前尚有两种不同的说法。

乾隆四十七年（1782 年），才思敏捷的礼部尚书大学士纪晓岚督师平定叛乱后，收缴了不少兵器。因不知如何处理，遂突发奇想：将这些兵器熔化后，铸成秦桧夫妇跪像，置于岳飞墓前。于是，他四处搜寻精工巧匠，定期督促实施。跪像落成后，纪晓岚前往谒庙，发现秦桧夫妇的脖颈分别挂着一面小牌，上书楹联一副。秦桧挂的牌子上写着上联："咳！仆本丧心，有贤妻何至若是？"其妻王氏的牌子为下联："啐！妇虽长舌，非老贼不到今朝。"

纪晓岚看罢，觉得此联生动活泼，不落俗套，遂啧啧称赞。临到告辞时，香火老人执意请他书赠一联作为纪念。纪晓岚稍加沉思，便挥毫泼墨："报国精忠，三字狱冤千古白；仰天长啸，一曲词唱满江红"。香火老人见本联气势如此豪迈，连呼"绝妙、绝妙！"

而另外一种说法，则把秦桧跪像的诞生，向前推了 269 年。

据史载：明武宗朱厚照正德八年（1513 年），都指挥使李隆在杭州岳坟前铸秦桧、王氏、万俟卨三人反绑铜像。神宗朱翊钧万历二十二年（1594 年），浙江按察副使范涞认为铜之质地不够坚硬，用铁重铸秦桧、王氏、万俟卨等像，并增铸张俊像，成为四跪像。此后，因民众憎恨奸臣秦桧，跪像屡毁屡建共计 8 次。其中清代重铸 5 次，是重铸秦桧等四人跪像最多的朝代。清雍正九年（1731 年），李卫重修岳飞祠墓，钱塘知县李惺重铸四跪像，并立碑记之；乾隆十二年（1747 年），布政使唐模重铸四跪像；嘉庆七年（1802 年），巡抚阮元用收缴的外国海盗铁炮兵器改铸四跪像；同治四年（1865 年），布政使蒋益澧重修岳飞祠墓，又重铸四跪像；光绪二十三年（1897 年），布政使张祖翼再重铸四跪像，并刻碑记之。此组跪像在文革时期的 1966 年秋不知去向，现在的铁跪像为 1979 年根据河南汤阴岳飞庙的铁跪像重铸的。

由此可以推断，纪晓岚平叛结束后所铸的秦桧跪像，并非史上最早的，应该也属"重铸"之范畴。

## 玉皇大帝和王母娘娘的来历

说起天上之神仙，人们最为熟悉的，非玉皇大帝和王母娘娘莫属。在人们的想象中，玉皇大帝乃重权在握、至高无上的天之皇帝，而王母娘娘则是雍容华贵、气质非凡的天上皇后。那么，天上到底有没有这两位神仙呢？

玉皇大帝的全称为：昊金阙至尊玉皇大帝。他最早现身于 1400 多年前梁代的《真灵位业图》，简称为"玉帝"。他既是道教中的神仙，也是仙界的皇帝。唐代始称其为"玉皇"，并著有万民赞颂的《玉皇经》。宋徽宗即位后，遂封玉皇为

"太上开天执符御历含真体道玉皇大帝"之尊号。由此可见,"天上没有玉皇,地上没有龙王",才是千真万确的结论。这种虚幻性的"皇帝",都是封建统治者为了自身的需要,而精心拟造的。

至于王母娘娘的来历,就更富有荒诞、神奇之色彩。她最早见于战国时期的《山海经》之中,名为"西王母"。从时空概念来讲,至少早于"玉帝"上千年。后来,晋代小说《汉武帝内传》重新塑造了王母娘娘的形象,使她变成了一个年轻美貌、玉容绝世的女神而降临汉宫,并向武帝惠赐了3000年前的仙界蟠桃。正因为如此,她也自然成为人们心目中的长寿象征。

上述情况不难看出,所谓的"玉皇大帝"和"王母娘娘",不过是人们心目中随意想象出来的神灵。随着历史的变迁,再经由后人逐步塑造、美化与完善,便成为现今的高大形象。

# 民族　宗教　节日　礼仪

## "炎黄子孙"的来历

"炎黄子孙"是我们中华民族引以自豪的代名词。

"炎""黄"分别是我国古代传说中的两个部落的著名领袖。5000 年以前，这两大部落曾经居住在黄河、长江流域一带。炎帝姓姜，号烈山氏；黄帝姓姬，号轩辕氏。传说他俩还是亲属关系。

那时候，一个名叫蚩尤的部落首领，非常凶猛。他打败了炎帝所统辖的部族，还经常侵扰其他部落，闹得中原不得安宁。黄帝愤于蚩尤的蛮横无道，率兵与之交战，双方在涿鹿进行了激烈的搏斗。由于黄帝借助天女的神威，终于将蚩尤一举灭除。从此，黄帝得到各个部落的拥护，成为中原地区的部落联盟首领。他率领部族从事农耕，发展生产，奖励发明创造；炎帝也积极教人耕作、采药，人称"神农氏"。

在炎、黄两帝的努力下，天下越来越兴盛。于是人们就将他俩视为中华民族的祖先，看作中国文明的开创者。而人民自己，自然就是名副其实的"炎黄子孙"了。

附：**中华民族歌**

中华民族兄弟多，五十六族可作歌。
汉壮蒙古维吾尔，藏回朝鲜哈萨克。
苗彝布依鄂伦春，满侗哈尼塔吉克。
瑶白傈僳达翰尔，黎傣土家鄂温克。
东乡仫佬珞巴土，布朗纳西高山畲。
拉祜仡佬水阿昌，撒拉毛南佤锡伯。
普米崩龙羌保安，门巴裕固怒景颇。
柯尔克孜塔塔尔，乌兹别克京基诺。
独龙赫哲俄罗斯，各族团结建祖国。

## 汉族一词的来历

在我国夏代，四邻兄弟部族称我们为“夏人”。后来秦朝强盛了，改叫作“秦人”。汉兴以后，又谓之“汉人”，并将汉人之族称作“汉族”。据《辞海》解释：“古代边裔部族称中国人为汉人，以汉代强盛，号令及于边裔，边裔人只知中国为汉也。”

汉朝的开国之君刘邦于公元前206年，被项羽加封“为汉王，王巴、蜀、汉中，都南郑”。刘邦在汉中屯兵聚粮，扩充实力，而后挥师北上，越秦岭、入关中、灭“三秦”、出函谷，逼项羽自刎于乌江后，统一了中国。刘邦建立国号时，仍用“汉”字，子孙相传400余年，史称“汉代”。

由此看来，“汉族”一词既源于汉朝，也来自汉中。日本学者狩野直祯写的《秦汉的巴蜀》一文亦认为：“刘邦为汉王，都南郑（今汉中），使之王巴、蜀、汉中。刘邦后来开王朝国号为汉，就是由此而来。汉族、汉字、汉人等词也源于此”。

## 拉祜族名称的来历

拉祜族是居住在我国云南澜沧、思茅等地的一个以打虎而著称的少数民族。

根据拉祜语解释，“拉”意为“虎”，“祜”指“在火旁把肉类烤到发香的程度”。所以，“拉祜”就是烤虎肉的意思。关于族名的起源，大致有两种说法：一说很久很久以前，当地几个不同民族的人共同猎获一只猛虎，大家分而食之。每一民族都有自己独特的吃法，而拉祜族就是因烤食虎肉而得名。另一说法是，拉祜族祖先是古代羌人，在长期的游牧生活中从青藏高原不断南迁，最后于18世纪末期定居云南。在艰难的迁徙过程中，他们人人练就了一套打虎本领。每当捕获猎物后，他们就围在火堆旁，一边熏烤虎肉，一边尽兴歌舞。久而久之，便产生了“拉祜”这样一个独特的、令人堪赞的族称，即吃烤肉的英雄民族。

## 突厥族的来历

突厥族的历史起源，目前虽有两个版本，但无一不与狼有关联。

一种说法：突厥族本是匈奴的一个分支，后被邻国所消灭。在这次剿杀过程中，敌兵发现一个十岁的男孩，不忍杀害，遂砍掉双脚扔至荒野。后来，小孩被一只母狼救去，长大后就与母狼结合。邻国国王听说后，为了免除后患，再次派人将其杀害。凶手见其身边有只母狼，杀心顿起。母狼趁其不备，迅速逃窜。在一个山洞里，母狼生下十个小男孩。他们长大成人后，各自成家繁衍后代，其中一部分定居于阿尔泰山。由于阿尔泰山形似士兵的头盔，当地人谓之"突厥"，他们便以“突厥”命为族号。

另一说法：突厥原居匈奴之北，部落首领为弟兄 17 人，其中伊质泥师都为狼所生。泥师都之妻共生下四个男孩，大儿子名纳都六，后成为部落首领，定国号“突厥”。纳都六死后，他生前的十位妻子各自带着自己的儿子，相约到大树下比试——看谁跳得最高，谁就是首领。结果小妻所生的阿史那一举夺冠，坐上了首领的宝座。

与狼关联的民族，国外亦有。传说意大利的罗马城就是由两个母狼带大的孩子建造的。

## 基诺族的来历

基诺族是中国 56 个民族中比较年轻的民族，1979 年 6 月才获国务院正式确认。“基诺”为自称，汉语释其为“攸乐”，意为“尊敬舅舅的民族”，聚居于西双版纳州景洪市。

相传三国时期，吉诺人的祖先与诸葛孔明一起南征。行军途中，他们因“贪睡”而不幸“丢落”。孔明为严明军纪，遂不再收留落伍者。但从其生计考虑，赐予他们大量茶籽和棉籽，让其以种茶、植棉为生。据说，“基诺”“攸乐”之读音，皆由“丢落”一词转承而来。

## 豪萨族名称的来历

豪萨族是聚居于尼日利亚的一个少数民族。

相传早在伊斯兰教出现以前，巴格达国王的儿子巴耶杰达与父王不和。在一场激烈的争吵后，他带领一队人马穿越沙漠，来到道腊城（现尼日利亚北部边境城市）组建了一个国家。当地居民没有见过马，遂将他们骑的马误作牛，于是称巴耶杰达一行为“豪萨”，意即“骑着牛来的人”。久而久之，“豪萨”便成了这个民族的名称。巴耶杰达所建立的国家，就是豪萨人的第一个王国。

豪萨人的重要都城卡诺，至今保存完好，古老的城墙异常坚固。房屋的外墙精刻细雕着各种图案，富丽堂皇，熠熠夺目。

豪萨族约有 4000 万人，在非洲人数中仅次于阿拉伯人和斯瓦希里人。他们大都分居在尼日利亚北部和尼日尔南部地区。但在几内亚湾沿岸的非洲国家，如喀麦隆、贝宁、加纳及上沃尔特等国，也散居着不少豪萨人。

## 满汉通婚的来历

在清代以前，满汉两族是严格禁止通婚的。乾隆帝登基不久，就一举破除了这个千年古训，为满汉联姻、和睦相处铺平了道路。

那么，乾隆为何会有这种义无反顾的"叛逆"精神呢？

原来，皇后富察氏生有二子一女，乾隆遵照家规立了皇储。富察氏满以为可以当上老太后了，然而上天无情，俩儿子在三岁前先后夭折了。皇后哀怨成疾，不久亦魂归西天。从此，乾隆就对抛下的爱女视若掌上明珠。可是公主脸上有颗“主破”的黑痣，相学家说要破此“破难”，必须将她嫁给比王公大臣更为显贵的人家。乾隆思之再三，觉得唯有孔府最合适。因为衍圣公可在皇宫御道上同皇帝并行，而皇帝祭祀孔子时，还要行三跪九叩之大礼，这些均为他人所不及。

可是，按照族规，这是绝对不允许的。为了“变通”族规，乾隆就让女儿认中堂大人于敏中为父，再以于家闺秀的身份嫁给孔府衍圣公孔宪培为妻。从此，满汉禁婚的藩篱就被冲破了。

## 土家族提前过年的来历

四川秀山和湘鄂西的土家族过年，普遍比汉族提前一天。即：月大——过腊月二十九；月小——过腊月二十八。此习叫作“赶年”。那么，土家族究竟为何要提前一天过年呢？

据传：明嘉靖三十三年（1554 年），年关将至，倭寇趁机大举入侵。为了抵抗入侵之敌，朝廷决定增调土家将士上前线。由于路程遥远，怕贻误战机，遂决定让整装待发的将士们提前一天过年再出发。战斗中，土家族士兵英勇顽强，旗开得胜，立了大功。人们为了纪念这个事情，就习惯了提前一天过年。

土家族过年时，无论人口多寡，都要蒸甑子饭或坨子肉吃。据说是因为当年抗敌时间紧迫，只有用甑子蒸饭才来得及；宰杀年猪，也顾不得精烹细作，与饭一起蒸成肉坨，可以节省时间。

虽然几百年过去了，可土家族不忘先祖们英勇卫国的崇高精神，遂将"赶年"这一习俗沿袭至今。

## “清真”一词的来历

“清真”一词，是从我国南北朝时期开始使用的。不过在宋代以前的 800 余年间，它只是文人墨客用来赞美人物高尚品质或描写清雅优美的自然环境的。如唐代大诗人李白曾以“圣代复元古，垂衣贵清真”的佳句，述说过诗歌创作。

有资料记载：伊斯兰教是唐朝初年传入我国的，当时一直没有恰当的汉译名称。有些地区称“清教”，有些地方谓“静教”。宋代以后，“清真”一词才开始与宗教相联系。因为宗教主张“清静无为”，故喜欢“清真”一说。明代中叶，回族穆斯林翻译经典时，见汉语清真意即“清洁真静”，就正式借用了这个词并赋予其新的涵义：清——表示“真主超然无染，不拘方位”；真——表示“真主独一永存，至尊无上”。明末清初时，中国伊斯兰教学者介绍本教教义时，亦曾用“清净无染”“真乃独一”“至清至真”及“真主原有独尊，谓之清真”等语。

于是，伊斯兰教亦称为“清真教”，寺院唤作“清真寺”。而他们所用的食品，也就自然成为“清真食品”了。

## 称回族为“回回”的来历

回族是我国土生土长且具有悠久历史的回鹘人。唐代迁往葱岭以西，和中亚、西南亚信仰伊斯兰教的阿拉伯人、伊朗人、伊拉克人、阿富汗人以及中亚其他民族在融合过程中，遇到成吉思汗西征，他们又被送回“中原”故土，故称“回回”。其中第一个回字，代表回鹘人的“回”；后一个回字，则表示他们从西方又

“回”到了中国。那种回族源自外来之说，是毫无根据的。

## 回族兄弟多姓“马”的来历

“十个回回九姓马，不姓马来也姓尕”。为何回族之中姓马者居多呢?

回族在形成民族之前，他们以波斯语或阿拉伯语命名，但有名而无姓。后来，在与汉族及其他民族长期相处的过程中，开始产生了姓氏方面的交融。

阿拉伯人的名字中，发“马”和近似“马”的音不少。如麻、穆、沐、默、漠等。由于回族人民长期以来学汉文、写汉字、说汉话，渐渐地确定用汉字“马”之译音作姓，并代代相习。这就是回族人中多姓“马”的主要原因。

据《补元史·氏族表》记载：回族人以“马”为姓还有以下几种情况。一是取祖先原名的意译为姓，如著名诗人马易之，原名是“迺贤”或“纳新”。他是元代葛罗禄人，葛罗禄又译为合鲁，是“马”的意思。所以马易之取“马”为姓，后人当然也姓马了。二是取祖名中第一个字为姓。如马速忽、马哈麻、马合沙等人的后裔，都取“马”为姓。三是在祖名中任意取一个音为姓。如吉雅漠低音的后裔，因“漠”音近于“马”音，故取“马”为姓。

其次，也有人以官职而取“马”字为姓的。如元代著名文学家马祖常，字伯庸。他的高祖在金朝末年曾任凤翔兵马判官，因而其后世子孙遂以官职兵马判官中的“马”为姓。

回族人尤其是聚居于西北地区的回族人固然多姓马，但用其他姓氏的也大有人在。如李、王、张、杨、乌等。此外，回族人的姓还有两个显著特点：一是只用单姓，不用复姓。二是采用特殊的单姓，如尕、脱、海、摆等。

## “和尚”一词的来历

人们称职业佛教徒为“和尚”，这是怎么回事呢?

原来佛教认为，人的生老病死都是痛苦的，其根源在于人类自身的各种欲望，必须进行修行。佛教的人生处世哲学是主张一切调和。“和”即忍耐、克制与服从，这是佛教徒崇尚“和”所必须遵守的。

以“和”为“尚”，就是称佛教徒为“和尚”的缘由。

## 和尚剃光头的来历

和尚剃光头，寓意有三。一是象征剪除烦恼，消除旧习。按佛教之说，头发乃人生烦恼和错误的根源，故应剃除，免却烦恼与陋习。二是表示去掉骄傲怠慢之心。《智度论》说：“剃头者染衣，持钵乞食”，此为“破骄慢”法。意即剃去头发，穿上黑衣，拿着钵盂讨饭，这是破除骄傲怠慢之良方。三是区别于其他教派。据《行事钞》记载：“佛教半月剃发”，即每半月都要剃除一次。当时，印度的教派很多，人们一见剃光头的，就知其为佛教徒。

佛教初入中国时，和尚出家尚无别的传戒仪式，只要剃光头发，披上类似袈裟的粗布衣就算合格了。

## 和尚头上疤痕的来历

每个和尚的头顶上，都有许多小疤痕。它是怎么来的呢？

据佛教经典《楞严经》载：释迦牟尼逝世前，曾嘱咐佛门弟子曰：“我死后，如有人皈依佛教，要在如来佛像前点一盏灯，让他烧去一根指头，或在他身上烧一炷香，留个永久性印记，作为他们进入佛门的终身大誓”。根据这一遗嘱，后来大凡出家为僧者，都要接受隆重的“受戒”仪式。在这种仪式上，先由主持僧宣讲佛门戒律，如戒杀、戒盗、戒淫、戒妄、戒酒等。接着信徒们就依照上述要求，在自己头顶前方烧香。香数虽然不等，但越多越彰显虔诚。一般都在 9～12 柱左右，有的还当场烧去一两个指头，表示终生崇信佛法。佛家将此举称作“焚香顶指”。

焚香顶指始于何时，现已无从查考。但据史籍载，元代已在全国各大寺院大力推行，且盛极一时。后来这种受戒法有所简化，改由主持僧直接用香头在信徒头顶烙烫。

## 和尚敲木鱼的来历

寺庙里的和尚念经时，总是一边敲着木鱼，一边口中念念有词。为啥念经要敲木鱼呢？

相传唐僧去西天取经，须遭九九八十一难，方能功成行满。可他初见如来佛时，才遭了八十难。所以阿难、加叶两童子故意将《无字经》送给了他。

唐僧师徒返回途中，突然发现经书全是白纸，遂折回灵山拜见如来，讲明原委后取得了真经。当再次返归至通天河时，幸遇乌龟精正翘首以待，欲送他们过河。师徒四人大喜过望，一齐跨上龟背向对岸游去。刚游到河心，乌龟精侧首问唐僧曰："初渡通天河时，曾托你拜问如来佛祖，我何时才能得道升天？"唐僧一时语塞。因为他取经心切，忘却了当时的承诺。乌龟精大怒，一头猛扎水中，把唐僧师徒和经卷统统抛入浪谷，于是遭遇了第八十一难。

四人经过一番折腾，人马总算平安上岸。但捞出经书清点时，却发现少了几部。经多方查找，方知被一条大鱼吞掉。悟空怒发冲冠，抡起金箍棒狠敲鱼头说："吐出来还我！"就这样，敲一下，吐一个字……

后来，唐僧仿照其形做成了"木鱼"，让和尚一边念经一边敲打，目的在于让它吐出所吞下的所有经文。

和尚敲木鱼，还有另一种说法：木鱼作为佛教法器，共有两种。一种置于佛殿，用来掌握诵经节奏；一种挂于斋堂，借以通知众僧进斋。除此而外，还有更深一层的涵义。据五代王定保《唐摭言》载，一天，白衣问天竺长老曰："僧舍皆悬木鱼，何也？"答曰："用以警众"。白衣曰："必刻鱼何因？"长老不能答，以问汴悟师。师曰："鱼昼夜未尝合目，亦欲修行者昼夜忘寐，以至于道。"

由此可见，"警众"与"自警"（不寐），乃是和尚敲木鱼的宗教内涵。

## 和尚斜披袈裟的来历

假如你稍一留神就会发现，所有寺院的和尚都是斜披袈裟的。这究竟是别出心裁希图美观，还是另有它意而约定俗成呢？

相传公元 527 年，印度高僧达摩千里迢迢来我国传授"禅宗"。禅宗乃佛教的一个宗派，主张面壁静坐以修其心。达摩在少林寺五峰山的一个石洞里，天天面壁修炼，长达九年之久。在此期间，洛阳香山寺的神光和尚曾拜达摩为师，与他朝夕共处，形影不离。一天夜晚，神光冒雪前去请教，见师父正坐禅修炼，不敢打扰，就双手合十，在雪地里恭候赐教。大雪淹没了双膝，仍寸步不移。达摩坐禅完毕，见状惊问何因？神光含泪道：“弟子前来求教真佛法”。达摩略加踌躇说：“要传真法，除非天降红雪！”神光听罢，毅然抽刀断己左臂，顿时血流如注，染红了皑皑白雪。这一虔诚的举止，使达摩深受感动，他急忙用袈裟裹其伤臂，扎结固定在腰间，并给他更名为慧可，授以衣钵，热情传以真法。

后来，佛教僧侣为纪念立雪断臂以求真法的神光和尚，便把袈裟斜披在左肩上，以表明自己佛心真诚，矢志不移。

## “阿弥陀佛”的来历

“阿弥陀佛”是寺院和尚们的一句口头禅。佛教意指其系西方极乐世界中最大的佛。经常诵念，表示对神灵的祈祷或感谢。可在民间传说中，却留下这么一个有趣的故事。

很早以前，一个小寺院不慎着火，众和尚只管自个逃命，连老佛爷瞅都不瞅一眼。这时，一位法号叫作“阿弥”的小和尚不顾个人安危，冲进火海将老佛爷救了出来。大火把寺院烧得一干二净，佛爷只好领着众僧投奔其他寺院。途中遇到一条大河，佛爷问：“谁驮我过河”？油嘴滑舌的“醉过”和尚即刻回答：“当然是阿弥驮佛”。话音刚落，众和尚皆连声附和。阿弥毫不在乎，背起老佛就大步向对岸走去。谁知刚到河心，阿弥与佛爷竟不断上升，化成两朵祥云朝高空飘去。众和尚知悉人家得以升天，遂急忙喊叫：“佛爷，别留下我们！”佛爷在空中留下两句话：“油嘴滑舌，醉过醉过，要成正果，阿弥驮佛”。

天长日久，人们慢慢将“醉”换成了“罪”，“驮”变成了“陀”。于是，原先的两句话就成为“罪过罪过，阿弥陀佛”了。

## “楼观台”名称的来历

楼观台位于西安市周至县城以南20公里的秦岭北麓，距西安市区大约75公里。它南依秦岭，北临渭水，山清水秀，景色迷人，自古以来就是关中地区著名的游览胜地。

2500年前的周敬王时，甘肃天水人尹喜任职河南灵宝函谷关令，恰逢老子西游秦国途径于此。一番寒暄过后，尹喜对老子肃然起敬，遂毅然辞去关令，陪同老子亲赴楼观讲学。尹喜乃春秋时期的著名学者，尤以星象研究最为擅长。初到楼观之时，由于条件十分简陋，他每天都要登上所居的草楼平台去观测天象之变化，日子久了，人们就将此地称为“楼观台”。

“楼观”是道教在我国北方最早建立的道观，也是老子李耳的讲学故地，此间拥有大量的名胜古迹。唐、宋、元时期，这里以“宗圣宫”为中心，修建各种名胜古迹40余处，面积达80多平方公里。但由于历经战乱，现仅说经台、炼丹炉、吕公洞、化女泉及宗圣宫几处，尚有遗迹可寻。

## 五百罗汉的来历

北京碧云寺、苏州西园和四川新都宝光寺等处，都有五百罗汉堂。这些罗汉是怎么来的？唐代高僧玄奘写的《大唐西域记》作了回答。

摩揭陀国有一千个佛僧，其中五百个是凡夫僧，五百个是罗汉僧，国王无忧王对他们都很敬重。所谓罗汉僧，是指那些断除了贪欲之念，已得“正果”，不受生死轮回的佛僧。这些罗汉平日不露真迹，连无忧王也不知底细。

一次，一个名叫摹诃提婆的凡夫僧，连续发表了许多违背佛门教规的言论，在众僧中造成恶劣影响。无忧王对此十分生气，便想将千名佛僧一律处死。在这危急关头，五百罗汉僧各显神通，腾云驾雾飞驰而去，到迦湿弥罗国的一个山谷里隐居起来。

无忧王知悉后，也不禁忧虑万分。他既悔恨又惧怕，便亲自前往认错，并请他们回去。谁知罗汉僧们说啥也不肯。无奈之下，无忧王只好在国都建起一座寺庙，仿照五百罗汉僧的模样，塑造了五百尊像，不时烧香供奉。从此，五百罗汉像就流传下来，也传到了我国。

## 嫦娥奔月的来历

嫦娥奔月的美丽传说，国人无不知晓。然而这个故事却是虚拟的。

据郑慧生《上古华夏妇女与婚姻》一书考证，嫦娥原型并非奔向月宫，而是奔回了自己的部落——司月族。

嫦娥一名，是由常羲（羲，古文通假“娥”）之名演变过来的。

常羲乃司月女神的名字，系东方天帝帝俊的三位妻子之一。所谓“司月”，乃以观测月球的运行及变化为职责。用现代语言来讲，当属航天科技一类的事情。嫦娥系常羲族人，也是司月女神之后代。

嫦娥成长于原始氏族社会的父权制时代，婚姻形式本为一夫一妻制，但随着男性地位的不断上升，这种体制逐渐被打破。据有关史籍记载：嫦娥之夫后羿奉东方天帝（帝俊）之命为民除害，射瞎了水神河伯的眼睛，霸占了他的妻子洛神。此举引起嫦娥的强烈不满，她愤而离开丈夫，决意奔月回娘家——司月部落。

汉张衡《灵宪》一书记载：“（嫦娥）将往，枚筮之于有黄。有黄占之，曰：‘吉，翩翩归妹…… 后且大昌。’姮娥（即嫦娥）遂脱身于月，是为蟾蜍。”该文意思是说，嫦娥回到常羲族后，又结婚成家，生儿育女。由于在父系社会，外姓后裔不被承认为常羲族人，嫦娥只得另立门户，重新组织了一个以蟾蜍为图腾的独立家族。

至于嫦娥奔月的传说，盖因父系社会不愿承认女性的胜利，有意偷换概念，瞒天过海，将她奔回司月族篡改为奔向月宫，过着孤独、凄惨的冰冷生活。

## 十字架的来历

十字架是以钉、挂的方式处死犯人的一种古代刑具，它曾广泛流行于波斯、犹太、罗马和迦太基等国。后来，由于耶稣受此极刑后又死而复生，并随之产生了基督教，因此它又成为宗教的标志。

相传上帝为了拯救人类，曾使玛利亚未婚而孕育了耶稣。耶稣是上帝的亲生子，亦即“救世主”，生于犹太伯利恒。他来到世间，招了十二使徒在巴基斯坦传教，到处表演起死回生、驱妖降魔之术。公元 32 年，因遭弟子犹太的叛变而被害。当时，犹太的上层分子勾结罗马总督，由驻在巴基斯坦的罗马帝国巡抚彼拉多出面，把耶稣钉死在十字架上，不料耶稣死后三天又复活显灵，得以升天。耶稣死后，他的门人宣传他是为救世人而死，并随之创立了基督教。

现在，十字架不仅是基督教的标志，而且还作为中立和人道主义的标志，为医疗机构所采用。

## 宋后皇帝不拜佛的来历

自从佛教在汉代传入我国后，佛像就一直享受着最高级、最尊贵的礼遇。上至王公要臣，下至庶民百姓，无不十分虔诚地在佛像前顶礼膜拜。但到宋代以后，皇帝却不再跪拜佛像了。此乃何故？

据载：宋太祖赵匡胤夺得天下后，初次去相国寺进香。在佛像前，他问随行同僚："朕当拜不当拜？"寺僧替宁回答说："不当拜。"宋太祖究问其因，替宁曰："现在佛不拜过去佛。"

替宁的回答，真乃妙不可言。他既不贬抑亵渎佛祖，又充分维护了当朝皇帝之尊。赵匡胤听罢满心欢喜，就没有下拜，并以此成为定制。所以，后世各朝的帝王，就再也不用跪拜佛像了。

## 元旦与春节的来历

"元旦"，即一年之岁首是也。这一名称，起始于三皇五帝中的颛顼。

据唐代房玄龄所撰的《晋书》记载："颛帝以孟春正月为元，其时正朔旦立春"。意思是说，颛帝曾把春季的第一个月即农历正月称"元"，初一叫"旦"，正月初一恰是立春。"朔旦"指每月的初一。古时将日月相会叫"朔"，其时月亮正处于太阳与地球之间。为了有别于其它月份，后人就把元月的"朔旦"称作"元旦"。南宋吴自牧在《梦粱录・正月》中云："正月朔日，谓之元旦，俗称新年。"梁三朝的《雅尔歌》中亦有"四气新元旦，万春初今朝"之佳句。由此可见，古人所说的元旦，就是我们现在的春节。

关于元旦日期的确定，古今中外并不一致。欧洲国家大多以"冬至"为岁首，而其他西方国家则以"春分"为岁首。在我国，夏朝把岁首（正月）定在孟春之月，商朝定为腊月，而周秦两代又分别定在十一月和十月。直至汉武帝时，才又正式恢复到孟春之月。

辛亥革命后，孙中山先生于 1912 年初在南京就任临时大总统时，宣布我国改用世界通用的阳历，并决定以公元 1912 年 1 月 1 日为民国元年 1 月 1 日（即岁首），俗称新年，但仍未称作"元旦"。

1949年9月27日，中国人民政治协商会议第一届全体会议决定：中华人民共和国纪年采用公元纪年法。为了区别农历和阳历两个新年，又鉴于“立春”正值农历新年前后，遂将阳历1月1日定为“元旦”，将农历正月初一改称“春节”。从此，元旦与春节才正式分离，成为我国人民两个不同的新年。

## 元宵节的来历

农历正月十五是元宵节，亦称“上元节”。元宵节起始于西汉时期，至今已有2100多年的历史。

相传汉惠帝刘盈驾崩之后，吕后一度篡夺了政权。吕后一死，精忠保汉的周勃、陈平等人合力扫除诸吕，于公元前179年拥刘恒为主，即汉文帝。文帝博采众议，广施仁政，救灾济民，励精图治，使汉帝国复又强盛起来。因为剪除诸吕的日子是正月十五，所以每到这天晚上，文帝便微服出宫与民同乐，以示纪念。在古代，“夜”同“宵”，正月又称元月，于是汉文帝就将正月十五定为“元宵节”。

元宵节也是我国古代的情人节。在古代的封建专制下，少女平时足不出户，很难遇到意中之人。唯有元宵节为她们提供了难得的契机，可以结伴游玩，及至偷偷幽会，享受爱情之甜蜜。欧阳修的《生查子·元夕》载：“去年元夜时，花市灯如昼。月上柳梢头，人约黄昏后，”就是怀春少女对花前月下浪漫之情的追忆与向往。

观花灯是正月十五一项重要的活动。这一习俗的产生，与我国古代的夜禁制度有着密切的关系。有史以来，历代封建王朝都禁止百姓夜间通行与聚会。由于这一禁令与正月的欢乐气氛极不适宜，因而不断遭到百姓之反抗。为了缓和这一矛盾，汉朝统治者开始在元宵节期间实行“弛禁”政策，允许百姓张灯祭神一夜。据《史记·乐书》记载：汉代于正月十五日晚祭祀天帝时，仪式可通宵达旦。其时游人如织，热闹非凡。到了隋代，隋炀帝杨广于大业二年（606年）和大业六年元宵节，曾两次调集民间艺人进京，在洛阳城区张灯结彩，日夜演戏。演员达三万之众，声闻数十里。至于正式规定在元宵节“放灯”，则是唐朝初年的事了。唐玄宗时，每逢元宵佳节，就命人用丝绢扎成灯楼20间，高50丈，上面悬挂珠玉、金银穗坠等饰物。微风佛动，铮铮有声。《开元天宝轶事录》上说：“韩国夫人置百枝灯树，高80尺，竖之高山，上元夜点之，百里皆光。”唐先天元年（712

年），唐玄宗李隆基为了庆祝国泰民安，曾降旨放灯三夜。从此，我国人民的生活中，又增加了一个披红挂绿的节日——灯节。

## 春龙节的来历

“二月二，龙抬头；大仓满，小仓流”。这是广泛流传于我国北方农村的一句民谣。据民间传说，农历二月初二是主管云雨之事的龙王抬头之日。从这天起，春雨就会日渐增多。因此，人们就将这一天叫作“春龙节”。

东汉许慎在汉和帝永元十二年（公元100年）撰写的《说文解字》中说：“龙，鳞虫之长，能幽能明，能细能巨，能长能短，春分登天，秋分而潜渊。”农历二月初二前后，正值惊蛰、春分之时。惊蛰龙抬头，春分龙登天。这是关于春龙节最早的文字记载。

春龙节的来历，还有这样一个神奇的传说。

相传武则天登基后，惹恼了玉皇大帝，遂传谕四海龙王，三年内不得给人间降雨。结果人间赤地千里，饿殍四野。司管天河的龙王为拯救黎民百姓，就违抗玉帝旨意，偷降春雨在人间。玉帝发觉后，便将他打下凡来，压在一座大山之下。立碑有云：

龙王降雨犯天规，当受人间千秋罪。
要想重登凌霄阁，除非金豆开花时。

人们为了报答龙王救命之恩，纷纷寻找开花的金豆。二月初二这天，有人翻晒金灿灿的玉米种子时，忽发奇想：这玉米酷似金豆，炒一炒开了花，不就是“金豆开花”吗？于是就通知千家万户齐爆玉米花，并设案焚香，供奉“金豆”。玉帝不食前言，果然将龙王召回天宫，继续给人间兴云播雨。人们不忘龙王之恩德，就在每年二月初二爆玉米花。

其实，“天上没有玉皇，地上没有龙王”，这是尽人皆知的。所谓“二月二，龙抬头”，实际上与古天文学有关，也与农业生产有密切的联系。人们之所以关心“春龙节”，并以各种方式纪念降雨龙王，根本原因在于二月正是春耕大忙时节，它可提醒人们莫违农时，同时也寄托了人们祈求五谷丰登的善良愿望。

# 寒食节与清明节的来历

冬至过后 105 天称为“寒食节”，也正好是“清明节”的前一天。所以，人们往往将其与清明节融为一体，前去祭扫祖墓，寄托哀思。

关于寒食节的来历，一般都认为出自晋文公悼念介子推的故事。

相传公元前 655 年（春秋时期），晋献公的儿子重耳为了躲避继母骊姬的陷害，在大臣介子推的陪同下流落国外。期间他们受尽了屈辱，尝尽了心酸。当步入魏国境内时，重耳因饥渴难耐竟晕倒在地。介子推见状，忍着切肤之痛从自己腿上割下一块肉，煮熟后送给重耳充饥。公元前 636 年，重耳结束了长达 19 年的流浪生涯，在秦穆公的帮助下回国即位，这就是晋文公。

晋文公执政后，对有功之臣则大加封赏，唯独忘了介子推。介子推对此并不介意，遂携老母隐居于绵山（今山西）峡谷。晋文公知悉后，深感内疚，遂亲自上山寻访，然介子推避而不见。晋文公深知介子推是个孝子，就下令放火烧山。他想，为了母亲生计，介子推这下总该出山受封了吧！谁知大火烧了三天三夜，就是不见介子推的影子。经反复寻找，始发现他身背老母依傍着一棵烧焦的柳树，早已魂归西天了。

见此惨状，重耳心如刀绞，直哭得死去活来。安葬遗体时，又发现树洞里有件东西。掏出一看，原是一片衣襟，上书几行大字：

割肉奉君献丹心，但愿主公常清明。
柳下作鬼终不见，强似伴君作谏臣。
倘若主公心有我，忆我之时常自省，
臣在九泉心无愧，勤政清明复清明。

为了痛悼介子推，重耳回朝后便把放火烧山的那一天定为“寒食节”，规定举国上下禁忌烟火，“寒食”（吃冷食）一日。

次年寒食节，重耳率领群臣身着素服来到绵山，在山下寒食一日。第二天徒步登山祭奠。这时，只见那棵焦柳复又枝叶茂盛，婆娑起舞。于是，他当即将此树赐名为“清明柳”，又把这天定为“清明节”。

隋唐年间，清明节和寒食节便渐渐融合为同一个节日，成为扫墓祭祖的日子，即今天的清明节。从此，清明节成为中华民族一种固定的风俗。

## 端午节的来历

农历五月初五日，是我国传统的端午节，亦称重午、重五、端阳节。端者“初”也，是开始的意思。按地支顺序推算，农历五月乃“午月”，古人常把五日写成“午日”，“初五”自然也就可以写成“端午”了。由于“午月”与“午日”中有两个“午”字重复，所以又有人将它叫做“重午”。在古代，人们常把午时视为“阳辰”，于是端午亦可叫作“端阳”，重午又可谓之“重阳”。到了唐代，因避唐玄宗八月五日生辰之讳，宰相宋璟提议，将“端五”正式改为“端午”。

每逢端午节来临，我国城乡家家户户都要吃粽子，戴香包，有的还要喝雄黄酒，给门上插艾蒿。据有关资料记载。这一风俗的成因，大致有以下几种。

一种说法是公元前278年，楚国都城被秦国攻破后，爱国诗人屈原饮恨含悲，于五月五日自溺于汨罗江。人民怀念他，就在这天煮粽子、炸油糕投入江中喂鱼虾，以保屈原尸体不受侵害。

另一种说法起始于戏剧《白蛇传》。说喝雄黄酒可避除瘟疫，防止毒蛇、害虫吞咬。

第三种说法是讲黄巢起义时，曾遇一年轻妇女背着大孩子、拉着小孩子逃难。黄巢始以为她太不仁义，经过询问，方知大孩儿系其兄之子，而小孩子才是她的亲生骨肉。只因大哥死后大嫂改嫁，如将侄儿丢失，就愧对于兄长，黄巢听罢，口称义妇，遂拔剑砍下路旁艾蒲，命妇人回家插在门上。同时通令三军：“遇门插艾蒲者，不得伤害”。这妇人回家后告知四邻，家家户户都插上了艾蒲，确保了平安。

第四种说法是，唐朝统治者污蔑黄巢起义军为“瘟神”下凡，遂令举国百姓门挂艾蒲，以防瘟疫。百姓不知有诈，就照此办理了。

## 七夕节的来历

农历七月初七，是民间的七夕节，也叫“乞巧节”“女儿节”。相传这天是牛郎织女鹊桥相会的日子，天下姑娘除了与之分享欢乐外，还要向心灵手巧的织女去“乞巧”。其实，七夕节最早是我国古代的祭星节日，它源于古人以观察星象来确定季节农时的习惯。

古时候，人们定时的传统标志是北斗七星。当北斗星的斗柄指向正北时，就是正月；指向正南时，则为七月。与此同时，古人还把织女星所处的位置作为判断季节的标准。上古七月初昏时，银河正好面对正南，此时织女星则恰好出现在正东方。它与北斗斗柄的指向一起，成为古人确定七月月序的重要标志。

由于北斗星与织女星都是农历七月初一的标志星，所以七夕节最早是作为这些星座的祭祀节日出现的，时间自然是七月一日。其后之所以演变为七月七日，乃因我国古代确定节日时，喜欢选月序与日序相一致的日子。如二月二春龙节、五月五端午节、九月九重阳节等。至于将七夕节同牛郎织女欢度鹊桥相联系，显然是后人寄善良之愿望于牛郎织女罢了。

七夕节的由来虽然与牛郎织女的故事无关，但却历来为广大妇女所重视。因为七夕是牛郎织女一年一度相会的吉日，而织女正是我国古代妇女崇拜之偶像，故人们常用“望月穿针”“对镜映月”等游戏向织女祈求智巧。唐仁祖咏《七夕》诗云：“向月穿针易，临风整线难；不知谁得巧，明月试试看”。表达了我国妇女追求聪慧、热爱生活的美好愿望。

## 中秋节的来历

中秋一词，最早见于《周礼》。书中说：“中春昼击土鼓吹，雅以逆署。中秋夜迎寒亦如之”。在我国古代，人们把每季每月的十五，分别称为孟、仲、季。由于农历八月十五居于秋季的正中，故亦称作“仲秋”。“仲”者居中是也！此外，它还恰好居于“仲秋”之中，所以谓之“中秋节”或“仲秋节”。古人云：“月到中秋分外明”。其时天高气爽，皓月当空，因而又称为“月夕”。

古时候，我国历代帝王都有春天祭日、秋天祭月的礼制。即使民间，也有中秋祭月、拜月和赏月之风。魏晋以来，赏月习俗已广泛流传。到了唐代，可谓达到鼎盛时期。据史籍载：为了庆贺唐明皇的生日（农历八月初五）从初五到十五，普天同庆，万民同乐。尤其在十五之夜，明皇乘兴游“月宫”，更是热闹非凡。宋代的中秋夜，“贵家结锦台榭，民间争占酒楼观月”。其时“弦笙鼎沸，近内庭居民，深夜逢闻笙竽之声，宛若云外。闾里儿童，连霄嬉戏。夜市骈阗，至于通晓”。其赏月兴致之浓，亦绝不在唐代之下。

八月十五吃月饼，是中秋佳节的一大特色。月饼在很早以前叫小饼或甜饼，本是祭奉月神的贡品。元朝末年，统治阶级残酷压迫人民，又怕人民起来造反，于是将百姓家里的金属器具一律没收，只准十家合用一把菜刀，故引起众愤。朱元璋和刘伯温组织农民揭竿而起，进行反抗。他们把起义的消息藏匿于月饼之中相互传递，并约定在中秋之夜一起动手，终于导致了元王朝的覆灭。后来，人们为了纪念起义的成功，便在中秋节互相馈赠月饼。

## 重阳节的来历

农历九月九日，是我国“一年一度秋风劲”的重阳节。“重阳”一词，源于《周易》。书中谓“九”为阳数，“六”为阴数。九月九日，二“九”相重，故称“重九”或“重阳”。

重阳节作为一个民间节日，起始于东汉时期。

相传当时汝南县有个名叫桓景的人，幼时父母相继死于瘟疫。桓景听人说，此系本地瘟魔作怪，便决心访仙求道学法术，以震慑瘟魔，为民除害。他历经千辛万苦，终于在东南山中遇到了费长房大仙。大仙遂赠予其一把降妖青龙剑，要他习武学艺。来年九月的一天，大仙对他说：“二‘九’相重，乡人有难。”说罢又送给他一些茱萸叶和菊花酒，要他分于乡亲父老，登高避祸。桓景照此办理，果然瘟魔不敢临近。后来，他又手持青龙剑，同众乡亲一道登上高山与瘟魔交战。几经拼搏，终于刺杀瘟魔，为民除了大害。这件事传开后，人们“重阳登高，仿桓景之避祸”的习俗就代代沿袭了下来。

由于九与“久”同音，高与“糕”相谐，故古人过重阳节还兼取“长久”之意，希图健康长寿。地处平原无“高”可登时，则以吃“蒸糕”代之。三国时代的曹丕在《九日与钟徭书》中曾说道：“岁月往来，忽复九月九日。九为阳数，而日月并用，俗嘉其名，以为宜于长久，故以享宴高会。”

现在，我国的重阳敬老活动已经十分普及。“敬老日”“敬老周”已在很多省市设立。年满 70 岁的老人们除发给“寿星证”享受国家生活补贴外，还在乘车、就诊、就餐等方面给以优待。

## 腊八节的来历

在我国民间，每逢农历腊月初八，人们要过“腊八节”，吃“腊八粥”。这一风俗习惯，距今已有 2800 多年的历史了。

“腊”是我国古代的一种祭礼。商朝时期，每年都要在春、夏、秋、冬时节分别举行一次祭祀祖先和天地神灵的活动。其中以冬祀为最盛。当时的“腊”与“猎”是同一个字，有“合聚万物”之意。人们常在年终时将禽兽等猎物作为祭品，以祈福求寿，避灾迎祥。久日久之，就将农历十二月称为“腊月”，将冬祀之日称作“腊日”了。如《史记·秦本纪》中就有“惠文君十二年初腊”的记载。由于人们所祭之神有先啬邮表畷神、司啬神、水庸神、猫虎神、坊神及昆虫神等八种，故又称之为“腊八”。

但是，当时的“腊日”并非固定不变的。从汉代始，才将其正式定在冬月过后的第三个戌日。事有凑巧，固定后的第一个腊日恰逢腊月初八日，而这天正好是佛祖释迦牟尼成佛的日子，所以到了佛教兴盛的南北朝时，人们就将年终祭日与佛祖纪念日合为一体，统一在十二月初八这天，并定名为“腊八节”。

腊八节吃“腊八粥”的习俗亦来自佛教。据说教徒们为了纪念释迦牟尼成佛，每年的这一天，各寺院都要取香谷、果实煮粥相贡，谓之“腊八粥”。粥里掺入各种米粮，并非为了五味俱全，而是百姓们通过向寺僧捐赠各种食物，来表达对佛祖普度众生的敬意与怀念。

后来，煮腊八粥的纪念方式逐渐普及于民间，并慢慢演变为现今这种重在庆祝五谷丰登的传统习俗。

## 教师节的来历

9 月 10 日，是我国人民教师的节日——教师节。这一节日创立于 1985 年，距今只有近 30 年的时间。

其实，我国历史上曾建立过教师节。全国解放后，教育部及全国教育工会领导人在 1951 年发表过书面谈话，宣布五一国际劳动节同时为“教师节”。但执行的结果，教师节实际上已不复存在了。

为了在全社会形成一个尊重教师、尊重知识、尊重人才的良好风气，30 年前，国务院决定重新设置教师节。1985 年 1 月 11 日，国务院根据全国人大代表、全国政协委员的提案，向全国人大常委会提交了教师节的议案。10 天后，第六届全国人大常委会第九次会议通过这一议案，遂确定每年的 9 月 10 日为“教师节”。

但是 30 年来，这一“节日”在全社会备受争议。因为 9 月 9 日是伟大领袖毛主席的忌日，次日再过“教师节”，确实不妥。前不久，教育部官员表态，将重新研究确定教师节。目前，这一工作尚处在调研阶段。

## 植树节的来历

广植林木，是美化环境、防止污染和保持生态平衡的重要措施，植树节就是为倡导植树而设的。目前，全世界已有 50 多个国家设立了植树节。

最早设立植树节的是犹太人。自上古以来，他们就把每年一月份后半月的一天作为植树节。1872 年，美国内布拉斯加州把每年十月份的最后一个星期五定为植树节。1952 年，联合国粮农组织也通过了建立世界“植树节”的决议，得到了各国政府的响应。

我国是设立植树节较早的国家。早在 1915 年，我国就已规定每年的清明节亦为植树节。1929 年为纪念孙中山先生，遂将其逝世日即 3 月 12 日改为植树节。1979 年，全国人大通过决议，正式决定将每年的 3 月 12 日定为植树节。

## 文明礼貌月的来历

1981 年 2 月 25 日，全国总工会、团中央、全国妇联等 9 个单位，依照叶剑英、邓小平关于在建设高度物质文明的同时，要建设高度社会主义精神文明的讲话，向社会各界联合发出了开展“五讲四美”活动的倡议。

在五届人大四次会议上，陈昊苏等人提出把每年 3 月作为“全民文明礼貌月”的提案。1982 年 1 月 30 日，团中央率先提出在全国青少年中开展“文明礼貌月”活动的意见。紧接着，中共中央书记处指示中办转发了中宣部的报告，规定每年 3 月为“全民文明礼貌月”。

## 我国爱鸟周的来历

鸟是人类的朋友，也是一项宝贵的自然资源。保护鸟类，对维持生态平衡和改善人类生活环境有着十分重要的意义。

1962 年，国务院曾发出《关于积极保护和合理使用野生动物资源的指示》，其中自然包含了鸟类。1981 年 8 月，我国政府又同日本政府签订了候鸟保护协定，并批准林业部等 8 个单位联合提出的“执行中日两国政府保护候鸟协定的几项措施”。其中之一，就是开展“爱鸟周”活动。从 1982 年春季起，各省、市、自治区就各自规定了“爱鸟周”的时间。

由于我国地域辽阔，各地的气候等条件差异较大，因此“爱鸟周”的时间安排不尽一致。最早的是广西（2 月 22 日～28 日），其次是贵州（3 月份第一周），第三是广东（3 月 20 日～26 日）。除河北、内蒙古、安徽、青海与新疆在 5 月份外，其余的都在 4 月份。

## 母亲节的来历

母亲节是由美国的安娜·查尔维斯女士倡议创立的。1905 年。安娜刚过不惑之年，她的母亲便溘然长逝了。万分悲痛的安娜为了纪念母亲的抚育之恩，立志要创立“母亲节”。她曾先后致函全美各个州长、国会议员、教会人士、妇女团体、慈善机构、工商界领袖与社会知名人士，力陈己见，终于获得了各个方面的积极支持。

1914 年，美国参众两院通过议案，要使“母亲节”成为一个全国性的节日。当时的总统威尔逊随即宣布：每年 5 月的第二个星期天为“母亲节”。然而安娜并不满足，她希望世界上更多的国家来承认这一节日。在她的努力下，目前已有 50 多个国家确认了“母亲节”。

## 父亲节的来历

父亲节起源于 1910 年，它是根据美国一位女士——约翰保杜德夫人的提议创立的。

约翰保杜德夫人幼年丧母，由父亲悉心操劳，将其抚养成人。她为了报答父亲的仁爱之心，遂于 1910 年向教会提议，将每年 6 月的第 3 个星期日定为父亲节，届时举行隆重的庆祝仪式。教会很快采纳了约翰保杜德夫人的意见，并对每年的庆祝活动做出了具体的规定。按照这一规定，所有参加该项活动的人，举凡父亲在世者，襟前须佩戴一朵红色玫瑰花；父亲业已离世的，则佩戴一朵白色玫瑰花。之所以选定 6 月为父亲节，是因为这个月的阳光是全年之中最为炽热的，它象征着父亲给予子女们炽热的厚爱。

## 姑姑节的来历

每逢农历六月初六，农村的出嫁姑娘都要回娘家省亲。这一风俗，远在春秋战国时期，我国就有了。

晋国宰相狐偃主政后，居功自傲，目中无人，以至连儿女亲家赵衰也从不放在眼里。他曾当众将赵衰无缘无故地痛骂一顿，致赵衰悲愤交加，气绝身亡。赵衰之子恨岳父不仁不义，决心要在其六月六日的寿宴上羞辱他一下，以报父仇。狐偃之女知悉后，迅即告知家父。狐偃经过认真反思，遂于六月六日郑重其事地将女儿、女婿请到家中，当面认错道歉。女婿见岳父真诚至极，也就化干戈为玉帛，同岳父和好如初。

此时传开后，人们普遍为之赞赏。遂把每年农历的六月六日，定为“姑姑节”，专请姑娘和女婿回来，以示沟通。

## 情人节的来历

2 月 14 日是情人节，亦称“少男少女节”。情人节起源与罗马时代，它的确定源于两个因素：一个是古时候的人自称一切鸟类在这天开始交尾，象征青春活力的开端；另一个是古罗马人在这天敬拜天后朱诺，传说她是女性幸福婚姻的保护神，所以将这天定为情人节。

其实，我们中国也有自己的“情人节”。只不过名称、叫法不同而已，其性质、内涵都是一样的。如传统的元宵节和少数民族的火把节、泼水节等，其中以元宵节最有代表性。封建时代的中国，姑娘平日深居闺房，不能轻易外出，但到元宵节这天便可上街观灯和赏月。这时，青年男子可趁机与她们结识交友，涉足爱河。因受旧习俗约束而长期不能相会的情侣，也可在繁灯掩映之下畅叙离情，互诉衷肠。在情人节里，情人们常在这天互赠信物，或一束花，或一件手工艺术品，以表达深切的爱心与思念。

不过近年来，我国民间越来越多地把织女、牛郎相会的“七夕节”，称为中国式的“情人节”。

## 火把节的来历

农历6月24日，是我国彝族人民的传统节日——火把节。关于火把节的来历，则源自一个古老的传说。

在很久以前的一个初夏之日，天帝恩提古兹看到庄稼即将成熟，便派使者丢沃拉耶到人间强行收取粮食。百姓们眼看自己一年的血汗即将付诸东流，自然对这位使者十分痛恨。当晚，有人就悄悄地将他送上了西天。天帝见其久去不归，就又派人寻找，可哪里还有他的影子。一天，一位老头在美姑县霍洛昌呷发现了一具尸体，上面爬满了虫子。老头将大家叫来查看，大家都说这就是丢沃拉耶的尸体。闯下如此大祸，该如何向天帝交代呢？他们一商量，便一起动手把尸体掩埋了。大家一口咬定，谁也没有见过他。经过多次交涉，天帝仍要百姓赔偿损失。于是，每年的6月24日，富家要宰牛宰羊，穷户要杀鸡宰鹅，向天帝贡献礼物。

当初，此间根本没有什么害虫，只是在丢沃拉耶的尸体腐败后，招来了大量虫子，并一代一代繁衍下来残害庄稼。所以，每当进献贡品时，人们都要点起火把漫山遍野烧虫子。

这一习俗流传下来，就成为现今的“火把节”。

## 赶狗节的来历

每年农历四月初八的晚上，丹徒宝埝农村的群众都要拌泥捏泥狗、揉面捏面狗。然后借着月光，把泥狗倒进污塘，放阵鞭炮；将面狗蒸熟，全家食之。这叫“赶狗节”。

相传古时候，成群结队的天狗经常窜至人间，糟蹋地里的庄稼。有年小麦刚刚泛黄，数千条天狗从天而降，将近万亩麦子夷为平地。农夫们遭此横祸，急得呼天哭地，乱作一团。这时，一位白发老者想出一条妙计，吩咐大家于次日午时捏些泥狗倒入河塘，引诱天狗上钩。大家一试，果然神奇！只见成天上万条天狗争先恐后地跃进河中，挣扎一阵便一命呜呼了。从此，天狗绝迹，出现了家狗，还成为人类忠实的朋友。

人们为了纪念老者的功绩，就将此法一代代地传了下来，称之为“赶狗节”。

## 感恩节的来历

11 月的第 4 个星期日，是美国传统的感恩节。这一节日始于 1621 年，至今已有近 400 年的历史。

1620 年 9 月，102 名英国人由于不满本国教会的迫害，搭乘“五月花”号木船，经过 65 天的海上漂泊，于 11 月 21 日抵达美国马萨诸塞州的普利茅斯。上岸后人地生疏，生活十分困难。冬天未过，就有一半人因疾病和饥寒而丧生。当地的印第安人见状非常同情，遂派人帮助他们种植玉米和荞麦，教他们狩猎。经过辛勤努力，终于度过饥荒，迎来了了丰收。

这时，移民中的一位长者感慨地说：“我们要感谢上帝的恩惠，大家一起来过个感恩节吧！”1621 年 11 月下旬星期四，印第安酋长带了 90 名勇士和 5 只梅花鹿前来助兴。吃罢早餐，他们就到教堂唱赞美诗。宗教仪式完毕后，又在露天进行聚餐。他们点起篝火，尽情歌舞，同时还进行了射箭、摔跤与赛跑等活动，兴高采烈地欢度了 3 天。后来年复一年，就形成了一个感恩节。

1795 年，美国首任总统华盛顿宣布感恩节为全国性节日；1941 年，美国国会将感恩节的日期正式确定为每年 11 月的第 4 个星期四，并延续至今。

## 圣诞节的来历

12 月 25 日，是基督教徒纪念耶稣诞辰的日子，称为“圣诞节”。由于人们格外重视，它慢慢地演变成为当今西方国家一个全民性的盛大节日。

相传，巴勒斯坦北部小城拿撒勒有位名叫约瑟的木匠，他的未婚妻玛利亚因从圣灵而怀孕，后在伯利恒一个畜棚的石槽里生下一个男婴，取名叫耶稣。耶稣是玛丽娅秉承天意而生的，是上帝之子，他为拯救世人，才降临人间。由于他主张平等、博爱，反对当时的奴隶主统治，引起犹太当权者和罗马统治阶级的极端憎恨，遂以“称王惑众”罪将其处以极刑，钉死在十字架上。

后来，耶稣的信徒们为了悼念他，便在每年 12 月 25 日“圣诞节”（亚美尼亚教会定为 1 月 6 日）举行纪念活动。其实在罗马宗教界，人们早在四世纪前就把这一天作为太阳神的节日来庆祝。因为这个日子在冬至前后，从这一天起，黑夜转短，白昼变长。人们感谢太阳赐给人类日益增多的光明与温暖，将它看成春天的象征，因而举行庆祝活动，向不可征服的太阳神顶礼膜拜。可见，圣诞节不仅是宗教的节日，同时也成为传统的民间盛大节日。

## 古尔邦节的来历

古尔邦节是我国信奉伊斯兰教的回族、维吾尔族、哈萨克族以及柯尔克孜、塔吉克、塔塔尔和乌孜别克等少数民族共同的盛大节日。

在阿拉伯语中，“古尔邦”称作尔德·古尔邦或尔德·阿祖哈。“尔德”意指节日，而“古尔邦”和“阿祖哈”都含有“牺牲”和“献身”之意，故这个节日亦叫“牺牲节”或“宰牲节”。

传说很久很久以前，阿拉伯北部人民的祖先、先知易卜拉欣梦见安拉向他授意，让其到密那山谷宰掉自己的儿子，为安拉献祭，以考验他对安拉的忠诚。当易卜拉欣带着儿子依斯玛义来到密那山谷即将处死时，安拉意识到易卜拉欣对他的虔诚和敬畏，遂派天使送下一只羊，代替了易卜拉欣之子的牺牲，这就是宰牲节的来历。

以后每年这一天，阿拉伯人便定期宰羊献祭，相沿成俗。伊斯兰教成立后，承认先知易卜拉欣为圣祖，并把伊斯兰教历的 12 月 10 日定为古尔邦节。我国使用的公历与伊斯兰教历每年有 11 天的日差，故古尔邦节的公历日期并不固定。

按照传统的规矩，穆斯林在古尔邦节这天清晨沐浴更衣，到清真寺做礼拜、上坟缅怀先人。节前，穆斯林家家户户打扫干净，制作各种糕点，炸油馓子、烤馕，做新衣裳，为节日做好准备。穆斯林从清真寺做完礼拜之后，便回到家里杀牛宰羊，煮肉做饭，施舍穷人，招待来宾。

## 世界环境日的来历

每年6月5日为世界环境日，这是在1972年召开的第27届联合国大会上通过的一项决议。

上世纪40年代以来，美国、日本、英国和比利时等国由于大量排放工业废水与废气，加之一些化学工业、核工业的毒气泄漏、核泄漏事件不断发生，造成严重的环境污染，致使数以万计的人死于非命，大批居民亦致病致残。为了保护人类赖以生存的环境，1972年6月5日至16日，联合国在瑞典首都斯德哥摩尔首次召开人类环境会议，邀集世界各国政府共同研讨保护全球环境的战略措施。这次会议建议联合国大会，将联合国人类环境会议开幕日定为“世界环境日”。此后不久召开的第27届联合国大会，接受并通过了这项建议。

世界环境日的意义，在于提醒全世界注意全球环境状况和人类活动对环境的危害，要求联合国系统及各国政府在这一天开展各种活动，以强调保护与改善人类环境的重要性，并及时发布环境现状的年度报告书。

## 世界人口日的来历

1987年7月11日，来自世界上128个国家的居民代表及联合国秘书长德奎利亚尔，正在南斯拉夫萨格勒布市召开一个世界规模的运动会。这时，一位名叫马泰伊·加斯帕尔的男婴，在该市一家医院里呱呱坠地了。联合国当天就宣布马泰伊·加斯帕尔为地球上的第50亿个居民，并将这一天定为“世界人口日”。

上世纪中后期，世界人口增长越来越快。据有关部门统计：全球人口平均每秒钟增加3人，每天约增加25万人，每年将以9千万到1亿人的速度急剧增长。为了引起世界各国政府和人民对人口问题的重视，联合国人口基金会要求各国政府及民间团体大力开展“世界人口日”活动。

我国是世界人口的“超级大国”，人口形势更加严峻。如1986年前后，平均每年约出生婴儿2200万左右，净增人口1500万以上；到1989年底，全国总人口已超过11亿。其后，我国又迎来第三次生育高峰，人口状况势必日趋恶化。因此，广泛深入地开展“世界人口日”活动，有着十分重要的意义。

## 世界旅游日的来历

1971年,世界旅游组织的前身——国际官方旅游联盟根据非洲国家官方旅游组织的意见，提出了创立“世界旅游日”的构想。1979年9月，世界旅游组织第三次代表大会经过充分酝酿，正式决定将每年的9月27日定为“世界旅游日”，并从1980年起组织各种宣传活动，每年拟定一个专题口号。

为什么要选定9月27日这天呢？这是因为，世界旅游组织的章程是1970年9月27日在墨西哥城的特别代表大会上通过的，是一个值得纪念的日子。此外，这天恰好又是北半球旅游旺季刚过去，而南半球的旅游黄金季节即将到来之时。换言之，这正是世界人民进行旅游、度假的大好时节。所以，世界旅游组织第三次代表大会的代表，一致同意将9月27日定为“世界旅游日”。

## 碰杯的来历

亲朋好友相聚，不免要畅饮几杯。人们在开饮之前，往往要举杯相碰而后喝酒，这种习俗由来已久。但究其起源，却有两种版本。

其一：古希腊人经常饶有风趣地谈论这样一个问题——每当人们饮酒时，身上大部分器官都享受到了喝酒的乐趣。鼻子可闻见馥郁的酒香；眼睛可看见美酒那绯红、碧绿、琥珀等诱人的色泽；嘴巴与舌头可品尝到琼浆玉液的醇酽佳味。唯独耳朵什么也得不到。为了弥补这一不足，他们想出一个法子，在喝酒前先互相碰杯，让清脆的响声传入耳膜，以共享饮酒之乐趣。

其二：碰杯习俗源于古罗马。因古罗马人崇尚武力，常常开展竞技格斗。竞技前斗士们要一起饮酒，以示友谊和勉励。为了防止心术不正之徒暗放毒药，他们在饮酒前都要将自己杯中之酒给对方倾倒一些，并使杯子碰出声响。久而久之，相因成俗，就流传至今。

## 干杯的来历

“干杯”之举，古已有之。不过当时有个专称，叫作“釂”。《说文》云：釂者，饮酒尽也！可见“干杯”起始年代之久远。

据史书载：古人饮酒，长幼有序。待长者举杯一饮而尽后，少者方可沾杯。这是所谓“长者未举釂，少者不敢饮”的老规矩。到了汉代，这种规矩略有改变，不过饮酒方式依然是一饮尽之，不像现今我们在席间慢呷慢饮，谈笑风生。《史记·武安侯传》提到有次灌夫给武安敬酒，武安不肯毕饮，表现了对敬酒者的蔑视，使灌夫大为不悦。《汉书·序传》说：成帝刘骜在设宴饮之会时，“赵（飞燕）、李（平）诸侍中皆引满举白”。颜师古对“举白”一词有两种解释，其一便是“谓引取满觞而引，饮讫，举觞告白也”。这如同现在我们干杯以后，把酒杯作向外倾倒之状。

到了唐代，饮酒方式又有一些改变，兴起依次尽觞。即席间饮酒，要从首席开始，一个个挨着干杯。一圈轮过，叫作一巡。沈番的《梦游录》写道：“见五六人方宴饮，酒至紫衣，至白面少年，至黑衣、至绿衣，至黑衣胡人，至张妻。”这一段，把同桌人一一举杯记得很有次序。

我国开始生产蒸馏酒（即烈性白酒），是在元代。以前所饮的，属于榨渣酒，亦称水酒。《周礼·王藻》记载，举行隆重庆典或祭祀时，作为礼酒，要和以水。所以受敬之人，即便是岁数大了一些，一饮而尽，也不怎么困难。

现在的古装戏中，凡表演摆宴场面，都是举杯尽饮，而后亮出杯底，以示酒干。这种表演程式和动作虽然细微，但却比较完整地保持了古代的习俗和礼制。

## 喝酒“先干为敬”的来历

在古代，宾朋之间相约饮酒，主人都要先喝一杯，以示诚意。这个做法，与通过握手表明并无凶器似有异曲同工之妙，即暗示对方酒里无毒，放心畅饮。主人饮过之后，客人则需自饮一杯以示回敬，此举谓作“酢”或“报”。接下来，就进入自由交谈阶段。主人为了劝客人多饮，仍需自己先饮倡之，此举当属“酬”。主人饮过之后，客人再举杯畅饮，是为“应酬”，即回应对方之厚意。

如此礼俗相沿下来，就是现今的“先喝为敬”之礼了。

## 握手的来历

握手起源于数千年前的史前时期。那时人们以狩猎为生，部落与部落之间缺少了解，故彼此相见时，都要互相打量，不敢贸然靠近。直至彼此都发现对方并无恶意，方举起手臂，张开手掌，让对方看清手里并无武器，然后双方再慢慢走进，互相摸摸右手，以示友好之意，以后就演变为今天的握手。

## 举手礼的来历

举手礼源于中世纪的欧洲。当时那里的骑士们常常在公主与贵妇面前比武，并须在经过公主坐席时吟唱一首赞美她的情诗。这种诗里往往都把公主比作炫目的太阳，武士们则要将手举起佯作遮挡阳光之势。后来，大凡见到尊贵的宾朋，人们都将右手举到眉上，以示敬意。久而久之，这种礼节就沿用下来了。

## 接吻礼的来历

接吻是西方国家的一种普通礼节。它的起源，同古代的一项法律制度有着直接的关系。

史载：古罗马时期，立法者为了保护后代的身体健康，曾经以法律的形式，明令禁止已婚妇女饮酒。但许多家境宽裕的女士早已嗜酒成癖，她们不顾法律的约束和家庭的忠告，经常偷偷地分享着丈夫的这一“特权”。因此，不少罗马男子外出归来，第一件事就是吻吻妻子的嘴唇，以检验其是否真的守法。久而久之，接吻就逐渐变成了夫妻间乃至朋友、同事之间一种必不可少的见面礼。

时至今日，欧美一些嗜饮的女性仍常常备有特制的香水，在与丈夫或情人见面之前，先用它漱漱口，以便用香吻而非酒吻迎接心上人。美国电影《乱世佳人》中赫思嘉听到意中人的马蹄声时，便匆匆漱口，还不慎呛了一下，就生动地体现了这种情景。

## 跪拜与拱手的来历

古典戏曲中常有跪拜的礼节，这种礼节源于“席地而坐”的习惯。

古时候没有凳子与椅子，更没有沙发，人们有事相聚，只能席地而坐。这样时间稍微一长，就会腿脚发麻，煞是难受。于是人们就变换姿势，将两膝跪地，脚掌朝天。若碰到熟人打招呼，就抬臂、点头、拱手，以示回拜。如此世代相袭，渐成习俗。从周代起，已开始施行了“九拜”礼制。

椅子出现后，跪拜与坐相分离，而单纯地成为一种礼节了。历朝历代，莫不如此。直到新中国诞生后，这种跪拜礼节才从根本上予以废除。然作为曾经与跪拜并存的拱手，至今仍有人沿用。因为一些人认为，拱手比之握手、接吻等礼节，既方便、卫生，且不失敬意。

## 压岁钱的来历

每当红红火火的农历新年来临之际，人们都要给尚未成年的晚辈发送“压岁钱”。童稚们收到“压岁钱”，自然喜上眉梢，情不不禁。

过年发“压岁钱”的风俗，由来已久。据考证，它是由宋代的“压岁盘”逐渐演变而来的。古籍《梦粱录》载：古时除夕之夜，各家的童稚们都用盒盘盛上食品、水果，互相赠送；宫廷的官吏也将非常精致的宵夜果盘呈送给皇帝，以贺新春之喜。时间一长，有人嫌送礼过于“扎眼”，就将礼品改为钱币。

清朝之时，“压岁钱”除了贺喜之外，还兼有祈福、驱邪之意。《燕京岁时记·压岁钱》较为详细地记载了当时的情致：“以彩绳穿钱，偏（编）作龙形，置于床脚，谓之压岁钱。尊长之赐小儿者，亦谓之压岁钱”。这时的钱，还是带有孔方的铜质钱。自从铜钱改为纸币以后，人们便将其用红纸包封，以示吉利。

清代有一首诗，惟妙惟肖地描绘了孩童收到“压岁钱”后的喜悦之情：“百十钱穿彩线长，分来角枕自收藏。商量爆竹锡箫价，添得娇儿一夜忙。”

# “鱼头对客”的来历

我国民间宴请宾客有种讲究，鱼头一定要对准贵宾，以示敬意，此为——“鱼头对客”。朋友相会聚餐，鱼之头、尾对准谁，则应先喝一杯与半杯。此乃古之传统——“鱼头喝一杯，鱼尾喝半杯”。

“鱼头对客”之习俗源于春秋时期。据传，吴王僚喜食“全鱼炙”这道菜（类似于现今的松鼠鳜鱼）。此菜系太湖之滨的名厨太和公用太湖所产的鲜鱼烹制的。吴公子光意欲刺杀王僚争夺王位，但宫内戒备森严，岗哨林立，实在难以近身，公子光只得另想他法。经过反复谋划，他派武士专诸去向太和公学习“全鱼炙”的制作工艺。学成归来，公子光便在家设宴，邀请王僚赴约。专诸烧鱼时，将一把匕首事先埋进鱼腹之中，然后在餐桌上把鱼头对准王僚，趁其干杯之时，瞬间抽出匕首刺向王僚，结束了他的性命。这就是史上有名的“专诸刺王僚”的故事。

“鱼头对客”，本是一场充满杀机、鲜血淋漓的“鸿门宴”，然而在历史进程中，不知何故，其血腥之气却逐渐丧失殆尽，慢慢演变成一种饱含敬意的民间礼仪形式了。

# 婚丧　民俗　俚语　称谓

## 称媒人为“月老”的来历

“月老”一词，出自唐代李复言《续幽怪录》。书中说：唐代有一位名叫韦固的青年，路过宋城南店时遇到一个老人，依着背囊对月翻书。他自云所翻之书乃人间婚姻薄，背囊里装的全是拴系人间夫妇的红绳。并称：即使仇人之家、贫贱悬殊，亦或远在天涯、从未谋面，只要一系上红绳，便会结为夫妻。接着又说：“你韦固的婚姻，已由红绳系在此店北面的陈婆女儿脚上了”。韦固对此一笑置之。

14 年后，韦固娶得相州刺史王泰之女为妻。婚后得知，王泰之女正是从陈婆之处抱养过来的。故此，后人就将媒人称为“月下老人”或“月老”。

## 称媒人为“冰人”的来历

媒人是男女婚姻的介绍者，俗称介绍人，过去亦称“月老”和“冰人”。媒人称“冰人”，则源于一个历史典故。

《晋书・索紞传》说：索紞乃敦煌（今甘肃敦煌县）人氏，字叔彻。他自幼聪慧好学，博通经书，精晓阴阳天文，而且还善于占卜。乡亲邻里请他占问吉凶祸福者，络绎不绝，终日门庭若市。尤其对解梦说梦，他更有独到之处，故在社会上颇有名声。

一天，本郡孝廉令狐策夜里做了一个梦，梦见自己站于冰面上同冰底之人在说话。令狐策醒来之后颇为疑惑，遂找索紞来解说。索紞听罢，沉吟了一会儿言道：“冰上为阳，冰下为阴。冰上人与冰下人说话为阳语阴，媒介事也！君当为人做媒，冰泮（冰融之意）而婚成。”数日过后，恰遇太守田豹拜托令狐策为其子说媒。令狐策想到做梦一事，便欣然应允。于是，他便将年龄相当的乡人张公徽之女与其说和。结果，冬天做媒，开春就已经成婚。

从此，人们就把媒人称为“冰人”了。

## 称媒人为“红叶”的来历

我国幅员辽阔、人口众多，民俗风情自然比较繁杂。比如媒人之称谓，除了叫作“月老”“冰人”之外，在陕西户县一带，还有称其为“红叶”的。

相传唐僖宗在位时，一个名叫韩翠蘋的民女，虽身处宫禁，却依然幽思不断。一日，她在御沟捡到一片红叶，遂感慨万端，赋诗于叶面：“流水何太急，深宫尽日闲。殷勤谢红叶，好去到人间。”写毕，即放入溪水顺流漂去。一位名叫于佑的书生偶然捡得后，激情难耐，亦采撷红叶一片，和诗一首置于溪水之中，抒发其对才女的爱慕之情。此叶恰巧也被翠蘋拾起，再题红叶漂放。如此红叶传情，你来我往，爱情之火日渐炙热。后来宫廷遣放宫女，俩人终结百年之好。

洞房花烛之夜，夫妻言及御沟飘叶之事，甚为动情。韩女两腮一红，一首《七绝》即刻从那樱桃小口中飘然而出：“一联诗句付流水，十载幽思满素怀。今夕喜成鸾凤侣，应谢红叶作良媒”。

从此，“红叶”便成为媒人之代称。古往今来，流传不息。

## “新郎”的来历

对婚礼和婚宴上的两位主角，人们习惯性地称之为“新郎”和“新娘”。这可是有来头的。

“郎“在汉朝时是中央官署里侍从官的一个统称。到了唐朝，它被用为官阶的一个泛称。六品以下的，分别称之为某某郎。旧时官贵民贱，这个范围内的官员，百姓尊称他们为“郎官”或“郎君”。

科举选官制度，从隋朝开始，至唐时日趋完善。进士科中试的人就具有了做官的资格。再经过释褐试，即可分配到中央官署里作校书郎、秘书郎，或去外县担任主簿、尉等佐贰官。按官阶来说，它们都属于“郎”的范畴。所以人称新科进士为“新郎官”。在封建社会里，男子娶妻，可与得中进士同样荣耀，美称“小登科”，故借用了“新郎官”的称谓。至于“新郎”，只是“新郎官”的简称而已。

## “东床”的来历

在秦腔《铡美案》的折子戏《三对面》中，当包公与蓝屏公主论理时，有句“后婚男子招东床”的唱词。那么，东床指的是什么呢？

据《晋书·王羲之传》记载：当时的太尉（秦汉时期为全国军政首脑之一。汉武帝时改称大司马；晋时只袭其衔，爵高而无实职）郗鉴派一个门客到大将军王导家去选女婿，王导的子侄们闻讯后，一个个沐浴锦衣，言行十分拘谨。门客见他们这般模样，心里甚觉可笑。忽然，他发现东边床上坐着一个青年人，畅衣开怀，大嚼大饮，一副满不在乎的样子。门客感到奇怪，回去将此事告知了郗鉴。郗鉴听后笑着说：“我要选的，正是这位佳婿。”这个人就是王羲之。

后来，郗鉴终于将爱女许配于他。人们根据这个典故，便将女婿称为“东床”。

## 征婚的来历

征婚在我国有着十分久远的历史。据《史记·五帝本纪》载：尧在女儿女英、娥皇进入豆蔻年华之际，就曾为之征过婚。应征者舜被相中后，经过三年的渔耕劳作考核，始与女英、娥皇喜结百年之好。这大概可算作我国最早的征婚实例了。

春秋时期，齐宣王征求正宫。无盐邑女子钟离春已过不惑之年，且相貌欠佳，但她敢于自诣宣王应征，直面齐国四大弊政，终于被“破格录用”。后来，她协助宣王治理朝纲，齐国遂日益强盛。宣王与钟离氏的这段姻缘，不失为我国古代征婚史上的成功之举。

到了晋代，上层社会的征婚现象愈加普遍。士族、太尉郗鉴曾派门客手持信函去找丞相王导征召女婿，王家子弟趋之若鹜，唯独王羲之充耳不闻，平卧东床。郗鉴闻之后连说：“此正好”！

随着时间的推移，古时征婚的形式也越来越多。隋代大贵族窦毅为女征夫，以射中画中孔雀双目为前提。李渊一箭破的，遂获佳偶，被人们传为“比武招亲”之美谈。唐代还出现了别具一格的征婚诗。唐开元年间，唐玄宗令宫女为戍边将士缝制军衣，有一士兵从衣袋里得诗云：“沙场征战客，寒苦若为眠；战袍经手做，知落阿谁边？蓄意多添线，含情更着绵。今生已过也，更结身后缘。”玄宗帝闻知此事后，便将写诗的宫女嫁给了那个士兵。

除此之外，还有将一大串中药名相互连成妙趣横生的证婚词的。

相传古时候，一位年轻的祖传中医征婚之内容为：“白头翁，持大戟，跨海马，与木赋草蔻战百合，旋复回朝，不愧将军国老。”其中白头翁、大戟、海马、木赋、草蔻、百合、旋复以及将军与国老，都是中药名。此联一出，无人敢对。岂料三日过后，一妙龄女子款款而来，进门后提笔就写：“红娘子，插金簪，戴银花，比牡丹芍药胜五倍，从容出阁，宛若云母天仙。”众人见之，无不拍手叫绝！

当然，利用征婚行骗者亦不乏其人。解放前，年近半百、拥有几房妻妾的军阀马鸿逵，就曾在报纸广告上大做文章，谎称自己刚过“而立”，尚未婚配，致使一位正上大学的姑苏倩女上钩后叫苦不迭。

现在，征婚的渠道愈加广泛。不仅有报纸、广播、电视可做媒体，而且从中牵线的婚介机构也比比皆是。

## 征婚广告的来历

征婚广告起源于英国，至今已有200余年的历史。令人遗憾的是，世界上第一个发布征婚广告的人，不仅尚未从中获得爱情的幸福，反而揭开了悲剧的帷幕。

在伦敦不列颠博物馆里，现在仍保存着一份刊登在1727年英国《曼彻斯特刊》上的征婚广告。征婚者是一名叫海伦的女郎。她自称要找一个如意郎君，并列举三个条件：一要诚实勇敢；二要多才多艺；三要体贴女性。如条件具备，应征者可约期与她相见。

岂料在这则广告登出的次日，伦敦警察局就奉某公爵之命逮捕了这个征婚女郎。经过法院审理，终以公开征婚“有碍英国人体面”为由，送其劳动教养。

在18世纪的英国，女子征婚也算触犯刑律，简直是荒唐可笑的。但海伦的征婚，毕竟为后来者创出了一条新路。

## “三媒六证”的来历

旧时谈婚论嫁，必须有“三媒六证”，方显得庄重正统。至于“三媒六证”的内涵是什么？它到底起于何时？知之者未必很多。

相传很久以前，三个极其聪明而心肠又好的皮匠，同时结识了一位家境贫寒的小伙，名叫新郎。他们挖空心思想了一些怪点子，意欲现场考考这位新朋友的智商。一个说：请你给我做一个太阳大的馍馍；一个说：请你给我一个能装下太平洋水的大油缸。另一个则说：请你织出马路一样长的一匹布。他们以为，新郎这下绝对无计可施了。谁知新郎眉头一皱，计上心来。他爽快地答应道：好的！可是得请你们把太阳摘下来，我好比划着做馍馍；请你们将海水称一下看看多少斤，以便我知晓该装多少油；请把路的尺码量下来，我好照此准备布。皮匠没难住新郎，反倒让新郎弄得骑虎难下，一个个都灰不溜湫的。

这时，新郎乘胜追击，也要考考皮匠了。他说，我的问题很简单，只要你们给我找来“六证”，我就拜你们为大哥了。这“六证”为何物，皮匠无一知晓，却又难以启齿。无奈之下，他们只好四处打探。一天，他们在河边偶遇一位名叫新娘的少女，就请少女帮忙。少女旋即跑回家里，拿来了升子、剪子、尺子和镜子，外加一把算盘一杆秤。皮匠见此云里雾里的，深感莫名其妙。少女解释道：“欲知粮食多少，以升为证；衣服裁得好坏，以剪为证；布有多长，以尺为证；容貌俊丑，以镜为证；东西多重，以秤为证；账目清否，以算盘为证”。这不是“六证”是什么？直问得皮匠无言以对，心服口服。

新郎知悉后，对新娘的才华非常倾慕，遂请皮匠做媒说亲。新娘则提出一个条件：必须于三日之内盖出一栋“不用门来不用窗，无柱无瓦又无梁。上上下下不沾木，天生地长石头墙”的屋子做洞房。新郎欣然应允，次日就上山找了一处“洞内冬暖夏凉，洞外百花飘香。方位坐北朝南，四季避风向阳”的岩洞作新房，很快结成了伉俪。

从此，人们就将新婚夫妇称为新郎、新娘，把新房叫作洞房；三个皮匠则为“三媒”，婚桌上摆放尺、剪、升、镜、秤和算盘，作为“六证”。

关于“三媒六证”的来历，民间还有一种传说。

很早很早以前，陕西有个王员外，家产万贯，富得流油，故时常借机炫耀他光宗耀祖。一年除夕，他浓墨重彩地写下一副对联，想贴于门旁。结果“天下第一家要啥就有啥”的上联刚一上墙，就惊动了玉皇大帝，遂派南极、北斗和太白金星三仙下凡，扮成化缘的道士上门警告。头一天，一位道士来讨要华山大的白蒸馍；次日，另一位来要海水般的香油；第三天，又有一个要像天幕一般的包单布。员外自知此乃吹牛惹的祸，愁得日不进食，夜不能寐。可聪明的小孙子却应对自如，他告诉来者，让他们先到山东外祖父白员外家拿来“六证”再行化缘。

三老道只得不远千里，直奔山东。他们向白员外孙女讨要“六证”，这厮马上拿来一只斗、一把尺和一杆秤。回到陕西后，王员外之孙就叫老道们先用秤称一下西岳华山，报出斤两后再来取馍；用斗量一下海水，按照多寡前来取油；再用尺子丈量天幕，按照尺寸来领包单布。

三老道领教了两个孩子的聪明，立马禀告玉皇大帝，说他俩真是天造地设的一双。玉皇大地高兴地说：“六证可为大小、轻重、多少之证，知心人结为姻缘，当以三媒六证为凭”。这对新人结亲时，天地桌上放了一个斗、斗里放着一尺、一秤。如此相沿成习，流传至今。

## “以诗招亲”的来历

在古代，比武招亲、抛绣球定情者虽屡见不鲜，然以诗招亲者却甚为稀罕。清朝大臣、著名湘军将领左宗棠，就成功地首开了“以诗招亲”之先河。

据史料记载：1832年，左宗棠已到了谈婚论娶的年龄，但因家境贫寒，年方二十仍尚未婚配，致使父母双亲甚为熬煎。一天，两位挚友不期而至，前来禀报一个好消息：湖南湘潭县有户周姓望族，其女天资聪颖，眉清目秀，才高八斗，诗韵非凡。近日，他们正在张罗“以诗招亲”，为才女诒端公开征选女婿，希望他抓住机遇，小试锋芒。左宗棠听后不屑一顾，连连摇头说：“此非君子所为也！”

左宗棠是一个胸怀大志之人。早在少年时期，就曾写下“身无半文，心忧天下；手释万卷，神交古人”之联句，以铭自己超群之心志。朋友明知他素以“入赘为婿，寄人篱下”为不齿，便故意激他说：“周小姐才高貌美，追者甚众，你能否入围，尚且未知！”这句话的确灵应——从不认输的左宗棠一听，就跃跃欲试，决心与人一比高下。

话说这周家本是书香门第，族内满门文采，男女同辉，周诒端的母亲王慈云更是当地有名的才女，主考官自然非她莫属了。谁知“赛事”进行了两天，并无一人考中，周母难免有点失望。第三天上午，左宗棠神态自若、举止潇洒地步入考场，周母见其鼻梁坚挺，卓尔不群，眼前不由一亮，“目测”一关便十分顺利地通过了。

进入会诗阶段后，周母暗中加大了难度。周母遂出上联曰："凤凰遍体文章"，宗堂迅即对曰："螃蟹一身甲胄"；周母出上联："解解解元之渴"，宗堂忙答："卜卜卜士之命"；　周母道："胸藏万卷圣贤书，希圣也，希贤也。"宗堂略加深思，回曰："手执两杯文武酒，饮文乎，饮武乎"。尚在幕后偷窥的周小姐见其对答如流，谈吐不凡，忙命丫鬟高举红花，宣告选中。　婚后，左氏夫妇吟诗唱和，谈经论史，伉俪情深，被世代传为佳话。

如此先河一开，后续跟进者自然就多了起来。

传说从前有位富家小姐，亦效法"以诗招亲"。几经轮回，只有三人进入决赛，小姐遂别出心裁地让他们分别以诗介绍情况。

A说：床前明月光，疑是地上霜。举首望明月，低头想姑娘。小姐拍手称其妙。

B说：锄禾日当午，汗滴禾下土。谁知光棍苦，夜里没媳妇。小姐笑言还不错。

C说：春眠不觉晓，处处闻啼鸟。夜来风雨声，媳妇很难找。小姐连说好好好。

三人听后，心里七上八下地没有底，遂异口同声地发问："到底选谁作相公？"小姐答曰："白日依山尽，黄河入海流。欲穷千里目，三人让我愁。"可想而知，他们都无缘享其艳福了。

及至现代，"以诗招亲"者也不乏其人。

据《西安日报》（2014年6月16日）报道：浙江宁波一位年方二八仍待字闺中的才女，将一首征婚的打油诗发至网上，引来了一大批应征者、对诗者与看官，弄得这位姑娘眼花缭乱，应接不暇。

诗曰："民女已过二十八，非是草来亦非花。天马行空经年过，无有夫君无有他。急煞亲朋三姑客，喋喋不休是咱妈。赫然心生愧疚意，一贴'打油'招驸马。物质非为首选项，最美樵夫伴裙钗。谢绝烟酒将军肚，略通诗书最为佳。一时戏虐一时兴，一半真来一半假。主帖未留联系号，料君有心定能察。"

此帖一出，群情沸腾，和着云集。慰藉者曰："二八好女心莫急，定有才子配佳妻"。叹息者曰："鄙人年岁与妹同，可惜略胖将军肚"。一位网友则出了一幅上联："横是横来竖是竖，字是字来数是数。顺着读来倒着读，字仍是字数还是数"。横批："你难为我"。接着还留言："没有找到 QQ 号"。时隔不久，才女即对出下联："首是首来尾是尾，贴是贴来名是名。前边看罢后边看，贴还是贴名仍是名"。横批："Q在其中"。留言："请戴老花镜"。

消息虽未讲明招亲是否成功，但如此艳丽的鲜花，不愁没有才子去采撷。

2013 年，武汉一个花红柳绿的公园内，也上演过一出同样的代人“招亲”戏。一天，一位老大爷举着一个书写“招亲”诗的木牌四处转悠。诗曰：“孙子今年三十一，老人怎能不着急。爷爷奶奶厚脸皮，佳节游园相孙媳。”寥寥数语，一片怜惜之情跃然纸上。只可惜这种做法，其孙并不认可。他好不容易索要的诸多电话，孙子一个也不打。当然，其孙可能早有所爱，也未可知。

## 订婚“抛彩球”的来历

假如你去过云南、广西等地的少数民族山庄，你一定会对庄主的千金小姐“抛彩球”择婿发生浓厚兴趣，说不定还殷切期盼多情姑娘能将彩球抛到自己头上呢！那么，你知道这决定婚姻大事的“彩球”是怎么回事吗？

其实，彩球并非现代产品。早在《诗经》诞生的时代，彩球就已初见雏形了。《诗经·摽有梅》说：“摽有梅，其实七兮，求我庶士，迨其吉兮……”这首诗是写女子怀春，告诉男子上门求婚的。闻一多先生认为：“古俗于夏季果熟之时，会人民于林中，士女分曹而聚，女各以果投其所悦之士，中焉者或以佩玉相报，即相约为 夫妇焉。”

由此可见，远古时期的女子，求婚是用水果投掷男子，以“果”表情的。也就是说，水果乃爱情的信物或媒介。如此看来，“抛彩球”实质上就是远古之时抛水果的更新板式。

到了魏晋时代，《诗经》中所描写的方式依然存在，但已有些许变化。《语林》中曾谈及美男子潘岳因长得漂亮，故“每行，老妪以果掷之，满车”。而同时代人张梦阳因为“至丑”，则“每行小儿以瓦石投之，亦满车”。这种因“爱”而以果掷之和因为“嫌”而以瓦石掷之的行为，不正是“摽有梅”及“投我以木桃，报之以琼琚”的翻版吗？

进入盛唐以后，随着人们财力的逐渐增加，用以求婚择婿的“梅”与“琼琚”，又被五光十色的丝织品所替代。唐懿宗时期，朝中宰相王允的女儿王宝钏，不顾父母规劝，就是通过“抛彩球”下嫁贫困之人薛平贵为妻，才被父母赶出家门的。薛平贵入伍后，王宝钏独自一人，在寒窑中苦度 18 年。

此时的绣球，质地精良，五彩缤纷。尤为重要的是，它倾注了多情女子的满腔热忱。就其意义来讲，它远非古时所掷之“果”能与其堪比的。

## 结婚贴“囍”字的来历

在我国城乡，人们结婚办喜事，都要在顶棚、门窗上贴个大红“囍”字。这一习俗，据说是由宋代王安石传下来的。

王安石20岁那年，赴京赶考，中途在马家镇歇息。饭后上街，偶见一员外家大门上挂着竹马灯，灯上闪出“走马灯，灯走马，灯熄马停步”的上联，但没下联，显然是期待有人对出。王安石看后，连声叫道：“好对，好对！”此话被马家老家院听到，立即回去禀报员外。可等员外闻讯出来，王安石已经踏上赶考之路了。

事也凑巧，王安石在考场因交头卷而受到考官的赏识，便传他面试。考官指着厅前的飞虎旗说：“飞虎旗，旗飞虎，旗卷虎藏身”。王安石便用“走马灯，灯走马，灯熄马停步”相对。考官见他对得既快又好，惊叹不已。

考毕之后，王安石回到马家镇，想起走马灯对他的帮助，遂信步走到马员外家门前，谁知被老家院认出，遂拉进门谒见员外。员外一见就取来笔砚，请他对。王安石信手写道：“飞虎旗，旗飞虎，旗卷虎藏身。”员外见其对得既巧妙又工整，立即许女相配，并择日完婚。

原来，“走马灯”的对联，本是马小姐专为选婿而出的。

结婚那天，正当新郎新娘跪拜天地之时，报子前来禀报：“王大人金榜题名”。马员外听后，重开酒宴。王安石则喜上加喜，不免三分醉意，在红纸上挥笔写下一大“囍”字，贴于门上。接着吟道：巧对联成双喜歌，马灯飞虎结丝罗。

从此，“囍”字便不翼而飞，在民间广为流传了。

## 花轿迎亲的来历

当今的年轻人结婚，迎亲车队一长串，且装饰得花枝招展，温馨浪漫。可是他们全然不晓，在半个世纪以前，新郎迎亲还是沿用古时的花轿呢！

据陈勤建先生所著的《中国民俗》介绍：过去曾长期流行于广大城乡的迎亲花轿，其实并非最原始的迎亲工具。要讲“最原始”的，竟是当今人们匪夷所思的柳条土筐或用粗蔴编织的大口袋。

新娘出嫁，为何要坐在这些玩意儿里面呢?

远古时期，曾一度流行抢婚习俗。就是说，男方并非一定要明媒正娶得到新娘，只要依仗武力，即可抢劫女子为妻。古书《易经》就曾以诗歌体裁形象地记载了这种野蛮的抢婚场面。诗曰：“屯如邅如，乘马班如，匪寇，婚媾”（《屯六二》）；“乘马班如，泣血涟如”（《屯上六》）。

这两首上古歌谣，就说到了男子恃仗武力、气势汹汹地直奔姑娘家抢亲的卑劣行径。姑娘被抢不从，哭得死去活来。眼泪哭干了，连血也淌出来了。她哭哭啼啼不愿走，拉着扯着又跑不快，怎么办呢？干脆把她装在柳条筐或大麻袋里，抬走了事。

随着社会的日益进步，后来的迎亲形式亦日渐文明。柳条筐和大麻袋经过长期演变，就成了昔日所见的花轿了。

柳条筐（大麻袋）——大花轿——小汽车，这就是数千年来我国民众迎亲工具的变迁，也是社会发展与进步的有力见证。

## 哥抱妹上轿的来历

在古时，我国北方有个风俗——姑娘出嫁要由自己的亲兄弟抱着上轿。据说这一风俗还是三国时孙权嫁妹流传下来的。

孙权的妹妹孙姣是孙权家祖宗三代唯一的千金小姐。加上她才貌双全，全家人都把她当“宝贝儿”看待。因而从小就养成了说一不二的坏脾气。

一天，孙姣突然患了一种难以言状的妇科病，只因不便启齿，就哭哭啼啼，不吃不喝。吴国太以为她患了“思嫁病”，要孙权给她找个婆家，立马嫁出去。在诸葛亮与鲁肃的撮合下，孙权和吴国太作主，把孙姣许给了刘备。

孙姣想，刘备是个有妻室的人，嫁给他肯定是做小，岂不让人笑话？可又一想，只要嫁妆压众，谅谁也不敢小看我。她反复琢磨，丫鬟侍女、金银珠宝都不称稀罕。眼下刘备尚无固定地盘，不如找哥哥把荆州讨过来做嫁妆，既可使自己日后有个安身之处，又能在刘备的甘夫人面前炫耀一番。于是，她便向孙权正式提出要求。可不管她如何说，孙权就是不答应。孙姣在哥哥面前哭闹了一阵，又在吴国太面前寻死觅活。吴国太执拗不过，只有勉强应允。

孙权见母亲点了头，忙召集群臣商议。周瑜说："孙姣姑娘从小娇生惯养，如不依她，定会闹出事来，不如干脆做个顺水人情"。至于荆州，他如此这般地说了一番，直让孙权和大臣们连连点头。

婚期到了，孙权按照周瑜的计策，把写好的嫁妆礼单、地图、户口册当着前来迎亲的刘备之面交给孙姣，并对刘备说："荆州随小妹一起嫁给你，权且作为她的安身之地。"避开刘备，又对孙姣说："小妹嫁妆绝非寻常之物，你随身带着，莫给玄德。等以后他并不亏待你时，再给不迟。"

孙姣快上轿了，孙权一把抓住她放声大哭道："小妹呀，你自小是我抱大的，如今一别，再也不能疼爱你了。你就让我再尽尽兄长的情谊，最后抱你上轿吧！"孙权一哭，孙娇也想起兄妹情分，不禁大哭起来。在孙姣哭得迷迷糊糊之际，孙权这才抱起孙姣上轿，趁机从孙娇身上偷走了嫁妆礼单。

孙娇随刘备到了荆州之后，两口子十分恩爱。她觉得刘备待她不错，想将嫁妆礼单等物一并交于刘备。但拿出一瞧，却只有地图和户口册，唯独不见了礼单，心中不免十分纳闷。

一年半载过后，周瑜来找刘备索要荆州。刘备则以荆州已随孙姣嫁给他为由，想把周瑜打发走。周瑜哈哈大笑道："玄德呀，你可把话听隔了，我家主公只说过随妹妹'借'给你。主公祖籍在江东，江东人说话是'借''嫁'不分，不过是同一个音而已。你也不想想，从古至今，哪有把整座城池做嫁妆的？再说，既然我主公答应把荆州给妹妹作嫁妆，礼单上必然要写明白。口说无凭，你不妨请夫人拿出来看看。"

刘备找来孙姣要礼单，孙姣只好将礼单丢失之事据实讲来。刘备这才如梦初醒，明白是孙权捣的鬼。他忙去问诸葛亮，诸葛亮也想不出个办法，只好说："就算是'借'吧！不过既然'借'到了手，还不还就由不得东吴了"。

后人不了解孙权抱妹上轿在于偷取嫁妆礼单，还真的以为是兄妹情深，难舍难分。从那时起，姑娘出嫁都仿照孙权兄妹，由亲兄弟抱着上轿。久而久之，形成了一种民俗。

## 新娘跨马鞍的来历

过去娶亲时，抬新娘的轿子到了新郎家门口，要落在一块铺于地面的红毡上。

新娘下了轿，再踩着红毡走到门口。这时，新郎家的人把一个马鞍子放到门槛上，蒙着盖头布的新娘则在伴娘的搀扶下，从马鞍上跨过去，然后踩着红毡拜天地、入洞房。

要问这个风俗怎么来的，还得从一个有趣的故事说起。不过，这个故事是一个颇具迷信色彩的民间传说。

很早以前，有个人名叫土行孙，会地遁，能在土里行走。他虽有这种本领，但却不走正道，专干一些鸡鸣狗盗、采花偷柳之事。他得知谁家办喜事，就在其家门口地下等候。只要新娘一下轿，他就从土里伸出两只手，攥住新娘的脚往下拉。待新娘进了地里，背起来就走。一些新娘遭此污辱，遂上吊、跳河，含羞而死。所以姑娘出嫁，都是人心惶惶，唯恐祸从此出。

有户人家迎亲时，蒙着盖头的新娘刚一下轿落地，冷不防地里伸出一双手。要是别人，早已吓得魂飞魄散。可这位新娘，从小武艺精深，鬼魅不惧。但见她掀掉盖头，拔出头上的银簪子，一下穿透了这双魔掌。土行孙疼痛难忍，只好破土而出，现其真形。他刚钻出地面，“叭”的一声，被新娘扇了一个大嘴巴。新娘说：“你看我是谁？”土行孙不瞧则已，一瞧便惊出一身冷汗。原来竟是与自己分别数载的亲妹妹，当即骚得脸都红透了。新娘想，还须好好教训他一顿。她一眼看见门口马背上的马鞍子，就搬下来说：“连你妹妹都想糟蹋，真乃畜牲一般。今天我就让你尝尝当牲口的味道。你趴下！”土行孙只好听命。新娘将马鞍放到土行孙的背上，然后骑了上去说：“把我驮到天地桌前。”土行孙只得顺从。新郎见是大舅兄，遂忍气将他拉入房内，免其过于尴尬。

宴席完毕，土行孙告辞想溜。在炕上“坐福”的新娘说：“今天妹妹要亲眼看见你是怎么地遁的。我这‘坐福’的不能动，你就从这地下遁走吧！”土行孙说：“妹妹，我地遁得借土地走。这屋里地上铺着毡子，脚不沾地，无法地遁呀！”新娘遂让人将毡子卷起来，只见土行孙脚下刚一沾地，果然立马不见了。

于是，人们知道了土行孙的“软肋”——只要新娘脚不沾地，他就无计可施。从此以后，只要新娘到了新郎家门口，都要脚踏红毡。另外，由于土行孙曾经背负马鞍驮过妹妹，十分惧怕马鞍，故新郎家门口总要放置马鞍，让新娘从上边直接跨过去。

# 出嫁“穿兄鞋”的来历

古时候，在我国不少农村地区，有种婚俗叫作“穿兄鞋”。就是姑娘出嫁从闺房到上婆家的花轿途中，不单是穿新鞋，而且要在新鞋外面趿（tā）上兄、弟或堂兄、弟的旧鞋。直到上轿时再脱掉旧鞋，留下新鞋。也有上轿前穿自己的旧鞋，上去后再以旧换新。这一习俗，来自于“脚沾娘家一株草，到了婆家穷到老”的封建说教。

传说古时候，海州西边张大庄张员外家有两个女儿：大女儿张琼系前娘生养，虽然聪明、勤快，但员外夫妻并不喜欢。常给她穿破衣、吃粗粮；二女儿张宝是老夫妻俩的掌上明珠，吃穿、玩耍处处由着她。

张琼 18 岁那年，张员外要把她嫁给大地主赵独眼做儿媳，可张琼却看中了邻村的吴木匠。员外对此十分生气，就与老伴商议对策。谁知老伴却另有心思。她说：“老东西，赵老爷家良田千顷，银钱万贯，这样人家让给大丫头，太便宜她了。不如让她嫁于穷木匠，待她走后，再把我那宝贝二丫头嫁给赵老爷家。”张员外向来惧内，只好允之。张琼出嫁那天，后母叫佣人告诉她：“不准拿走我家一针一线，一草一木。”当吴木匠的旧花轿来到张家门前时，后母还恶狠狠地说：“大丫头就是粘我一块泥，我也要抽她的筋、剥她的皮；带走我一株草，我就要抄姓吴的家，把他的破屋用火烧，叫他们子子孙孙穷到老。”

谁知琼姑娘生就了一副硬骨头。她脱下娘家所有的衣服鞋袜，换上吴家送来的粗布衣。临上轿时，为了不沾走娘家的一粒土、一株草，特意趿上堂兄的布鞋，从闺房走到轿门口，才脱下兄鞋上了轿。

第二年，张员外果真把二女儿张宝嫁给了地主赵独眼的儿子。迎亲那天，只见张家赔了许多箱箱柜柜、丝绸布匹。可在张宝过门后的第三天夜里，赵家突然起了一场大火，直把家什烧得一干二净。赵独眼及其他家人均葬身火海，只剩下新媳妇张宝和丈夫。从此，他俩沦为乞丐，沿门乞讨。而张琼与吴木匠则恩恩爱爱，勤劳节俭，慢慢地富了起来，日子越过越和美。

张琼与张宝的婚事虽然只是传说，但出嫁“穿兄鞋”的习俗，还是流传至今。

## “拉袜子”的来历

在关中平原的一些地区，流传着这样一种婚礼风俗，即在新婚之夜，新娘要给新郎脱掉脚上的袜子，以表夫妻合欢之情。说起这个风俗的来历，自然有段故事呢!

很早以前，嵯峨山下有个叫刘刚的年轻人娶了个贤惠的妻子，他们过着美满的生活。谁知刘刚经不起村里一些浪子的引诱，吃、喝、嫖、赌样样精通。妻子好言相劝，他却非打即骂，还和村上一个名叫艳娘的女人经常鬼混。

一天晚上，刘刚赌博输了个精光，又累又饿地来到艳娘家。艳娘一听他输光了钱，立即沉下脸来。刘刚脱下袜子，让艳娘给补一补。艳娘把头一扭：“哼！满身的臭气已够人受的了，还想老娘给你补臭袜子，没门！”刘刚再三相求，艳娘反而大发脾气，将他的袜子给扔了出去。

次日晚，手无分文的刘刚回到家，妻子伺候他上床安歇，并将他的臭衣袜洗得干干净净，补得整整齐齐。刘刚见状，羞愧地说：“我的袜子的确很臭，你不嫌吗？”妻子莞尔一笑：“你我夫妻多年了，即使再臭再脏，我也不能嫌弃的。”几句温馨话语，听得刘刚脸上直发烫。他深有感触地说：“知冷知热，乃吾妻也！”

从此，他改邪归正，夫妻和好。后来，“补袜子”逐渐演变成在新婚之夜由新娘给新郎脱袜子（也叫拉袜子）。直至建国后，这一风俗才得以废止。

## 陪嫁的来历

在封建时代，陪嫁亦称“陪门”。为何叫作“陪门”呢？因为当时讲究门当户对，不但平民百姓不能与官宦人家结亲，甚至一般做官人家也不可与贵胄后裔联姻。这种风气到魏晋六朝时更为严重。

其时，帝王曾亲颁诏书，规定“皇族师传，王公侯伯，不得与百工技巧卑姓为婚”（见《北史·高宗纪》）。若有新进的官员、爆发的商贾想把自己的女儿嫁给贵族子弟，就须陪送财物以弥补自己门第之低下，这些财物称之为“陪门财”。

唐太宗时，此风依然盛行不衰。故太宗曾经降旨：“以矫其弊，毋得受‘陪门财’”。可是，“望族为时所尚，终不能禁”（见《通鉴》）。由此可见，陪嫁在封建时代积弊已深，难以改变。

## 婚礼放鞭炮的来历

在很久以前，男婚女嫁是不放鞭炮的。只是后来，有两家姑娘为争一个女婿而告状，方才引起鸣炮。

传说有一王姓人家给公子办理婚事。寅时，王家院里灯火辉煌，阖家老幼及街临四坊都在恭候新娘子的到来；卯时，端盘提壶的执事叫开了：“新娘子到，快来看哪！”随着喊声，王家父老与“月老”都已出门相迎。新娘子亦羞答答地进了院子。就在准备拜天地时，管家突然气喘吁吁地跑进来对王家老爷说：“外边又有一台大轿，说是来与公子结亲的。”王家老爷感到奇怪，忙差人找来“月老”，可“月老”自己亦迷惑不解。他想：自己只说了一门亲事，何来两挂大轿呢？于是，便欲出门看个究竟。到了外面一瞅，不由惊呆了——两位新娘竟长得一模一样，俨然一对孪生姐妹，就连回答问话也丝毫不差。“月老”没法，只好求王家暂停拜天地仪式，自己去知县那里“告状”。

子时，县太爷在街上升了堂。但因两位新娘各不相让，一时弄得县太爷也昏了头。稍停片刻后，县太爷道：“我在这里竖根两丈高的柱子，谁先爬上去，就让谁和公子结为夫妻。”

随着一声令下，先到的那位新娘旋风似地爬了上去，后者却怎么也上不去，急得直哭。此时，只听“噼啪、噼啪、咚”几声鞭炮震响和雷子炸鸣，几支利箭直向柱顶上的新娘射去。众人亲眼看到，一缕青烟直上云霄。摔下来的，却是一具形同狐狸般的假尸。原来，这位先到的“新娘”，竟是狐狸精变的。

从那以后，人们在结婚时，总要先放鞭炮，以示镇妖除邪，图个吉利。

## 婚礼撒彩色碎纸的来历

在过去的旧式婚礼中，新郎新娘进门时，都用“撒草”（内掺五谷杂粮）的办法，向新婚夫妇表示祝贺。祝福他们婚后幸福美满！随着社会的发展，西方版的“撒彩色碎纸”逐渐传入中国，替代了我国传统的“撒草”习俗。

原来，这种风俗起源于古时代的意大利。当时，意大利有这样一种风俗：凡参加婚礼的人。要向新人撒一把五彩缤纷而又细小的糖果，祝福新人过上甜蜜幸福的生活。

进入19世纪，人们把糖果改为彩色碎纸，但名称依然如故。

## 新娘“蒙盖头”的来历

在结婚仪式中，新娘的头部都要蒙上一块大红绸，谓之“盖头”。那么，婚礼上为什么要用“盖头”蒙住新娘的脸部，使人“不识庐山真面目”呢？

据唐朝李冗的《独异志》载：相传在宇宙初开之时，天下只有女娲兄妹两人。为了繁衍人类，兄妹俩商议，要配为夫妻。但他俩又觉得害羞，便在山顶一起向天祷告：“天若同意我兄妹二人结为夫妻，就让空中的几个云团聚合起来；若不让，就叫它们散开吧！”话一落音，几个云团缓缓近移，终于聚在一起。于是，女娲就与其兄成婚。女娲为了遮盖羞颜，“乃结草为扇，以障其面”。“扇”与“苫”同音，苫者，盖也！而以扇盖面，终不如丝织物轻柔、美观。因此，随着时间的推移，“以扇盖面”慢慢就被蒙盖头取代了。

关于蒙盖头之源，还有另一种说法。

相传，商朝君主纣王有个皇叔叫文重，此人武艺高强，勇冠三军。纣王的江山千斤重，他横担八百还有零。满朝文武，各路诸侯，没一个不敬重他的才能。唯有一点，群臣不敢恭维——他太怕老婆了！

这一年，文重征战凯旋。满朝文武，以至纣王天子也到十里长亭迎接。酒席宴前，一位大臣无意中与老太师开了个玩笑：“老太师征战北海，平定反寇凯旋，真乃劳苦功高。今日万岁都来为你庆贺，实属万分荣耀。只怕回到府内，见了夫人就……”说得太师脸都发红了。

凑巧，这一情景被纣王瞧见了。“嗯！难道皇叔真的惧内吗？不行，孤王倒要看个明白。”回到宫院，纣王乔装打扮一番，遂信步朝太师府走去。

刚到门口，正好见皇叔半跪在婶娘面前请安。纣王那个气呀，把脚一跺转回来。行至金殿即刻传下一道圣旨：命满朝文武、大小官员皆偕夫人随旨上殿。官宦们偕夫人参拜完毕后刚想落座，只听纣王大吼一声：“把我婶娘拿下！”“啊，万岁你……”“嗨，大胆的贼婆！我皇叔南征北战，为国立下汗马功劳，别说满朝文武，就是孤王我也十分敬重，你竟敢在家如此屈辱他!往日群臣议论，孤且不信，今日亲眼所见，你还有甚话可讲？斩！”

咔嚓一声，只见人头已落了下来。武士们即刻拿来三尺白绫，往脖颈上一堵，立马变得通红通红。“好！”纣王大声言道：“就以这红绫为戒，不得虐待丈夫。今后女孩儿出嫁那天，头上还要蒙块大红布。记着这一教训，好好地侍奉丈夫！”

人随王法草随风。纣王圣旨一下，各路诸侯很快就传开了。新娘“顶盖头”（红布）也就即刻落实，并一代代传了下来。

## 新郎新娘喝“交杯酒”的来历

在新婚喜宴上，新郎新娘都要互饮交杯酒，以示双方爱之至深，融为一体。这种习俗，起源于先秦时期，形成于宋代。

据《礼记·昏义》记载：先秦时期举行结婚仪式时，新郎、新娘须各执一片一剖为二的瓢共饮喜酒，谕示两人从此合二为一，心心相印；夫妻相敬如宾，白头偕老。唐代时，饮酒器具有所改变，将瓢以“杯”代之，但饮酒方式依然如故。到了宋代，新婚夫妇始用两个酒杯互敬交杯酒。他们各自执杯饮下一半后，再换杯共饮。酒尽时，将杯一正一反置于床下，表示百年和好。明清以后，交杯酒的仪式又发生了较大的变化。如清末民初时，交杯酒仪式已成为“合卺酒 ”“交杯”“攥金钱”三部分。现代婚礼中，“合卺”一举已被淘汰，“攥金钱”亦为“掷纸花”所替代，唯有“交杯酒”至今仍盛行不衰。

## 新娘弟弟挂门帘的来历

在广袤的三秦大地，至今流传着这样一种婚俗：新郎新娘入洞房前，必须经由新娘的弟弟发放“通行证”，即由他亲手将粉红色的门帘挂上，并得到“红包”酬谢之后，一对新人方可进入洞房。

这一习俗，源于昭君出塞的历史故事。

西汉时期，北方匈奴屡屡进犯，弄得汉王朝不得安生。汉元帝为保疆域和平，遂采取和亲政策。后宫明妃王昭君顾全大局，主动请缨远嫁匈奴。汉元帝大喜过望，遂收昭君为义女，并精心准备了极为丰盛的嫁妆。昭君看过之后对元帝说：“父王，听说草原的房屋与咱们不同。他们不挂门帘，外人容易洞穿室内，很是不便。父王若能将宫中门帘送于孩儿，既可遮挡外人视线，又能使孩儿睹物思人，不忘故乡和父王。”元帝听之有理，连夜派人赶制，送于昭君作嫁。

盛唐时期，文成公主西嫁藏王松赞干布，唐太宗钦命太子送文成公主西行，并与婚礼当日为她挂上门帘。于是，新娘弟弟挂门帘之婚俗，就一直流传了下来。

## 入洞房的来历

现在，一般人都把新郎、新娘结婚的新房叫作“洞房”。过去，亦曾有过“洞房花烛夜，金榜题名时”这样脍炙人口的著名诗句。然而，婚房为何又要叫做“洞房”呢？

说来还真的有点久远。秦始皇统一六国之后，在西安、咸阳之间建造了一座规模宏大的阿房宫，强选天下美女，终日寻欢作乐。在入选的美女中，有位出身官府的姑娘，长得俊美、聪慧而勇敢。因为她排行第三，故人称“三姑娘”。

话说三姑娘被迫送进阿房宫后，不甘心过那奴役蹂躏的非人生活。在一个月黑风高、万籁俱寂的夜晚，她设法逃出宫院，直奔华山而去。

当时，秦始皇为了钳制人们的思想，就无故迫害读书人。在这种情况下，不少文人雅士纷纷潜入深山老林藏了起来。在这些人里，有个叫沈博的书生，也在逃亡华山的途中。

一天，三姑娘在密林深处偶遇沈博，两人皆衣衫褴褛，面色憔悴。他俩各自倾吐了自己的不幸遭遇，逐渐产生了爱情。几日过后，便插枝为香，对天盟誓，结为患难夫妻。密林深处没有房子，他们就洞穴为居，相亲相爱。

后人出自对三姑娘的怀念与崇敬，在华山沿途修了不少寺院，每个寺院主殿都供奉着“三圣母”的塑像和神位。这个“三圣母”，其实就是那位不畏强暴、争取自由的三姑娘。

后来，一些文人又杜撰出了像《宝莲灯》《劈山救母》等众多美丽动人的神话，使“洞房”传说更加优美，更为感人，并至今为人们所传颂。

## 吃“小夜饭”的来历

江南有些地方，新娘子结婚有吃小夜饭的习俗。就是闹过新房，客人都走了，新娘子要把从娘家带来的一小碗饭打开来吃。饭里一般配有蔬菜、腌菜，也有放置红枣、莲子等甜食的。意思是娘家怕姑娘没有吃饱，刚到婆家，不好意思向婆家要吃的。这种风俗，过去是广泛流行的。

吃小夜饭，相传始于明朝。有一年，朱元璋的女儿出嫁，皇后马娘娘知道女儿在宫中娇生惯养，就特地用红绫包了一小碗饭，上面放些腌菜，叫女儿睡前吃。她告诉女儿，以后过日子要靠自己了，应该学会勤俭持家。这事被老百姓知悉后，慢慢流传，成为一种风俗。

## 蜜月及蜜月旅行的来历

新婚后的第一个月称为“蜜月”，这已是家喻户晓的事了。那么，蜜月是怎么来的呢？

据说，古时候英国男女结婚时，必须喝一种由父辈用蜂蜜制作的饮料，以此作为爱情幸福、婚姻甜蜜的象征。这种蜜汁饮料从举行婚礼的那天喝起，要连续不断地饮用 30 天，恰好是一个月的时间，因之称为“蜜月”。

用此饮料的意义有三：一是蜜蜂勤劳、团结，老人借此勉励青年人要像蜜蜂一样“酿造”美好的明天，创造幸福的生活；二是蜂蜜甘美、甜润，象征了新婚夫妇婚后生活好似蜜一般的甘醇；三是蜂蜜具有增强体质、增强活力的特效，显示了长辈对后代的关心与爱抚。

由于这种风俗的寓意极佳，故而很快在全球风行开来。尽管具体形式有所变化，如有的吃喜糖，有的喝喜酒，但“蜜月”的内涵和象征并无改变。

至于蜜月旅行，即现今的旅游结婚，亦来源于英国。在古代，不列颠群岛上的条顿族盛行“抢婚”风俗。当男子抢到妻子后，为了避免女方家属把她再夺回去，就在新婚后带着妻子外出，过一段隐居生活。待“风平浪静”之后，双方再共同回返。“旅行结婚”之先河，就是这样开创的。

## “续弦”一词的来历

“续弦”一词，源于俞伯牙相亲的历史故事。

在我国，古人常将夫妻喻为“琴瑟”，并称“妻亡再娶”为续弦。古籍《通俗篇·妇女》有云："今俗谓丧妻曰断弦，再娶曰续弦。"

相传春秋时期，楚国音乐家俞伯牙擅于弹琴，妻子自然就以赏乐为趣。一次，妻子偶患重疾，久治不愈，遂让伯牙弹给她听。伯牙见她难得心情快慰，便连忙提琴调弦，为爱妻弹了一曲又一曲。岂料弹兴正浓，突然"嘣"的一声，琴弦断为两截。随之，爱妻亦撒手人寰，命归西天。待丧事办理完毕，伯牙便将此琴高高挂起，永不再弹。

伯牙与爱妻历来感情深厚。妻殁之后本不打算再娶，可谁知一年过后，提亲的亲朋好友纷至沓来，令他实在难以招架。无奈之下，他勉强答应见见再说。这天，一位赴约之女看到伯牙才华横溢，立马相中，但再三提出要当面欣赏那悦耳动听的琴声。伯牙尽管心中不悦，然碍于情面只得照办。他起身取下挂琴，拆去断弦，续上新弦，开始弹了起来。就这样，一曲曲宛转悠扬、动人心弦的声乐，瞬间从其指下酣畅淋漓地飘了出来，只听得众人如醉如痴，半天回不过神。在众人的极力撮合下，亲事也很快就定了下来。

这一故事在民间传开后，人们便将妻亡再娶称为"续弦"。

## "破镜重圆"的来历

古人云：月有阴晴圆缺，人有悲欢离合，此事古难全。话虽然这么言说，然"破镜重圆"之美事，在古代毕竟还是早有先例的。

唐人孟棨的《本事诗·情感》载：南朝陈将亡时，驸马徐德言曾预料，自己将在战乱中和妻子乐昌公主离散。一日，他打破一面铜镜，与妻子各执一半，好作为来日相聚时的凭证。他们还约定，以后每逢正月十五卖镜于市，互相探寻。

陈灭亡后，乐昌公主被杨素所占。徐德言颠沛流离，混迹四方。正月十五这天，他在京城恰遇一人卖镜，几句寒暄过后，遂拿出自己怀揣的一半，与另一半相拼，正好相合，不差分毫。他当下悲从心起，泪如泉涌。随即提笔挥毫，题诗泄愤。诗曰："镜与人俱去，镜去人不归；无复嫦娥影，空留明月辉。"

公主看到情诗，早已涕泪交流，终日粒米不进。杨素知其原委后，亦深感愧疚，便主动把乐昌公主还给徐德言，使他们二人"破镜重圆"。

## “阎王”一词的来历

按照迷信传说，“阎王”是阴间的“领袖与统帅”，他掌管着人间的“生死簿”。他想让谁去死，谁就难以再活。故此，民间自古以来就把即将死亡之人称作去见“阎王爷”。

其实，“阎王”名叫阎罗，是印度的古神之一，也是焰摩罗王或阎罗王的简称。它来源于梵文，意为“地狱的统治者”或“幽冥界之王”。相传阎王神通广大，无可比拟。他身居冥府，便可明断人生之前罪，并据此对其处以相应的发落与赏罚。倘若生前罪孽深重者，非但难以投胎重生，还得让其变成“小鬼”常年推磨，甚而将其打入十八层地狱，让他永世不能翻身。

这种传说的积极意义，在于教育人生在世应当弃恶从善，别做坏事。但它毕竟带有浓厚的迷信色彩，是不能相信的。

## 下半旗致哀的来历

下半旗，是当今世界上通行的一种致哀方式。当一个国家的重要人物去世后，习惯上要把国旗升起后再降下一段距离，以表对死者的哀悼。

用下半旗表示哀悼的做法，最早出现在1612年。

一天，一艘名叫“哈兹·伊斯”号的英船徐徐驶进泰晤士河，它的桅杆上飘着降下一半的旗帜，象征船员们对已故船长的怀念与敬意。该船船长是在北美北部海岸探寻通向太平洋的水道时，不幸去世的。此后，许多船只沿袭了这种致哀方式。不过，直到17世纪上叶，下半旗的做法，还一直局限在船上。

随着时间的推移，用下半旗来表示哀悼的做法，逐渐流传到陆地上。后来，它被官方所承认，并为世界各国所采用。

## 中国现行哀乐的来历

1936年，刘志丹同志奉党中央的指示率部东征时，不幸牺牲于山西中阳县的三交镇。1942年，党中央决定将刘志丹同志的灵柩移建于其故乡保安县（即现今的志丹县)。1944 年 5 月，刘志丹新墓落成后，延安鲁迅文学院的音乐家们，担任为刘志丹迎灵创作哀乐的任务。他们把在葭县、吴堡一带收集的带有伤感色彩的《凤凤令》唢呐曲牌加工创作，拉慢了唱速，突出了悲哀气氛和纪念的主旨。这样，它第一次以哀乐的形式出现了。

建国后，我国建立了礼宾型的专业乐团，这首唢呐曲牌被编配为钢管乐队乐曲。演奏上，他们又做了三度创作，将唱速再度拉慢，加剧了强弱对比；配器上更加完善，军乐演奏规模宏大；气氛悲壮哀伤，催人泪下。至此，它就成了当之无愧、约定俗成的现行中国《哀乐》。

## 送花圈的来历

清明时节，柳绿花红。人们踏着春光，纷纷前往烈士陵园和祖坟墓地扫墓、献花圈，以寄托对逝者的哀思。这一礼仪，来自古希腊的一个神话故事。

相传，太阳神阿波罗爱上了露珠女神达芬，但达芬却立志独身不嫁。无奈之下，太阳神只得舍命追逐。谁知正要接近时，她却变成了一棵月桂树。尽管如此，太阳神不改初衷，依然表示永远爱她，让她成为最高荣誉的象征。

据此，人们就用桂树的花枝编成花圈，献给各种比赛的优胜者。由于鲜花花瓣易于干枯，后来人们又以花环作为替代品。可见，当时的花圈并非祭奠用品，而是专门作为对竞技优胜者的一种奖赏。

到了奴隶社会的罗马帝国时期，出现了这样的法律条文：殡葬过程中，逝者亲属可携带其生前在各种比赛中获得的花环，随行于灵柩之后，以示哀荣。至此，象征胜利和荣誉的花圈，始在殡葬仪式中初露头角。

及至近代，这种哀悼形式才传入我国。上世纪 20 年代，大文豪鲁迅先生在其名著《药》中，曾隐约地描绘过革命先驱夏瑜坟头上的一圈白色花环。如今，随着现代文明的发展，花圈已成为人所共知的祭祀品，其种类也花样繁多。除常规的纸质花圈外，塑料花圈、鲜花花篮也已司空见惯。

## 掛蟒纸的来历

大凡老人谢世，晚辈们除披麻戴孝、进行跪拜外。还要在门前挂起丈把来长、直径约一至二尺粗且呈节状的白花挂纸，以示悼念。

由于这种白花挂纸，形如巨大的蟒蛇，故名曰“蟒纸”。说起它的来源，自然离不开那个古老的传说。

古时候，一个名叫桃庄的村子外面，住着一对年已古稀的老者。他们无儿无女，甚是恓惶。一天，老汉外出拾柴时，偶然捡到两个蛇蛋，遂带回自家放起来。几日之后，竟有两条小蛇破壳而出。老人见其可怜，便精心喂养起来。稍有空闲，老人就向小蛇说长道短，似乎在与儿女诉说衷肠。随着小蛇逐渐长大，老婆建议给它们取个名字。老汉思忖半天，就向老婆指着道：“东边那个就叫‘东长’，西边那个唤作‘西短’，你看咋样？”老婆听后，眯着双眼直点头。

一年过后，老汉患病身亡，邻居帮忙摆起了灵堂。“东长”“西短”不忘养育之恩，亦盘卧在灵堂东西两侧参与守灵。邻人见状，无不惊惧三分。这时，老婆细言细语地对蛇们说：“儿呀，你父已经离去，我也无力继续供养，你俩到草房外的树林里谋生去吧！”东长、西短听罢，就悄悄爬到大门两侧卧下，望着老人潸然泪下。不一会，它俩就蜕变为两条长长的纸团。邻人见它俩颇有良心，遂把两条蟒蜕高高地悬挂于门前，以显孝心。这样，掛蟒纸的习俗就流传起来。

## 披麻戴孝的来历

旧时死了人，都要披麻戴孝送殡。这习俗，同手执“哭丧棒”出灵一样，相传都与岳飞被害有关联。

南宋抗金名将岳飞，受秦桧陷害含冤入狱后，秦桧指使万俟卨和罗汝楫一群走狗大搞逼供。他们用酷刑百般拷打，可岳飞英勇不屈，宁死不招。秦桧急得像热锅上的蚂蚁，大骂主审官万俟卨和罗汝楫是窝囊废。为了讨好秦桧，这两个家伙采取了更为卑劣、毒辣的手段。他们将岳飞打得皮开肉绽，然后让狱卒将麻皮缠绕在血肉模糊的躯体上。过些时日，再残忍地一层一层剥掉。这些麻皮犹如鳔胶粘附在身，一剥就带下一层皮肉，直折磨得岳飞死去活来。秦桧见阴谋无法得逞，便以“莫须有”的罪名，在风波亭用麻绳将岳家父子勒死。

秦桧一伙奸贼狼狈为奸、陷害忠良、绞杀无辜的罪行传到民间，老百姓无不恨得咬牙切齿。那时朝廷信任权奸，百姓敢怒而不敢言。人们为了悼念岳飞的精忠，控诉秦桧的罪恶，便借死人出殡，开始披麻戴孝了。人们还将麻皮编成麻辫或拧成麻绳，搭在脖颈上。

披麻戴孝不仅把岳飞受的酷刑公诸于世，脖颈上套着的麻绳、麻辫，更是对秦桧勒死岳飞这一兽行的血泪控诉。老百姓的这一举动不胫而走，很快在全国各地传开了。从这时起，披麻戴孝就成了老百姓世世代代的丧葬之俗。

## 戴黑纱的来历

现在一般人去世，他们的儿女小辈们都以臂戴黑纱向死者致哀，改变了披麻戴孝的往昔旧俗。这种新式丧礼，来自于何时呢？

据说很早以前，英国的一个贵族死了，按照当时的礼节，他的奴仆们应穿丧服致哀。但奴仆们连基本生活都无法维持，哪来钱去制作丧服呢？经过商议，他们决定每人佩戴一块黑纱以替代丧服，亦圆满地办完了整个丧事。

后人发现，这一做法，既节俭又庄重，故很快流传于各地。

## “哭丧棒”的来历

在关中一带，每当长辈人死了，发丧送殡时，孝子孝孙都要手拄“哭丧棒”。这是何因？欲知端详，还得从岳飞抗金接皇灵说起。

宋朝的宋徽宗、宋钦宗两个皇帝，昏庸无道，听信奸邪，迫害忠良。整日沉迷于酒色之中，国人敢怒而不敢言。在与金兵交战之初，宋军连吃败仗。后来不仅京城陷落，而且连宋徽宗、宋钦宗和满朝官员都做了金人的俘虏。宋徽宗年近半百，被俘后备受折磨，没过多久就升了西天。经多方商谈，金人答应把灵柩归还于宋朝。这时，康王赵构早已跑到临安当了皇帝。这个昏君对抗金和收复失地皆无兴趣，唯对迎接宋徽宗的尸体格外热心。他传旨文武百官与边防三军重孝相迎，想以“孝敬先皇”作幌子，来笼络人心。历史上把这件事叫“接皇灵”。

但是，接皇灵亦并非易事。金国兵强马壮，弄不好，不仅尸体接不回，连赵构也可能被掠走。所以赵构亲自下诏，让抗金名将岳飞带上岳家军保驾接回皇灵。

岳飞接到圣旨后，寝食不安。他想，金兀术历来言而无信，他提出送还灵柩，其中必定有诈，绝不能掉以轻心！眼下，宋皇赵构已起驾出京，再去劝阻确实来不及了，但也不能眼看着文武百官去上当受骗。于是，他召集众将紧急商议，如此这般地定出了一策。

接皇灵这天，只见岳军将士清一色的白衣白帽，凄楚哀怨地跪在路旁，每人手里拿着一个缠满白纸的棍棒，有长的，有短的，那白纸条还在寒风中瑟瑟抖动。

金国本无诚意。他们送还徽宗灵柩是假，伺机攻打宋朝、捉拿赵构是真。金兀术看到岳飞站在宋皇帝赵构旁边，遂大喜过望，暗暗说道："岳飞呀岳飞，这回你可中计了，看你还往哪里逃！"说着将令旗一摆，命金兵将士先抓岳飞与赵构，再杀岳家众兵将。

岳家军一看金兵那个虎狼样儿，有些沉不住气了。岳元帅却不动声色，仍陪着宋皇站在阵中。待金兵人马冲到近前时，便将手中缠满白纸的棍棒一举，刹那间，麾下之千军万马也"唰"的一声撕开白纸，亮出了包裹着的刀枪。他们个个犹如猛虎扑食，呐喊着杀向金兵。众金兵只想着捉拿岳飞与宋皇去邀功领赏，并未提防跪在路边的接灵人还藏有刀枪。他们顿时哭爹喊娘，乱成一团，哪还有半点招架之力！

这一仗，岳家军以逸待劳，出其不意，直杀得金兵尸横遍野，血流成河。金兀术自己亦丢盔卸甲，逃回北国。

宋皇赵构见岳家军杀败了金兵，又安全迎回了先帝灵柩，十分高兴，遂问岳飞："你刚才手里拿的什么法宝？"岳飞怕宋皇恼其欺君，遂跪地呈上缠满白纸的宝剑说："臣拿的是迎接圣灵的'哭丧棒。'"

从此，"哭丧棒"痛杀金兵的故事，在黄河两岸就不翼而飞了。后人为了崇尚岳家军含悲愤、雪国耻的精神，每当老辈去世时，也都仿照岳家军的做法，用白纸糊了"哭丧棒"，来进行护灵送殡仪式

## 坐草守灵的来历

关中人有个风俗，老人逝世后，子孙要在灵堂前放些麦草，而后坐在上面整夜守灵。守灵与麦草有何瓜葛呢？这里有个讲究。

过去医学不发达，妇女分娩时设备简陋，只在身下垫些麦草，就一直坐到孩子满月，旧称"坐月子"。后辈们为了报答老人的生养之恩，除老人在世时百般孝敬外，老人逝世后，还要对其生养自己时的"坐草"之苦施以恩报。这就是坐草守灵的来历。

## 人死后脸上盖纸的来历

关中腹地还有一习俗：人死后要用一块红布、白布或者一沓烧纸盖在脸上，名曰“蒙脸纸”。这一民俗，据说与2000余年前的吴王夫差有关。

公元前494年，吴王夫差为报越王弑父之仇，率领将士一举打败了越国。越王勾践遂向吴王投降称臣，并替夫差喂马。在此期间，勾践极力讨好夫差，骗取了吴王的信任，三年后终于回归故土。勾践回国后，明里继续讨好吴国，暗里却卧薪尝胆，休养生息；训练兵马，不忘前仇，决心要灭吴国。

再说吴王夫差自从打败了越王勾践，一时显得狂妄自大，不可一世，一心想做中原霸主。

公元前476年，吴王夫差将要出征齐国。伍子胥闻讯，立即劝谏说：“君王此行万万不可。我听说勾践回去，吃粗粮，穿粗布，亲自耕种，与百姓同甘共苦。此人不死，终是吴国之后患。齐国则不同，远隔千里，纠葛不多。唯望君王放弃伐齐之举，挥师攻打越国。”夫差对此置若罔闻。后来，吴国大夫文种来向吴王借贷粮食，伍子胥再度出来劝谏，又遭吴王当面训斥。伍子胥气愤地说：“君王拒纳劝谏，不出三年，吴国必将成为废墟”。太宰伯嚭知道后，乘机在吴王面前广进谗言，导致昏庸的吴王终于杀了伍子胥。伍子胥临死前，一再嘱咐手下之人：“求你们将我的眼球挖下挂于城墙之上，我要亲眼看看越国是如何灭掉吴国的。”

越王勾践闻听伍子胥被害，十分欣喜，遂出兵攻打吴国。吴兵屡吃败仗之后，夫差连续七次求和，均遭拒绝。公元前473年，越国又乘吴国发大水、闹饥荒之机，进攻姑苏城。夫差狼狈出逃，被围困于阳山，后在绝望之中伏剑自杀。临死之前，他含泪对属下说：“我悔不该不听伍子胥的话，死后也没脸去见他。请你们在我脸上蒙上一块遮羞布。”

从这时起，人死后给脸上盖遮羞布或蒙面纸的习俗，就逐渐形成并开始世代相袭了。《史记》《越绝书》中，对此都有记载。

但据其他史料载，盖蒙脸纸的习俗，则源于南京三忠臣“背帝蹈海”的故事。

南宋时，朝中有三个忠臣：陆秀夫、文天祥和张世杰。1279年，大宋江山岌岌可危。陆秀夫和张世杰为保护宋朝最后一个皇帝——赵昺逃离大陆，日夜转战于广州湛江雷州半岛一带。后来，张弘范率元军兵临崖门，四处搜寻赵昺君臣。

陆秀夫见大势已去，恐怕赵昺落入敌手，遂冒雨奔至行宫，抱起年仅9岁、吓得嚎啕大哭的赵昺，直奔崖门跳海尽忠。南宋朝廷覆灭后，文天祥亦被元军所俘，押往燕京后殉难。

然而，历史是不以成败论英雄的。宋末三忠臣的铮铮铁骨与浩然正气，将永为后人所敬仰。崖门之战过后，当地人每逢给死者搁丧时，就给其脸上盖一块白布，以示“复宋事业犹未成，羞见三忠于地下”之意。

## 人死“烧枕头”的来历

在我国北方地区，人死后总要将其生前所用过的枕头给“烧上”。据说这个习俗，还是从三国时代传下来的。

袁绍死后不久，曹操就一举攻下了邺城，还打算把袁绍的儿媳甄夫人纳进宫来。不料，长子曹丕却更有远见，来个捷足先登，抢先占有了甄夫人。曹操也只能就手作罢。

曹丕娶过甄夫人以后，曾一度整天迷恋在色情中，连政事都不过问了。甄夫人虽然心里不高兴，面子上又不得不对付。看到曹丕那副色眯眯的样子，曹操很不满意。于是就故意让曹丕与自己前去征战，单留下二儿子曹植留守邺城。谁知曹植早已对其嫂子甄夫人有了意思，这下可真的有机可乘了。曹操走后，二人关系日渐密切。待他们征战归来，生米业已做成了熟饭。

后来，曹丕也察觉了一些蛛丝马迹。他登上魏王之宝座以后，便将弟弟曹植发配到了边疆，自己则在洛阳营造宫室，接纳佳丽。甄夫人当时仍在邺城，曹植临行前，还去邺城进行了幽会，情意绵绵地度过了三天三夜。甄夫人还承诺将自己的枕头赠与曹植，好让他“伴枕如伴人”。但在临行时，由于差人催得过急，竟把带枕之事遗忘了。

话说曹丕在洛阳又纳了几位新夫人，可模样都在甄夫人之下。于是，他又召甄夫人去洛阳。甄夫人死不从命，加之新夫人从中挑唆，曹丕遂赐甄夫人一死，而甄夫人也就真的跳河自尽了。临跳之前，她还特意嘱咐一贴身丫鬟去找曹植，并让其将自己的枕头给“捎上”，好让曹植“见枕如见人”。

显而易见，此话之原意，是让将死者本人的枕头给“捎上”，但由于发音相近，后人便将“捎上”理解为“烧上”。如此以讹传讹，一直传到了现今。现在人死了，家属就把死者用过的枕头给烧了，借以表示对死者的留恋。

## 棺木上铺红毡的来历

在我国一些地方，过去出殡送葬时，要在棺木上盖以红毡。这个习俗，原因何在呢？

传说明时有个大臣叫顾鼎臣，是昆山人。他作过三个皇帝的丞相，官居要职，十分显赫。

顾鼎臣的父亲有两个老婆，他本人系小老婆所生。这年，他娘不幸病故。顾鼎臣回家奔丧，做棺材入殓，一切皆已准备就绪。可是，就在即将出丧之际，麻烦事情发生了。当棺材抬到门口时，正门早已关闭，只有偏门方可出入。顾鼎臣问："此系何人所为？"一臣僚据实回答："是你娘舅所干的，此时他正在门口呢！"顾鼎臣十分恼火，就去质问娘舅："为何要将正门关掉？我娘出殡为啥走偏门？"娘舅道："你娘是妾，乃你父亲的偏房。将来正房过世，才能出正门。"顾鼎臣听罢，气得七窍冒烟。遂道："吾乃朝廷大臣，娘死了出偏门，叫我的面子往哪里放？以后又如何做人？"娘舅道："此乃古往今来之规矩，即使皇家出丧，也是这样呢！"

顾鼎臣自知无言以对，便气呼呼地问："那么将来我死了，也要走偏门吗？"娘舅回曰："那倒不，顾家就你一个儿子，当然出正门。"

顾鼎臣眉头一皱，计上心来。既然如此，我何不替母出丧，看你娘舅怎么办？于是，他爬上母亲的棺材，在棺材盖上躺得四肢笔挺去装死。娘舅一看这样，知道外甥发憨，事情要弄僵了。于是，他想出一个办法，马上叫人在外甥身上盖上一条红毡，才把棺材从正门抬了出去。

自此以后，丧家出殡时为避免出现正门、偏门之争，就在棺材上盖一条红毡。后人觉得此法可行，遂竞相仿效。

## 埋葬父母"顶纸盆"的来历

在关中一些地区，父母去世时，儿子都要头顶纸盆（烧纸用的瓦盆）去送葬。纸盆内盛着烧过的纸灰，随棺材一起入墓陪葬。有些地方则把纸盆直接摔碎在十字路口。

顶纸盆的习俗源远流长，寓意深刻。它象征婴儿脱离母体分娩后，在盆中清洗。如今亲人去世，儿子顶礼奉送满盆资财，以报分娩之苦和养育之恩。顶盆思亲报恩，犹如乌鸦反哺、羔羊跪乳之情。这就自然由母亲演绎到父亲了。

头顶纸盆，还意味承担顶门立户的责任，当然也具有继承父母遗产之权利。

## 送灵回来“跨火”的来历

江浙一带有这样一个习俗：埋葬死人后，送灵人由坟上回来，要从一堆火上跨过去。这种做法，称之为“跨火”。

很早以前，江宁其林乡宝塔山的西坝湾村住着个姓金的大户。因六房妻妾只得一子，故给孩儿取名“金来锁”，全家人皆视作掌上明珠。来锁长到十岁，其父金古钱便聘师教他读书。谁知来锁经常患病，只得把先生辞了。一年后，父亲送来锁进白马寺与佛门结缘，求方丈教化。说来也怪，自从进了佛门，来锁的病竟奇迹般地好了，人也较前精神了许多，全家之人自然高兴不已。

金来锁十六岁那年，他在白马寺旁的十字坡处，常见有位貌若天仙的姑娘哭泣。有次，他上前问道：“姑娘，何事令你如此伤心？”姑娘回道：“小女父母双亡，孤独无依呀？”来锁念其可怜，常从寺里带点饭菜给姑娘吃，还给她些碎银以作补贴。久而久之，两人产生爱慕之情，以至进入难分难舍之地。

一次，方丈发现来锁身上有邪气，遂仔细盘问，来锁只好据实说来。方丈闻之大惊：“快与她断绝往来，那是一只狐狸精！”来锁非但不听，反将方丈之言转告姑娘。姑娘嫣然一笑说：“你信吗？”

方丈见来锁并未与其断绝往来，只好实告其父。金古钱气愤之余，就把他软禁起来。一天深夜，来锁迷糊之际，见姑娘款款来到她她的身边，温柔体贴，风情万种，当即立誓要娶姑娘为妻。

三个月后，金古钱以为儿子业已收心，便不再监管。岂料来锁刚一出去，就与姑娘躲进深山，再不思归了。金古钱一气身亡。当天夜晚，来锁与姑娘偷偷溜进村子，想再见父亲一面。谁知刚一进村，就被方丈发觉，姑娘立即逃跑了。方丈重申前言，来锁虽半信半疑，但还是答应依照方丈之意去做。

三天过后，金家及其亲友为金古钱送葬。方丈在村头十字路口用禅杖画了道暗圈。姑娘哭了一阵，跟着来锁想回村子。刚到十字路口，来锁被人重击一掌，一下跌出丈把远。还未回过神来，只听身后一声巨响。回头一看，只见熊熊火堆里，一只大狐狸在拼命挣扎。方丈把事情原委一讲，大家都很气愤，个个从火堆上跨了过去。

后来，每当人们送葬归来，都从火堆上跨过，祈求能够降妖避邪，确保平安。

## “金童玉女”的来历

在我国广袤的农村，过去老人去世埋葬时，做子女的总要买上一对“金童玉女”，同老人的遗体一道葬入墓穴，让她替代子女侍奉老人。更为讲究的，还要在其胸前分别写上“听说”“顺叫”“快来”“快去”等美好的名字，好供老人及时使唤。

“金童玉女”的来历，至少可追溯到3000多年前的奴隶社会。

在奴隶社会，奴隶主是把大批奴隶当做会说话的工具来使用。他们死后，仍希图继续奴役和驱使奴隶。于是便采用极其残酷的手段，把许多活人、活的动物埋在自己的墓葬中进行殉葬。其数目之大，是非常惊人的。建国后我们在洛阳发掘的一座奴隶主墓葬中，殉葬奴隶就有300余人；陕西宝鸡市茹家庄发掘的一座规模有限的奴隶主墓，殉葬奴隶也有9个。其中还有未成年人，真是令人发指!

随着社会的逐步发展和人类的文明进步，统治阶级逐渐认识到让活人殉葬，不仅是对生产力的极大破坏，而且极易引起奴隶奋起反抗，因而开始探索用陶俑代替活人的殉葬之法。不过，在此期间，用俑殉葬也仅限于已故的帝王将相与达官贵人，相对于生活在社会最底层的黎民百姓来讲，是绝对不敢有此奢望的。

然而在我国民间，智慧之人毕竟很多。陶俑不敢企及，其他总可以替代嘛!于是乎，“金童玉女”慢慢地就在民间横空出世了。这种“金童玉女”，仅以纸制作，工艺简单，成本低廉，而且小巧玲珑，美观大方，深受丧属之喜爱，故而风行于世。

## 敛葬“忌裘”的来历

我国民间素有敛葬“忌裘”之习。就是说人死之后，无论生前官职大小，钱财多寡，入殓时都不能身穿带有皮毛之衣。

远在春秋战国时期，孔子、庄子都不主张厚葬。孔子首开先河，不为其死去的儿子做棺材；庄子留下遗嘱，死后愿以天地为棺椁、日月为联壁，拒绝弟子厚葬。西汉刘安（前 179～前 122），《淮南子》载："世俗言曰，'葬人者裘不可藏，世以为裘者，难得贵贾之物也。无益于死者，而足以养生，故因其资以譬之。'"意思是说，裘乃贵重物品，用于死者没有益处，而对生者之生活却起作用。可见敛葬忌裘，意在"俭"字当先。

《淮南子》这部书是讲阴阳五行和道家天道学说的，其在丧事方面能有此精准论述，实在难得。可是，时过百年之后，情况就发生了微妙的变化。西汉末年（即公元之初），佛教传入中国。随着佛教的传播，丧葬之俗自然受到相当影响。近代语言文学家胡朴安在其所著的《俗语典》中云："俗惑释氏（即释迦牟尼）转轮之说，裘属兽皮，谓转生之为兽也，故不以衣死者"。

与前述相比，虽然同为"忌裘"，但涵义却大相径庭。一个希图节俭办事，一个旨在规避转生为兽。尽管如此，表现形式还是一致的。

## 子女守孝三年的来历

在中国封建社会里，作为长辈的父母要是去世了，子女们往往得守孝三年。这又是为何呢？

据《论语·阳货篇》记载：有一天，孔子的学生宰我问孔子曰，"父母死后，守孝三年，为期也太久了。君子有三年不去习礼仪，礼仪一定会废弃掉；三年不去奏音乐，音乐一定会失传。陈谷既已吃完，新谷又已登场；打火用的燧木又经过了一个轮回，一年也就可以了"。孔子反问他说："父母死后不到三年，你便吃那个白米饭，穿那个花缎衣，你心里安不安呢？"宰我回答说："安！"孔子又说："你安，你就去干吧！君子守孝，吃美味不觉得香甜，听音乐不觉得快乐，你在家里不觉得舒服，所以不这样干。如今你既然觉得心安，便去干好了。"宰我出去以后，孔子说："宰我真不仁呀！儿女生下地来，三年以后才能完全脱离父母的怀抱。替父母守孝三年，天下都是如此的。宰我难道就没有从父母那里得到三年怀抱的爱护吗？"

由于孔子作过以上论述，加之他又被封建统治者封为"圣人"，处于 "唯我独尊”的历史地位，故他提出的“子生三年，然后免于父母之怀。夫三年之丧，天下之道丧也！”就为世人普遍接受。父母死后，子女要守孝三年。“三年无改于父之道，谓之孝也！”作为一种伦理道德与行为规范，这同样容易与人形成共识，也易于流传与推广。

## 合葬的来历

“合葬”是指夫妻共同葬在一个墓穴，又称之为“附葬”。它是我国民间主要的丧俗之一。

合葬起源于何时，又是何人首开先河的呢?

据史籍记载：此俗始于战国时期的孔仲尼。西汉戴圣《礼记·擅弓》中记有“孔子既得合葬于防”，就是指孔子合葬其父母而言的。西汉史学家司马迁在其所撰《史记·孔子世家》中说得更为明确。书云：“孔子生鲁昌平乡陬（zōu）邑，其先宋人也曰孔防叔。房叔生伯夏，伯夏生叔梁纥，与颜氏女野合而生孔子……生而首上圩顶，故因名曰五云。字仲尼，姓孔子，丘生而叔梁纥死，葬于防山；孔子母死，乃殡五父之衢……陬人袂父之母诲孔子父墓，然后合葬于防焉”。看来，这是“合葬”见诸于文字之始。

由于孔子率先实行了这一做法，其弟子皆于仿效。久之，形成习俗，故而夫妻合葬亦在民间流传起来。

## 我国火葬的来历

不少人认为我国的火葬是从国外传来的，其实火葬在我国早就实行了。据《列子》所载：战国时，“秦之西有义渠之国（后为秦兼并而置县），其亲戚死，聚柴而焚之。熏则烟上，谓之登遐。”（《商务印书馆《辞源》）。《大唐西域记》也说：西域送终殡葬，其仪有三。一曰火葬，积薪焚烧……东汉明帝时，佛教传入中国，火葬由和尚扩大到民间。宋、元时代，火葬达到了非常盛行的程度。实行火葬的人更多了，地域较前更大了。山东、山西、宁夏、四川、浙江、福建、云南等省，都有火葬的记载或出土文物。但到了明清时期，由于统治者的明文禁止，火葬逐渐衰落，然从未绝迹。

火葬简便，环保卫生，符合现代文明之要求。目前，我国城市火葬已基本普及。但在农村，任务依然艰巨。看来，移风易俗还真不是一件简单事。

## 陵墓的来历

我国古代既没有陵，也没有坟，而只有墓。就是说，墓上没有封土。汉扬雄的《方言》说："凡葬而无坟谓之墓。"孔子说："古也，墓而不坟"。孔子系春秋末人，他知道的也是古代没有坟，只有墓。这种情况，从考古资料中得到了验证。西安半坡是原始社会的遗址，墓葬区没有见到封土。殷代之墓没有封土，秦时先人之墓亦无封土。位于陕西凤翔的秦公陵园，历经凤翔考古队对几十个墓区的钻探与发掘，均证明不起丘垄，无有封土。

墓上有封土，起始于春秋后期，而盛行于战国，从此相沿而下，代代如此。《礼记·檀弓》记载：孔子对父母进行合葬时，筑了四尺高的坟丘，说是为了便于认识。到了战国时期，筑坟建丘大兴其道，而且坟之大小、形制、植树多寡，都有了明确的等级。《吕氏春秋》云：其时，"世之为丘垄也，其高大若山，其树之若林。"以后又称陵。如秦惠文王葬公陵、秦悼武王葬永陵、秦孝文王葬寿陵。汉代以后，则无帝不称陵。陕西关中，汉唐陵很多，都沿渭水而东。因为陵很高大，像山一样，所以过去也曾叫"山陵"。秦人有时把陵也叫"山"。秦始皇帝的陵，原名就叫"骊山"。既然帝陵可称作"山陵"，故皇帝死了，也叫"山陵崩"。

皇帝之墓谓之"陵"，百姓之墓就叫"坟"。时间一长，也就混了，现在则统称"坟墓"或"陵墓"。

## 墓志铭的来历

人死之后，后人为纪念其功德，就在墓前竖起一块石碑，刻上一段文字，谓之"墓志铭"。这一习俗，不是一蹴而就，实乃逐渐演变而来的。

古时候，人们为了将死者的棺材慢慢放入墓穴，就在墓的四角立下四根石柱，借以维系吊着棺材的绳索。大约从西汉末期开始，人们便在墓旁的石柱上刻凿死者的名字、官职、生辰以及猝殒日期，并将其永久置于墓旁，时称"墓表"。当时，墓表的内容仅此而已，比较简单。后来逐渐复杂起来。除了墓主的姓名、家庭、生平事迹外，还常有颂扬性的文字，以使世人了解死者的业绩，获取“名垂千古，流芳百世”之效应。这种相对复杂化了的墓表，当时则称为“墓碑”或“墓志铭”。

据明代文人徐师曾考证，墓志铭为汉代杜子夏所首创。徐师曾曾记述曰：“至汉，杜子夏始勒文理墓侧，遂有墓志，后人因之。”由此可知，其时的墓志铭已不再利用原始的石柱去撰刻，而已形成为专门用作纪念的一块独立的碑文。

古人对品评墓志铭有许多标准，其中最重要的一条，就是实事求是。一般来说，墓志铭都是为死者歌功颂德的，因而多有夸大溢美之词。但我国古代亦有例外，著名女皇武则天在位 16 年（实际掌权近半个世纪），大力推行科举制，注意选拔各类人才，促进了社会经济的持续发展。然而，其驾崩前却嘱咐立下“无字碑”，将千秋功罪，置于后人评说。这一开明之举，至今为后人所称道。

## 墓旁植柏的来历

埋葬死人时，人们总要设法在墓旁栽些柏树，以示纪念。为何非要种植柏树，而非其他品种呢？

远在 2500 余年前的秦穆公时期，有个人在耕地时，从土中挖出了一个模样像羊一样的动物，感到惊奇，遂准备献与官府。走到半路，碰见两个“碎娃”（关中语，即小孩）在打土仗，他们见到这一怪物，就说它的名字叫“蝹”（音：熬），经常钻于地下吃死人脑髓。如果想弄死它，就得用柏树的枝条，插进它的脑壳。

古时的人十分迷信，他们认为死人并没有死，而只是到了另一个世界。因而当“蝹”出现的消息刚一传开，大家都信以为真。为了保护自己逝去之亲属不被“蝹”糟践，遂纷纷在墓旁植柏，并一代代沿袭下来。

## 扫墓的来历

清明与寒食是两个连在一起的节日。因时间相近，往往被人们并称为“清明寒食”，或者混称为一个节日。实际上，寒食节在清明节的前一日（有时为前两日）。

清明节扫墓，在我国城乡有着悠久的历史。它源于春秋时期介子推之死的寒食节。以后，每逢是日，人们往往带上祭品、香蜡到介子推墓前凭吊。后来逐渐演变为祭祀已故亲友的一项活动，流传至今。

扫墓起先叫“墓祭”。战国时，这种纪念故者的仪式即已初见端倪。汉代称为“上陵”，并开始在寒食节进行。到唐宋时期，扫墓的习俗已十分盛行。时称“上墓”“上冢”或“拜扫”。唐开元二十年（732 年），朝廷曾下令提倡清明节扫墓。南宋诗人高菊卿在《清明》一诗中写到：“南北山头多墓田，清明祭扫各纷然。纸灰化作白蝴蝶，泣血染成红杜鹃。日落狐狸眠冢上，夜归儿女笑灯前。人生有酒须当醉，一滴何曾到九泉？”真不失为一幅酣畅淋漓的清明丽景图。

“扫墓”一词，始于清朝。《清通礼》记载：“寒食及霜降节，拜扫塘茔。届时素服诣墓，具酒馔（zhuàn）及芟（shān）剪草木之器，周胝 （zhī）封树，剪除荆草，故称扫墓”。以后，扫墓便成了人们纪念死者、表达哀思的传统风俗。

## 上坟烧纸钱的来历

我国大部地区流行着农历“十月一”给死人烧纸的习俗。有的还把纸糊成衣服去烧，说是给死去的亲人“送寒衣”。要问烧纸的来历，原是古人上当受骗的结果。

相传，造纸大师蔡伦有个弟媳名叫慧娘，生的聪明伶俐，颇有心计。她看到蔡伦造的纸，每日都能换回白花花的银两，心里十分羡慕。一天，她对丈夫蔡莫说：“大哥造纸，生意兴隆。你何不跟他学两手，咱俩的生活也就有了保障啊！”蔡莫见妻子说得句句有理，便拜大哥为师，悉心学习造纸技术。

半年之后，慧娘喜滋滋地筹划着：丈夫学会了造纸技术，何不让他回来独立门户，也好早日赚点钱啊！于是，她三番五次地催促丈夫。蔡莫无奈，只好回家办起了造纸作坊。

且说这蔡莫生性愚拙，尽管大哥手把手教他，半年时间只学会了淹草、捣浆、打曹等粗纸制造法。至于蒸煮、吊帘、漂白等技术，乃一窍不通。由于手艺不过关，造出的纸，质地粗糙，黄巴巴地压了一屋子，无人问津，蔡莫急得想上吊，慧娘亦愁得夜不能寐。苦思冥想之后，她忽然心生一计，急忙拉过蔡莫，如此这般地叮嘱了一番。

次日一早，忽闻蔡莫在家捶胸顿足，嚎啕大哭。左邻右舍及众亲友赶来时，只见慧娘已经暴病身亡。蔡莫跪在棺材旁，边哭边说：“都是这些倒霉的纸把慧娘愁死了，现在人已走了，我还要它干什么？”接着，他抱纸放在大火里烧，烧完一捆又一捆。烧着烧着，那慧娘竟奇迹般地活了过来，还眯着眼叨念道：“阳间钱能通四海，阴间纸钱做买卖。不是丈夫把纸烧，谁肯放我回家来？”又言她到了阴间，小鬼叫她推磨受苦，她给了几把纸钱，小鬼就争着替她推磨。后来她把丈夫送的纸钱全送给三曹官，三曹官一高兴，就偷偷打开地府后门，把她放回来了。众人一听，唏嘘不已，原来阴曹地府当官做老爷的也喜欢钱哪！蔡莫亦煞有介事地附和着：“三曹官呀，我再送你两捆钱，你可要宽恕我死去的爹娘呀！”

慧娘因得纸钱死而复生的消息不胫而走，一传十，十传百，迅速传遍了方圆百把里。人们纷纷前来抢购那些黄巴巴的粗纸，回去烧祭亡人。转眼间，蔡莫家一屋子的粗纸很快被抢购一空。蔡莫因此发了大财，而给死人烧纸的习俗也就从此盛行起来了。慧娘“还阳”那天，正好是农历十月一日，于是“十月一”上坟烧纸便成为定俗。

## 正月十五送坟灯的来历

农历正月十五的傍晚，家家户户都要给祖坟上送灯笼。这一习俗，源于朱元璋祭母的故事。

朱元璋年幼时，家境贫寒，全靠给人放牛、打工度日子。母亲死后，别说无地安葬，连口像样的棺材都买不起，急得他爬在母亲尸骨上哭得死去活来。乡亲们见状分外同情，便凑钱买来一副薄棺，帮他将母亲葬在一片杂草丛生的山坡上。

俗话说：“人的命，天注定。”后来，他的命运竟发生了翻天覆地的变化——乞儿般的朱元璋却有幸登上了皇帝的宝座。

这一年正月十五的黄昏，他来到山坡地欲祭奠母亲。可是荒草凄凄，坟茔点点，一时令他难以分辨出慈母之墓地。于是，他下令衙役们将所有杂草铲除干净，把每座坟茔逐个修葺一番。然后又叫人扎了许多纸灯，用竹竿插在每一坟前。到了晚上，点燃灯烛，整个坟场灯火通明，甚为壮观。这时，朱元璋身着龙袍站在坟地中央，朝着东南西北四个方位，一一行了跪拜礼，哭祭母亲亡灵。

说来真怪，朱元璋的哭声刚停，所有灯盏全灭了，惟有一盏闪烁不息。朱元璋认为这是生母显灵，此系她的坟地无疑。于是，遂另行安葬。从此，每逢正月十五，朱元璋都要亲临母坟，送上一盏灯笼。百姓们见了，纷纷仿效，慢慢就相沿成习。

## 冥婚的来历

“冥婚”之俗，古已有之。但由于它和当时的“礼法”相去甚远，故既为官方所不容，亦为民间不齿。《周礼》就有“禁迁葬者与嫁殇者”的记载。

官方虽然禁止，然民间总有人善于玩弄“上有政策、下有对策”的游戏，如请巫人用朱、紅之笔在纸上画些符语（谓之阴符），以召唤业已亡故的未婚男女实现“冥婚”。在这方面，三国时期魏武帝曹操堪称“典范”，他曾率先为亡子曹冲选聘了甄氏之女，致民间“冥婚”之风日盛，花样亦越来越多。南宋前后，“冥婚”仅限于“男娶女嫁”的模式，进入明代，始有亡男入赘亡女之家的情况出现。宋代以后，“冥婚”的形式又开始变异，就连未婚夫亡故之后，未婚妻亦不得另嫁，甚至还须以身殉葬。

古往今来，“冥婚”的类型大约有如下三种。

契约型：男方生前经媒人牵线，看过相术、合过八字，立过婚约、行过聘礼者，无论婚否，女方囿于“贞女不嫁二夫”之封建桎梏，甘愿恪守“死葬同穴、生共衣衾”之妇道，遂成“冥婚”。

无约型：生前男未娶、女未嫁，相互无有婚约的十五岁以上的亡者，无论哪方，都可向对方“求婚论嫁”。双方同意后，即行聘礼，迎娶合葬。

收养型：男方生前尚未婚配，死后又未找到年龄相仿之亡女，经“媒人”撮合，将早夭之幼女“收养”起来，待其“成年”之后，再迁进男墓进行婚配合葬。

世界之大，无奇不有。“冥婚”者虽然为之甚众，然“离婚”者亦不乏其人。唐时韦后曾将其弟韦询与箫至忠亡女冥婚合葬，待韦后衰败之后，箫至忠竟将亡女灵柩迁出另葬。

## “黄泉”与“九泉”的来历

我国民间有句俗话，叫作“黄泉路上无老少”；还说某某如果“九泉之下死而有知，也该为之瞑目了”。这究竟是什么意思？“黄泉”与“九泉”又是怎么来的呢？

据中国神话传说和宗教典籍介绍，黄泉路是指人死后到阴曹地府报到时须走的全部路程。简言之，就是人的死亡之路。按照这一传说，人死后阴间的捕快黑白无常就来捉拿人的魂魄，把他们带到阴曹地府去接受阎王的审判，以决定他们是升天为神，还是重新投胎做人，亦或打入十八层地狱去受苦受难。黄泉路上有很多阳寿未尽（即非正常死亡）的孤魂野鬼，他们既不能上天，也不能投胎，更不能到阴间善终，只能在黄泉路上飘忽游荡，等待阳寿满期后再听候阎王的发落。这黄泉之路始有火红的彼岸花，其后就是忘川河，河上有座奈何桥。跨过桥头便是望乡台，台边有个老妇人在卖迷魂汤。迷魂汤一下肚就会忘记一切，唯有河边的三生石记载、见证他的前世今生。一旦黄泉路尽，便意味即将受到阎王的终极审判和十八层地狱的最后考验了。

其实，“黄泉”之本意，是指地下的泉水。古时人打井取水，往往打得很深很深，才有泉水流出。而泉水与周边的泥土一混合，就变为橙黄色，“黄泉”因此而得名。当时人们认为阴曹地府同在很深很深的地下，故“黄泉”也就成为阴曹地府的代名词。 由于“九”是最大的个位数，在古代寓有“很、最、极”之意，所以“九”与“泉”结合，就是“最深的黄泉”。时间一长，“九泉”亦成为阴间的象征。

黄泉一词最早见于《东周列国》——“郑庄公掘地见母”的故事。

郑庄公的父亲名叫郑武公，他娶姜氏为妻，生有两个儿子。大儿子叫寤生，二儿子叫段。段长得一表人才，姜氏十分偏爱，遂嘱咐郑武公立段为太子，却遭到拒绝。武公去世后，寤生继承王位，号郑庄公。姜氏多次煽动次子段篡位。被庄公识破后，段自刎而死。庄公大怒之下把母亲从京城赶到颖地，还发下毒誓——不到黄泉不相见。

颖地的官员叫颖考叔，为人正直，素享孝顺、爱友之美誉。他见庄公弃母于颖地，便说：“母亲虽然不像母亲，但儿子却不能不像儿子”。于是抓了几只小鸟来见郑庄公。庄公问：“这是什么鸟？”颖考叔说：“这鸟名叫号鸟，最不孝道，母亲把它养大，它却反过来啄食母亲，故抓来准备吃掉。”庄公听后哑然无语。这时，膳房厨师送来一只蒸羊，庄公割下一条羊腿给考叔，考叔遂将羊肉撕下置于袖中。庄公不解。考叔解释说：“我家母亲从未尝过如此美味，我要拿回家给她老人家享用。”庄公听罢虽凄然落泪，可就是缄默不语。考叔明知说动了庄公，却因为受“不到黄泉不相见”之毒誓所阻，眼下难以启齿罢了。于是献计庄公挖掘地下，直到泉水涌出时，建一地下宫室，再把生母接来同居，终使庄公母子相见于“黄泉”。

## “十三陵”的来历

历代封建帝王，一般都十分重视陵墓的选址问题。秦始皇如此，武则天如此，明成祖朱棣同样如此。

明成祖刚一登基，就派衙役在京城附近遴选陵地。历经两年之久，才找到了几处可供选择之地。衙役首提屠家营，却因皇帝之姓与“猪”同音，猪进屠家，还有好事吗？接着又选狼儿谷，还是不行。猪旁有狼在虎视眈眈，这能安全吗？随后再选燕家台，然“燕家”又和“晏驾”（皇帝死了谓之晏驾）谐音，依然不妙。最后找到黄土山，这里群山似封若闭，山间繁花似锦，加上术士“龙头”“龙尾”地一通瞎侃，明成祖遂成竹在胸，下令圈地80里作为禁地，并改其名为“天寿山”。

从明成祖到崇祯，这里共埋葬了13位皇帝，故称“十三陵”。就其规模来讲，当数明成祖的长陵为最大，明神宗朱翊钧的定陵次之。

## 妇女画眉的来历

描眉，是我国女子一种传统的美容艺术。早在2000多年前的战国时期，这种描眉之风就已相当盛行了。《楚辞·大招》载：“粉白黛黑施芳泽，长袂（mèi）拂面善留客”。其中所说之“黛”，就是用黑色眉笔修饰过的眼眉。

秦始皇令宫中妇女穿红衣、描绿眉，故有“红妆翠眉”之说；汉武帝让宫人悉描八字眉，形同飞蛾，人称“峨眉”；卓文君容貌姣好，蛾色如远山，脸际似芙蓉。时人仿效，故描“远山眉”。三国时曹操曾令妇女皆画“青黛眉”。唐代以后，描眉之风有增无减。唐明皇曾令画工画“十眉图”。一曰鸳鸯眉（亦称八字眉）；二曰小山眉（亦称远山眉）；三曰“五岳眉”；四曰“山峰眉”；五曰“垂珠眉”；六曰“月棱眉”；七曰“分梢眉”；八曰“涵烟眉”；九曰“佛云眉”；十曰“倒晕眉”。为此，苏东坡曾诗云：“成都画手开十眉，横云却月争新奇”。

随着描眉的盛行，逐渐出现了诸如黛娇、黛敛等词汇，而黛蛾、粉黛等，则成为古代美女之雅称。唐代诗人白居易就曾用“回眸一笑百媚生，六宫粉黛无颜色”，形容过贵妃杨玉环之貌美。

画眉亦称“扫眉”。唐时成都名妓薛涛善描眉涂粉，且能诗擅赋，常与杜牧、刘禹锡等人唱和，人称“扫眉才子”。

进入清代后，描眉技巧更为讲究。清人李渔在《闲情偶寄》里讲：当时画眉要“稍带月形，略存山意，弯其上而不弯其下，细其外而不细其中。最忌凭空一抹和两笔斜冲”。如此看来，描眉一举，还真是大有文章可做呢！

## 戴耳坠的来历

眼下，无论城市还是乡村，妇女又兴起戴耳坠，并将此当作一种时髦的装饰品。其实，当耳坠最早出现之时，却完全是一具套在妇女身上的封建枷锁。

相传很早以前，有对老夫妻年过四十才喜得一女。夫妻俩如获至宝，处处将她宠着惯着。真是捧在手里怕她吓了，含在口里又恐其化了。姑娘长大之后，养成一身“坏毛病”，走起路来东张西望，疯疯癫癫。由于此举不合礼教，因而一直待字深闺，找不到婆家。

一天，老两口把姑娘叫来，恨恨地训了一顿。她虽满口应承要改，可还未走出房门就已忘得一干二净，头又不由自主地晃动起来。于是，老两口就强行刺穿姑娘的两个耳垂，上边各系一条挂着贝壳的短绳儿。这样，只要她的头刚一晃动，贝壳就会在脸颊荡来荡去。在当时，刮脸是表示“羞”的意思，经过贝壳的不时“提醒”，姑娘逐渐有了“知羞”意识，毛病也慢慢改掉了。

这一做法外传后，患有同“疾”的姑娘纷纷仿效。于是，耳坠儿便开始在社会上普及了。后来，人们又将它改制成工艺品，作为一种首饰戴在了耳垂上。

## 戴戒指的来历

戒指是一种小巧玲珑的“爱物”，无论男女，带上它都会使人平添几分高雅与风度。然而，其“专利权”到底属于男性，还是属于女性，社会上至今各执一端，尚无分晓。

一些学者认为：金戒指本意是“经戒止”，意即经期应该“戒止”性生活，自然非女性莫属。据史料记载：早在汉代，宫廷已盛行戴金戒指了。开始，仅限于皇后或嫔妃们在月经来潮时佩戴，意在此间，帝王不可与之同房。因为月经一词属于“秽语”，在帝王面前需要避讳，不能脱口而出。只要她们手戴“经戒止”，帝王一看就明白了。《已非斋杂录》一书里写的“古者后妃群妾进御，女史书其月日，授之一环，即戒指也！”就是对这件事的记载。尔后，王公宰相、文武百官之眷属相继仿效，逐渐形成了一种文明、卫生的良好习惯而风靡民间。

另一些人认为：戒指的本质功能“并非在于装饰，而在于‘制怒’，故其‘专利’当属男性”。

相传古代有一朝廷大宰，为人耿直，处事公道，就是脾气火爆。其稍有不悦之事便雷霆大发，拍桌砸案，唬得部属不敢吭气。宰相自知此举有错，但又无法克制。想来想去，悟出一条锦囊妙计：将一铜圈套于指间，拍案而起时，铜圈便振动手指，即可起到“制怒”之效。于是，此法一时风行于朝。

## 戴手镯的来历

华夏史上唯一的女皇武则天，祖籍山西文水。624年生于长安，成长于四川。由于她花容月貌、聪颖过人，豆蔻之年便被选招入宫。离别家人时，其父将一对传世金环赠予她，随附一首丝绢题词：“此金出蜀中，伴儿朝圣明。一去乾坤大，莫忘养育情。”

入宫后稍有闲暇，她就抚金观赏，展绢思量。为了不忘父母的养育之恩，便将这对金环戴于手腕，称其为“镯”。

随着岁月的流逝，武氏从才人一路升迁至昭仪、皇后，直至登上皇帝之宝座，但手镯从未离开过。宫人觉得这手镯既是贵重饰品，又系吉祥宝物，十分羡慕。于是，宫女们就竞相效仿，或银质制作，或玉器雕琢，成“环”后戴于手上。为有别于皇上的至尊至贵，遂将此环谓之“钏”。

如此一来，这个“环”状手饰，就有了两个名字——“镯”与“钏”。就其文字结构来讲，一个为“蜀”金，一个系“川”金，然二金同源同意，皆说明其为川人所制。于是，川制手镯就这样从唐初兴起，一直流传于至今。

## 额头点红的来历

逢年过节，一些当妈妈的总喜欢给小孩眉间上方涂个小红点。若问她们何以如此，她们往往不假思索地回答：好看呗！

其实，这种小红点俗称“吉祥点”，它来源于印度教。在印度，女性额头的“吉祥点”是已婚的标志。当新娘进入洞房时，新郎就要将祭献用的牲畜血在新娘额头抹个“吉祥点”，借以辟邪。否则，就会有什么妖怪把新娘的魂魄摄走。据说，妖怪最忌讳牲畜血，一闻到腥臭味，就恶心得退避三舍了。

后来，涂抹“吉祥点”，逐渐变为印度妇女装扮修饰必不可少的一项内容。不过，畜血已由胭脂所替代，涂点更为艳丽美观。

在我国古代，民间素有“七岁以下儿童魂魄不全，可窥视妖魔鬼怪”之说。随着丝绸之路的开通，印度妇女“吉祥点”能驱妖辟邪的传言，自然令国人大开眼界。人们东施效颦，纷纷给小孩去涂抹。时间一长，形成习俗。不过，人们现在早已不信那一套，仅仅是为了好看而已。

## 美人痣的来历

“美人痣”并非佳丽们与生俱来的“胎痣”，而是宫廷嫔妃自我“休假”的一种告知方式。

在封建时代，皇上拥有三宫六院七十二嫔妃，这些嫔妃都是轮流“伺候”皇帝的。然而，当他们“月事”来临之时，既不便“伺候”，又难以启齿，于是就用丹砂点于两眉之间。嫔妃管理者婕妤、妃姬看见后，就心知肚明，不再给他们“排班”了。

汉代美人痣，有红、黑之分。据说黑色的美人痣并不吉利，故后来就逐渐被人淘汰了。而红色之痣，方显端庄、华贵，在宫廷一直久传不衰。东汉末年，美人痣已失去原本之意义，成为妇女单纯的美容装饰之物了。

由于这种“痣”发源于汉代宫廷，而宫廷嫔妃又统称为“美人”，故后人就以此为名，称其为“美人痣”。

## 女子缠足的来历

俗话说："小脚一双，眼泪一缸"。可在我国封建社会，却曾长期以这种病态的小脚为娇美。

南唐最后一个皇帝李煜，一天到秦淮河畔出游时，忽闻一阵歌声飘然而来，娓娓动听。他急转船头，循声而去，想一睹女子之风采。

唱歌的姑娘名叫窅（yǎo）娘，长得眉清目秀。李煜见罢，甚是喜欢，遂召她进宫。一个风和日丽的日子，李煜带着窅娘在河池泮玩耍，但见池内莲花朵朵，红菱只只，红白相间，煞是好看。李煜随口道："如果人的脚能像红菱般娇艳，可于荷花之上歌舞，那该多好呀！"窅娘听罢，心里为之一动。回到宫里。她强忍疼痛，天天用白绫条缠脚。冬去春来，年复一年，窅娘的脚终于像"红菱般娇艳"了。然而，她不但不能轻歌曼舞于荷花，反而连走路也步履维艰了。

从此，缠足之风遍及皇宫。后来又传至民间，给广大妇女造成了千百年的深重苦难。

## "男左女右"的来历

男左女右这一排列习俗，早在战国时期就已产生。然而在2000多年后的今天，它仍然为人们遵循与恪守。譬如一张结婚照，如果"男左女右"这一排序错位颠倒，人们一定会讥笑摄影师不懂规矩了。那么，这"规矩"又从何而来的呢？

原来，古代哲学家认为，宇宙中通贯一切事物的两大对立面是阴和阳。自然界的事物有大小、长短、上下、左右等等之分，而大、长、上、左为阳，反之为阴。阳者刚强，阴者柔弱。人的性属，男子火爆刚毅，属阳于左；女子温柔平和，属阴于右。中医诊脉，男子取气分脉于左手，女子取血分脉于右手。就连观察患儿之手纹，也要坚守"男左女右"的原则。这就是"男左女右"的由来。

## 吃长寿面的来历

我国民间有种风俗习惯，即祝寿时要吃长寿面。据考证，此举源于西汉年间。

西汉时期，武帝与群臣在一次聊天时说：《相书》上讲，人的人中（指鼻下与嘴上之间）长一寸，就可活一百岁。东方朔在一旁听后哈哈大笑，众人不解，都责怪他无礼。东方朔遂解释道：“我岂敢讥笑陛下，我是笑彭祖脸长啊！他活了八百岁，一百岁人中长一寸，八百岁人中长八寸。那脸该有多长啊？”

古人将脸称作“面”，脸长亦即面长。世人皆想长寿，于是就借长长的挂面来祝福长寿。斗转星移，年复一年，慢慢就积习成俗了。

## 祭“灶君”的来历

农历腊月二十三日是民间的“祭灶”日。每到这天，各家各户都要焚香秉烛，用“灶糖”“灶饼”祭祀灶王。据说灶王是“司令神”，专查人间善恶之事，主宰各家各户的吉凶祸福。而腊月二十三日，正是他向玉帝汇报工作的时间，故人们都期望他“上天言好事，回宫降吉祥”。

灶神为何称灶君？他的像为啥要专门贴于灶壁上？让我将这段奇妙的故事，向诸君娓娓道来。

相传从前有个昏庸无道的国君，不理朝政，只知寻花问柳，游逛逍遥。一天，他在郊外徜徉时，忽闻一股异香飘然而至。顺着香气，他来到一人家的厨房，但见一位貌若天仙的姑娘正在蒸馍。他讨来一个品尝，果然美味无穷。于是，便一把拉住姑娘，要她进宫去当妃子，每日给他蒸馍吃。姑娘不从，他喝令衙役强行将其带走。姑娘愤怒地斥责道：“你身为国君，却不知为民办事；你满嘴贪吃，我偏让你永远不能闻到香气！”话音刚落，就一巴掌将他打得贴在了灶壁上，再也下不来了。姑娘回眸一笑，遂脚踩祥云飘然而去。原来，她是九天玄女娘娘变化的。这时，衙役们急了，七手八脚地将国君从墙上往下拉，但扯下来的却是一张张废纸。回家一翻历书，这天正是腊月二十三日。

从此，灶神就称为“灶君”。他的像也只能贴于灶间闻香气，而不能置于正堂神位上。由于“灶神”这个官儿是玉帝亲封的，尽管任用不当，但他毕竟掌有“主察善恶”之实权，百姓还是惧其三分，故不得不在每年腊月二十三日祭祀他。

祭灶的来历，民间还另有一段有趣的神话传说。

灶王名张奎，原系殷纣王麾下的渑池县总兵官，娶妻高兰英，夫妻俩均战死于姜子牙辅佐周武王伐纣时。殷商亡后，姜子牙凯旋封神，遂将交战双方的文臣将士皆封为神，以安抚天下。张奎夫妇被封为“星宿”，常驻人间主管厨房水火。

灶王每年在人间须待358天。唯有腊月二十三至三十这七天，要到天宫当面向玉帝履职，禀报人间善恶与各家各户之事。故腊月二十三，百姓都要送他（祭灶），企望他“上天言好事，回宫降吉祥”。

## 贴春联的来历

逢年过节，各家各户门上所贴的对联，谓之春联。

据考证，春联是由“桃符”演变而来的。关于桃符的来历，民间流传着这么一个神话故事：古时候，东海的度朔山上有棵大桃树，树下有个鬼门关，门前由神荼、郁垒两神严加把守。遇到厉鬼作恶，神荼和郁垒就将它们捆起来喂老虎。因此，大凡魑魅魍魉，无不畏惧三分。民间百姓为了驱鬼辟邪，则用两块桃木做成板子，画上神荼和郁垒之像挂于门外，这就是“桃符”。

后来，人们开始在“桃符”上面题写一些寓意吉祥的联句，使桃符外表及其内容日趋新颖。五代时，后蜀主孟昶就曾在寝门桃木板上题写过“新年纳余庆，春节好长春”的联句。应该说，这就是见诸于文字记载的、最早的春联。大明时期，朱元璋建都南京，除夕前忽然传下圣旨，要求家家户户都贴春联，以示庆贺。

从此，春联就年复一年地在百姓家门上落下了脚。

## 贴“门神”的来历

门神，现今叫作门画。它是封建迷信的产物。据说贴上门神，即可御凶避邪，四季平安。现代舞剧《白毛女》有句唱词，“门神门神扛大刀，大鬼小鬼进不来”，说的就是这个意思。

远在东汉、六朝时期，我国就出现了门画。南朝梁宗懔的《荆楚岁时记》里说：“正月一日，绘二神贴户左右，左神荼，右郁垒，俗称之门神”。唐代开始，由真人秦琼、敬德来替代假设中的神荼和郁垒。《三教搜神大全》载：“户神，唐秦叔宝、胡敬德二将军也。按传唐太宗不豫，寝门外鬼魅呼号，太宗以告群臣。秦叔宝奏曰：愿与胡敬德戎装立门外以伺，太宗可其奏，夜果无事。故命画工绘二人之像于门，邪祟以息。后世沿袭，遂永为门神。”

后来随着刻版印刷技术的发展，木版门画才得以大量印制，广为流传。据周密《武林旧事》说："都下自十月以来，朝天门内外，竞售锦装新历，诸般大小门神……为市甚盛。"可见在北宋末年或南宋之时，木版门画不仅业已出现，而且还颇有市场。

明末以后，木版门画遍及全国。其中发展较快、在民间有较大影响的，大概有天津的杨柳青、江苏的桃花坞、山东的潍县、四川的绵竹以及陕西的凤翔等地。

现在，随着历史的变迁，门画也从形式上、内容上发生了根本性的变化。那种以反映现代生活为题材的画面，正受到越来越多的群众之热捧。

关于贴门神的来历，民间还广为流传着这样一个神话故事。

从前，掌管雨簿的龙王擅离职守，未按玉帝旨意及时下雨，致使人间赤地千里，民怨沸腾。玉帝闻之异常震怒，遂传旨将其斩首，由唐朝大臣魏征负责监斩。

夜半时分，魂不附体的龙王携带龙宫珍宝，准备前去拜谒唐太宗，请他设法助一臂之力。说来也巧，龙王未及出发，太宗就梦见他携礼求见。他深知天意难犯，正欲推脱，龙王放下礼物就不见了。梦醒之后，但见奇珍异宝放了一桌。太宗暗自思忖：自古不办事不收礼，既然收礼，则应办事。于是便宣魏征前来下棋，试图改变监斩计划。棋至午夜之后，魏征不由自主地打了一个盹，醒后即向太宗言道："方才在梦中，我将龙王斩了！"太宗闻之，叫苦不绝。

龙王死后，对太宗"只收礼不办事"的行为极其恼怒，当晚就前来实施报复。他在宫中抛砖弄瓦，痛哭嚎叫，弄得太宗彻夜未眠。次日一早，即密诏徐茂公问计。徐茂公曰："秦琼、敬德颇具天神之威严，让他俩把守宫门，自然平安无事。"太宗曰："此计甚佳，照此办之！"晚上，龙王又至，但见秦琼、敬德威风八面，遂慌忙退出。从此，宫前夜夜平安。

然而，让两个功臣天天值守，太宗实在于心不忍。遂命画师画出他俩的图像，分贴于左右两扇门上，以驱鬼镇邪。后来，民间也采用此法，每遇春节之时，便开始贴门神了。

## 门上贴"福"字的来历

每逢春节将至，我国民间家家户户都要给自家的门上贴一个大大的"福"字，以求吉祥。据考证，这一习俗起源与明代。

传说某年农历正月十五日，明太祖朱元璋去一镇上微服私访时，发现许多人在围观一幅漫画，甚感诧异，遂驻足查看。原来画面是一位赤脚女人抱着一个大西瓜，意在取笑淮西妇人的不雅大脚，致使明太祖瞬间龙颜大怒（因为古代妇女从五代李后主时期就以缠足为美，而淮西妇女却不尚缠足。恰好马皇后正是不尚缠足的淮西人）。明太祖回宫后立即派人前去调查，要弄清此画系何人所绘，围观者都有何人。对于尚未参与此事的人家，一律在其大门贴上一个“福”字作为标记。两天后，镇上突然出现一队人马，但凡门上没有“福”字的，立马进去捉人。百姓看到“福”字能够确保家宅和人丁之平安，于是就在每年农历除夕来临之际，纷纷于门前贴上“福”字，以讨吉利。

## 倒贴“福”字的来历

倒贴福字，意在利用谐音讨吉利——喻示福“到”咧！

某年除夕，清代恭亲王奕䜣之府上，锣鼓喧天，张灯结彩，真是热闹非凡。大管家依照惯例，让人将写好的大红“福”字贴于库房和府门上。谁料想这个家人不识字，竟将“福”字来个头朝上——贴倒了，恭亲王闻后大为恼火。好在大管家脑子特别灵光，他急中生智，巧言相辩道：“奴才听人说，恭亲王寿高福大造化大，如今福真的‘到’（倒）了，此乃吉祥之兆啊”！恭亲王听罢，脸上的阴霾一扫而光。事情过后，管家还受到了重赏。

王府的做法，很快传遍了民间。

## “守岁”的来历

守岁，就是除夕当晚通宵达旦、彻夜不眠，坐等新年的到来。这一习俗，古代即有。

宋代孟元老的《东京梦华录》曾详细记录过开封府守岁之盛况：“是夜，禁中爆竹山呼，声闻于外，士庶之家，围炉团座，达旦不寐，谓之守岁。”苏东坡的《岁晚三首序》亦云：“岁晚相与馈问为‘馈岁’；酒食相邀呼为‘别岁’；至除夜达馈不眠为‘守岁’；蜀之风俗如此。”

“守岁”最早见诸文字记载的，当属唐代杜诗：“守岁阿咸家，椒盘已颂花”。

苏东坡的“儿童强不睡，相守夜欢哗”，亦很经典。

## “跑驴”的来历

跑驴乃汉族之舞蹈，常在正月十五或喜庆节日时上街表演。表演者一般为两人，一主一辅。主演上身装扮成青年农妇模样，下身系上制作的假驴道具。这种道具分头、身、尾三部分。驴头为纸糊的壳子，驴身乃黑布围子，尾巴是用黑色马鬃束起来的。表演时，农妇在乐曲中做跑、跳、起、卧以及上下坡等骑驴动作。扮演农妇丈夫或兄弟者，时而用马鞭追赶，时而在前面催拉。两人配合默契，舞姿矫健优美，令人百看不厌。

相传“八洞神仙”原来都是能歌善舞的艺人，尤其是铁拐李更爱民间艺术。一次元宵节，天还未黑，他就骑着毛驴来到冀州所属的一座城里（今河北沙城）看花灯。进城后，他先到酒馆要了一瓶“老龙潭”喝起来。不料这酒醇香味浓，越喝越不愿放杯，直喝得酩酊大醉。正想靠在桌旁“迷糊”一下，忽闻街上锣鼓喧天，鞭炮齐鸣，他急忙付过酒钱，醉醺醺地倒骑在驴背上，前去沿街看花灯。因他骑的是神驴，又是首次降凡看热闹，不知是惊还是乐，驴竟不知不觉地随着鼓点蹦起来，铁拐李也自然左右摇摆。人们看着甚觉新奇，遂拍手大笑。就这样，铁拐李跟着秧歌队伍，直转到灯熄人散之时，方腾空而去。

当人们知悉骑驴醉汉为铁拐李时，都认为神仙下凡是吉祥的象征。后来就制作了毛驴道具，编排了表演动作，每年正月十五上街表演。大家称之为“跑驴”。

## “跑竹马”的来历

竹马是用竹子做架，用纸及纱布糊成的表演用马。它颈系铃铛，头部灵活，人们驾驭起来，既可叮当作响，又能自主转弯，充满了热情奔放、轻松愉快的欢乐气氛。

“跑竹马”起始于唐代。传说唐宫一个乐师贬落民间后，看到民间过元宵只有张灯结彩，没有别的内容。于是就仿照宫廷之法，用绿竹制成“竹马”，然后让一男一女分别扮作马郎与马娘，乘元宵之夜挨门挨户闹元宵。后来，又新添一些创意，将猪、马、牛、羊与鸡、犬之类的六畜也制成“竹马”，让少男少女骑上跑跳，令人欢乐无比，意趣盎然。所谓“青梅竹马，两小无猜”之成语，就是由此而来的。

## 舞苍龙的来历

舞苍龙是一种民间艺术形式，它是由一对或数对男女青年舞动一条精心制作的小龙，走村串户拜年祝福。这种民俗的形成，还真可谓神奇呢！

相传很久很久以前，东海龙王每逢过生日，总要去茫茫大海遨游一番。而每当此时，便风雨大作，潮激浪涌。暴涨的河水，沿着古通杨河倒卷而过，将两岸的庄稼一扫而光。

龙王的小儿子小苍龙，对父王的这种做法早已愤愤不平。这年，小苍龙在父王生日到来之前连奏三本，进行苦谏。岂料龙王非但不听，反而大发雷霆，将其打得遍体鳞伤，关进黑牢。多亏水族兄弟冒死相救，小苍龙才死里逃生。他离开水晶宫后，沿着古通杨河溯水而行。当到达黄氏梁地段时（今海安县胡集镇西三里），只见百姓忍饥挨饿，垒坝堵缺。于是，恻隐之心油然而生。他摇身一变，成为一名英俊少年，悄悄地“混”于百姓之间，同他们一起辛勤劳作。

龙王获知这一消息，怒不可遏，遂调雨神雷公，一个霹雳将小苍龙打翻在地，使它现出原形。小苍龙伏在地上，越长越大，顷刻变成一座巨大的水坝。与此同时，附近还出现了许许多多头如蛇、尾似蝎、身像龙的小动物。它们有的隐在良田，有的穴居野地，有的还藏于米囤。奇怪的是，从此以后，农家年年风调雨顺，五谷丰登。乡民们便将这些小动物视作神物加以保护。

为怀念小苍龙的爱民之心，民间每逢春节来临，都要组织起来舞苍龙。这一习俗一直保留至今。

## 耍狮子的来历

正月十五耍狮子，是我国民间春节活动的重要内容之一。这个习俗的产生，至少已有 1500 多年了。

南北朝时，胶州刺史谭和之率重兵讨伐“林邑”国（位于中南半岛东部，约在今越南南部顺化一带），致使对方节节败退。“林邑”国遂调整战略部署，紧急动用大象参战，令谭部狼狈逃窜。这时，一位大将遂向谭和之进言曰："狮乃百兽之王，假若仿其御敌，大象也会畏惧三分。"谭和之即命士兵仿照众多狮子伏于林中守候。当敌军押着大象进入伏击圈时，谭和之一声令下，"狮子"从四面八方一跃而起，瞬间就打得对方溃不成军。

班师回防之后，耍狮子遂成为军中游戏，经常举办。到了唐代，流行更为广泛，以至成为"百戏"中的重要内容。

## "大头和尚戏柳翠"的来历

大头和尚戏柳翠，是我国民间在元宵节经常表演的一种社火节目。这一节目，由二人分别穿戴柳翠与和尚的服装及面具，在稠人广众前做出各种热恋动作，滑稽幽默，引人发笑。

相传唐代华原县（今陕西耀县）城南柳沟有一户姓柳的人家，雇了一名丫鬟叫柳翠。柳沟附近有座广缘寺，寺内有个年轻和尚。他们都是穷家子女。因生活所迫，一个给人当丫鬟，一个进寺做和尚。

柳沟村旁有条沮河，河岸有一眼泉水，为柳宅与寺院共饮。每当明月初升之时，柳翠与和尚就不约而同地来到泉边打水。天长日久，遂相互萌生了爱慕之心。后来，他们双双冲破樊笼，远走他乡，去品尝爱情的幸福果去了。当地群众根据这一传说，编排了"大头和尚戏柳翠"这个节目，每逢元宵节即进行表演，受到人们的由衷喜爱。

## 吃"腊八"的来历

"腊八"就是腊八粥，它是我国民间在每年农历腊月初八当天常吃的一种饭。它的来历，与古静乐国国王的太子真武出家有关。

相传真武生性凶猛，他越东海云游，遇天神授以宝剑，遂赴武当山苦苦修炼。历经 42 载之后，功夫深厚，威震四方，取号"玄武君"。

这太子真武从小就不屑于花天酒地般的宫廷生活，一心想出家成仙做祖，谁劝也没用。某年腊月初八这天，真武决意离家出走，投师学艺。太后难以割舍，就想给他好好做顿"别餐"。可是做什么呢？包饺子、捞干饭、炒大菜、臊子面……做了这个，就吃不上那个；各样都做一点，他又吃不了许多。心里真是纠结！思前想后，终于有了良策——把家里的粮食、蔬菜各样都取一点，烩出一锅杂七杂八的乱糊粥，不就啥都有了。真武喝完粥，跪谢母亲之后，心情愉悦地出发了。为了牢记母亲之恩，每年腊月初八这天，真武都要用化缘来的米、面、枣、栗、豆等东西，和杂粮一起熬粥喝。

真武的做法，很快传遍了民间。人们纷纷效法，相沿成俗，“腊八”粥就这样传承了下来。

## 正月十五打灯笼的来历

正月十五晚上，从农村到城镇，从平原到水乡，家家户户院子里都挂着各式各样的灯笼，娃娃们还要打着灯笼沿街嬉戏。这一风俗，民间自有传说。

很久以前，一位神仙触犯了天规律条，激怒了玉皇大帝，被贬到凡间赎罪。由于他忍受不了凡间之苦，便以向玉皇大帝奏本为由，跑回天宫。见帝之后奏曰：“凡间之人四体不勤，无恶不作”。玉帝听后大怒，决意正月十五晚上火烧人间，并派一名神仙下凡去播火种。

这神仙领命下凡，变为一贫寒老翁站在路旁，意在试试凡人之心。这时，过路的车夫见状，怜其年长无依，遂搀扶上车拉回家中，好吃好喝，诚心相待。村人得知后，竞相请其做客，一日三餐，视作至宾。

神仙目睹这一切，深受感动，他既不忍心让凡人蒙受火焚之灾，又不敢违抗玉帝之命。两难之后，终于想出一个办法：让人们在正月十五晚上，家家户户点燃火把，打起灯笼，以此迷惑玉帝。

话说十五之夜，玉帝亲临南天门察看情况。但见凡间火光冲天，铺天盖地。翘望少倾之后，便回宫安歇。

这样，人间免除了一场毁灭性的灾难。自此以后，每年正月十五，家家户户都要点上红灯笼，以求防灾和纪念。

正月十五打灯笼的来历，民间还有另外一种传说。

很久很久以前，一只神鸟因迷路降落人间，被一猎人射中身亡。天帝知悉之后十分震怒，遂派天兵于正月十五到人间放火，欲灭人类于熊熊烈火之中。天帝的女儿不忍人类落难，提前把消息告知凡间。人们乱成一团，均不知如何是好。

这时，一位智者想出一个办法，让大家在正月十四、十五和十六日连续三天点燃爆竹、挂起红灯、放起烟火，以迷惑天帝。正月十五之夜，天兵朝下一看，但见人间红光遍地，以为大火已经燃起，遂告知天帝无须“多此一举”。

由于红灯保住了黎民的生命，故每年正月十五之夜，人们都要挂起红灯，燃放爆竹烟火，以纪念这个令人难忘的日子。

## “二月二” 炒豆子的来历

农历“二月二”，是龙抬头的日子。按照民间习俗，这一天地不分南北，人不论贫富，家家户户都要炒包谷豆吃。

690 年 10 月 16 日（农历九月初九），武则天宣布改“唐”为“周”的消息传到玉皇大帝那里后，玉帝不禁勃然大怒，遂令太白金星传谕四海龙王：惩罚武则天，三年不降雨。这样可苦了天下的众百姓！但见赤地千里，饿殍四野。四海龙王于心不忍，偷着给人间降了一场甘霖，才使五谷得以收获。此事终被玉帝发觉，便将龙王压在一座大山之下，并命太白金星昼夜看守。山顶立了一块石碑，上面刻着一行警示语：玉龙降雨犯天规，当受人间千年罪；若望重登凌霄阁，金豆开花方可归。龙王为百姓受罚，令天下百姓至为难过。人们为了拯救为黎民而受苦的龙王，便在二月二这天炒玉米和豆子，那爆开的豆花、玉米花，恰似遍地的“金豆开花”。太白金星将这些开花的“金豆”拿去呈奏玉帝，请求他践行诺言，龙王才有幸恢复了自由。

从此以后，每逢农历“二月二”，人们都要炒豆子，以感谢龙王的大恩大德。

## 端午节插艾的来历

每逢端午节来临，农村家家户户都要给门上插艾。这一习俗，源自明朝。

明成祖即位前，曾被封为燕王。后来他暗中组织力量，从北京兴兵南下，欲夺侄子建文帝之天下。谁知命运不济，起兵数日，却连吃败仗。燕王遂迁怒于百姓，命部下“破城之日，不分男女老幼，赶尽杀绝”。百姓闻之，即扶老携幼，举家逃难。一日，燕军偶遇三个人：一妇人搀着一个五六岁的孩童步行，却身背一位七八岁的大孩子。燕王见之，甚为不解，遂厉声喝问道：“大胆妇人，何以背大不背小”？妇人嗫嚅说：“禀告大王，民妇所背之人，系哥嫂之遗骨，所牵走之童，才是我之骨肉。”燕王又问：“难道不怕大军追上性命难保？”妇人曰：“母子碎尸万段无妨，但求侄儿平安无事，以告慰哥嫂亡灵。”

燕王听后至为感动，遂指着路边的艾蒿对妇人曰：“你不必再逃，摘一把艾蒿插于门旁，我确保你们无事”。

妇人将此告知苦难的相亲，大家纷纷插艾，果然再也没有受到侵扰。由于插艾这天正值端午，故后人代代相习，祈求吉庆。

## “有缘千里来相会”的来历

远古时期，苏州一富户人家之爱女席盼盼去紫金庵烧香时，一不留神，便将头上所戴的祖传之宝金簪子遗落。懊悔之余，遂贴告示，将对“完璧归赵”之人予以重赏。

一日，一位粤籍商人牵着一只猿猴来到紫金庵，看到告示并未在意。出来时，猿猴将一只簪子交给他。原来，席盼盼路过几棵低矮的树木时，不小心将簪子擦挂在树枝上，幸被猿猴发现了。商人送还失物时，主人见其一表人才，且尚未婚嫁，遂将席盼盼许配与他。

完婚之日，猿猴因一时贪嘴铸成大错。它偷吃了厨房的东西，被商人一怒之下致其毙命。洞房之夜，不明就里的新娘娇嗔地对新郎道：“咱们喜结秦晋之好，万勿忘记一方红娘为簪，一方月老乃猿”。新郎遂告知新娘，猿猴已命归西天。新娘听后万分惊异，便怒气冲冲地言道：“我们是‘有猿千里来相会，无猿对面不相识’。如今你恩将仇报，岂不丧尽天良？”接着就将新郎赶出了洞房。

由于“缘”与“猿”系谐音，久而久之，句中之“猿”就被“缘”字替代了。

## “糟糠之妻不下堂”的来历

糟糠之妻，泛指与自己生死相依、同甘共苦的妻子。据史籍记载：东汉光武帝刘秀的姐姐——湖阳公主丈夫死后，一直守寡。一天，她看中了大臣宋弘，就请弟弟刘秀出面提亲。刘秀宴请宋弘并一再暗示，然宋弘并不为之所动。宋弘曰：“贫贱之交不可忘，糟糠之妻不下堂！”意思是说，对结交于贫贱之时的朋友，不能因自己的地位改变而忘记；同自己一起吃糠咽菜过苦日子的妻子，不能因为自己富贵而抛弃。这番话，噎得刘秀再也不好开口了。

## “鲜花插在牛粪上”的来历

当一个丑男人有幸娶到一个美艳娇妻时，人们时常背后揶揄说，真是“鲜花插在牛粪上！”此话虽然尖酸刻薄，但的确还是有来历的，而且同历史上著名的“昭君出塞”有关。

王昭君与西施、貂蝉和杨贵妃一道，属于我国妇孺皆知的“四大美人”。古往今来，唯她们独自享有“闭花羞月、沉鱼落雁”之美誉。

话说汉宣帝在位时，匈奴发生分裂，五个单于互相分立且攻打不休，闹得朝廷不得安宁。汉元帝即位后，郅支单于悍然侵犯西域各国，以至杀了汉朝派去的使者。元帝一怒之下，派兵打到康居，把郅支单于杀了。郅支单于死后，呼韩邪单于的地位稳定了。公元前 33 年，他亲自来到长安，要求同汉朝和亲。元帝决定挑个宫女给他，遂吩咐人到后宫去传话：“愿意到匈奴去的，就把她当公主看待。”

这些宫女都是从民间选来的，她们一旦进宫，犹如笼中之鸟，整天盼望早点飞出去。但一听说要去匈奴，却又不大乐意。王昭君毅然报名，愿到匈奴去和亲。汉元帝闻知后，遂吩咐大臣择个吉日，就让他们在长安完婚。成亲那日，看到风姿绰约、美丽恬静的王昭君，元帝心里五味杂陈，甚是愠怒。可“君子一言，驷马难追”，一切都为之晚矣！

回到宫中，元帝遂叫人把昭君的画像拿来瞧瞧。打开一看，模样虽略有相像，但其姿色和气质却判若两人。原来宫女进宫是见不到皇帝的，而由画工将其画像送到皇帝那里听候挑选。可画工毛延寿给宫女画像时候有个毛病，送点礼物给他，他就画得美一点。王昭君不愿送礼，故毛延寿刻意将昭君的美貌予以忽略，甚至还不忘给她的脸上移植一颗“黑痣”。元帝一气之下，就把这个偷梁换柱的毛延寿以欺君之罪给杀了。

王昭君在汉朝和匈奴官员的护送下，依依不舍地离开了了长安。她冒着刺骨的寒风，千里迢迢地到了匈奴，做了呼韩邪单于的阏氏。

昭君出塞，虽是以民族大义为重的自愿行为，但在众多人的眼里，则是凄楚哀怨之下的无奈之举。西晋首富石崇就曾为之叹惜呜悲——昔为匣中玉，今为粪上英。想她一代佳人，曾是匣中之玉，后来却弃入荒漠，还先后和对方父子有婚姻，“父子见凌辱，对之惭且惊”。昭君的这种际遇，简直是鲜花插在牛粪上。“今为粪上英”，英者，花也！这显然是史上首次关于鲜花与牛粪的比喻。

## “一寸光阴一寸金”的来历

“一寸光阴一寸金”，谕示时间极其宝贵，不能荒废时日，使其付诸东流。

自古以来，人们对光阴还是十分珍惜的。《辞源》在介绍相关条目时，曾引用元代同恕的诗作《送陈嘉会》。诗云：“尽欢菽水晨昏事，一寸光阴一寸金。”无独有偶，山西人民出版社出版的《古今汉语成语词典》，亦引用过元代史九敬的《庄周梦》。文中同样有“一寸光阴一寸金，持将此物送知音”之佳句。尽管如此，上述诗作并非该名句的最早出处，与其源头相比，它们大约晚了 400 年之久。

据史料记载：唐代诗人王贞白（今江西广丰人）所著的《白鹿洞》一书，才是这段名句的真正出处。《白鹿洞》中有两首诗作，其中第一首有云：“读书不觉已春深，一寸光阴一寸金。不是道人来引笑，周情孔思正追寻”（见《全唐诗外编》上册 228 页）。

王贞白系唐昭宗乾宁二年（895 年）之进士，他思维敏捷，才华横溢，在当时名冠四方。其著有《灵溪集》七卷，涉及怀古、宫怨、边塞和山水等方面，语言流畅清新，格调高雅不群，令人大有回味无穷之感。《白鹿洞》系作者早年在庐山五老峰下的白鹿洞里留下的惊世力作。书中记述了自己当时刻苦读书致人引笑的故事。其首句为叙事，彰显了苦读励志的书生形象；次句乃议论，以简洁之言揭示了深刻的哲理；三四句则是对引笑者的至诚回答，表明自己虽然“头悬梁、锥刺股”，却在苦苦追寻哲人周、孔的博大情思。如此正道，岂可非之？

“一寸光阴一寸金”，旨在提醒人们——珍惜时间，就是珍惜生命。“莫等闲，白了少年头，空悲切”。待到那时，一切都悔之晚也！

## “一个女婿半个儿”的来历

如今，人们在夸赞女婿孝敬岳父母时，常说“一个女婿半个儿”这句话。要知此话之来历，还得穿越时空，暂时回到数千年前的盛唐时期去感受。

唐太宗时，大唐帝国文化发达，经济繁荣，各族人民和睦相处，到处是一派国泰民安的太平盛世。当时，少数民族酋长都以娶唐朝公主为荣，太宗也以许配公主为密切民族关系的纽带。安史之乱后，唐朝虽走了下坡路，但民族关系依然亲密无间。778 年，唐德宗以咸安公主嫁回纥可汗。回纥可汗恭敬地回信说："昔为兄弟，今婿半子也。陛下若患西戎，子请以兵除之。"婿称"半子"，此说一出，即刻被人们所接受。由此可见，"一个女婿半个儿"这个俗语，还是我国历史上民族团结的产物呢!

## "一朝天子一朝臣"的来历

清乾隆十七年，由皇帝亲自命题的科举考试最高段——"殿试"结束后，评卷大臣一致推举秦大士为"一甲一名"（科举一甲中的第一名，即状元）报皇帝钦定。皇帝虽对秦的文章倍加赞赏，可得知他为南京人氏后，心中略有不快。次日，他亲昭秦大士问话曰："你是否为秦桧之后代？"秦大士趴在地上直冒冷汗——若如实相告，前程无疑完蛋；若予以否认，不但有不认祖宗之嫌，还犯有欺君之罪。何去何从，必须当机决断!

思忖片刻，秦大士斗胆回曰："皇上，一朝天子一朝臣"。话中隐喻"昏君出奸臣，明君出良相"，实则在拍皇上之马屁。乾隆闻之，龙颜大悦，遂钦点其为新科状元。

于是，"一朝天子一朝臣"之语，便经久不息，流传千年。

秦大士高中状元、担任翰林院修撰后的首件事，就是亲临杭州西湖祭拜岳飞。眼见秦桧夫妇反绑双手跪于岳墓之前，他沉思良久，便写下了"人自宗后羞名桧，我到坟前愧姓秦"的千古佳句。

自此以后，秦大士清廉从政，为民造福，深受百姓缅怀与景仰。

## "一人得道鸡犬升天"的来历

西安碑林有块名叫《仙人唐公房碑》的汉碑，系东汉时汉中太守郭芝所立。此碑记述了这样一个故事：王莽居摄二年（7 年），兴元（今汉中）城固人唐公房得道，鸡犬升仙（天），唯以鼠有恶不得而去，鼠自悔，每月一吐其肠胃更生，谓

"唐鼠"。当鼠升至空中，自堕肠出，一月三易，故此地山中多有拖肠鼠为患。

北魏郦道元《水经注·沔水》亦云："城固有智水川，川中有唐公祠。唐君字公房，城固人也。公房为郡吏，学道得仙，入云台山，合丹服之，白日升天，鸡鸣天上，狗吠云中，唯以鼠有恶留之。鼠乃感激，以月晦日吐，肠胃更生。公房升仙（天），其俗以为神，百姓为之立庙于其处也。刊石立碑，表灵异也。"

唐公房成仙的传说，固然属于封建迷信使然，荒诞而无稽。但它却向我们揭示了"一人得道，鸡犬升天"这一喻词的来龙去脉。

## "二百五"的来历

"二百五"是人们经常使用的一句口头语。主要用来称代那些举止粗鲁、胆大妄为的莽汉以及一些不明事理、滥竽充数的庸人。因此，它明显地包含有贬义。其实，"二百五"并非一般的民间俗语，而是来自于一个真实的历史故事。

战国时期，身挂六国相印的苏秦不幸被刺客暗杀了。齐王对此非常震怒，发誓要为苏秦报仇，只是苦于一时查不出凶手。后来，他想了一条"欲擒故纵"计，让人把苏秦的头割下悬挂于城楼，旁边贴上一道檄文称：苏秦是个内奸，杀了他乃为齐国除了一大害，当赏勇士黄金千两，望见文后速速领赏。

檄文一经贴出，即有四人前来述说刺案系己所为。齐王说："这可不能冒充啊！"四人皆一口咬定——绝无戏言！齐王道："真乃勇士也！一千两黄金，你们四人各分多少？"四人同声回答："二百五！"齐王拍案降旨："来人，把这四个'二百五'统统推下斩了！""二百五"即由此得名。

关于"二百五"的来历，史上还有一种说法。

唐开元初，京兆尹权势显赫。每当出巡时，前呼后拥，浩浩荡荡。仪仗队前面开路的小官乃"喝道伍佰"，他们双手持有一根长杆，用于驱散人群。后来，为了壮声势、显威风，"喝道官"又增至二人，路旁一边一个。如此一来，按说该称他们为"喝道一千"或称"两个五百"，而百姓偏不认卯，坚持将他们同称"五百"，这样他俩就自然成为"二百五"了。

因他俩人手一根长杆，对百姓吆五喝六的，百姓又将这些鹰犬称为"二杆子"。

## “三不知”的来历

人们常用“一问三不知”来比喻那些知识匮乏、不学无术之徒。那么诸君是否可知这句俗语的内涵及来历呢?

据《左传·哀公二十七年》(前468年)记载:晋国的荀瑶率兵攻打郑国,同僚荀文子劝他,在对敌情一无所知之时,万万不可轻举妄动。文子还进一步指出:“君子之谋也,始、衷(即中)、终皆举之,而后入焉。今吾三不知而入之,不亦难乎?”古籍《清溪暇笔》亦云:“俗谓忙遽曰三不知,即始中终三者,皆不能知也!”

由此可见,“三不知”系指对事物的起始情况、发展过程以及终结状态一概不晓,行动起来,必然具有极大的盲目性。在这种情况下想要取胜,无异于纸上谈兵。后来,人们给“三不知”之前加上“一问”,此语就成了“一问三不知”。不过无论怎么修饰,其基本内涵依然,毫无任何改变。

## “新官上任三把火”的来历

“新官上任三把火”,是人们对一个地区或一个单位的新领导走马上任后,雷厉风行,很快打开工作局面的一种形象比喻。

据考证,这句话起始于三国时期。当年刘备三顾茅庐,恭请诸葛亮出山。诸葛当了军师后,在短短的一年中,就连续三次用火攻之术战胜了曹操,极大地挫伤了敌军的锐气。第一次在博望坡,夏侯惇十万精兵只剩下不足百人;第二次在新野,张辽的十万兵将全军覆没;第三次火烧赤壁,百万曹兵仅有27人生还。

当时,人们就将这三次火战称为“诸葛亮上任三把火”。传到现今,人们逐渐赋予其新的内容,就演变为“新官上任三把火”了。

## “三句话不离本行”的来历

话说从前有一个小村,村子里有四个能说会道之人:一个是厨师,一个系裁缝,一个乃车把式,一个为船老大。谁家里有啥难缠事儿,都清他们去说和。

一次，本村弟兄俩闹分家，吵了几天难见分晓，就请他们四人去公断。谁知他们亦觉得此事粘牙（陕西方言，即棘手），便事先在厨师家开了个“碰头会”，以便统一认识。厨师说：“我看咱去了要快刀斩乱麻，别锅呀碗的分不清。”裁缝道：“咱们办事不能偏心眼，针过去也要线过去才行。”他的话刚一落音，赶车的就接上了茬：“咱也不是没弄过这号事，前头有车，后面有辙，别出大格就行。”使船的早已听得不耐烦，急忙搭腔曰：“我看咱别在这里罗唆了，到那儿再见风使舵，怎么顺手就怎么划啦得了。”

厨师的媳妇听他们说完，“噗”的一声笑着说：“我看你们真是三句话不离本行，卖什么的就吆喝什么。”言毕，全屋子的人都大笑了起来。原来，厨师的媳妇是做小买卖的。从此，“三句话不离本行”，就被当成俗语传开了。

关于这句俗语的来历，另有一段十分有趣的故事。

古时候，略阳县有个县令特别喜好对联。这天，他办完一桩公案，在打道回府的路上，对对联的瘾又发了，只是一时找不到合适的搭档。正在着急之际，前面来了一个游医，挑着药箱，晃晃荡荡。县官心想：行医之人能识文断字，一定也会对对联。于是，就叫随从将游医喊过来。游医一听县令叫他，不知出了啥事，早已惊出一身冷汗。县官笑着说：“我是想与你对对联呢！”游医颤颤巍巍地回道：“小人文墨不多，实在不敢！”“行了行了，不必客气，咱这就开始！”

县官心想：大热天游医还挑着担子走街串巷，就是不如当官自在。乘马坐轿，旱涝保收……心中一得意，上联不觉脱口而出：“蟒袍锦衣全系有职人员。”游医听罢十分着急，但却想不出合适的字眼。偶一抬头，突然看到药箱里的狗皮膏药，就说：“狗皮膏药专贴无名肿瘤。”

县官一听，心想大胆游医，竟敢暗中讥讽吾老爷。本欲发作，但又思忖：我出的上联，确有居高傲下之意，岂能责怪游医？于是又重新出了一幅比较高雅的——“锦绣文章佳在二、三、四字”。游医对曰：“梧桐籽大每服三、四十丸”。

县官生气了：“胡说！”游医忙答：“放屁！”“上焦之火”。“下焦虚脱”。县官一言，游医一语；紧说紧对，慢说慢合。县令气得无法，遂喝令左右：“提上来”！游医道：“打下去！”“升麻三钱”。“芒硝大黄”。县官对此哭笑不得。给他治罪吧，本属自己所请，有失大雅。只好摇摇头，摆摆手，无可奈何地说：“句句话不离本行吆”！

从此，这句话就流传开了，并逐渐演变为“三句话不离本行”。

## “无事不登三宝殿”的来历

我国民间很早就有“无事不登三宝殿”之说。所谓三宝殿，就是指佛教的三个活动场所。即佛殿、法殿与僧殿。

佛殿是佛教信徒“登场藏事”（办事）的地方，如大雄宝殿等；法殿则是佛家“珍藏经典”之所，如藏经楼；而僧殿乃和尚“燕息”（睡觉）的“寂静禅房”。这些殿房都是佛教重地，一般不会随便让人游览的。于是，“无事不登三宝殿”之说即由此产生。话说“不登”，其实为“难登”啊！

随着斗转星移，世事变迁，许多民间俗语逐渐游离于本源，而派生出一些新意来。像古人所说的“无事不登三宝殿”。现今早已引申为“无事不登他人门”了。

## “三长两短”的来历

人们在论及某危重病人的病情或某种事物的巨大风险时，总是不无担忧地说，万一有个“三长两短”就如何如何。这“三长两短”又是什么意思呢？

“三长两短”，其实是指棺木的材料结构。因为棺木是由前、后、左、右及底部五块木板构成的，其中左、右和底部三块为长板，前、后两块为短板。故“三长两短”是暗喻“进棺材”之意。

人们不免要问，那棺盖为何未算呢？这是因为，按照习俗，须待到“寿终正寝”、尸体放入棺木之后方能加盖（谓之“封天”），故此略去不算。用“三长两短”取代暗喻之意，是语言的一种艺术化表露，旨在规避直述其意的尴尬之境。

## “三令五申”的来历

“三令五申”是一再命令、告诫的意思。语出《史记·孙子吴起列传》：“出宫中美女得百八十人，孙子分为二队……约束既布，乃设铁钺，则三令五申之”。这一成语，人们经常使用，但“三令”令的是什么？“五申”又申的是什么？绝大多数人可能并不知晓。

宋人曾公亮在《武经总要》一书中说，古之“三令”：一令观敌之谋，视道路之便，知生死之地；二令听金鼓、视旌旗，以齐其耳目；三令举斧钺，以宣其刑赏。所谓“五申”：一申赏罚，以一其心；二申视分合，以一其途；三申画战阵旌旗；四申夜战听大鼓；五申听令不恭，视之以斧钺。

一言蔽之，“三令五申”就是用来阐明将士在军事行动中应该遵循的作战规则。

## “十恶不赦”的来历

“十恶不赦”是我国封建王朝为维护其专制统治，而规定的十种不可赦免之罪。它最早见于《隋书·刑法志》。

这十大大罪名分别是：一谋反，指企图推翻当代王朝；二谋大逆。指毁坏皇室的宗庙、陵墓和宫殿；三谋叛，指背叛朝廷，另有他图；四谋恶逆，指殴打、杀害父母等尊长；五不道，指杀戮无辜；六大不敬，指冒犯皇家尊严；七不孝，指不养父母、祖父母；八不睦，指谋杀亲属或妻子，殴打和控告丈夫；九不义，指官吏之间相互残杀；十内乱，指亲属之间通奸、强奸。

“十恶”是随着封建统治的不断强化而逐渐出现并完善的。汉代以后，陆续出现“不道”“不敬”等罪名；北齐有“重罪十条”；到了隋代，始正式将“十恶”之罪规定于法典，并一直沿用至清末。

## “如坐针毡”的来历

“如坐针毡”一语，源自《晋书·杜锡传》。

杜锡年轻时，英俊潇洒，知识渊博，在坊间颇有名气。他曾官至太子的中书舍人，就是专门给太子教书。他忠于职守，曾五次三番地劝谏太子要修德行善，远离小人。谁知太子平日放纵惯了，非但不听，还十分反感，以至变着法儿使出小伎俩报复杜锡。一天，他有意在杜锡常坐的毡垫上放了许多针，杜锡不明就里，遂大大方方地坐了下去，结果屁股被针扎破，鲜血直流。次日一早，太子问杜锡：“你昨天怎么了？”杜锡觉得此话羞于启齿，遂轻描淡写地言道：“喝醉了，不知干了些什么。”太子说：“老师，你总是让我不要说谎，为什么自己明明被针扎了却说不是呢？”

后来，人们就用这个成语来形容那些遇事“心神不定、坐立不安”的人。

## “犹豫不决”的来历

我国的文字读音，都是经过孔夫子所主导的文字机构审查定夺的。可是由于工作人员南北混杂，发音不准，竟把“牛”和“鱼”的读音弄混了，以至出现了“犹豫不决”。

君不见，“牛”字本身就像一条倒挂着的鱼，尖嘴、有翅，还有长长的尾巴；而“鱼”字呢，又恰似一头翘首的牛，长着犄角，挺着圆圆的肚子，四条腿分开而立，活像翘望着什么。“牛”“鱼”何以颠倒？让我们穿越历史，回到孔夫子的办公室探寻个究竟。

2000多年前，中国的汉字经由孔夫子统一规范。其3000弟子，专门负责将审定后的汉字传给民间。孔子废寝忘食地工作着，每写出一个，弟子就立即传出去。历经三年六个月的辛勤努力，写出的字实在难以计数。一天，他写着写着，就伏案而眠了。瞬间清醒后，他却打破常规，一连写下“牛”“鱼”两个字，念过后交给弟子去传。弟子一时疏忽，竟分不清哪个是“牛”，哪个是“鱼”，想问又不便开口，就只好按照先生念字的顺序，把“牛”认成“鱼”，将“鱼”当做“牛”。即便如此，弟子拟向民间发布时，心里还在嘀咕，真是“牛鱼不决”。

后来，人们就把拿不定主意时的情形称之为“牛鱼不决”。而现今的“犹豫不决”，则是根据前者的字音演变而来的。

## “不管三七二十一”的来历

在民间，“不管三七二十一”这句话，流传甚广。它表示对某件事情决心已下，不可更改，有“不计后果”“豁出去”之意。

相传，它来源于这样一个故事。

从前，一个名叫李元的地主给家中雇了一个五大三粗的长工。长工初到时，李元对老婆说：“你每天管他三顿干的，免得他假借撒尿之机偷懒。”老婆照办了，长工每顿三碗干饭，干起活来，果然力大如牛，一个顶仨。过了半月，李元又对老婆说：“长工干活虽然卖力，但他的饭量太大了，一年要吃我们上千斤粮食！从今天起，一天管他三顿稀的吧！”他老婆又照办了。自那以后，长工每顿吃七碗稀饭，干起活来有气无力，尚不及一个弱女子。眼看良田荒芜，杂草丛生，李元不由怒从心起，责问长工道：“你一天吃我三七二十一碗饭，为啥干活不像男子汉？”长工不紧不慢地回答：“干干干，一天吃九碗饭，周身汗毛都有劲，打个喷嚏响过山！稀稀稀，三七二十一，尿像屙下竹竿雨，脚酥手软如烂泥。我着急，无力气；你着急，有何益？”

李元耐着性子听完，半天才回过神来。他当着长工的面对老婆说：“从今日起，管他三三九碗干，不管他三七二十一”。老婆照此办理，长工的“牛劲”方才恢复了。

从此，人们遂把改变错误主张称为“不管三七二十一”。后来在生活中，将其含义不断引申，把不识好歹、不分是非的言行，亦称作“不管三七二十一”了。

## “四十一岁属驴”的来历

十二生肖中，并没有驴的位置。然而在我国广大地区，却素有“四十一岁属驴的”之说。长期以来，人们对“属驴”讳莫如深：明明41岁了，却硬说是40岁。亦或扩而大之，虚称42岁。即使名门望族，在过41岁生日时，也不张灯结彩，邀友庆寿。而总是漠然处之，全不当回事儿。这是什么原因呢？

相传盛唐时期，唐太宗与魏征有次在宫廷聊天时，突然问魏征：“公多大岁数，属什么？”魏征一愣，暗自思忖着：皇上今年41岁，属马。我虽然与他同一生肖，但如果说和皇上同年同相，岂不有失君臣大礼？于是便说：“臣的数相比马小，比羊大，是属驴的。”太宗听后哈哈大笑，“公真的居安思危，谨于言而慎于行。属驴属马，分什么君君臣臣！”此事被当作宫中秘闻传出后，人们感到格外新奇，遂逐渐相沿成俗了。

## “七十三、八十四”的来历

自古以来，民间就有“七十三、八十四，阎王不叫自己去”的说法。意思是说，七十三岁和八十四岁，乃人生的两道“门槛”，一般人是很难逾越的。

其实，这两道“门槛”并不可怕，它不过是我国历史上两个圣人“归天”的年龄罢了。一个乃春秋时期的“孔圣人”孔丘，一个为战国时代的“亚圣”孟轲。

正巧孔子年满七十三岁时命归西天，孟子八十有四时寿终正寝。由于孔孟都被尊称为“圣人”，故人们就认为“凡人”寿命不可能超过“圣人”的。如此一来，七十三、八十四，自然就成为“不吉之年”了。

实际上，随着生活条件的不断改善和医疗水平的逐步提高，现今人们的平均寿命一直在增长。八十岁以上的老人比比皆是，百岁寿星亦并不鲜见。“世上本无事，庸人自扰之”，我们再也不能轻信这些无稽之谈了。

## “千里送鹅毛”的来历

南宋罗泌撰《路史》载：唐贞观年间，云南土司缅氏为了表示对唐王朝的拥戴，特派下属缅伯高带着一批宝物和一只雪白的小天鹅，赴京城长安朝见唐太宗。一路上，缅伯高对“小天使”悉心照料。途经湖北沔阳湖畔时，他见天鹅口渴，就放其到湖边饮水。谁知天鹅饮罢便展翅高飞了。缅伯高心急手快，迅速扑了过去，却只抓住了一根鹅毛。这可将他急坏了。想来想去，实在无计可施，只好将鹅毛用锦缎包好，并附诗一首，去见唐太宗。诗曰：

天鹅贡唐朝，山高路远遥。沔阳湖失宝，倒地哭嚎啕。

上复唐天子，请绕缅伯高。礼轻人意重，千里送鹅毛。

唐太宗看了诗后，非但毫不责怪，反而高兴地收下礼物，还回赠许多丝绸、茶叶等中原特产。从此，人们就用“千里送鹅毛”来形容“礼轻人意重”了。

## “快刀斩乱麻”的来历

在封建社会里，皇帝的权威是绝对不容挑战的。正因为如此，历朝历代，宫廷里的“跟屁虫”“马屁精”才层出不穷。可是事物没有绝对的。东汉时期，有位名叫方储的汉子，胆子大得真是无与伦比，他竟敢在皇帝老儿面前自吹自擂。你说玄乎不？

方储字圣公，东汉章帝时江南歙县人氏。建初年间举贤良方正，殿试对策以奏对称旨被擢为第一，故时有“对策天下第一”之称。

一日，汉章帝刘炟升朝议事，文武百官参拜已毕，皆分列两旁，唯独方储依然纹丝不动地立于大殿正中。值殿官误以为其尚未听清皇上谕旨，遂又复诵一遍，而他还是置若罔闻。皇帝见后甚觉诧异，遂开金口、吐御言，问其何不入列归班。谁知这厮高声回道："臣文武兼备，在所施用。"意思是说，我能文能武，就看你怎么使用了。你说我该站到哪边呢？一言既出，满堂哗然，皇上更是忍俊不禁，差点没笑倒在龙位上。皇上看这呆子呆得有趣，遂想出个题目调侃他以下。于是，他遣人拿来一团乱麻，让方储当众理清。其潜台词则为：你不是文武兼备、在所施用吗？那就请用文武之道，解开这些乱麻吧！

接过这团乱麻，方储一时略显慌乱，众臣更是瞪大双眼，看他如何下台。沉思少顷，只见方储抽出佩刀，照准麻团连砍三下，接着十分平静地言道："反经任势，临事亦然"。刹那间皇帝称奇，百官叹服。一个无头无绪的难题，就这样迎刃而解了。

## '临时抱佛脚'的来历

"平时不烧香，急来抱佛脚"这句话，乃人们对那些惯于投机取巧、临阵磨枪之辈投机行为的嘲讽之语。不过说啥便有啥，历史上还真有过如此"抱佛脚"之人呢！

据《文史博览》刊载：远古之时，云南以南有个由外族建立的小国家，举国上下皆为虔诚的佛教徒。

一天夜晚，一位死刑犯在夜色掩护下，挣脱枷锁越狱逃跑了，官府发觉后即命兵丁四处追逃捉拿。经过一天一夜的追捕，犹如惊弓之鸟的逃犯慌不择路地闯进一座古庙。进门后抬头一看，但见佛祖释迦牟尼怒目圆睁，寒气逼人，他立马懊悔不已，遂抱着佛祖之脚嚎啕大哭。他边放声悲啼边磕头忏悔："我自知有罪，但请佛祖慈悲为怀，将我剃度为僧。从今往后，再也不敢为非作歹了。"少顷，便将头皮撞破，弄得鲜血直流。

追兵赶到后见此情形，也不免动了恻隐之心，遂遣人回报官府。

官府不敢轻易做主，连忙上报国王。由于国王十分笃信佛祖，便对罪犯予以赦免，让其削发为僧，入了寺院。

随着佛教的迅速传播，"临时抱佛脚"的故事也同时传入中国，并逐渐成为人们的日常俗语。

# “虎落平阳被犬欺”的来历

魏、蜀、吴三足鼎立的“三国”时代，是一个各方人士玩弄计谋、斗智斗勇的时代。“虎落平阳被犬欺”这句俗语，就来自周瑜和诸葛亮之间异乎寻常的一场舌战。

据《三国演义》载：人称“美周郎”的周公瑾（周瑜），不仅仪表非凡、才华横溢，而且风流倜傥、雄烈过人。他一直嫉妒诸葛亮的才能，总想寻机置之于死地。一天，他想出一条锦囊妙计，欲以设宴、对诗为名，企图加害于诸葛。诸葛对此早已心知肚明，遂故意推波助澜，声称“谁输了就砍谁的头！”周瑜听后正中下怀，旋即表示“君子无戏言，戏言非君子”。两人说罢，便击掌为定。鲁肃见此，瞬间急出一身冷汗，抱怨诸葛聪明一世、糊涂一时，不该中了周瑜之计。可诸葛却神情自若地拉着鲁肃的手说：“子敬（即鲁肃）也算一个。”

席间，周瑜摇头晃脑地吟出一首：“有水也是溪，无水也是奚。去掉溪边水，加鸟便是鷄。得志猫儿雄过虎，落毛凤凰不如鷄”。身为蜀国军师的诸葛自然不肯甘拜下风，他略蹙眉头，即诗从口出：“有木也是棋，无木也是其。去掉棋边木，加欠便是欺。龙游浅水遭虾戏，虎落平阳被犬欺。”

周瑜闻听诸葛骂人，立即勃然大怒，一场龙虎决斗眼看就将爆发。鲁肃见状急忙劝解道：“有水也是湘，无水也是相。去掉湘边水，加雨便是霜。各人自扫门前雪，莫管他人瓦上霜。”

风波虽然暂息，但周瑜怒气难消，自然不肯罢休。他思忖片刻，又开始飚上了：“有目也是瞅（chǒu），无目也是丑。去掉瞅边目，加女便是妞。隆中女子生得丑，百里难挑一个妞。”

诸葛见周瑜肆无忌惮地奚落自己夫人，遂毫不客气地反唇相讥：“有木也是桥，无木也是乔。去掉桥边木，加女便是娇。江东美女数二乔，难护铜雀不锁娇”。

诸葛的无情嘲讽，使周瑜顿时怒发冲冠，暴跳如雷，遂暗令伏兵将其团团围住。鲁肃立即上前劝阻：“都督息怒！我有一诗奉献。”诗曰：“有木也是槽，无木也是曹。去掉槽边木，加米便是糟。今日这事在破曹，龙虎相残大事糟。”

鲁肃耐心地周旋指点，方令周瑜恍然大悟。他随即喝退刀斧手，与诸葛共商破曹大计，终于干出了“火烧赤壁”这流传千古的大业。

这就是“虎落平阳被犬欺”的最早出处。

斗转星移，若干年后，这出闹剧在宋朝又重复上演了一次。

宋朝初年，有个刚正不阿的知府因得罪权贵而遭罢黜。卸官回乡后，当地的胡知县想起自己身为其下属时，常遭指责，便存心想奚落他一番。一天，他设宴招待老上司，还特意请了两位工于诗文的骚客作陪。酒过三巡，胡知县以主人身份提议吟诗助兴，并首先起头吟诗一首：“单奚就是奚，加水还读溪。抹去溪边水，来鸟便成鷄 。鸟儿有翅强如虎，凤凰无翅不如鷄。”意在讥讽知府现今犹如无翅的凤凰，甚或连鸟和鷄都不如。

知府虽知对方是在恶意嘲笑自己，却也无可奈何，只好装聋作哑，苦闷于心。陪客里的甲见知府啼笑皆非的尴尬相，恻隐之心油然而生，遂立即拔刀相助。他吟道：“单工是个工，加力还是功。撤去功边力，添丝成了红。人无千日好，花无百日红。”意在劝诫和开导胡知县——冤家宜解不宜结，得饶人处且饶人。

陪客乙听了，觉得甲是狗拿耗子多管闲事，事不关己，何必自寻麻烦。于是急吟曰：“单相是读相，加水还读湘。除却湘边水，加雨就成霜。各人自扫门前雪，休管他人瓦上霜。”

知府听罢甲乙二人的唱和，深感世态之炎凉，遂叹息着凑上一首：“单其读为其，加木也读棋。砍去其边木，添欠就读欺。龙游浅水遭虾戏，虎落平阳被犬欺”。抒发出了他自己内心的愤懑与不平。

## “人心不足蛇吞象”的来历

“人心不足蛇吞象”一语，源于一个十分古老的民间传说。

相传很久很久以前，南方某地有个名叫阿象的猎人，在狩猎途中偶遇一条冻僵了的小青蛇，遂把它揣在怀里带回家。经过一年多的精心照料和饲养，青蛇长得有碗口那么粗壮，一天，青蛇向阿象告别说：“我要回到丛林去，你日后若有难处，可到山里找我。”言毕，就含泪而去。

不久，当地县令身患偏瘫之症，贴出告示以一千两银子为筹码，征寻蛇舌入药。阿象一看大喜过望，遂跑进深山向青蛇求助，青蛇慷慨地献出了舌头。又过了些日子，王后得了歪嘴疯，则以千两黄金悬赏，四处征寻蛇眼。阿象又找到青蛇，如此这般一讲。青蛇强忍疼痛，让他摘下了眼珠。一年后，皇帝为了强身壮骨，许以高官厚禄换取上等蛇胆。阿象心里怦然而动，再次厚着脸皮向青蛇乞讨。谁知这次并不那么顺当了。青蛇勃然大怒，连声斥责他太不知足。接着就张开血盆大口，瞬间吞没了这个贪得无厌、见利忘义的小人。

阿象被青蛇吞噬的消息不胫而走。人们纷纷讥笑他，说这才是“人心不足蛇吞象”。此话辈辈相传，经久不息。

## “神仙久赌也要输”的来历

农村人过去常说：盗贼出于赌博，这是不无道理的。因为嗜赌成癖之人，必然会倾家荡产，妻离子散，最终滑入盗窃、抢劫的犯罪道路上去。

“神仙久赌赌也要输”，是宋代皇帝赵匡胤的至理名言。赵匡胤未当皇帝之前，就是一个大名鼎鼎的赌棍。哪里有赌场，哪里便有他，而且牌技不佳，场场都会输，成了名副其实的“送光走”。对此，他还极不服气。一天，他独自在家数了一百文铜钱，自己摇宝，自己押注。他将单宝、双宝都押了钱，揭宝之后，用赢的来赔输的。时间一长，老婆嫌他讨厌，便悄悄从其背后抓了一把钱。待他将钱收拢后，数来数去不足一百。于是，长叹一口气说：“神仙久赌也要输呀”！

从此，他来个急刹车，再也不干了。

由于赵匡胤是当朝皇上，金口玉言。经他如此一讲，即成定案。

## “天要下雨，娘要嫁人”的来历

人们常用“天要下雨，娘要嫁人”一语，来表示某件事物的发生与发展无可抗拒，只好听天由命、随它而去的无奈。其实，这是后人对这句话的曲解与误传。

话说古时候，某县官命衙役陆喻连夜押送一批粮草去前线。陆喻因父母年逾古稀，卧病在床，虽有难言之隐，却不敢违抗。无奈之下，只得向双目失明的父亲实言相告：“天要陆喻，粮要解营。顾此失彼，实属无奈。生母之前，权且相瞒。万勿责儿不孝！”其父安慰儿子道：“粮草之事，急如星火。路途自珍，盼儿早归。母若问及，吾自推诿。”于是，陆喻躬身叩拜，挥泪而别。

数月过后，父亲见陆喻音讯渺然，遂一病不起。临终时，便将父子相瞒之事，向陆喻之母和盘托出，并一再解释说：“天子要他押送粮草，这也是没有法子的事！”言毕，便撒手人寰，驾鹤西去。

孤苦伶仃的陆母沿街乞讨去寻儿子，她逢人就哭诉：“天要陆喻，粮要解营。家破人亡，势在必至。我也顾不得老命了！”邻人见状，不仅潸然泪下。因为陆喻贻误军机怕被问斩，早就投水自尽了。

人们怜惜之余，也在纷纷传诵这件悲戚之事。由于南北方言差异较大，传着传着，就将“天要陆喻”念成了“天要落雨”，将“粮要解营”误以为“娘要嫁人”。如此这般，已整整讹传了上千年。

## “胡粘面馆子”的来历

在关中一带，当人们谈及某人喜欢东拉西扯或爱讲歪理时，总是说他“胡粘面馆子”。此话之意人人皆晓，可知其来历者，恐怕不多。

粘者，然也！（关中方言：粘为然）意即与人胡说。话说从前有个吝啬鬼，以常与人“胡说”而名扬四方。一天，他去一家饭馆用餐，堂倌端来一碗面条放在他面前，他不吃，要堂倌另换一碗凉皮。可他吃完凉皮后，尚未付款拧身就走。堂倌将其拦下索要凉皮钱。他竟振振有词地辩称：“凉皮是我用面条换来的，还要什么钱？”于是，堂倌便要他支付面条钱。谁知他两手一摇，又道出惊人之语：“我就没吃面条呀，谁吃你向谁要去！”话音刚落，就迈出大门扬长而去。

堂倌追了几步没追上，气得干瞪眼、没办法。只好对着这个超级无赖之背影怒斥道：“白吃东西不给钱，简直是胡粘面馆子！”

从此，人们就把那些蛮不讲理、与人胡说的行为，称作“胡粘面馆子”。

## “有钱能使鬼推磨”的来历

此句俚语，源头其实和前述“上坟烧纸钱的来历”同出一处，只不过所表述的角度有所不同而已。

话说蔡伦之弟媳慧娘见其生意不成，遂与老公蔡莫商议装死行骗。晨曦微露，蔡莫就围绕装敛着妻子“尸体”的棺材，一边烧纸，一边嚎啕大哭，吸引了众多邻人前来吊唁。烧着烧着，忽闻慧娘在棺内急叫：“把门开开，我回来了”！众人着实吓了一跳。胆壮者迅即打开棺木，慧娘忽地坐了起来，油腔滑调地唱到：

"阴间钱能通四海，纸在阳间做买卖，不是丈夫把纸烧，谁肯放我阳间来。"接着她又胡诌道："刚才我是鬼，现在我是人。到了阴间，阎王叫我推磨受罪，丈夫给我送了钱，小鬼们见状，争着替我推磨。这真是有钱能使鬼推磨呀！我将剩余之钱交给了阎王，他就放我回来了。"

听罢慧娘的鬼话，乡亲们还信以为真，纷纷拿钱向蔡莫买烧纸，以给死去的亲人赎罪。这样，蔡莫积压良久的破纸很快就卖光了。

从此，"有钱能使鬼推磨"，就成了人们形容金钱万能的一句俗语。

## "画鬼容易画人难"的来历

"画鬼容易画人难"一语，出自《韩非子·外储说左上》。

该书讲了这么一个故事：齐王曾请多位画工为其画像，均不满意。后来请齐国最为有名的画工前来泼墨，可画工却说他画不好人。齐王遂问画工曰："世界上什么最难画？"画工答曰："犬马最难。"齐王又问："画什么最容易？"他说："画鬼怪最容易。"齐王不解，遂问其原委。画工说："犬、马是人们所熟悉的，稍有差异就会被人发现，故而难画；鬼怪是无形的，不会出现在人们面前，更无人晓其到底是什么样子，无论怎么画都可以。"

这就是"画鬼容易画人难"的由来。

## "此地无银三百两"的来历

"此地无银三百两"，是一种欲盖弥彰、自欺欺人的拙劣手法。

一般认为，这句话来自鲁迅先生《伪自由书·推背图》里的一则故事。说的是某人将三十两银子埋在地里，他唯恐别人知晓，遂于此间竖立一块木板，上书曰："此地无银三十两。"隔壁王二看破端倪后，当晚就把银子偷回家。不知他是有意调侃，还是意在解脱自己，竟然也如法炮制，于木板背面留言道："隔壁王二未曾偷。"

这里令人生疑的地方是：书里记述的银子是明明是"三十两"，可民间俚语所言的却是"三百两"，量上存在很大差异。作为事物考源来讲，似乎有失严谨。

其实，"此地无银三百两"一语，早在清代的《龙图耳录》里就有记载。此书的第四十回："见了大哥，就说柳兄没到这里来。"蒋平笑道："如此一说，那明是告诉大哥，柳兄在这里了。岂不是'此地无银三百两'么？"

据考证，《龙图耳录》系无名氏观赏清嘉道间说书艺人石玉昆说唱《龙图公案》时所记之脚本，故云"耳录"。由此可见，此书与鲁迅先生的《伪自由书》相比，自然要早得多。换言之，《伪自由书》中所讲的故事，并非"此地无银三百两"的最早出处。

## "狗肉不上席面"的来历

"狗肉滚三滚，神仙都来瘾"。在我国北方，许多地方群众都爱吃狗肉。然而民间却有个习俗——狗肉不上席。不仅不能上席，而且一些风味店也"挂羊头，卖狗肉"。甚至家庭烹调狗肉，也要另起炉灶，在露天进行。人们不明白：为何这一美味佳肴难登"大雅之堂"，受到如此之歧视呢？

其实远在古代，情况却并非如此。那时不仅狗肉可上席，而且还堪称席之珍馐呢！《礼记·月令》中说："孟秋之月……天子麻食与犬。""季秋之月……天子乃以犬尝稻，先荐寝庙。"另据《礼记·内则》记载：王侯席上的"八珍"当中，就有一珍是网油烤狗肝。

可见，如今"不上席"的狗肉，过去还是天子王侯席上的佳肴呢！

狗肉不上席的习俗，形成于宋代。据《曲洧（wěi）旧闻》记载："崇宁初，范致虚上言，'十二宫神，狗居戌位，为陛下本命。今京师有以屠狗为业者，宜行禁止。'"宋徽宗这个昏君，治国安邦之大计他听不进去，但对这些毫无根据的阿谀之词，却极为重视，马上降旨禁食狗肉，致使京师狗肉绝迹。如此一来，臣民们自然不敢堂而皇之地把狗肉推上宴席了。即使要吃，也只能躲在僻静之处进行烹调。

到了清代，满族人传说狗和乌鸦救过他们先祖努尔哈赤的命，因而不吃狗肉。满族统治者的忌讳，汉族民众不得不尊重。故在清王朝统治的近300余年中，狗肉一直被排斥在肉食之外。有人遍查清宫御膳之菜谱，从未发现狗肉名馔。狗肉虽然不上席，然民间食客依然不少。清代著名画家郑板桥，曾因贪吃狗肉而被盐商骗去作品就是一个例证。不过从维护人与动物的和谐相处来看，"不上席"还值得推崇。

## “只许州官放火　不许百姓点灯”的来历

相传宋朝时，有个叫田登的人刚当上了州官，就要下属与百姓都避讳他的名字。因“登”与“灯”同音，故在元宵节放灯时他贴出布告称：“本州依例放火三日”。平时老百姓夜间点灯，也只能说点“火”，不准说点“灯”。于是，老百姓就讥讽他——“只许州官放火，不许百姓点灯”。

由于此话既幽默诙谐，又非常符合实际，故在民间显示了极其强大的生命力。泱泱千年，至今流传不息。

## “三天三夜说不完”的来历

当言及某件事纷繁复杂、述说不尽之时，人们往往用“三天三夜说不完”来形容。据考证，这句话源于《史记·孟子荀卿传》：“淳于髡（kūn）见梁惠王一语连三日三夜无倦”一段。

战国时期，齐国学者淳于髡以博学而著称于世。齐威王时，他被任为大夫，曾用隐语讥讽齐威王，要求其亲理朝政，振作图强，戒掉长夜之饮。他还常与宰相邹忌畅议国事，全力支持其改革内政。

公元前 333 年，楚国攻打齐国。淳于髡亲赴赵国求援，赵王遂以革车千乘、精兵十万相助，终使楚军惧而退之。而魏国国君魏莹（即梁惠王）却对此态度暧昧，摇摆不定。为了联魏抗楚，齐威王便派淳于髡前去游说。淳于髡到了魏国都城大梁（今开封），就将列国之情况、魏国所处的态势、魏国对外政策的利弊以及共同抗楚的好处等，向惠王滔滔不绝地一连讲了三天三夜，丝毫无有困倦之意。直说得惠王点头称是，同意归附齐国，通力合作，抵御敌人。惠王见其才华出众，智慧超群，欲留他任卿相，他固辞不受，起身而去。

“三天三夜说不完”，本身就源于这个故事。现在，其引申之意颇多，用途也愈加广泛。

## “天知地知、你知我知”的来历

“天知地知、你知我知”这句话，发端于我国古代一则拒绝贿赂的故事。

东汉人杨震是个深得民心的清官。他做过“景州刺史”，后调任为“东莱太守”。当他途经昌邑赴东莱上任时，昌邑县令王密（由杨震举荐为官）趁夜晚无人之际，带着重金悄悄前去拜访。

王密之所以如此，一是对杨震往昔的举荐感恩，二是想请老上司以后多加关照。可是杨震却当场拒绝说：“故人知君，君不知故人，何也？”王密以为他假装客气，便随口说道：“暮夜无知者。”杨震立即生气地说：“天知地知，你知我知，怎说无知？”王密羞愧难当，只好带着礼品扫兴而归。

然而，令人不可理喻的是，“天知地知，你知我知”这句本来带有自律性、自警性的话语，时隔千年之后，却被人们反其意而用之——成为某些人建立攻守同盟时的自欺性、鼓励性专用语。当然，从文学角度来讲，这也是一种对词意“创造性”的反向引申。

## “挂羊头、卖狗肉”的来历

人们常把那些善于以次充好、以假充真的不法商人和那些翻手为云、覆手为雨的官僚政客斥之为“挂羊头、卖狗肉”。由此可见，羊头与狗肉似乎有着天地之别，甚至不可同日而语。

其实，早在汉代以前，古人就对狗肉情有独钟。《国语》所云“生丈夫二壶酒一犬”，说的是祝贺朋友喜得贵子，所送礼品中就有一狗。在古代，上等狗肉还专门用来作祭祀。汉字“献”的本意，就指用犬肉祭奉宗庙。由于人们对狗格外垂青，导致数百个汉字里都能找到它的影子。譬如伏、突、状、猝、狙、狐等，不一而足。

后来，人们又“移情别恋”，逐渐对羊产生了深厚的感情。有例为证：以羊为部首的汉字日渐增多，而且寓意还日臻完美。羊大叠加则为“美”，鱼羊并列则为“鲜”。至于人们普遍看好的事物，就更加令人称“羡”了。

到了六朝以后，随着时代的变迁，狗肉从人们的餐饮中开始逐步淡出。及至到了唐代，就已毫无资格再上“席面”了。于是，原来人们所斥的“悬牛首、买马肉”现象，亦渐渐被“悬羊头，卖狗肉”所替代。宋代书籍《五灯会元》载：“有股名利之徒，为人天师，悬羊头，卖狗肉”，实则“名不正，言不顺，根脚趄”。

此话在传播过程中，人们越来越觉得“挂”比“悬”要顺口得多，于是就更替为如今的“挂羊头、卖狗肉”了。

## “睁只眼、闭只眼”的来历

史书《韩非子·说上林》记载：伍子胥乃春秋时期楚国大夫伍奢次子。楚平王即位后，奢任太师。后来，平王听信少师费无忌之谗言，将奢杀死。接着又下令画影绘图，四处捉拿伍子胥。子胥出逃后先奔宋国，因宋国有乱，又投奔吴国。路过昭关时，不幸被官府擒获。

审讯过程中，擅于思辨的他反问县衙道：“你可知楚王为何抓我？”县衙自然不晓。他继续开讲：“那是他想要我那颗早已遗失的宝珠。我咋说他都不信，唯有出逃。假若你想将我送与楚王邀功，我就说宝珠被你抢走，吞进肚子去了。”县衙闻听此言，惊出一身冷汗。天哪，倘若真的如此，楚王岂不将我开膛破肚吗？

思来想去，他觉得还是“睁一只眼、闭一只眼”方为上策，以免惹火烧身。于是便对衙役说：“经本官审问，此人并非伍子胥，放走了事！”“睁一只眼、闭一只眼”，在民间就此开始流传开来。

## “紫气东来”的来历

相传周朝之时，甘肃天水有个名叫尹喜的人，脑瓜灵光，聪颖过人，能掐会算，善观天象。当时，他在陕西与河南交界之处的函谷关任值守长官。一次，尹喜夜观天象，但见紫气由东而至，便知必有圣人过关。于是，他下令清扫街道，迎接圣人。几日过后，果然有个骑青牛的白胡子老头来到关前。尹喜遂拜老头为师，随其去终南山说书讲道。后来他方知晓，白胡子老头原来就是老子，隐居于周至县楼观台，他才是道教的老祖宗。

此后，人们常用“紫气东来”表示吉祥之兆。

## “卿卿我我”的来历

我国魏晋时期，“竹林七贤”（嵇康、阮籍、山涛、向秀、刘伶、王戎及阮咸）在民间声名显赫，无人不晓。然而，作为“七贤”之一的王戎后来却被世人所不齿，认为他是滥竽充数。

这是因为他丧失血性投靠统治者，尽管位至高官，却辱没了“贤”名。尤其令人讥诟的，是他的吝啬。《世说新语》里谈吝啬的共有九条，王戎一人就独占四条。比如，家中有棵翠绿的李树，王戎既想卖李子，又怕别人得到种子，竟事先把李子的果核钻破，使之不能繁衍；侄子结婚时，王戎就送了一件单衣，过后又改变主意，将衣服要了回来；女儿出嫁，他借给女儿一些钱，女儿每次回娘家，他的脸拉得比驴脸还长。及至女儿还清了钱，他才给出好脸色……

不过谁能想到，一个如此吝啬的王戎，却是“卿卿我我”这一成语的创始者。

平日里，王戎的夫人总是称王戎为“卿”。在那个“夫为妇纲”的时代，“卿”是用来称呼比自己地位低下之人的。因此，只有丈夫才可以称妻子为“卿”。于是王戎说：“你这样叫我，显得礼数不周，以后不要再这样叫了啊！”王戎本来只是抱着商量的态度，不过他这么一说，夫人不高兴了：“我爱你疼你，才叫你卿卿的。我不叫你卿卿，谁又叫你卿卿呢”！（“亲卿爱卿，是以卿卿。我不卿卿，谁当卿卿？”）

夫人娇嗔的模样，让王戎感觉十分愉悦，便舒心地答曰：“遂恒之！”就是说，以后就可以如此随意地叫下去了。既不畏人听见，也不惧人笑话。于是，“卿卿我我”开始流传到了民间。

## “举案齐眉”的来历

“举案齐眉”一语，喻示夫妻相敬如宾，恩爱有加。

东汉时期，凤州（今陕西凤县）才子梁鸿娶了个漂亮的妻子叫孟光。这孟光天生爱美，整天涂脂抹粉，盛装打扮，把自己收拾得光彩照人。梁鸿是个农家子弟，瞧见妻子这般模样，心里很不舒服。一天，他对妻子直言相劝道：“我本想找个生性质朴、能够吃苦的女子为妻，没想到你如此爱穿爱戴”。妻子微笑着说：

“奴家这样，主要是想测试一下你的志向，其实粗衣布料早就准备好了”。言毕，就立即脱下盛装，换上布衣，紧随梁鸿后山打柴去了。梁鸿为之大喜，庆幸自己找了一个志同道合、深明大义的好老婆。

数月之后，梁鸿携妻来到霸陵山中隐居，过上了男耕女织、自食其力的农家生活。梁鸿在外辛苦劳作，孟光主内勤俭持家，日子过得很是惬意。一日三餐，妻子总是提前做好饭菜，一俟丈夫回家，她就将饭菜端得和眉毛一样平，兴高采烈地给丈夫送到桌上。

据此，周边相邻同声称赞他俩是“举案齐眉、相敬如宾”的恩爱夫妻。

## “豆蔻年华”的来历

“豆蔻年华”乃青春少女的代名词。豆蔻是一种植物，生长于广东、广西等地。它从五六月开始吐蕾开花，秋季便有了累累果实。

唐诗人杜甫（803～852）曾于岭南写过一首七绝《赠别》，诗曰：“娉娉袅袅十三余，豆蔻梢头二月初。香风十里扬州路，卷上珠帘总不如。”二月之初，天气乍暖还寒，豆蔻虽然蓓蕾初绽，但依然“羞”于开放。人们就用“豆蔻”二字隐喻青春少女。加之杜诗首句便是“娉娉袅袅十三余”，后人就将十三四岁的处女誉为“豆蔻年华”。

## “蒙在鼓里”的来历

“蒙在鼓里”，意指被人刻意隐瞒了真相。当然，隐瞒真相的目的，既有恶意之举，也有善意而为，不可一概而论。这句话的出处，源于三国一则故事。

关云长兵败吴国之后屯兵麦城，遂派关平协助廖化杀出重围，赴上庸去搬援兵。谁知上庸守军刘封对当年刘备欲收其为义子，曾遭关云长反对一事耿耿于怀，加之孟达从中肆意挑拨，故一直按兵不动。

无奈之下，关云长只得弃城出逃，夜奔西川。也许真是冤家路窄，出城不久，就被东吴伏兵用长钩套索擒获，押回吴营。孙权听任薄左咸的挑唆，连夜将关云长父子送上了西天。

阆中王张飞闻知二哥云长兵败麦城，而刘封却见死不救，遂率兵亲赴上庸讨伐刘封。别看张飞平日鲁莽，这时却真是粗中有细。他随带一面特制大鼓面见刘封，假惺惺地说道："三叔欲带你到西川继承父业为皇太子，但你不及阿斗聪明能干，故不可明目张胆地去行事。三叔特制一面大鼓，先把你蒙在鼓里，以免路人发觉。待回到西川面见你父之后，再出来说服方可。"刘封闻听此言，信以为真，当场就钻进鼓里。刚出上庸，便遇刺身亡。

这个故事传至民间，人们就用"蒙在鼓里"这句话，来形容那些不明就里、不晓真相而上当受骗的人和事。

## "乱七八糟"的来历

这句俗语，是由历史上的两次重大事件引发而来的。

"乱七"是指西汉时期的"七国之乱"：汉景帝时，御史大夫晁错力主通过"削藩"扩大中央集权，引起各路诸侯的强烈不满。公元前 154 年，吴王刘濞联合楚、赵、济南、胶西、胶东、淄川等七个诸侯国，打着"诛晁错、清君侧"的幌子，公然发动了叛乱。

"八糟"是指西晋时期的"八王之乱"：西晋武帝司马炎于 290 年去世后，由惠帝司马衷继位。惠帝属于白痴弱智之人，时隔不久，大权就落入杨骏之手，这就必然为朝廷埋下重大隐患。291 年，楚王司马玮进京杀死杨骏，遂拉开了诸侯纷争的序幕。汝南王司马亮、赵王司马伦、齐王司马同、成都王司马颖、河间王司马颙、长沙王司马乂、东海王司马越紧随其后，相继大动干戈，开展了夺权大战。这一大规模的"内乱"，直至 306 年晋怀帝司马帜登基方基本平息。人们将这两次事件联系起来，"乱七八糟"就脱胎而出了。

## "衣冠禽兽"的来历

一谈起"衣冠禽兽"，人们就自然想起那些行为放荡不羁、举止卑鄙龌龊的无耻小人。殊不知，在明代以前，人们对这类人的称呼则为"衣冠枭獍"。枭者，古时食母之鸟也；獍者，则为食父之鸟也。而在明代初期，"衣冠禽兽"还是一种溢美之词呢！

据考证，"衣冠禽兽"源自明代官员的服饰。当时规定：文官官服绣禽，武官官服绘兽，这是官服的总体分类。再细分则为：文官一品绯袍，绣仙鹤；二品绯袍，绣锦鸡；三品绯袍，绣孔雀；四品绯袍，绣云燕；五品青袍，绣白鹇；六品青袍，绣鹭鸶；七品青袍，绣鸂鶒（xī chì）；八品绿袍，绣黄鹂；九品绿袍，绣鹌鹑。武官一品二品绯袍，绘狮子；三品绯袍，绘虎首；四品绯袍，绘豹头；五品青袍，绘棕熊；六品七品青袍，绘彪面；八品绿袍，绘犀牛；九品绿袍，绘海马。因此，一旦布衣做官得道，令人十分羡慕，谓之“衣冠禽兽”。

到了明朝中后期，由于官场腐败，官吏专权，致使“文官爱钱、武将怕死”之风日盛。后来又发展到欺压百姓，无恶不作，令百姓十分厌恶。故贬称其意，将为非作歹的文官武将，直呼之为“衣冠禽兽”。

溢美之词开始变味，最早见于明末陈汝元的《金莲记》。从清代至今，“衣冠禽兽”都被当做贬义之词流传了下来。

## “模棱两可”的来历

模棱两可，是指处世圆滑，遇事态度暧昧，从不公开表明态度的敷衍行为。在这方面，唐代诗人苏味道就极具代表性。

苏味道祖籍河北滦县，系武则天当政时的宫廷大臣。他一生酷爱写诗，曾有《苏味道集》问世。但由于其处世圆滑，民意历来不旺。据《旧唐书》载：其“前后居相数载，竟不能有所发明，但脂韦其间（处处和稀泥）苟度取容（苟且迎合时势以容其身）而已。”苏氏的办事准则，乃勿判断明白，一旦出错，即成罪过。“模棱以持两端可也”！

《太平广记》载，苏味道拜相之初，有人问曰：“朝廷急事颇多，何以观之”？他半天不语，却用手反复去摸床棱，被人戏称“模棱宰相”。“模棱两可”之语，也随之传开。

## “闭门羹”的来历

地球村里的人都知道“闭门羹”专为拒客而设——暗示你要有自知之明，不可强求登门。否则，尴尬之味可不是那么好尝的。但“闭门”何以与“羹”联系起来？却未必人人知晓。

“闭门羹”一语，最早见于唐代冯贽《云仙杂记》所引《常新录》的一段话：“史凤，宣城妓也。待客以等差……下列不相见，以闭门羹待之。”原来，唐代宣州城一位叫史凤的名妓，不仅拥有沉鱼落雁之貌，而且能歌善舞，赋诗、抚琴、泼墨、作画，无不精通。因而名声骚动，红极一时。方圆百里的纨绔子弟、风流才子，都以有幸一睹史凤之芳容为快事。那些浪荡公子和好色之徒们，往往不惜千里迢迢，怀揣重金登门拜访，把妓院围得水泄不通。

然而，史凤却自恃才高，对他们手中的金银不屑一顾。她把前来求见的人，以品貌才学分成三六九等。上等客人前来，她下楼接待；纨绔子弟、不学无术之辈上门，则统统拒之门外。久而久之，一些公子哥儿对她怀恨在心，四处造谣中伤。聪明的史凤就想出了个办法，对被拒绝的人皆赏一碗羹汤，以期堵住他们乱说的嘴皮。后来，上门求见的人只要一看见羹汤，就知道史凤不愿接待，知趣地离而告退。

那么，史凤的“闭门羹”到底都用什么料做的呢？

所谓羹，最初系指肉沫煮粥，后来改以蔬菜为料，再后来举凡熬煮成有浓汁的食品皆以羹称之。如雪耳羹、水蛇羹、燕窝羹等。据说，史凤的“闭门羹”是用豆腐和鸭肠所配。之所以如此，是由于这些配料并不值钱，可以表达对客人的轻视之情。史凤自己没想到的是，有些不知趣的人吃了史凤的“闭门羹”后，倒觉得味道不错而一再品尝。如今，“闭门羹”已成为安徽沿江一带的传统名菜。

以羹待客，比直言相拒，要婉转、客气得多。可惜的是，现代拒客，则只有“闭门”而没有“羹”了。当然，有时主人不在，客人自喻吃了“闭门羹”，这就另当别论了！

## “解铃还须系铃人”的来历

解铃还须系铃人，语出明代瞿汝稷编撰的《指月录》卷二十三“法灯”篇。据该文介绍，明代佛教禅宗广为流传着下面这样一个故事。

某日，法眼禅师询问众僧曰：“谁人能够解下老虎脖子上所系的金铃铛？”众僧皆你看着我，我看看你，茫然无语，难以应对。聪颖过人的泰钦法灯禅师正好途经此地，遂不假思索地回答说：“原来系铃铛之人绝对可以解下。”其妙论，一下使大家恍然大悟，茅塞顿开 。

后来，后人据此进行经典提炼，将其概括为“解铃还须系铃人”，意在说明“谁惹的麻烦还须谁去化解”这一道理。

## “黄巢起义，在数难逃”的来历

“黄巢起义，在数难逃”这句歇后语，源自于唐末时期的一个历史故事。

875年，农民起义领袖黄巢会同王献之，在家乡曹州冤句（今山东菏泽）率众起义取得成功。贫苦百姓欢欣鼓舞，夹道欢迎，而地方官吏却如临大敌，早已逃之夭夭。

这天卯时，黄巢在冤句大校场检阅三军，当场竖起冲天大将军军旗，号令向京城长安快速挺进。按照当地习俗，如此大的军事行动之前，必须杀掉一个官吏先行“祭旗”，方可旗开得胜。可义军在大街小巷挨门挨户进行搜捕，竟然一无所获。无人头祭旗，此乃不祥之兆！眼看时辰将至，黄巢心急如焚。一旁的祭司见状，立即献策曰：“用校场西头那颗千年古树亦可取代。”黄巢别无选择，即命击鼓鸣炮，将老树拦腰砍断。岂料“轰”的一声，老树上半截倒下之后，里面却滚出一颗血淋淋的人头来。经人们仔细辨认，这就是冤句知府盛泰雄的头。

原来，义军揭竿而起占领冤句之后，盛太雄无处逃遁，遂钻进这棵千年古树的空腹里暂时藏匿，自认为绝对是万无一失。没承想义军却用古树代为祭旗，瞬间将他弄了个人头落地。黄巢见此，大声疾呼——“天助我也！”他当即向大家宣布：黄巢起义，在树难逃！

后人则借用这一故事，暗喻那些做尽坏事的人，命中注定要接受惩罚的。不过，在时空转换过程中，“树”慢慢地演变为“数”了。

## “敲竹杠”的来历

据《现代汉语词典》解释，“敲竹杠”是一种“利用别人的弱点或借某种口实抬高价格或索取财物”之不法行为。然而，有人则认为，这是南方一种方言的转称。因为江、浙一带，有“敲诈讲”之说，传到北方，其谐音就成了“敲竹杠”。

相传在19世纪中叶，林则徐查禁烟土时惩办了许多走私贩毒的官吏。一些烟贩为了逃避检查，就将烟土秘藏在船蒿或船舷竹杠之中。一天，江浙一只商船行至绍兴码头，稽查官上船后未发现可疑之处，就准予放行。这时，一位关卡的司爷用长旱烟管信手在竹杠上敲了几下烟灰，竹杠即发出沉闷的响声。他正纳闷时，客商以为犯禁物品已被发现，慌忙将整包银两悄悄塞了过去。司爷装满腰包，扬长而去。从此，“敲竹杠”一词，就逐渐流传于民间。

另一种说法是：清末年间，上海一些店家用竹杠作钱筒。有家老板不地道，顾客进门后，往往随意提价。当伙计接待顾客时，店主就伺机敲响竹杠。每敲一下，即示意提高一成。于是，人称“敲竹杠”。

## “破天荒”的来历

唐代考进士，是由地方将考生解送入京会试。当时荆州（今湖北松滋一带）南部地区四五十年间竟无一人考中。于是，人们就讥笑那一地区是混沌未开的“天荒”，将那里送来的学生亦称作“天荒解”。

唐宣宗大中四年，荆南（今湖北江陵）应试的考生中有个叫刘锐的竟然金榜题名，总算破了“天荒”，为荆州父老争了气。从此，人们就用“破天荒”来表示突然得志扬名，或第一次出现的新鲜事物。

## “梦见周公”的来历

生活中常有这种现象：当有人在课堂或会场打瞌睡时，别人就戏说他“梦见周公”了。

《后汉书·边韶传》载：东汉时期的边韶（字孝先）博学多识，善于辞令，文学上造诣很深，其学生约数百人。他常在白天闭眼假睡，一些学生便私下讥笑他：“边孝先，腹便便；懒读书，但欲眠。”此话传入边韶耳中之后，他反唇相讥曰：“边百姓，孝先字。腹便便，《五经》笥。但欲眠，思经事。寐与周公通梦，静与孔子同意。师而可嘲，出何典记？”学生被问得羞愧难当，无言以对。

周公，即周武王姬发之弟姬旦，曾著《周礼》，此乃封建社会礼法的经典之作。据此，边韶反驳学生说：我肚子肥大，因为满腹皆为《四书》《五经》；昏昏欲睡，是在思考经书之理。我睡觉时与周公梦里相见，沉静中和孔子沟通思想，又何错之有呢？

"梦见周公"，现仅以戏谑那些白日昏睡之人，与原意大相径庭。

## "喝西北风"的来历

人们在讽刺那些日子混不下去的人时，常说"喝西北风"去吧！据考证，这一说法，来自于清代。

清人王友光在他写的《吴下谚语·吸西风》中说："讽人无饭吃，称为吸西风。风不可以当饭，何独取乎西？盖大东小东杼柚已空。维南有箕，无簸无扬。维北有斗，无酒无浆。何处容得一无生计之人长吁短吸，惟西伯善养百姓，母鸡母彘（zhì），数口无饥。风流犹在，于此一吸，可得三日饱。"

王友光在解释"吸西风"时所用的这几个四言字，皆出自《诗·小雅·大东》。意思是说大东小东这些地方，老百姓的织布机上已经空空。唯有南边天上有颗簸箕星，但无粮可簸。北方天上似斗的星辰虽在，却不能用来舀酒盛汤。这些诗反映了周厉王末年连年大旱，朝廷税赋过多，人民不堪重负。在走投无路之际，人们想起西伯（即周文王姬昌）当政时，实行裕民政策，那时连鸡和鸭都饿不着。而今咋办呢？吸一口西北风吧，可以三天不饿。当然，这纯系百姓无奈之时的一种自嘲而已。

那么，在浩如烟海的历史变迁中，"吸西风"怎么又成了"喝西北风"呢？原因大致有二：一是周朝发祥于西北之故；二是"西伯风"之音，在历史沉淀中谐为"西北风"。

## "两袖清风"的来历

我国明代杰出的政治家、军事家于谦，曾先后主政过江西、河北与陕西的巡抚及兵部尚书。他一生襟怀坦荡，嫉恶如仇，政绩卓著。宣德初年主政陕西时，他严肃查处过一批贪婪的地方官吏，报奏御史后立即实施抓捕。其后陕西久旱不雨，十万灾民纷纷逃荒河南等地。于谦闻知后即令各地开仓济民，救助百姓，深得黎民之拥戴。

《明史》介绍于谦时，称他"终生不置家产""死无余赀"。

当时，朝廷上下送礼之风日盛。地方官员进京办事，都要携带知名的土特产品去上贡。但于谦每每进京，皆是两手空空。别人问他带了什么，他就举起双手笑而答之：我带着“两袖清风”。后来，他还专门为此作诗明志。诗曰：“手帕蘑菇及线香，本资民用反为殃。清风两袖朝天去，免得闾阎话短长。”足见其具有冰清玉洁的高尚之风。

## “算黄算割”的来历

麦收时节，在野外常可听到一种淡黄色的小鸟整天“咕咕咕咕”地鸣叫，它昼夜不息，以至泣血而死。此鸟学名为杜鹃，亦称布谷鸟。由于它的叫声颇像汉语中的“算黄算割”，故农村人一般不叫它学名，而直呼其“算黄算割”。读者不禁要问：它为何昼夜不息、不厌其烦地泣血而鸣呢？

相传很久很久以前，有个非常懒惰的农夫，无论何事，总是拖拖拉拉，不肯动手。有年，沉甸甸的麦子马上就要泛黄了，媳妇叫她收拾麦场，他说“不忙不忙”；让他准备镰刀，他说“不忙不忙”。到了芒种，媳妇叫她下地收割，他还是那句话——“不忙不忙！”人家的麦子全收完了，他才很不情愿地走向地头。

可是到地里一看，他一下傻眼了。麦粒全部撒落在地上，麦穗都是空壳壳。直至此时，他才恍然大悟——麦子是要边黄边割的，“不忙不忙的“懒”病，害得自己多苦哇！心里一急，他突然倒地而死，接着就变为一只周身橙黄的布谷鸟，通宵达旦地啼叫着“算黄算割”，催促人们莫失时机，尽快开镰收割。如此年复一年，从不间断。

此后，每当仲夏来临，布谷声声鸣叫之时，人们就进入紧张的夏收准备阶段。黄一片、割一片，再也尚未发生“麦撒田间”的蠢事情。

## “东道主”一词的来历

提起“东道主”，尽人皆晓。但究其渊源，则知之不多。

“东道主”最早见于《左传》僖公三十年。晋联秦攻打郑国，郑文公在敌强我弱的生死关头，派舌辩之士烛之武去说服秦穆公。烛夜以绳索坠下城墙，趋见穆公，陈述得失：灭郑仅可益于晋，相对削弱了秦国的实力。并说：“君若能解目下之围，把郑作为东道主，可随时供给秦使节往来之所缺，对秦没有害处。”穆公听罢大悦，遂与烛猷血盟誓，并留三员大将，偕两千士卒帮助郑国戍守。当时秦位于陕西西部，郑在河南（新郑）。烛之武所说的“东道主”，是指秦国东向路途中提供方便与财物的主人。

《后汉书》载：刘秀在河北一带征战，常山太守邓晨请求和他一起攻打邯郸。刘秀说：“伟卿以一身从我，不如以一郡为我北道主人。”邓晨还郡，为刘秀扩兵充员，运送军火。因河北对汉都来说，位于北方。故刘秀称邓晨为“北道主人”。

《魏书》记：高祖自代还洛，主簿仲规在路旁搭起帐篷迎接。魏高祖对咸阳王禧说：“昨得汝主簿为南道主人，六军丰赡。”代位于今河北蔚县，洛即河南洛阳。魏太祖在南归途中，故称仲规为“南道主人”。

《大唐创业起居注》载：李渊从太原起兵，进克长安，令孙华率部先渡黄河为“西道主人”。即在西进路上先开辟一块地盘，以便大军至后有所立足和补给，便视孙华为“西道主人”。

由此可见，从春秋到盛唐，在哪个方向，就称其为该路上的主人，并未形成一个泛指的词汇或概念。但进入宋元之后，人们多借用《左传》上的话，常而成习。无论哪个方向，统称“东道主”。

如今，该词之意又被引申到餐桌上，举凡请客之人，皆称为“东道主”。

## “下榻”一词的来历

“下榻”一词，最早见于《后汉书·徐孺传》。

东汉灵帝时，陈蕃为南昌太守，他与当地隐居的高士徐孺甚为亲近。陈蕃为人正派，志操高洁，从不接待宾客，唯独为徐孺专设一榻（床）。此榻平时高悬，待徐孺来时，则将其放下，殷勤款待。这事一直被传为佳话，后人诗文中亦常引用这个典故。南北朝沈约诗：“宾至下尘榻”。初唐王勃《滕王阁序》：“人杰地灵，徐孺下陈蕃之榻”。“下榻”一词，也逐渐成为宾客寄宿的代称了。

现在，在外交场合中，“下榻”一词依然沿用。但用于不同的对象时，词意则各有侧重。如用于来访的宾客，就重在表示对客人的敬尊；若用于我方出访人员，则重在表示对主人殷诚之意的感激。

## "推敲"一词的来历

仔细"推敲"，方出文采。这是文坛大腕的经验之谈。那"推敲"一词是如何而来的呢？

唐代诗人贾岛因探访朋友未果，心中不免有所惆怅。回家后遂赋诗一首《题李凝幽居》。诗曰："闲居少邻并，草径入荒原。鸟宿池边树，僧推月下门。过桥分野色，移石动云根。暂去还来此，幽期不负言。"展卷浏览时，他总对"僧推月下门"的"推"字拿捏不定，想找出一个更加合适的字予以替代。饭后上街时，还在"推"呀、"敲"呀的斟酌、"推敲"。就这样，一不小心，竟撞到了京兆尹韩愈的仪仗队。于是，他和韩愈又对诗句加以探讨，韩愈则直言"推"不如"敲"。因为探亲访友，用"推"显得无礼，此乃其一；万籁俱寂、悄无声息之际，"敲"字更显夜深人静，此乃其二。一席肺腑之言，令贾岛真正感到心悦诚服。

这个故事说明，文章要写好，必须字斟句酌，切不可马虎从事。

## "败北"一词的来历

两军对垒，输者谓之败北。那为何不能称之"败南"呢？

古时候，"北"与"背"系通假字，两者可以互用。从字形来看，"北"字很像两个背靠背的人，一个朝左，一个向右。而两军短兵相接，无疑是正面相向的。只有在败退逃亡时，才背向敌方，狼狈逃窜，因而谓之"败北"。

## "马虎"一词的来历

日常生活中，人们习惯称办事不认真的人为"马虎"。这其因究竟何在呢？

相传宋徽宗时，京城有个小有名气的画家。一次，他刚画完一只虎头，就有人请他画马。于是，他大笔一挥，就在虎头后边续上了马身。来人诧异地问："您画的是马还是虎？"他笑着答曰："马马虎虎！"随后，他将这幅画挂在墙上，经常自我欣赏。大儿子见他自鸣得意，便问他画的是什么，他信口答道："是虎。"二儿子问他画上为何物？他又漫不经心地说："是马。"因为两个儿子都未见过马和虎，也就信以为真了。

一天，大儿子在郊外打猎，遇见了一匹马，他误以为是虎，一箭射出，箭到马亡。马主人闻讯找上门来，要画家赔马。画家无奈，只得忍痛解囊，赔了许多银子。又一天，二儿子上山打柴碰上了一只老虎，他认为是马，便一个箭步飞身上“马”，结果葬身虎口。

这两桩飞来之祸，令画家痛心疾首。他深感办事马虎为害匪浅，一气之下便将画付之一炬。他还写了一首“打油诗”以诫后人。诗曰：

马虎图，马虎图，似马又似虎。大儿依图射死马，二儿依图喂了虎。草堂焚烧马虎图，奉劝诸君莫马虎。

从此，人们就把办事不认真的人称为“马虎先生”。

## “穿小鞋”的来历

在现代语境中，给人“穿小鞋”，就是对他人实施打击报复。这句俚语虽源自宋代的民间传说，而穿小鞋的行为起源，则可追溯至千余年前的南唐时代。

据有关史籍记载：南唐后主李煜酷爱莲花，曾命人专门制作了一株六尺高的荷莲，上面涂以金色，谓之“金莲台”。后来他又突发奇想，将宫女美妾以帛缠足，使其变成又小又弯的月牙形“三寸金莲”，站在金莲台上翩翩起舞，供其观赏取乐。由此首开了我国史上妇女缠足之先河。

宋代有个名叫乔玉玉的俏丽姑娘，长得的确如花似玉，十分可人。后母一心想把她嫁于自己十分丑陋的哑巴侄子做妻，以便为其娘家延续香火。可是，玉玉姑娘誓死不从，后母就千方百计想治治她。一次，邻人为玉玉介绍了一个眉清目秀的相公，玉玉很是满意。按照当时风俗，迎亲前夕，新娘家人应该给男方送去一个鞋样，供男方为新娘制作婚鞋时作参考。谁知这居心心不良的后母，却故意为对方提供了一幅很小很小的鞋样，令玉玉上轿之后，咋也穿不上。玉玉为此悲愤交加，新婚之夜乘人不备，就悬梁自尽了。

从这时起，人们就把那些背后使坏的行为，叫作“给人穿小鞋”。

## “毛病”一词的来历

“毛病”一词本非指人，而是古代相马者的专用术语。

古时人们看马好不好，除了看毛色品相如何，还要看毛旋儿的位置长得是否恰到好处。假若位置不当，就是“毛病”，据说骑此马外出，对主人是很不利的。

过去，由于交通工具十分简陋，故马在人们的日常生活中占有十分重要的位置。正因为如此，人们对马的要求，自然也就十分严格。选马时，最为看重的就是毛色有无缺陷。明人徐咸在《相马经》中云：“马旋毛者，善旋王，恶旋十四，所谓毛病，最为害者也”。意即卷曲的毛，有好有坏。位置生得不好，就是毛病。

后来，马在人们生活中的功能与作用逐渐弱化，故“毛病”一词也就用的越来越少了。再其后，有人将“毛病”一词予以引申，举凡有缺点、有妨害的地方，都可谓之“毛病”。久而久之，“毛病”一词的原本之意，倒被人们逐渐遗忘了。

## “露马脚”一词的来历

相传，布衣出身的明太祖朱元璋，自幼家境贫寒。他当过牛倌，作过和尚，后与一位平民出身的马姑娘结为伉俪。这马姑娘虽然姿容俊俏，但却长着一双未经缠过的“天足”。女人脚大，这在当时社会无疑是一大忌讳。

朱元璋当了皇帝之后，念及马氏辅佐有功，将她封为明朝第一皇后。但是，身居后宫的马氏却经常为脚大而焦虑不安，人前人后从不敢将脚伸出裙外。一天，马氏忽然游兴大发，乘轿走上金陵街头，引来无数百姓竞相观看。这时，一阵大风突将轿帘掀起一角，让马氏的一双大脚在公众眼前暴露无遗。人们一传十，十传百，“露马脚”一事顿时轰动了整个金陵城。

从此，在日常生活中，有些不想让人知道的事情，尤其是那些弄巧成拙之事一旦败露，人们就会说他露了“马脚”，即外露了真相。

## “溜须”一词的来历

“溜须”，乃人们对那些阿谀奉承之徒的讥讽之语。

相传宋真宗时，有位名叫丁谓的大臣，依靠献媚邀宠而爬上副宰相的宝座。一次，他与宰相寇准共同进餐，忽然看见寇准的胡须上粘了几颗米粒，便急忙上去为他溜须拂拭，并乘机将其胡须盛赞一番。寇准忍俊不禁，遂哈哈大笑道：“难道天下还有溜须的宰相吗”？

后来，民间就在私下把丁谓称为“溜须宰相”。“溜须”一词，也就此问世了。

## “拍马”一词的来历

“溜须”一词刚才已释，这会儿自然轮到“拍马”了。

据史料记载：明天启年间，太监魏忠贤的驯马之术异常高超。他见皇上对其并不赏识，便心生一计，恭请皇上去校场观赏赛马，以讨御王欢心。皇帝由于心情郁闷，遂降旨京城武官一并参加。

重阳佳节，秋风送爽。百姓得到消息，便熙熙攘攘地前来凑兴。日上三竿之时，皇帝身着龙袍，稳坐车辇，文武百官浩浩荡荡地紧随其后，好不威风！三声炮响之后，900 匹骏马犹如离弦之箭，争先恐后地向前飞奔。马上之武官个个精神抖擞，高举皮鞭频频抽打马背。鞭子抽断了，只得改用手掌去拍。见此情景，皇帝不由龙颜大悦。

魏忠贤成竹在胸。他虽翻身上马，却不用皮鞭，唯用右手在马之后臀轻轻地拍了三下。但见坐骑仰天长啸，四蹄腾空，闪电般冲到了前头。全场人声鼎沸，个个称奇。有人议论说：“快马不用加鞭，这下才心服口服了！”

皇帝亦觉甚奇，遂问魏忠贤道：“骑马不用抽鞭，就可独占鳌头，你从哪里弄来的神马？”魏忠贤答曰：“此马并非神马，盖因奴才熟识马性，轻拍三下足也！”原来，驾马妙法在于“拍马屁”。皇帝听后甚觉新鲜，遂捋须大笑：“爱卿，你能知畜生之灵性，顺其性而驾之，实乃大器是也。从今以后，宫廷内外，事无巨细，皆由卿来掌管。”魏忠贤当下三呼万岁，叩谢龙恩。

魏忠贤得宠之后，却倒行逆施，祸害百姓。人们气愤地说，他能有今天，全靠“拍马屁”换来的。

## “狗腿子”一词的来历

相传从前有个财东的腿断了，一个奴才为了讨好主子，主动要求锯下自己的腿给他接上。主子问：“那你怎么办呢？”他说：“我可以接上一条狗腿”。主子又问：“那狗又该怎么办呢？”他回答说：“给它装上一条泥腿”。

此事传开后，人们就将那些趋炎附势之辈唤作“狗腿子”。以后，狗在撒尿时，总要将后边一条腿翘起来，那是怕将那条泥腿冲散了。

## “眼中钉”一词的来历

人们常把自己极为反感、极端仇视的人喻为“眼中钉”，这当然含有过分夸张的成分。眼内别说钉子，即使少许灰尘，也是容不得的。那么，“眼中钉”又是怎么一回事呢？

北宋真宗皇帝在位时，副宰相丁谓权欲极盛。他与太监相互勾结，把朝廷中的大小事项统统抓到手中。那时寇准尚为当朝宰相，丁谓深知寇准处事公正，唯恐被他抓住把柄而后生患，故千方百计在皇帝面前告御状，终于将其挤出了朝廷。

老百姓对此十分愤恨，遂编了一首民谣：欲得天下宁，须拔“眼中钉”；欲得天下好，莫如召“寇老”。歌中的“钉”，原是丁谓的“丁”。

后来世代相传，慢慢就演变为现在的“眼中钉”了。

## “替罪羊”一词的来历

“替罪羊”一词，源自于《圣经》里的一个故事。

据《旧约全书》介绍：有一天，上帝闲来无事，便想出一个点子，欲考验一下亚伯拉罕对自己的忠诚度如何。于是，他授意亚伯拉罕将以撒献为燔祭。以撒所系何人？他正是亚伯拉罕唯一的爱子。可是帝命难违，亚伯拉罕只得从命，毫不犹豫地将以撒推上了祭坛……。

也是以撒命不当死。正在亚伯拉罕准备挥刀行刺之时，上帝感其精诚之至，终于有点于心不忍了，遂唤天使及时阻挡了那只行刑之手。

这时，恰有一只迷途的山羊路过此间，亚伯拉罕便用它来替代以撒作了燔祭。

后来，古犹太教就以此为例，世代相袭。每年祭祀之时，则由大祭司把手按在一只羊头上，喻示全民族的所有罪过，皆由这只倒霉的山羊前去承担了。接着，派人将其赶入旷野，苦度日月。

这只苦命的山羊，就成为人们心目中的“负罪羊”或“替罪羊”。

## “胡说”一词的来历

在日常生活中，人们习惯将一些无稽之谈斥之为“胡说”。那么。“胡说”又是如何闯入人们的视野之中呢?

“胡说”一词，始于东晋之后的“五胡乱中华”时期。胡人泛指居住在我国西北部的少数民族，主要有匈奴、鲜卑、羯、氐、和羌族，这几个民族统称“五胡”。虽然他们文化落后，但却利用西晋王朝的腐败无能，很快找准契机，适时打进中原。

以前，汉族的统治阶级说话、办事，完全遵循孔子的礼教，主张非礼勿言、非礼勿听、非礼勿行，也就是有一定的章法。可“五胡”之人却从不受此约束，想怎么说就怎么说，想怎么做就怎么做。故而汉人就将这些毫无礼教的胡人所言，称之为“胡说”。不过，此话现在的含义，已与原来相去甚远。

## “吃醋”一词的来历

在爱情生活中，常听说有人爱“吃醋”。这意思谁都明白，可言及其来历，恐怕就不尽然了。

房玄龄是唐太宗李世民非常赏识的一位近臣，他曾为建立唐朝政权立下过汗马功劳。后来，唐太宗封他为梁公，并想送她几位美女为妾。房玄龄料定夫人不允，遂婉言谢绝了。太宗问清缘由后，差皇后去房府劝说。可无论咋劝，房夫人都执意不从。于是，太宗派人带了一壶酒过去传话：“若再不允，请吃毒酒自杀！”房夫人听罢毫无惧色，端起毒酒一饮而尽。然而她并没有死，因为壶里装的并非毒酒，而是太宗用醋考验她，开了一个天大的玩笑而已。

房夫人为了维护一夫一妻制与和睦的家庭关系，不惜舍却性命去“吃醋”，为后人留下了一段令人肃然起敬的千古佳话。但是“吃醋”一词却在历史的变迁中，逐渐演变为男女之间嫉妒之心的代名词。

## “有眼不识泰山”的来历

相传我国古代著名工匠鲁班有个弟子叫泰山。他聪明伶俐，才思敏捷，但也偶尔来点“小聪明”。一次，他干活时别出心裁，结果误了大事，鲁班一气之下就将其赶出了“班门”。

时隔一年，鲁班忽然发现，集市上出现了许多编织精巧的竹制器皿。一打听，始知这些东西竟出自泰山之手。为此，鲁班不禁自愧地叹息道：“我真是有眼不识泰山！”

上述记载，准确地表达了这个成语的真正内涵。现在一些人认为，该成语中的“泰山”乃山东境内的东岳泰山，则完全是一种误解。

## “名落孙山”的来历

某人考试不第，人们常说他“名落孙山”。这究竟是怎么回事？

宋人范公偁（chèng）《过庭录》载：“吴人孙山，滑稽才子也，赴举他郡，乡人托以子偕往。乡人子失意，山（即孙山）缀榜末，先归。乡人问其子得失，山曰：‘解名（考取科举人的名单）尽处是孙山，贤郎更在孙山外’”。

此话之意为：孙山应试中了最末一名，与之同往的乡人之子不幸落榜。后来，人们就用“名落孙山”指代考试落第。

## “龙的传人”的来历

歌曲《龙的传人》唱响中华后，许多青少年都在探寻：中华民族为何是“龙”的传人？假如你参观过嘉祥县武氏墓群石刻，这个问题很快就自行破解了。

山东省嘉祥县，有一创建于东汉时期的大型墓群石刻，雕刻着伏羲、祝融、神农、黄帝、颛顼（zhuān xū）帝喾（kù）、唐尧、虞舜及夏禹、夏桀（jié）十位古代帝王。其他九位都是人头人身，唯独伏羲氏形象奇异，并且与女娲氏画在一起，均系人头人身而龙尾，仿佛是由龙转化而成的。

传说伏羲和女娲结婚而生人类。而伏羲是龙繁衍的后代，当然乃龙的子孙。我们这个民族，也自然就是“龙的传人”了。

伏羲氏教民结网，从事渔猎畜牧，又制作了八卦；女娲则以黄土造人，炼石补天，折断鳖腿撑起四方天地。她还治洪水，杀猛兽，使人们安居乐业。故此，他们是人们心中的圣明帝王，被推崇为中华民族的祖先。

## “公仆”一词的来历

“公仆”一词，最早是由辛亥革命时期的民主战士、福建籍的报界先驱林白水先生提出来的。

1903 年，林白水在他创办的《中国白话报》发表政论性文章“国民意见书”中写道：“皇帝是百姓的公仆，没有什么好怕的；官吏是百姓的第二奴才，没有什么好惧的。”在中国近代思想史上，“公仆”一词，始见于此。

随着近代民主思潮的兴起，“公仆”这一称谓日渐频繁。现今我们听惯了，尚不足为奇。但在封建王朝当权之时，首创这样的新名词，确有惊人的胆识和气魄。辛亥革命胜利后，国民党公职人员也常常自喻为“公仆”。令人遗憾的是，那些自称“公仆”的人，竟然忘记了“公仆”一词的创始人。1926 年 8 月 6 日，林白水因反抗军阀、官僚而遭奉系军阀杀害。1985 年 7 月 30 日，中华人民共和国民政部追认其为烈士。

## “孺子牛”一词的来历

“横眉冷对千夫指，俯首甘为孺子牛”，向来都是一些有理想、有抱负的仁人志士之座右铭。然而，“孺子牛”所指是什么？它又是怎么来的？必须首先厘清。

《左传·哀公六年》载：“鲍子曰：汝忘君之为孺子牛而折其齿乎？而背之也！”这里的“孺子”，乃春秋时齐景公十分宠爱的幼子荼的名字。一次，齐景公在后宫逗孺子玩耍，自己竟口衔绳子趴在地上，让孺子当牛骑。孺子正玩得开心，一不小心从“牛”背上跌了下来。此时绳子突然一拽，竟将他的牙齿挂落了。显然，当年的“孺子牛”是专指齐景公宠爱孺子而言的。

鲁迅先生“横眉冷对千夫指，俯首甘为孺子牛”的诗句，是运用借喻的方法将其点化，旨在表达自己对人民大众的无限热爱与忠诚。

## “伯乐”一词的来历

“世有伯乐，然后有千里马”。这一古词名句，大家非常熟悉。然伯乐乃何许人也，你可知否？

其实，伯乐既不姓伯名乐，也不名叫伯乐。宋代俞文豹《吹剑録》说：伯乐本是古人所起的星名。在先秦时代人们的心目中，这颗星掌管天马，而春秋时期的孙阳擅长养马、识马，故借星名“伯乐”来喻称孙阳。

然清代赵翼《陔馀丛考》据《左传》《国语》及杜预注、韦昭注考证，以为伯乐就是王良（又名邮良、邮无恤、邮无正）。他说：“王良以御赵简子得名，《孟子》所谓赵简子使王良与嬖奚乘是也。”又说《国语》“韦昭注邮无正，云即邮良也；注伯乐，云邮无正之字也。”

由此看来，“伯乐”之称，并非一人所独享。因为“伯乐”仅系借名。既是借名，先秦善于识马、养马之御者，都可能被称为“伯乐”。那么，春秋时期的孙阳与王良同称“伯乐”，也就毫不足怪了。

## “科学家”一词的来历

古时候，虽然从事科研工作的不乏其人，但却没有“科学家”这个称呼。科学家一词，大约产生于1840年，创始人是英国剑桥大学历史学家、哲学家费米尔。他说：“于一般科学领域里，孜孜不倦的耕耘者，我们急需给予他们一个适当的称谓，我想称呼他们为‘科学家’”。

那么，是否自从有了“科学家”一词后，才相继出现物理学家、天文学家等名称呢？不是的。大约1400多年前，英国的国家文献中，就有“天文学家”之记载。“数学家”比之“天文学家”，还迟20余年才出现。而“动物学家”“植物学家”于17世纪方被人称之。至于“生物学家”“心理学家”和“地质学家”，约产生于18世纪。只有“物理学家”和“科学家”几乎是同时面世的。

## “乡党”一词的来历

在陕西、甘肃与山西等北方省份，人们都习惯将同乡人称作“乡党”。这一称谓，来源于西周时期的一种地方基层组织架构。

据《周礼》记载：周代之时，举凡国都近郊的居民，均按“五家为比，五比为闾 ，四闾为族，五族为党，五党为州，五州为乡”的架构进行编制。也就是说，当时的地方基层组织是五家为一邻，五邻为一里，四里为一族，五族为一党，五党为一州，五州为一乡。一乡约有 12500 户人家。

于是，人们就把同乡之人叫“乡里”或者“乡党”。如《论语》里所说：“孔子于乡党，恂恂如也（忠厚老实的样子）”；《世说新语》记载，许允当了吏部侍郎后，“多用其乡里”；《水浒传》第 43 回也有：“朱贵原是沂州沂水县人，与他是乡里”的表述。即使在现代，毛主席诗词里的“海内存知己，天涯若比邻”，也是借用前述架构中的“比”与“邻”，来形容相互关系之亲近的。

## “嘹的太”一词的来历

在我国西北地区尤其是陕、甘两省，人们在赞美某一事物时，总是爱说“嘹的太”。从词语结构来看，“嘹”为形容词，表示事物的性质；“太”为补语，说明“嘹”的程度。那他们到底为何如此表述呢？

大约 2000 多年前的西汉时期，楚王刘戊之孙女解忧有个名叫冯嫽的侍女，她天资聪颖、能言善辩、博览群书、胆识过人。汉武帝实施和亲政策时，将封为公主的解忧远嫁给乌孙国王军须靡为妻，并派冯嫽相伴至西域。冯嫽善骑射，食腥膻，短短几年，就掌握了当地的语言文字，精通了民风民俗，以至和西人交流不用翻译。她曾代表公主遍访西域各国，赠礼品，宣汉威，推教化，深受各国赞誉。后来，乌孙国的右将军慕名向其求婚，她欣然应允，遂成为令人称羡的冯夫人。

然而，风云变幻，世事难测。时隔 30 年，解忧的儿子元贵靡继承乌孙王位后，这个大汉之外孙却突遭大将乌就屠的袭杀。汉宣帝闻之，急令破羌将军辛武贤率部讨伐。西域都护郑吉建议朝廷任命冯嫽为使，先于乌就屠谈判，劝其让位。冯嫽挺身赴难，劝乌“万勿以羊博虎，免得身败名裂”。乌就屠遂让出王位，愿与大汉重修旧好。消息传回，汉宣帝喜之不尽，立诏冯嫽回国面见。

冯嫽出塞40年首次回国，向宣帝详细汇报了西域情况，建议朝廷从安定边塞出发，对乌就屠进行封赏。宣帝任命冯嫽为正使，持汉节再赴乌孙，宣读皇帝诏书："立元贵靡为大昆弥（国王），封乌就屠为子（爵位）。"宣读结束后，对其一一赐赏。一场严重的政治危机，很快得到和平解决。

两年之后，年近七旬的解忧经朝廷批准，与冯嫽一起荣归故里。当时元贵靡业已病故，其子星靡继位。由于星靡生性软弱，乌孙不久再度震荡。冯嫽于百骑精兵的护卫下，奉命再赴西域，去乌孙安抚平乱，迅速稳定了边塞大局。至此，"嫽"之美誉遍及整个西亚。

至此，朝廷和民众深知：只要时局动荡，非嫽出面莫属。也就是说，"逢（冯）嫽必泰（太）！"此事以后流传下来，凡遇好事人们就说："嫽得泰"！随着岁月的流逝，这句话也就慢慢地演化为"嘹的太"。

## 称皇帝为"陛下"的来历

过去，人们都将皇帝（或国王、皇后）称作"陛下"，此乃何因？

其实，陛是指皇帝所居宫殿下面的台阶。"陛下"，表示人臣奏事，不能与皇帝面对面直说，必须经由站在台阶之下的近臣（相当于现今最内层的门卫）转呈，不得贸然惊动皇帝，以示敬意。同样之理，居住在宫殿之内的太子、公主的其他皇族，则称为"殿下"。"陛下"之称源于秦始皇。唐代以后，由于顶层官员的官府一律称"阁"，如东阁、西阁、龙图阁、御宫阁等，故对其又尊称为"阁下"。

按照外交礼仪，现在的外事活动中，对来宾中的国王、王后称作"陛下"，王室成员称作"殿下"，总统、总理等贵宾则称"阁下"。

## "仲父"与"亚父"的来历

看过电视剧《秦始皇》的人都知道，吕不韦在剧中被尊称为"仲父"。对此，秦始皇生母之情人嫪毐却愤愤不平。他在与侍中左右博奕对饮时发泄道："丞相吕不韦能为当今皇上的仲父，我就是他的亚父了。"

古时候，兄弟之间的大小排列，是以伯、仲、叔、季为序的。《释名·释亲属》载："父之次第曰仲父，仲父之第为叔父"。仲者，行二也！孔仲尼则为孔老二。借用"仲父"来昵称辅国大臣，最早见于春秋时期齐桓公对管仲的尊称。《战国策》曰：桓公见管仲之能足以托国，乃天下之大智也，遂立为仲父。晋代王导执政时，克己励节、风清政明、匡主宁邦、朝野倾心，亦号称"仲父"。秦始皇即位后，封吕不韦为相，并尊其为"仲父"，盖因嬴政年幼尚未加冕，急需人辅佐朝政。何况吕不韦还是有功于秦的两朝丞相，倘不如此，还真有些说不过去呢！

至于嫪毐自称为秦始皇之"亚父"，无非是心理平衡之需要而已。亚者，次也！自诩"亚父"，就是除了皇上之生父，自然该轮到他了。

## 称学生为"桃李"的来历

人们常以"桃李满天下"来赞誉老师培养学生的功绩。有人不解：水果中的桃与李，怎么能和学生扯到一起呢?

据史书载：春秋战国时期，有个叫子质的魏国大官培养、提拔了不少人。后来他得罪了国君，被迫逃到北方，结识了一个叫子简的人，遂发牢骚曰："我当大臣时，提拔重用的人为之不少。可当我大难临头时，竟无一人相帮，真叫人寒心哪！"子简听了笑着说："春天种下桃树和李树，夏天即可在树下纳凉，还能吃上可口的果子。可你春天种的是蒺藜，夏天就无法利用它的叶子。冬天，它的刺还要扎人哩！故培养人才和种树一样，应该先选准对象，再加以精心培养啊！"

子简运用生动、形象的比喻，批评了子质选人不准、用人不当的行为。后来，人们就把学生与人才叫作"桃李"。老师培养的学生成才较多的，便被誉为"桃李满天下"。

## "巾帼"一词的来历

三国时，魏明帝青龙二年（234年），诸葛亮屯兵关中五丈原，频繁向魏宣王司马懿挑战。司马懿却始终按兵不动，不予应战。之所以如此，主要是司马懿想拖住蜀军，先挫其锐气，惰其军心，待其久驻无粮时，再出其不意而袭之。

诸葛亮为了诱敌交战，便心生一计，决定利用司马懿经不起羞辱之特点激他出征。于是，遂将妇女的头巾、发饰和一套缟素衣服装进一只盒子中，附上一封亲笔信，遣人送至魏营。司马懿打开一看，原是一些妇人之物。又见信中写道："仲达（司马懿的字）既为大将，统领中原之众不思披坚执锐，一决雌雄，乃甘窟守土巢，谨避刀箭，与妇人有何异哉！今遣人送巾帼素衣至，如不出战，可再拜而受之。倘耻心未泯犹有男子胸襟，早与批回，以期赴敌。"司马懿看罢，果然大怒！但又深知"小不忍则乱大谋"，故未受其左右，仍坚守不移。

后来，人们便以"巾帼"作为妇女之代称。

## "四大美人"雅号的来历

在日常生活中，我们常形容那些端庄、贤淑、窈窕、俏丽的女郎具有"沉鱼落雁之容，闭花羞月之貌"。可你知道这句话的来历么？

原来，沉鱼、落雁、闭花、羞月这八个字，是我国古代"四大美人"的雅号。她们是：西施、王嫱、貂蝉、杨贵妃。

沉鱼指的是西施，她是春秋越国的美女。相传她常到河边洗纱，美丽动人的身姿，令水中的鱼儿也惊呆了。鱼儿忘却了游动，慢慢地沉到水底。

落雁指的是王嫱，也就是昭君。在背井离乡、出塞和亲的途中，她看到南飞的大雁，触景生情，弹拨琴弦，以寄托自己的满腹离愁。飞燕听到如此凄楚的琴声，竟忘了持续摆翅，徒然跌落在地。

闭月指的是貂蝉，她原是汉武帝时大司徒王允的歌妓。有次她在花园拜月，忽见一片云彩遮住了明月，王允不失时机地向人夸耀："貂蝉比月亮还美丽！月亮比不过她，羞得躲进了云里"。

羞花即指杨贵妃。一天，她在花园中赏花解闷，无意中碰着了含羞草，那草立刻卷起了叶片。宫女们不知缘由，认为是贵妃的美貌所羞而致，遂誉她为"羞花"。

## 称女童为"丫头"的来历

旧时人们将使女称作"丫头"，后来推而广之，把小女孩一概纳入"丫头"之范畴。这一民间称谓，至少也有千年之久。但究其来源，则说法迥异。

一种意见认为：使女大多梳一条大辫子垂于脑后，形似"丫"字，故叫"丫头"。另一种意见则认为："丫头"系"鸦头"之误，遂演变而成。其实，后一种说法是有根据的。

据《潜居录》载：约在五代之前，吴越一带的妇女以黑发为美。其保养的秘诀，是每年除夕提只乌鸦，以米面果子喂食。次日晨起梳妆时，先用梳篦栉理乌鸦的羽毛，边梳边祷告曰：“愿我妇女，黰（zhěn）发彯彯（biāo），惟百斯斗，似其羽毛。”然后以五色缕系于鸦颈放之。视其飞行方向，卜一岁之吉凶。故当时称女髻为“鸦髻”“鸦头”。如此天长日久，女孩儿就被称为“鸦头”。

随着社会的发展，女孩的大辫子开始流行。“鸦头”发式虽然逐渐淡出人们的生活，但其称谓依然未变。只不过在岁月的长河中，“鸦头”不知不觉就变成了简易明快的“丫头”了。

以上两种说法，都是由先民关于头发的风俗而形成的。但从女子发形的演化进程来看，“鸦髻”显然要早于将一根大辫垂于脑后的“丫头”。由此来看，“鸦头”才是现今把小女孩唤作“丫头”的真正渊源。

## 称闺女为“黄花”的来历

民间常把年轻姑娘谓之“黄花闺女”，那么闺女到底与“黄花”有何干系呢?

爱美之心，人皆有之。自古以来，女子就非常注重梳妆打扮。当时除流行画眉外，还时兴“贴花黄”。据《辞源》载：“花黄”是指“花子”与“额黄”，这两种东西“皆古时女子之饰”。《木兰辞》中就有“对镜贴花黄”的记述。所谓“贴花黄”，就是妇女依据自己的喜好，用黄色在额头或脸蛋画上各种花纹；也有用黄纸剪成各种花样，贴在额头或两颊的。天长日久，“黄花”就成为女性的标志。

在植物界，黄花就是菊花。菊花可傲雪凌霜，比喻人有节操。闺女前面再冠以“黄花”，不仅表明其尚未成婚，还喻示她能坚守贞操。

## 称姑娘为“千金”“小姐”的来历

把年轻女子称作“千金”“小姐”，并非始自今日，而是沿用古代的习惯。古时候，官绅富豪人家的未婚女子，就一律被尊称为“千金小姐”。

“千金”原是古代的一种货币单位。秦代1镒（20两；音：yì）为一金；汉代则以一斤黄金为一金。“千金”一词，最早见于《史记·项羽本纪》——“项王乃曰：‘吾闻汉购我头千金，邑万户。’”这里的千金属于货币单位“千斤黄金”之意。以后被引申、比喻为“非常贵重”“非常宝贵”的物质或事物。如一字千金、一刻千金、千金一诺，以及李白的“五花马，千金裘”等。由于将相官绅、豪门巨贾家未婚女子身价百倍，恰似金枝玉叶，人们便以“千金”相比。真正以“千金”指称未婚女子并最早见诸于文字记载的，乃属元代戏曲家张国宾的作品。他在杂剧《薛仁贵荣归故里》中写道：“你乃是官宦人家的千金小姐。”

其实，仅就“小姐”而言，它比“千金”的资历要久远得多。宋代钱惟寅著述的《玉堂逢辰录》中，就有“掌茶酒宫人韩小姐”一说。据《说文》注释：“姐”之本意为“毋”。晋朝时乐人亦称“姐”，宋沿此俗。《夷坚志》就有“散乐林小姐”一述。及至明代，“小姐”才正式成为年轻女子的统称。明代朱有炖诗云：“帘前三寸弓鞋露，知是嫪嫪（yǎo）小姐来”。

由此可知，在我国古代，“小姐”最先用作人名，继而仅指乐人。直到元明以后，才逐渐演变为专对年轻女子高雅的代称。

不过随着时代的变迁，“小姐”之内涵在潜移默化中，不知不觉地又引申出其他不敬之意，以至现在一些白领阶层听到自己被称为“小姐”，立马会红颜大怒，弄得对方下不了台。故此，如何称呼年轻女子，可得多动脑筋吆！

## 称媳妇为“婆娘”的来历

在我国不少地方，人们把祖母称“婆”，母亲呼“娘”，媳妇叫“婆娘”。媳妇为啥会有这么一个合二为一的尊称呢？

据说，古时候有个人叫专诸，自幼丧父，靠婆和娘抚养成人。这专诸长得身高体大，臂粗腰圆，喜好使拳弄棒。他脾气暴躁，常与村人吵嘴打架。每当他与人闹仗时，他婆闻声，便拄着拐棍出来吆喝制止。老人去世后，专诸成了亲，可秉性依然。与人打架时，娘就赶来熄火。老娘升天之后，遇事再也无人劝阻了。

一次，他又与人火拼。媳妇管教不下，遂灵机一动，回家化妆去了。少顷，只见媳妇手拄婆的拐棍，头顶娘的手帕，俨然婆、娘二人一起驾临。媳妇怒斥道：“老人辛辛苦苦把你养大，望你成家立业。你知错不改，如何了得？我今如此乔装打扮，你应好好深思！”这一场景，深深地触动了专诸的心灵。从此，他幡然悔悟，痛改前非，终于成就了一番事业——跻身春秋战国历史上著名的“四大刺客”之列。

由于媳妇扮演婆、娘，感化了丈夫，故而“婆娘”之称流传至今。

## 称媳妇为“老婆”的来历

民间常把媳妇叫做“老婆”，也是有其由来的。

相传很早以前，有个名士叫专爱新。他见妻子徐娘半老，风韵无存，便萌生了弃旧纳新之念。但念及夫妻一场数十载，却不敢直言，只有坐等良机。一次，妻子来书斋送点心，他乘机书写一帧上联：“荷败莲残，落叶归根成老藕。”要妻子续写下联，想以此为难他。妻子看过，感慨万端。她稍加思索，便挥毫泼墨对出下联：“禾黄稻熟，吹糠见米现新粮。”她以“禾稻”对“荷莲”，以“新粮”对“老藕”，不仅对仗工整，比喻贴切，而且“新粮”与“新娘”谐音见义。专爱新读罢不禁拍案叫绝，深佩其妻聪颖过人。思前想后，终于打消了荒唐之念。妻子见其确有悔改之意，遂挥笔再写：“老公十分公道”。专爱新接笔续书：“老妻一片‘婆心’”，彰显了愿与具有一片“婆心”的老妻恩爱生活的决心。

由于“老婆”含有丈夫与妻子白头偕老之意，故此便成为丈夫对妻子的爱称。

## “太太”一词的来历

如今，港澳台同胞及海外华侨仍将已婚妇女通称为“太太”。但在古代，“太太”一词，却并非能够随意套用的。

据《辞源》介绍：“太太”之称呼起始于明代。胡应麟（1551～1602）的《甲乙剩员边通诗》中说：“明时中丞以上官员的妻子始称太太”。但据何良俊（1506～1573）的《四友齐丛》记述：“凡士大夫妻，年未三十即呼太太，前辈未有此。”显而易见，自从“太太”一词产生后，“条件”一直把握得比较严格。只是在胡应麟之前的几十年间，尺度有所放宽。明朝以后，有官职的眷属能被称作太太的已不多见。

进入晚清之后，“太太”的称呼虽然逐渐流行起来，但仍有一个限制性的“门槛”，即丈夫大小得有官职。否则，这道门槛还是难以逾越的。

“太太”称呼趋向大众化的时期，大约始于军阀混战时期。其时大帅的妻子称“太太”，副官的妻子称“太太”，就连排长的妻子亦称“太太”。因为这一时期，兵匪与地方绅士相勾结时，常常带着妻室眷属出入于交际场所，他们为了客气，便都以“太太”互相称呼。

于是，“太太”这一尊称，也就逐渐由官场辐射于平民百姓之中。

## “驸马”的来历

皇帝的女婿被称作“驸马”，这是尽人皆知的。可最初，驸马却并非是皇帝女婿的专用语。

在古代，一般都是几匹马同驾一辆车，辕马以外的马都叫“驸”。汉武帝时，“驸马”成了官名。因为皇帝外出多用车，为了安全，除了他的正车外，还准备了不少外貌相似的副车，借以迷惑他人。掌管副车的官，就叫“驸马”。到了魏晋以后，只有皇帝之婿方可担任此职，故“驸马”自然成了皇帝女婿的专称。

## 称夫婿为“丈夫”的来历

在很早以前，我国凡结过婚的女子，就将夫婿称为“丈夫”了。

古时候，社会秩序较乱，强行抢亲日渐成风，每年都有大批良家女子被迫从嫁。因此，姑娘在择婿时，一般都不以容貌长相为重，而以男子身高一丈（相当于现今 7 尺）为标准。因为人大力强，能有效地防止和抵御他人抢亲。如此，夫妻才能拥有幸福美满的家庭生活。

有鉴于此，女子便称她的夫君为“丈夫”，至今依然。

## “岳父”与“泰山”的来历

岳父和泰山，都是妻子之父的代名词。何以如此称之，且听我细细表来。

据唐人段成式《酉阳杂俎》载：唐玄宗李隆基任命张说为封禅使去封禅泰山，张说因此而声名显赫。“一人得道，鸡犬升天”。他的女婿郑镒，也一下子从九品官提升至五品。唐玄宗把郑镒叫来查问此事，郑镒无言以对。这时，大臣黄旛插言曰：“此泰山之力也！”意思是靠泰山封禅使的权力提拔的。

从此，人们就把妻子的父亲称作“泰山”。又因泰山号称“东岳”，所以又将其叫作“岳父”。与此相对应，妻子的母亲也理所当然地被称为“泰水”和“岳母”了。

## “结发夫妻”的来历

“结发夫妻”这一词，是由古代一个皇帝登基引发而来的。

古时候，人们常以胡须的长短来衡量男人学识之高低。这个皇帝登基的前一天晚上，辗转反则，彻夜难眠。妻子问他何以使然，答曰：“胡子太短，愁肠百结呀！”妻子听罢，立即剪下自己的长发，仔细地接在皇帝的胡子上。一夜功夫，皇帝的短须“长”成了长髯，简直判若两人。

次日登基时，皇帝手捋胡须，春风得意。在庄严、隆重的气氛中，他满怀喜悦之情，接受了众臣的朝拜。大臣们见他一夜之间胡须过脐，无不惊叹不已：“若非真龙天子，岂有等闲之事！”

从此，人们便将患难与共的夫妻，叫作“结发夫妻”。

## “秦晋之好”的来历

春秋时期，秦晋两国分辖现今的陕西和山西之地。秦穆公在位时，迎娶了晋献公之长女伯姬为妻，两国开始通婚。

晋献公非常宠爱骊姬，而骊姬却施设毒计谋杀了晋献公的公子申生，另外两个公子重耳、夷吾遂寻机出逃。晋献公命殒之后，夷吾从秦国回到晋国，继位为晋惠公。后来为了争夺霸主，秦晋两国反目交战，晋惠公败下阵来，遂以公子子圉为人质到了秦国。后来，秦穆公将其爱女怀嬴嫁给重耳。重耳回国后杀死怀公圉，迎怀嬴归晋，立为夫人。重耳即位晋文公后，实力不断强大，成为“春秋五霸”之一。

由于秦晋两国世代联姻，又系“甥舅”之盟，故千百年来，人们逐渐将这种“政治联姻”引入婚姻，用“永结秦晋”祝福一对新人百年好合，恩爱无边。

## “连理枝”的来历

“在天愿做比翼鸟，在地愿为连理枝”，是人们对幸福婚姻的追求与向往。但其原意，是指两棵树木枝干相连，互拥一起，有吉祥如意之兆。

古籍《南齐书·祥瑞志》里，就有“槿树连理，异根双挺，共杪为一”的记载。在古典文学和传统戏曲里，以“连理枝”比喻青年男女永结同心、百年和好的事例，亦司空见惯。

那么，“连理枝”究竟如何形成的呢？说来并不复杂。两根距离极近的树木枝叶相抱，受风力作用互相摩擦后，“皮肉”相接，待伤口愈合之后，慢慢地就直接长在一起，变成了永不分离的连理枝。

## 亲属、亲戚间称谓的来历

每个人的家庭里，都有父亲、母亲、姑妈、舅舅、表妹、外甥等亲属和亲戚。这些亲人的称呼又是怎么来的呢？

**父亲** 从早期金文、甲骨文看，字形原意为手执武器（锥），用以刺俘虏、奴隶之眼睛的权威性人物。多系酋长或大奴隶主，以后成为“男子之美称”。如《诗经·大雅·大明》：“维师尚父。”作为父母的“父”，其意是后来转借的。

**母亲** 就象形文字而言，两点如乳，双膝下跪。许慎《说文解字》说：“牧也，从女，像怀子。”因为生育，才有了“母亲”这一称呼。

**姑妈** 《尔雅·释亲》：“父之妹妹为姑”。《释名》对此解释说：“姑，故也，言子已为久故之人也。”儿子幼年在母家，其义告诉他，他们还有一个家，家中现在只有父亲的姊妹，因此儿子称其为“姑妈”。

**姨妈** 本意是妻子的姐妹。《诗经·卫风·硕人》有“东宫之妹，邢侯之姨”之说。同时，《左传·襄公二十三年》中“穆姜之姨子”一句，孔颖达疏：“据父言之，谓之姨；据子言之，当谓之母。但子效父语，亦呼为姨。”意思说，姨本为父亲所称，儿子学父亲，也就称“姨妈”了。

**舅舅** 《尔雅·释亲》说：“母之昆弟为舅”。东汉人孙炎云：“舅之言旧，尊长之称”。儿子随父亲从母亲家回来后，怀念在母亲家与母亲之弟共同生活的情况，故称舅舅（旧旧）。

**中表** 古代称父亲之姊妹的儿子为外兄弟，称母亲之兄弟（舅舅）、姊妹（姨母）的儿子为内兄弟。外为表，内为中，合称中表兄弟。如《晋书·山涛传》所说“与宣穆后有中表亲”。

**外甥** 《释名·释亲篇》：“舅谓之妹之子曰甥，甥亦生也！”即当做自己亲生一样。在母系社会里，儿子随母亲与舅父在一起，舅即以其姊妹之子为己子。

## 称外甥为“磨镰水”的来历

陕西人在一起谈及外甥时，常称其为“磨镰水”。欲知原由，还得从很久以前的一个故事谈起。

相传，岐山益店从前有户姓刘的人家，父母双亡，唯有姐弟二人守着几亩薄地苦度日月。姐姐 18 岁时嫁于一位忠厚老实的农民为妻，第二年就生下一男，取名丁娃。而弟弟直到 30 岁仍是光棍一条，讨不起媳妇。

这年夏天，丁娃的爹与舅舅在地里割麦。日上三竿时，12 岁的丁娃提着一罐油汪汪的面片从舅舅地头走过。舅舅此时汗流浃背，又饥又渴，便兴冲冲地问丁娃：“你提的是啥？”丁娃望着不远处正在挥镰割麦的爹爹，不无狡黠地答曰：“提的磨镰水。”舅舅信以为真，遂紧紧裤带不假思索地干了下去。

丁娃爹老实憨厚，见儿子送来茶饭，自己顾不上吃，就向光棍喊道：“娃他舅，丁娃把面片送来了，快来吃饭吧！”

舅舅疑惑地问：“丁娃刚才还说是磨镰水，怎么眨眼间变成面片啦？”

麦收完毕，丁娃他舅与人闲聊，把这件事讲了出去，惹得众人捧腹大笑。后来张扬至其他县乡，人们就把外甥叫作“磨镰水”。

## 称元宵为“汤圆”的来历

农历正月十五为元宵节，亦称上元节。自古以来，人们都要在这天吃元宵。元宵这名字好好的，怎么又有人叫它为“汤圆”呢？

原来，袁世凯在窃取辛亥革命胜利果实、身居中华民国“大总统”高位后，觉得“元宵”和“袁消”同音，于己不利，遂于 1913 年元宵节前颁令，将元宵之名改为汤圆。

现在，北方人称其元宵者依然居多，而南方人一般则称“汤圆”。

## 称孩子为“娃”的来历

陕西农村，人们都将孩子叫做“娃”，如男娃、女娃、大娃、碎娃（小的意思）和乖娃等。甚至将一些幼禽、幼畜亦如此“娃”化了，譬如鸡娃、猫娃、羊娃、狗娃和兔娃、猪娃等，不一而足。这些称呼，除了包含爱的亲昵外，还兼有对万物始祖女娲氏的崇拜和纪念。

女娲氏是我国母系氏族社会劳动女性的杰出代表。她“灭共工氏而迁治于中皇山之原，继兴于骊（临潼）”，建立了不朽的业绩，“功高而充三皇”。东汉许慎在《说文》中，称女娲氏是“古之神圣女，化万物者也”。传说在开天辟地时，世上没有人，女娲用黄土造人，才出现了人类。

“娲”系通假字。在古代，它于“娃”相互通用。人们为了炫耀自己是人类始祖女娲氏的后代，便将孩子称为“娃”，意即女娲脉传。此外，由于“娃”是女娲氏部族集团的标志，与鸟、鱼、鹿一起，同属仰韶文化时期四大图腾形象，人们为了纪念女娲氏“化万物”的功绩，便将“娃”作为自己祖先的象征。

## 生小孩送红蛋的来历

无论南方北方，民间都保留这样一个习俗：谁家生了小孩（尤其是男孩），就给四邻送红鸡蛋，以示同喜同贺。据传，这一习俗源于苏北农村。

古时候，泰州一带有个姓于的财主，虽有家产万贯，但却十分吝啬。一次，媳妇生了一个男孩，他转弯抹角地要邻家出钱祝喜。收礼之后，遂用红纸包了两颗红枣送给各户，以示答谢。邻人见他如此吝啬，就编了一个顺口溜贴于街面：

于家得子喜又喜，送来红枣酬邻里。

可惜枣儿小有小，你看财主多小气。

过了几年，于府又喜添一子。四邻本不想再招惹他，但又拉不开面子，只好再去行礼。不过，大家都在观望：看他这回怎么办？

于财主就是于财主——心眼多得很！这次红包较前虽然很大，可红纸里却包了两个红萝卜。于是，街头又现顺口溜：

于府又庆得子喜，送来萝卜酬邻里。

虽说萝卜辣又辣，难同富人心肠比。

时至年末，于府年近半百的长工李二老年得子，邻人纷纷前去祝福。李二过意不去，便给各户包了五只染得红彤彤的大鸭蛋。邻人见此，感慨万端，遂又将顺口溜贴到墙上：

李家得子庆大喜，送来红蛋酬邻里。

圆圆鸭蛋红又大，阔人财主岂能比！

从此，吉祥红鸭蛋就成为喜得贵子者回馈友人的最佳礼品。

## 西府人将奶叫“爸”的来历

在陕西彬县、旬邑及长武一带，至今仍有人将奶奶叫作“爸”，令人不得其解。那么，这一十分怪异的称呼，是如何而来的呢？

古时彬县称邠州。很久很久以前，这里曾是周族人居住的地方。古公亶（dǎn）父时，周族人由彬县迁到岐山，把当地大批青壮劳力都带走了。为此，这些人的幼年子女整天哭闹不休，吵着要“爸”。为了哄娃，孩子每喊一遍“爸爸”，其奶奶就信口答应一声。久而久之，成为习惯。直至现今，当地还有不少人把奶奶叫“爸爸”。

## 称故乡为“桑梓”的来历

在我国汉语中，“桑梓”一词常被用来作为故乡的代称。令人不解的是，神州大地，树木众多，古人为何不用柳树、槐树、女贞树和松柏等树木指代故乡，却偏偏对桑树与梓树情有独钟呢？

原来在古代，桑、梓两种树木与人们的生活具有极为密切的关系。桑树的叶子可以养蚕，蚕丝可以织成锦缎、绣衣及被面；果实可以食用或酿酒；树干及枝条还能制造器具；叶、果、枝、根、皮皆可入药治病。一言蔽之，其浑身上下皆为宝也！再说梓树，它的嫩叶可以食用，皮可入药，木材轻软耐朽，是制作家具、乐器的上好材料。另外，梓树属于速生树种，伐薪烧炭极为相宜。因此，古人常在房前屋后种桑植梓。而漂泊在外的之人，一旦看到桑树和梓树，就自然而然地想起了故乡。久而久之，它们就成为故乡的代名词。

## “毛胡子”的来历

在陕西城乡，大人吓唬小孩时常说：“别哭了，小心毛胡子来了！”这“毛胡子”究竟为何物？不知内情者，还真以为是个满脸长毛的怪物呢！

其实，毛胡子是个人。据唐人李济翁的《资暇集》卷下记载：毛胡子乃隋朝的一员大将，真名叫麻祜（hù）。此人性情残酷暴虐，人皆畏之。宋人作的传奇小说《开河记》中曾写道：麻祜时常蒸食小孩，沿途稚童望而生畏。遂相互吓唬说：“麻祜”来了！由于小孩发音不准，往往将“麻”念成“毛”，把“祜”念为“胡”。时间一长，慢慢就叫成“毛胡子”了。

## “不倒翁”的来历

今人常把“不倒翁”一词当做贬义来理解，殊不知在古时候，它还是个富含褒义的词语呢！

春秋时，楚国的卞和在荆山得以璞玉。此物外观与石无异，然而却是一块真正的美玉。卞和两次将此宝呈献楚王，但楚王总将它当做顽石，并以欺君罪剁下卞和之双足。卞和见无人识宝，遂怀抱璞玉哭于荆山之下。楚文王即位知悉此事后，便命玉工将石剖开，果然石去玉现。文王乐不自胜，命将其制成玉璧，起名为“和氏璧”。

卞和这种坚持真理、忍辱负重的精神，使文王深受感动。他称赞卞和说：“此人真是个‘扳不倒之翁呀！’”于是，“不倒翁”一词便流传至今了。

## “模特儿”的来历

选美、时装、模特儿，已在世界范围内引起强烈反响。利用“模特儿”进行广告宣传，在推销商品时往往能收到意想不到的结果。

模特儿的由来，的确是饶有风趣的。

人体模型始于1573年，是由意大利修道士山·马尔柯用木料与黏土制作并用零碎的粗麻布加以装饰的。人们根据制作所用的材料，给这个玩偶取了个名字，叫作“玛尼奇诺”。

这种木质玩偶很快就传到了法国与荷兰。在这里，人们叫它“模特儿”。之后，巴黎一名女裁缝别出心裁地用模特儿向顾客展示新式服装，在同行中立即引起连锁反应。由于木质模特儿不能活动，一些店主便在刻意打扮之后，自告奋勇地充当“活物”进行展示。当时，一位到访巴黎的英国人沃尔特，看中了一名最漂亮的模特儿，将其领回自己的服装店并与之结婚。于是，英国也就有了最早的“活模特”。

从此以后，欧、美、日等国家都开始启用“活模”推销商品。随着模特学校、模特专业的相继出现，模特的自身素质与表演技巧亦日臻完美。

## “先生”一词的来历

“先生”之称谓，在我国已有3000余年之久。

“先生”一词，最早见于《诗经·大雅·生民》：“诞弥阙月，先生如达。”然此并非称谓，而是“最早出生”之意。“先生”作为称谓之语，最早见诸《论语》《先生撰》：“见其与先生并行也。”

“先生”之含义较多，但最基本的含义乃称师者为“先生”。《韩诗外传》载：“古谓知道者为先生，犹言先醒也。不闻道术之人，则冥与得失，乎其犹醉也。故世人有先生者，有后生者，有不生者。”

在古代，“先生”既可单称“先”，亦可单称“生”，意与“后生”相对应，专指年长之人。秦汉以后，“先生”含义开始广泛。不仅一般人可以互称，皇帝对臣下也以“先生”称之，如汉武帝就称东方朔为“先生”。古往今来，“先生”多是褒称。毛主席称徐特立、李鼎铭为先生，是相对于“同志”而言，多了一些敬慕之道。

然而，中国的词语极其复杂，不同的语境，必然会产生不同的词义。如东郭先生、南郭先生、道学先生等，就属于讽刺性的贬义之词。

## “老先生”的来历

“老先生”这一称呼，不仅现代有，古代同样有。

这一称呼，最早见于《史记·贾谊传》。明朝时期，凡是翰林官人，无论年龄大小，则一律称为老先生。清朝对此的认知范围略有扩大，相国或两司抚台的官吏亦统称为老先生。现在，这一称谓已引申为多重含义。它不仅是尊称，有时还包藏讥讽和戏谑之意。

## 妓女的来历

妓女的起源，据称最早为汉代的营妓；晋朝石崇家里也有“侍人美艳者数千人”。唐朝的官妓很多，商业中心的扬州就是妓女的集中地。当时长安、洛阳、四川都有妓女。自唐开始，越往后，妓女越多。不但官僚、商人嫖妓，甚至科举考试时应试的举子同样如此，还将其视为风流才子应有的“风流韵事”。

明朝初年，永乐皇帝颁布了罚良为娼的法令。他把罪者的妻子、女儿送往“教坊司（官妓院）”，而后“转营”，让更多的士卒去凌辱。这种残暴无耻的做法，与其在另一方面的旌表贞节相比，简直不可同日而语。

新中国诞生后，中央政府采取一系列有效措施，打击鸨儿，解救妇女，才将这种肆虐千年的娼妓行业一扫而光，彻底根除

## “面首”的来历

在我国古代，面首是指模样清秀、发型漂亮的男宠、男妾。面首虽然由来已久，然最早提出这一称谓的，当属南朝刘宋的废帝刘子业。

据史籍记载：刘子业的姐姐刘楚玉（446～465）系南朝刘宋山阴公主，是孝武帝刘骏与皇后王宪嫄的第一个孩子。公主自幼聪明伶俐，深得父亲宠爱。孝武帝特意千里挑一，遴选司空何偃之子何戢与之相配。废帝刘子业即位后，改封她为会稽大长公主，时常和她同乘一辇。公主曾多次向废帝诉说：“妾与陛下，男女虽殊，俱托体先帝。陛下六宫万数，而妾惟驸马一人，事太不均。”意思是讲，

她与陛下虽说男女有别，但也出自同一父亲。而陛下拥有六宫粉黛上万人，她却只有驸马一个，实在有失公平。废帝听后，觉得所言也是，遂令部属挑选 30 个面首送给她。

最早见诸记载的面首，当属吕不韦。秦始皇的母亲赵姬虽系歌妓，却是吕不韦的爱姬，后来出于政治投机之需要，吕将其献于秦公子子楚，不久就生下了秦始皇。庄襄王子楚殒没后，秦始皇即位，贵为太后的赵姬不忘旧情，依然和身居丞相之位的吕不韦暗度陈仓。吕不韦怕惹祸端，即物色一个名叫嫪毐的美男子，伪施宫刑后送与赵姬作太监，这才摆脱了赵姬对自己的纠缠。可谓心机用尽！

史上太后配有面首的，并非赵姬一人。北魏文帝早亡，24 岁的冯太后不甘寂寞，遂将美男李冲、李奕安排于身边经常“奏事”，以排解心中郁闷；武成帝在世时，皇后胡氏就与成帝的幸臣和士开“不明不白”。成帝死后，她竟亦“礼佛”为名，公然与和尚昙献私通。尤其令人啼笑皆非的是，齐后主高纬（成武帝之子）朝见太后时，见其身边有两个年轻美貌的尼姑分立两旁，不禁春心荡漾。意欲和她们亲热时，始发现竟是男儿之身。这些面首的命运，自然无须再言了。

就面首之数量而言，大概无人可与武则天媲美。武则天“面首三千”的说法虽然查无正史，但其宠幸男妾的行为却是不争的事实。据《旧唐书》记载，武氏较为知名的面首，就有薛怀义、张易之、张宗昌和沈南璆等，他们都是相貌英俊、体格健壮的男人。

## “男同”的来历

“男同”者，男同性恋者之谓也。说起“男同”现象，历朝历代并不鲜见。不过，汉哀帝的“断袖之癖”这个故事，还是值得一提的。

据传，西汉皇帝好男色，具有一定的传统：高祖爱籍孺，惠帝爱闳孺，文帝爱邓通，武帝爱韩嫣。而哀帝刘欣，竟弃数千后宫佳丽于一旁，独宠一个董贤，直让雍容华贵的傅皇后守了一辈子的活寡，岂不令人为之叹惜！

20 岁就已即位的汉哀帝，虽然英俊潇洒，气宇轩昂，但却是一个性心理变态者。一次临朝时，他见面前的董贤十分俊俏，当即封他为黄门郎，作为自己的贴身随从。此后，董贤常陪哀帝一起睡觉。一次午休时，他枕着哀帝的衣袖进入了梦乡。哀帝意欲起身，又恐惊醒董贤，遂提刀砍断衣袖，方得以抽身。当然，也因此留下了“断袖之癖”的千古“佳话”。

汉室中的“男同”现象虽然普遍，但却绝非首创。据史料记载，早在春秋战国时，“男同”现象就已出现了。当时，魏国国君魏王就是一位同性恋者。他与龙阳君的关系，已达到无以复加的地步，以致后世都把“男同”现象称为“龙阳之癖”。

《战国策·魏策》记载：“魏王与龙阳君共船而钓，龙阳君得十余鱼而涕下。王曰：有所不安乎？如是何不相告也？对曰：臣无敢不安也。王曰：然则何为涕出？曰：臣为王之所得鱼也。王曰：何谓也？对曰：臣之始得鱼也，臣甚喜；后得又益大，令臣直欲弃臣前之所得矣。今以臣凶恶而得为王拂枕席，今臣爵至人君，走人于庭，辟人于途。四海之内，美人亦甚多矣，闻臣之得幸于王也，必褰裳而趋王，臣亦犹曩臣之前所得鱼也，臣亦将弃矣，臣安能无涕乎？魏王曰：误有是心也，何不相告也！于是布令于四境之内，曰：有敢言美人者族。”

龙阳君为了专宠于魏王，防止他移情别恋，竟然如女人般忸怩作态，哭哭啼啼，惟恐对方抛弃自己。而魏王不仅完全答应了他的要求，竟下令“敢言美人者”处以全族诛杀之重罪。可见，他对龙阳君的“爱情”，可谓深厚之极。

如果说哀帝、魏王与男宠相处亲密无间，那卫灵公和弥子瑕的关系就堪称如胶似漆了。

一天，弥子瑕听说母亲得了重病，连招呼都不打一声，就私自弄来御驾出了宫。卫灵公非但不怒，反而赞赏备至：“多孝顺的人啊，为了母亲竟甘冒欺君之罪！”又一次，弥子瑕陪伴卫灵公游览果园。他摘下桃子吃了一口，遂将剩下的顺手递给了灵公。灵公几口便将桃子下了肚，还洋洋得意地解释说，他是怕桃子不够熟，所以先替自己尝尝是否酸涩。关系暧昧如此，直令一般恩爱夫妻都自愧弗如。

## “扒灰佬”的来历

在我国，尤其是在南方各地，人们常把与儿媳发生性关系的公公贬称为“扒灰佬”。获此绰号，缘何由之？

相传古时候有个大臣，年近半百，丧妻未续。其子出外经商，长年不归。有年夏天的一个中午，他路经媳妇门前，忽闻一股异香飘然而至，遂信步跨入门内。

但见儿媳身着粉色短衣短裤，屈身侧卧于碧纱帐中。床前案桌上馨香扑鼻，盘中香灰累累。再回眸细看：媳妇那白皙的脸庞，艳若桃花；窈窕的身姿，愈显千娇百媚。公公瞧着瞧着，不禁春心荡漾，想入非非。于是，就在香盘中用手指沾着香灰捣弄出三句歪诗：“碧纱帐内玉琵琶，遍体玲珑无疵瑕。我欲与君弹别调……”他故意留下最末一句，便依依不舍地步入书房，等候佳人去填充表露。

公公的举动，惊醒了梦中的媳妇。当她看到这几句诗时，不知是自叹空守闺房、形单影只，还是怜惜公公孤身无伴、欲火难泄，竟也触景生情，在那三句断尾诗的后面续写了一句——“春风吹放隔榴花”（隔墙石榴花）。续写完毕，又合眼假寐于床上。

再说那公公人在书房，却一直心猿意马。稍停片刻，就身不由己地进入儿媳房内。他见其虽然躺在床上，但香盘中已添上了一句诗。细细品味，不觉大悦。立即将香盘中的灰扒平，上床成全好事。

自此，人们就将这种乱伦无德的公公，称为“扒灰佬”。

## “三只手”的来历

“三只手”，是小偷小摸行为的代名词，这一“称号”尽人皆知。但是言及它的来历，却仁者见仁，智者见智。

相传北宋天圣年间，东京黑道上有位赫赫有名的神偷。按江湖之规矩，不兴打听真实姓名，不准刨根问底，故其“尊姓大名”至今无人知晓。当时的小偷，都把一枚铜钱磨得锋利无比，用以割人腰包，俗称“跑明钱的”。此法简便易行，只要插身而过即可手到钱来。

一次，他为同行献技。虽见其双手高举，然一挨身就将对方的银子掏了出来，俨然多长了一只手。众人对其佩服得五体投地，遂敬送绰号“三只手”。

然而，盗亦有道。“三只手”给其门徒定下“三不偷”的规矩：不偷忠臣义士；不偷贫寒人家；不偷良家妇女。偶尔偷错，必将加倍奉还；门徒若有违“祖训”，便被视为不肖子孙而逐出“山门”。

一天，“三只手”的门徒错偷了大臣范仲淹的银子，事后不仅加倍奉还，还在银子里夹送一张便条：“不知是范忠臣之银，今加倍奉还，望乞恕罪。”落款：“三只手”。范仲淹想到朝廷昏庸，官场黑暗，达官贵人明争暗斗，竟不如一个小偷！遂写《打油诗》一首：“世人都恨盗，岂知盗亦道；若然都有义，怎会世颠倒？”写完，掷笔于案，喟然长叹！此乃小偷自喻“三只手”的事儿。

另一种说法，称“三只手”为舶来品。说它最早见于古罗马剧作家普芳图斯的著名喜剧《一坛黄金》。在该剧的第四幕第四场中，老吝啬鬼尤克里奥丢失了一坛金子，他气急败坏地要奴才伸出手给他看，是否偷拿了他的金子。看了一只，又看另一只，最后竟要奴才给他看“第三只手”。从此，“三只手”就成了小偷或偷窃行为的代称。

## “吝啬鬼”的来历

相传很久很久以前，吝先生出门办事时，与好友啬先生不期而遇，俩人一路谈笑风生，好不惬意。分手时，他们相约中秋节一块到子虚山乌有亭把酒赏月，由吝先生备酒，啬先生带菜，不见不散。

中秋之夜，月上柳梢。俩人准时来到乌有亭，但却都空着手。他们对视片刻，遂哈哈大笑。一会儿，吝先生首先站起，双手故作酒杯状，然后遥望天穹，朗声念着：“月光如水，水如酒，请啬兄开怀畅饮！”啬先生本非傻蛋，它立即伸出两指做筷子，面对池塘正色道：“池中有鱼，鱼乃佳肴，请吝第大饱口福。”一时间，他们推杯换盏，斛筹交错，好不兴哉！但见吝先生手起嘴动咂砸响，煞有介事地直呼：“好酒，好酒，杜康也要逊三分！”啬先生则将两根手指置于口中念念有词：“好菜，好菜，山珍海味岂可比！”

游人见这如醉如痴之傻状，无不前仰后合，捧腹大笑。一书生还风趣地挖苦他俩道：“两位仁兄今天赏月，喝的是吝啬酒，吃的是吝啬菜，活着是吝啬人，死了是吝啬鬼。”“吝啬”一词，便传开而去。

## “中堂”的来历

电影《垂帘听政》中，人们都称肃顺为“肃中堂”。“中堂”一词在旧小说中亦常常见到，它到底是什么意思呢？

原来，在清政府内，“大学士”乃是空名。为满足他们对权力的欲望，往往让其掌管一个部。清朝的京官，一般设一满一汉。就座时，分东西两厢而坐，中间则是空的。如有管部大学士，便让其坐于正中，两旁由满汉尚书陪坐。满汉四侍郎在下面也分坐于两侧，因而将大学士俗称“中堂”。久而久之，“中堂”就成为一种尊称。只要是大学士、协办大学士，无论是否管部，人们皆称其为“中堂”。

## “衙内”的来历

“衙内”式的人物，在封建社会比比皆是，且具有悠久的历史。但“衙内”这一称呼，却并不十分古老。

望文生义——“衙内”，起初仅是“衙门之内”的意思。五代、北宋之时，一些镇守地方的大员为了强化自己的权力地位，遂任命他们的子弟为亲卫指挥官。这样，就出现了“衙内都指挥”与“衙内都监使”等官吏。这些家伙多属依仗权势无恶不为者，于是百姓便将他们称为“衙内”。

进入元代之后，大小衙内四处肆虐，残害百姓的活动愈加猖獗。关于“衙内”的劣迹，《元曲选》里有诸多记载。因此，这部书堪称各式衙内的一部罪恶史，穷苦百姓的一部血泪史。

## “王八”的来历

人所共知，“王八”是句骂人之语。古往今来，概莫能外。至于它的来历，基本有两种版本。

《新五代史·前蜀世家》记载：唐末五代十国时，前蜀主王建排行为八，其“少无赖，以屠牛、盗驴、贩私盐为事，里人谓之贼王八”。于是，后人遂将那些缺德少教、专事狗苟蝇营之道的家伙称作“王八”。

另一种意见认为：王八本应为“忘八”或“亡八”，意指旧社会开设妓院的老鸨之流。之所以如此，盖因他们忘记了做人必备的“礼义廉耻、忠孝悌信”八个字，故为“忘八”。至于“亡八”之谓，意在诅咒他们良心丧尽，早就该死。另外，《史记·国策列传》记述的八种龟名中，第八种为“王龟”，王龟又俗称“王八”。这样，乌龟、王八连到一起，自然就成为历史悠久的“国骂”了。

## "混账"的来历

"混账"作为骂人之语，这一"功能"是后人演绎附加的。其本意虽然是对不端行为的指责，但与骂人相比，程度不同，性质各异。

自古以来，我国蒙古族兄弟就过着居无定所的游牧生活。出于放牧需要，哪儿水草茂盛，就往哪里迁徙。帐篷一支，家便安置停当。白天他们出去放牧时，家里只有老人或妇女留守帐篷。这时，一些春情荡漾的小伙便乘虚而入，混进他人帐篷试图谈情说爱。他们有时运气不佳，被严厉的老头儿发现后，就会遭到斥责："你又混'帐'了！"

久而久之，这句话就变成骂人的"混账"之语了。

## "傻瓜"的来历

关于"傻瓜"一词的来历，我国著名学者顾颉刚先生曾做过认真的考证，说它与"瓜子族"有着密切的联系。

据《左传》记载，范宣子对晋国国王说："姜戎氏！昔秦人追逐乃祖吾离于瓜州"。意思是说，姜戎氏的祖先吾离，被秦军赶到瓜州（今秦岭一带）。后来，住在瓜州的这些姓姜之人，就以地名称其为"瓜子族"。瓜子族的人非常忠厚老实，他们受人雇佣时，从早到晚辛勤劳作，从不偷闲。当地人误以为他们"傻"，又因为他们是"瓜子族"，就把两者联系在一起，称其为"傻瓜"。

后来，"傻瓜"的使用范围扩大了，凡不太聪明的人都被称为"傻瓜"。更有好事者，还十分刻薄地讥笑说："碗大的西瓜，一拃厚的皮——'瓜'实了"。

## "上当"的来历

在现代汉语中，"上当"与"受骗"既是同义语，也是孪生弟，因而两者时常被人们连成一起，称作"上当受骗"。其实在古代，它们两者风马牛不相及，谁也不"认识"谁。所谓"上当"，专指去当铺典当东西而已。

清末时期，河北清河县有个姓王的大户人家，世代相传经营当铺，可谓生意兴隆，家境殷实。随着生活日臻富裕，族人们开始懒于经营，便将业务交给一位名叫寿苎的年轻人前来打理，他们各人则将资产折成股份进行年终分红。这寿苎虽然博学多才，可对生意并不精通，尤其疏于精打细算，给族人留下了可乘之机。

几日一过，族人们便将自家一些无用之物拿来高价典当，寿苎虽然心犯嘀咕，但却不敢得罪股东，只好照办。如此一来不足两月，典当资本就被诈骗得所剩无几。相邻眼见一个红红火火的当铺，很快被掏成空壳，纷纷戏谑说："清河王，自上当，当得当铺空了档。"

由此可见，过去讲"上当"，是专指去当铺典当东西，后来才慢慢和"受骗"结成了连襟。

## 称物品为"东西"的来历

在日常生活中，人们常把物品称作"东西"。例如说上街买"东西"，而不是买"南北"。这究竟是为什么？

关于这个问题，至今众说纷纭，尚无定论。现将几种有代表性的意见综合整理于后，以飨读者。

据史载：宋朝著名理学家朱熹，一天偶遇旧友盛温如提篮上街。熹曰："你上哪儿？"答曰："买东西。"熹又曰："难道不能买南北？"温如答曰："当然不能"。接着，他根据周代创立的"五行"（金、木、水、火、土）与"四方"（东西南北）相配之说解释道："东方属木，西方属金。凡属金木类，篮子装得；南方属火，北方属水。这篮子装不得水火类，所以只能买'东西'而不能买'南北。'"

清代学者龚炜在《巢林笔记》一书中说：明崇祯帝曾遣中宫问词臣，"买东西"一词当作何解释？词臣无言以对，而辅臣周延儒主动回答说："南方主火，北方主水"，夜晚敲门求水火，焉有不给之理！故无须去买。所以只说买东西，而不说买南北。崇祯频频点头，认为言之有理。

上述两种解释，虽然细节有别，但实质相同。归根结底，皆源于"五行"之说。然而龚炜对此并不苟同，他认为"此语定起东汉"。因为当时东京洛阳和西京长安商号林立，富商巨贾经常往来于"东""西"两都购买货物，民间便有了"买东""买西"之说法。时间一长，"遂以东西为货物替身"。如将龚炜的这一解释予归纳，即可概括为"方位说"。

综上所述不难看出，升温如与周延儒的“五行说”颇有牵强附会之嫌；而龚炜的“方位说”较之前者要实在得多，亦令人可信。倘若如此，那么“买东西”一词，至今少说也有 1700 余年的历史了。

## 称山芋为“大救驾”的来历

在江宁县东乡一带，人们都将山芋叫作“大救驾”。这一名称，据说是汉光武帝刘秀御封的。那么，区区山芋，何以能享此殊荣呢？

西汉末年，刘秀走南阳昭告讨伐王莽。兵败秣陵后，他单枪匹马，只身出逃。当行至东乡附近一条小河时，见一村姑正在洗被单，遂翻身下马，苦苦求救。姑娘见他失魂落魄，不由动了恻隐之心。然而，搭救之策尚未想好，就闻追兵马蹄哒哒、杀声阵阵，如狂风般席卷而来。在这危急关头，姑娘一把将刘秀推入河中，接着撒开整幅被单抛向水面。被单膨起的大气泡，正好罩在刘秀的头顶。姑娘走上河岸，又用棒槌在刘秀坐骑的臀部狠狠一击，战马负痛，疾驰而去。追兵赶到后，问姑娘可有骑马之人就此而过。姑娘手指前方，追兵便一窝蜂般地跑了过去。

刘秀上岸后，姑娘将他藏入村旁的山林中，每天挖些山芋，让他升起野火烤着吃。刘秀平日对山芋不屑一顾，哪知如今饥肠辘辘，竟觉得它比山珍海味尤为可口。他边吃边赞曰：“这哪是什么山芋吆，分明是‘大救驾’呀！”

后来，刘秀得了天下，果然封山芋为“大救驾”。

## 称吃晚饭为“喝汤”的来历

在关中地区一些农村，至今还有人把吃晚饭叫做喝汤。这一叫法，源自元世祖忽必烈当年强制推行的一种“暴政”。

元朝初年，忽必烈为了实现称霸中原的夙愿，遂以“广积粮”为借口，要求陕、甘、冀、豫等省的老百姓将每日三餐改为两餐。为了防止百姓造反，又强行收缴了农家所有的铁制农具与炊具，仅给每 15 户留下一把菜刀，由元兵监管，轮流使用。

这一暴政的实施，的确害苦了众百姓。人们在田间劳累一天，饥肠辘辘，却不能进食，就想着法儿进行变通。关中农村一个名叫王二的小伙，实在饥渴难耐，就想熬点稀米汤喝。可水刚烧开还未及下米，就被元兵发现，将其五花大绑地送往忽必烈营地。忽必烈一听王二吃夜饭图谋造反，遂喝令推出去斩首。王二大呼冤枉，称自己只是烧水解渴，并未下米做饭。忽必烈细细思量：烧水解渴并未违反他的禁令，应该是可以的。于是，不仅放了王二一条生路，而且对原禁令施行了松绑。一些粮食相对富足者，就偷偷下米熬成米汤当作晚饭。

朱元璋灭元建明之后，因中原百姓久已成习，至今晚饭多为稀饭，并谓之“喝汤”。

## “耗子”一词的来历

老鼠原本无别名，只是它的偷窃行为和惯于敲诈勒索、“损耗”百姓粮财的贪官污吏同出一辙，受到“株连”后才有幸被冠以“耗子”这个雅号的。

相传五代时期，宋齐梁陈的苛捐杂税多如牛毛。除朝廷诏准的正赋外，地方官吏经常自立名目，横征暴敛。如农家食盐征盐税；酿酒征粬税；养蚕收蚕税。此外，还有各种“附加税”与“雀鼠耗”。就是指在仓库中被麻雀、老鼠损耗的那部分。按当时之规定，丝绸棉线麻等物每缴纳十两，须外加消耗半两；租粮每石加耗二斗。黎民百姓不堪重负，便将这些官吏比作老鼠，并在缴纳税赋时常当着他们的面把“附加”部分叫“耗子”。时间一长，“耗子”就成了老鼠的别称。

## “约翰牛”的来历

在西方世界，不仅个人有绰号，一些泱泱大国也有绰号。美国的绰号乃著名的“山姆大叔”，而英国的绰号则为“约翰牛”。说起约翰牛，不少人的心目中自然会浮现出一个头戴高顶帽、足登长筒靴的矮胖、愚笨的绅士形象来。

原来在 1712 年，一位名叫约翰·阿布什诺特的英格兰作家，撰写了《约翰·布尔的历史》一书。在这本书中，他用辛辣、嘲讽的笔触，活龙活现地刻画了一个叫约翰·布尔的躁急、坦率、滑稽的绅士形象，用以借喻西班牙王位继承战争中的英国人。由于人物刻画得逼真细腻、惟妙惟肖，因此这一绰号很快就传播开来，成为家喻户晓的英国的代名词。

在英文中，“布尔”是“牛”的意思，故此将“约翰·布尔”翻译过来就是

“约翰牛”。至于它的形象，则是 19 世纪由漫画家用漫画形式反映出来的。

## “山姆大叔”的来历

美国有个非常别致的绰号——山姆大叔。

1812 年美英战争期间，美国的特罗伊城有一个专门供应军用牛肉的商人，名叫山姆尔・威尔逊。人们称他“山姆大叔”。美国政府在收购他的牛肉箱上都盖有“us”字样。恰好“山姆大叔”的英文缩写“us”与美国之名的英文缩写完全相同。于是，“山姆大叔”就成了美国的绰号。

在漫画家的笔下，“山姆大叔”后来却变成了一个长着白发，蓄着山羊胡子，头戴星条帽的高瘦老头。1961 年，美国国会正式通过决议，承认“山姆大叔”是美国的象征。

# 衣 食 住 行 用

## 中山装的来历

中山装是在军制服的基础上脱颖而出的。

1919年间，孙中山先生在上海居住。一天，他将一套已经穿过的陆军制服拿到久负盛名的亨利服装店，请裁缝把它改成便服穿用。因为这套服装已经有了“定型”，改制时不能拆得过于零散，所以改完后仍未完全脱离军服之影。其时看去，它既非唐装，更非西装。店主深思良久，就为它起了个新名——中山装。

由于中山先生在海内外颇具名望,这种富于民族气质的中山装束便不胫而走，迅速传播，不少人还以能穿这种服饰而引以为荣。

从新中国成立到上世纪80年代的40余年间，中山装在我国服装市场一直居于主导地位。特别是在政界和知识界，人们对中山装怀有极其深厚的感情。

## 喇叭裤的来历

喇叭裤的历史并不久远。在整个服装氏族中，它还属于比较年轻的一代。然而，在上世纪60年代的西方各国，它却曾盖压群芳，盛极一时，可谓出尽了风头。

1968年底，法国一位服装设计师参照英国海军军裤的样式，进行了夸张的设计：裤腰与臀部紧紧裹住，裤管下半部向外撇开，最宽处比鞋还长，呈现一副喇叭状。

喇叭裤奇特、怪异，迎合了一些玩世不恭的嬉皮士寻求刺激的心理，因而颇为流行了一阵子。但时隔不久人们便发现，这裤子上半部过于紧窄，冬天里边不能再添别的裤子，自然太冷；夏天透气性较差，闷热难耐。加之脚口过大，行走很不方便。有鉴于此，仅经过十余年的流行之后，西方国家的服装公司，都已不再经销喇叭裤。

## 裙子的来历

每逢盛夏来临，几乎所有城镇都会变成裙子的海洋。各式各样的连衣裙、西服裙、迷你裙、一步裙，绚丽多姿，群芳争艳，把这个世界点缀的花花绿绿，将少女们装扮得花枝招展。

裙子在我国已有数千年的历史。古人称袄为襦，称裙为裳。出土的汉简中即有“上着缁衣，皂领袖，下着素裳”之说。这就说明，汉代妇女已开始了“上衣下裙”的着装。隋唐妇女的日常衣着，一般皆为“衫、袄、裙”。当时的裙子都很长，且刻意追求色彩美。唐代诗人孟浩然有诗云：“坐时衣带萦纤草，行即裙裾扫落梅”。形象地描述了裙子的外观与长度。裙子的面料多以罗、纱为主，而色彩则以“石榴红”最惹人注目。就其款式而言，尤以多褶舞裙为时尚。故有“裙儿细裥如眉蹙”之佳句相传。

进入明代之后，裙子不再是妇女的专用品，男人们亦同样可以享用。崇祯帝出走时就穿的蓝布裙。清代对裙服有着较严格的限制，还专门颁发了有关服饰的禁例，规定庶民百姓裙装都“不得僭（jiàn）用金绣”，违者“杖一百，徒三年”。同时要求满族妇女一律穿用不带“马蹄袖”的长袍，以期掩足。而汉族妇女可不受此限制，仍以通常的“上衣下裙”式着装为主体。

现在，随着物质的日益丰富和人们审美情趣的逐步提高，裙装的款式越来越新颖，色彩越来越艳丽，面料也越来越考究。它已由过去单一的实用型，正在向装饰型、新潮型和多样化发展。

## 裙子皱褶的来历

相传汉成帝时，有位叫赵飞燕的姑娘被选入皇宫。她娇若天仙，面似桃花，体态轻盈，能歌善舞，深得成帝宠爱，遂被封为皇后娘娘。

一天，成帝雅兴大发，吩咐飞燕同去游览太液池。飞燕特意换上自己亲手制作的云英紫裙，紧随成帝款款而来。途径一座花园时，飞燕见那满园鲜花姹紫嫣红，大小蝴蝶上下翻飞，不仅翩然起舞。成帝正看得出神，忽然一阵狂风而过，竟把飞燕吹得像一只娇燕般飘了起来，且大有愈飞愈高之势。称帝见状大惊，疾呼“拉住她”！宫女们迅即七手八脚地扯住她的裙子，一鼓作气将她拖回地面。谁知这么一下，飞燕那心爱的裙子却被拉出许多皱褶来。宫女怕娘娘怪罪，连忙用手去拍，可怎么也弄不平整了。这时成帝低头一看，却意外发现：这带有皱褶的裙子，竟使娘娘更显窈窕妩媚、美丽可人了！

从此，皇宫里的嫔妃都仿照这个裙子去做，并称其为“留仙裙”。后来传至民间，人们便在各式裙子上都打起了皱褶。

## 西服的来历

从某种角度来看，西服也是一种身份的象征。穿上一套挺括、得体的西装，会使人倍觉精神与潇洒。然而，它并非出自富家豪宅，而恰恰诞生于寒门陋室。

西装起源于欧洲，它原本是渔民的专用服装。渔民终年与浪为伍，在海里谋生，敞领少扣的衣服穿起来舒适方便，犹宜海上作业；中世纪欧洲的车马夫为了骑马方便，也经常身着背后开叉的燕尾服。这种西装虽然款式新颖、考究，但就其质地而言，就断然不及现今了。

西服衬衫上的硬领，是由古代军人的甲胄演化来的。在古代，军人为了防止箭穿咽喉，衣领都用皮革和金属特制。西裤纯粹是仿照海军水手服所作。因水手需要随时撩起裤脚干活，所以裤脚比较宽大。

西服袖口上的扣子，现在完全属于装饰品，并无任何实用价值。但早先并非如此。相传 18 世纪时，普鲁士国王腓德烈大帝十分重视部队军容。一次，他发现士兵的衣袖特别易脏。经了解方知，他们常用袖头擦汗。后来，他命令所有士兵都在袖口钉几枚金属纽扣。这样，士兵再用衣袖擦汗时，扣子就会刺痛脸部，从而改变他们的不良习惯。

不久人们便发现，袖子钉上纽扣后，无形中增添了几分庄重与美感。于是，纽扣作为一种装饰，就一直在西服中保留了下来。

## 睡衣的来历

欧美研究服装史的专家认为：“睡衣”一词在希腊语和乌尔都语里，同指晚上人们在室内所穿的一种宽大裤子。后来侨居印度的英法服装设计师，又在这种款式的基础上加以改进，制成了专供夜晚在室内所穿的睡衣。19 世纪后半期，睡衣已普及欧洲各国。

睡衣一般由宽松、舒适的上衣和裤子组成。据欧洲古代名医伊博·萨卡里的著作介绍：早在公元 9 世纪，伊斯兰世界就有这种睡衣了。就其品种来说，尤以土耳其帝国最为繁多。直到 16 世纪时，意大利才通过与邻国土耳其的通商口岸，开始普及睡衣。

据考证，在此之前的欧洲各国，即使是王公贵族，亦不知“睡衣”为何物。文艺复兴时期，就连欧洲最富裕的意大利财主们，晚上睡觉依然赤身裸体，从无身穿睡衣就寝之习。

在罗马时代，睡衣是专供上层富有人士使用的。一些学者认为，睡衣是十字军东征时（11 世纪末～13 世纪末），由欧洲人从伊斯兰世界传入的；然绝大多数学者则认为，欧洲人穿睡衣的习惯来自于土耳其。

## 汗衫的来历

汗衫就是人们常说的内衣和衬衫，之所以又称其为“汗衫”，则是汉高祖刘邦的御赐名称。

古时候，人们最初将内衣叫作“中衣”“中单”，其制作材料就是纱或绢。楚汉战争中，汉王刘邦率兵与项羽驰骋疆场，奋力厮杀，直打得鲜血喷涌、汗流浃背。刘邦看到士兵的汗水湿透了内衣，故将“中单”改称为“汗衫”，以取其贴身吸汗之意。

五代后唐马缟所著的《中华古今注》记载：“中单，衫衣也。汉高祖始改名汗衫。”

## 领带的来历

随着西服的日益普及，领带也成为不可或缺的装饰品。说起它的出现，早在古罗马帝国时就已为人所知。但严格地讲，它的真正起源，则应追溯至 17 世纪的欧洲。

古代的西方人，尤其是住在深山老林的日耳曼人，经常披着兽皮抵御风寒。

为了防止兽皮从身上掉下来，他们就用草绳扎在脖子上，成为最原始的“领带”。而真正具有领带“意味”的事，则见诸于 17 世纪的法国。当时，一支南斯拉夫克罗地亚骑兵行进于巴黎街头，他们身着整洁笔挺的军装，脖颈上系着一根细布条，显得十分威武强健。崇尚时髦的巴黎人看了后，即行模仿，以示荣耀。后来，法国一位大臣上朝时，脖子上系了一条白绸巾，上面打了一个漂亮的扣结。路易十四见了大加赞赏，并宣布领结为高贵的象征，下令凡尔赛的上流人士都如此这般去做。从此，系领带、打领结的习惯很快风行于整个西方世界。

## 雨衣的来历

雨衣是人们日常生活中必不可少的防雨工具。说到它的由来和演变，则有一个漫长的、不断改进和完善的过程。

我国最早的雨具，是蓑衣和笠帽联用。唐张志和《渔歌子》一词云：“青箬笠，绿蓑衣，斜风细雨不须归”。真实再现了劳动人民辛勤劳作的动人画面。之所以说“青箬笠，绿蓑衣”，乃因二者皆为植物叶片所制。到了春秋时，古人已发明出一种油布雨衣。《左传·哀公二十七年》记载：“陈成子衣制杖戈。”杜预注：“制，雨衣。”清段玉裁认为：“制”非草做的雨衣，“若今之油布衣”。据研究，当时人们已对干性植物油和植物桐、荏等有了认识。所谓油布，就是用桐油或荏油涂于织物上干燥而成的防雨布。南北朝时期，油布雨衣之工艺又进了一步。它既可在稠绢之上加工，又可用蚕茧纸作料。《隋书》曾载：隋炀帝观猎遇雨，“左右进油衣”。然而，这种油布雨衣造价昂贵，普通百姓难以得到，唯有贵族才可享用。

近代的胶布雨衣，是英格兰橡胶工人麦金杜斯发明的。据说麦氏家境贫寒，无钱置伞，时常冒雨上下班。1823 年的一天，他不慎将橡胶液滴在衣服上，无法擦掉。下班后正巧下雨，谁知这脏衣服居然有遮风挡雨之妙。第二天，他将自己的衣服全部涂上橡胶液——世界上第一件胶布雨衣就这样诞生了。

## 帽子的来历

帽子，古之“冠”“冕”者是也！但当时的“冠”，就其款式来讲，与现今之帽相比，还是大相径庭的。这是因为：古时之“冠”，仅有狭窄的冠梁可遮住头顶的一部分，两旁须用丝带在腭下打结相固。据《风俗通·五帝》记载：“黄帝始制冠。”如此算来，帽子已有5000多年的历史了。

古代男子在20岁时开始戴冠，并举行“冠礼”，以示进入成年。在汉朝，冠分为十余种，供不同身份之人在不同场合下使用。冕比冠出现的更早。它前低后高，表示恭敬。前方以丝线垂面，使人目不斜视。两旁以丝线遮耳，表示不听谗言。这种“冕”是帝王专用的。皇子继承皇位，才能加“冕”。据古书记载：“冠有法度，尊卑异制。”最早，帽子是以高低来区分身份等级的。皇帝戴高九寸的“通天冠”，太子则戴高七寸的“远游冠”。大臣按地位高低，依次而下。难怪今人爱将过分的恭维，喻作“戴高帽”了。

《玉篇》中对帽子还有一种解释：“帽，头巾也”。相传“巾”的发明，是因汉元帝额上长着一绺难看的头发，他怕人瞧见，便用一块丝巾将头发束住。当时臣子都以仿效天子为荣，也都纷纷以巾束发了。南北朝时，北周武帝为了使士兵戴着方便，遂将头巾裁成四角的“幞（fú）头”，形成了帽子的雏形。

帽子还与一定的礼节相关。现代人以脱帽表示礼貌，但在古代，它恰恰属于无理之举。杜甫在《饮中八仙歌》里说：张旭酒醉之后竟“脱帽漏顶王公前”，这在当时是有失体统的。

我国民族众多，各民族的帽子也是五花八门的。维吾尔族的小花帽、蒙古族的狐皮帽、土族的织锦帽及裕固族的喇叭红缨帽等，都已成为该民族的重要标志。

## 手套的来历

关于手套的最早记载，见诸于荷马史诗《奥德赛》：尤利西斯回到他父亲拉埃特斯家时，父亲手上带着很厚的手套。《圣经》里也曾提到过手套。手套的出现，不仅是保护双手，还是君主权威和神职尊严的象征。在发掘的埃及陵墓里，残存的帝王服饰中，就有手套。

到了中世纪，手套同扇子、阳伞一起，成了宗教仪式中的重要物品。主教的手套大多用金线刺绣，而且颜色总是白的，以表明主教“纯洁无暇”。国王向骑士下达任务，往往给一根手杖和一只手套，以加强他的权力。

11世纪末期，贵妇人开始使用手套。这些手套都是用丝绸或皮革缝制的，价格非常昂贵。16 世纪时，英国坎伯兰公爵把伊丽莎白女王赐给他饰有钻石的手套，缝在自己的帽子上。1523 年，西班牙国王卡洛斯五世主持骑士竞技时，颁发的头等奖，就是 40 双颇有香气的手套。可见，手套是何等的阔绰与尊贵！

从 18 世纪开始，手套逐渐失去了装饰等附加价值。代之而来的，是一种几乎能把人手完全遮住的袖口花边。18 世纪末期，手套又回到了男士的手中。伦敦的男士每跳一支舞曲，都要换一次手套。一个绅士每天能换六七副。此时的妇女也不例外，他们无时无刻不戴手套，以至弹琴、书画及吃饭时都不愿脱掉。

到了 20 世纪，手套才真正回归了它的本来职能——保护双手。

## 口罩的来历

在著名的意大利旅行家马可·波罗的游记里，有这样一则记载：元朝宫廷里的帝王大臣们进食时，为了避免献食者的气息触及食物，皆令他们用绢巾素帛蒙着口鼻。可见，早在 500 多年前，我国就有了以讲卫生为功能的口罩了。

考古学家发现，在伊朗西北部距今约 2500 多年前的古墓门上，就有许多口鼻戴着罩子的浮雕形象。据说公元前 6 世纪，古代伊朗高原上的波斯人，信仰一种琐罗亚斯德教，它们对象征光明的火顶礼膜拜。教徒们认为，自己身体排出的一切，都是不清洁的。所以在拜火时，除了浑身遮裹外，还必须戴上口罩，以免不洁气息玷污“圣火”。

南北朝时期，拜火教已传入我国。史书记载：唐长安城有拜火教的寺庙，庙里戴口罩的香客日渐增多。以纱布为原料制作的口罩，是 1897 年由德国人赖德奇首次在手术医生中推广使用的，主要是为了防止患者伤口出现感染。后来有人嫌这种临时折叠纱布的方式麻烦而又不适，就在纱布中设置了铁丝支架，与口鼻保持了适当距离。1899 年，德国一位医生做了种可缝制在手术衣领上的口罩，用时将衣领向前一翻即可。

我国现在通用的多层纱布口罩，是上世纪初期研制定型的。近年来，口罩无论在材质上，还是款式上，又有了质的飞越。

## 手绢的来历

手绢曾是人们日常生活中的必需品，尤其是在赤日炎炎、挥汗如雨之时，更是须臾不可离开。可是大概谁也不曾想到，我们现今使用的方形手绢，还是依据法国国王路易十六的指令改制的。

以前的手绢呈椭圆形，剪裁时浪费布料太多。1784 年 9 月 23 日，路易十六发布指令，要求将手绢做成长宽相等的正方形。其后从德国开始，手绢就慢慢演变成了现今这般模样。

手绢起源于公元前三世纪，它在传入法国之前，就已经历了漫长的道路。当时，希腊、罗马的显贵们在丰盛的宴席上个个挥汗如雨。为了擦汗，他们便发明了手绢。巴黎的手绢交易十分兴盛。人们通常都携带两条手绢，一条属于纯粹的装饰品（女士拿在手中，骑士放入专用口袋），一条用来擦汗，不轻易外露。那时的手绢已比较讲究，椭圆形的边缘上都绣着花边，有大有小，有厚有薄。绢上经常喷洒香精，故而香味四溢，浓郁醉人。可时隔不久，这个小“东东”却又无声无息地淡出了人们的视野。直到中世纪时，才在意大利复又出现，并很快传播到其他欧洲国家。

## 油条的来历

油条原名“油炸桧”。相传 1142 年，抗金民族英雄岳飞被秦桧以“莫须有”的罪名谋害于风波亭。消息传开，群情激奋。整个杭州城的酒楼茶馆、大街小巷民怨沸腾，人们以各种形式表达对残害忠良、卖国求荣的奸臣秦桧的切齿之恨。风波亭附近有两个小贩，他们用面团捏了两个面人替代秦桧夫妻，并将其绞在一起丢进了滚烫的油锅，以解心头之恨。

人们将此举称为“油炸桧”，并仿照其做法纷纷炸而食之——油条就这样诞生了。如今，我国南方一些地区，仍有人将油条称为“油炸桧”。

## 饺子的来历

饺子是由南北朝及唐时的“半月形馄饨”、宋时的“燥肉双下角子”逐渐演变而来的，距今已有1400余年的历史。1972年，新疆吐鲁番出土的唐时饺子，其形与现今的一模一样。

进入元朝之后，饺子的品种更为繁多。出现了“时罗角儿”“撇到角儿”等。不过它们不用水煮，而是靠蒸、煎、炸。“时罗角儿”与现在北京的“炸三角儿”极为相似；“撇到角儿”则和西安的“水煎包”如出一辙。明清时，饺子被称作“扁食”，亦谓之“元宝”。

由于我国幅员辽阔、民族众多，习俗与口味不尽一致，故饺子的制作方法及用料自然有别。

至于大年初一吃饺子的习俗，则是从明朝开始的。除夕之夜，各家各户都将饺子提前包好，半夜12点开始煮吃。因为此时恰系新旧交替之良辰，吃饺子正是为取“更岁交子”、平安吉祥之意。

关于饺子的来历，有段动人的民间传说，称其为夫妻互爱的产物。

唐朝初年，一位姓孟的秀才拟上京赶考，故在家废寝忘食地攻读圣贤书。妻子王秀姣看其日渐消瘦，甚为怜惜，变着法儿为他调剂饮食。一次，她为丈夫红烧鸡翅，丈夫边读边吃，一不小心让细骨卡住了喉咙，难受异常。此后，妻子便把肉和菜切得碎碎的，拌上各种作料，再放进用手擀好的面片之中，捏紧后置于锅中水煮，丈夫吃了连声叫好。赶考之日，他吃完美餐后，一举拿下头名状元。

亲友前来庆贺时，向他讨要“秘诀”，他一再强调：“吃得好！吃得好！”事后细思，总该给它取个名儿吧！他想：人们纪念屈原，将所包食物叫作“粽子”。那爱妻所包之物该叫什么“子”呢？对了，何不把爱妻之“姣”的“女”旁换成“食”旁，称其为“饺子”呢？就这样，“饺子”之名，一直流传至今。

## 粽子的来历

粽子是历史非常悠久的祭祀食品。用它作祭祀，并非起始于屈原，而是用来祭祖及神灵。端午节吃粽子的习俗，虽然意在祭祀屈原，然而从时间概念来讲，它距屈原投江之时，整整晚了300年。

据唐沈亚之《屈原外传》以及梁朝文学家吴均的《续齐谐记》记载，屈原投江后，人们非常思念他。每到五月初五，就用竹筒装上食物，投向水中祭祀。东汉建武中元（56年），长沙有位名叫区回的人，大白天忽然看见三闾大夫屈原显灵，向他诉说祭祀食物全被蛟龙窃走，今后若要惠赠，须裹上蓼叶，再缠上五色彩线。蛟龙害怕这些东西，就不敢继续偷窃了。区回把这次奇遇告诉了乡民，乡民们按屈原之吩咐，才精心制作出了粽子。

至于为什么把它投向水中，一种说法是给屈原吃的；另一种说法是做此投江，“以饲蛟龙”，以免它伤害屈原的身体。

## 年糕的来历

公元前484年，吴王阖闾死后，其子夫差继位。夫差大权在握，独断专行，不仅执意不听大臣伍子胥“联齐抗越”的正确主张，反而出兵攻打齐国。交战不久，弱小的齐国就被吴国一举击败。夫差班师回朝那日，满朝文武皆去城外迎接，唯独伍子胥一人忧心忡忡，坐卧不安。他预料自己将面临杀身之祸，回营后即悄悄对几个亲信说：“我死后，如果国家有难，百姓没有粮食吃，你们到相门城墙下挖地三尺，就可找到能吃的东西。”时隔不久，伍子胥果然以“私通齐国”“阻挠攻齐”的罪名，被吴王夫差逼迫自杀。

伍子胥死后不久，越国就趁机出兵攻打吴国。夫差节节败退，连京城也遭围困。城里的守军与百姓，立即陷于粮尽援绝的危境之中，每天都有许多人被饿死。当此生死存亡之际，伍子胥的旧属突然想起伍之临终嘱咐，随带大批军民去相门挖地，果然挖出了许多可用来充饥的“城砖”。原来，相门一带的“城砖”，系用糯米粉蒸煮后压制而成。此“砖”特别坚韧，既可砌墙，又能充饥。吴国守城之军民，就依仗这些“城砖”，度过了危难。

此后，每逢年节，吴国之百姓家家户户都要蒸煮糯米团，并将其谓之“年糕”。他们用这种方法，纪念、奉祀忧国忧民的伍子胥。

岁月漫漫，长河悠悠。这种做法逐渐形成我国民间传统的节日习俗，且代代相沿，经久不息。

## 豆腐的来历

豆腐是深受群众喜欢的食物之一。早在 2000 多年前，国人就已掌握了它的制作技术。然而谁能料到，它的发明却纯属偶然一得。

相传汉代有一人家，婆婆十分吝啬，总嫌媳妇吃喝穿戴花了钱，想着法儿制约她，以至连豆浆都舍不得让她喝。一天，婆婆去走亲戚，说好三天方归。于是，媳妇就动手磨豆煮豆浆。豆浆开锅了，正要拿碗舀，忽闻室外响起脚步声。她怕婆婆回来看见，慌忙端起锅，将豆浆倒在灶旁的坛子里。出门一瞧，原是丈夫回来了。他拉着丈夫之手，柔情万般地说："快喝豆浆去！"到厨房打开坛盖一看，里面竟是一团团雪白的东西。俩人一尝，质嫩味美，非常可口。丈夫问是怎么做的，媳妇说"这坛子泡过酸菜，有点酸汤底，豆浆倒进去，就定上了。"丈夫又问："起个什么名？"媳妇朝他一乐："就叫它豆腐（谐音：逗夫）吧！"

后来，豆腐很快传遍了神州大地，传遍了世界各国。日本人吃的豆腐，是唐代鉴真和尚东渡日本时传过去的。这从日本中村新太郎所著的《日中两千年》一书中，即可明证。

## 馒头的来历

相传三国时期，诸葛亮辅佐刘备攻下了四川，建立了蜀国，决意同曹操、孙权一争天下。可是蜀国南边的南蛮洞主孟获总是不断前来袭扰，牵制了蜀国很大的精力。为了解除后顾之忧，诸葛亮决定亲率蜀兵讨伐孟获。

蜀国军队南下出击，要渡过泸水。这地方人烟稀少，瘴气很重，而且泸水含毒，难度不小。这时，一名部属出了一个馊主意：杀掉一些南蛮俘虏，血祭泸水河神，确保蜀军渡河之安全。

诸葛向来仁厚，立即予以否决，而主张以"仁义"之举收服孟获。他把军中一些面粉和成面团，再捏成人头模样儿蒸熟，当做祭品替代"蛮头"以祭河神。他自己心里明白：祭河神为假，鼓士气乃真！

打那以后，这种做法就流传了下来。不过一提"蛮头"，令人不免毛骨悚然。于是，人们就将"蛮"换成了"馒"。如此这般，"馒头"慢慢就成为各族儿女的主要食品了。

## 千层饼的来历

千层（油酥）饼与唐僧翻译千卷佛经有着极为密切的关系。

唐高宗李治在武则天的影响下，特别信奉佛教。当玄奘法师翻译佛经达千卷时，李治命宫中厨人专门用清油做成千层烙饼赏赐玄奘，以表彰他那坚韧不拔的毅力与一丝不苟的工作精神。玄奘死后举行遗体安葬时，有百余万人从方圆五百多里赶来送葬。他们带着寓意千卷佛经的各式食品，以示祭奠。

后来，京都长安的厨师们，怀着对玄奘法师的崇敬之意，对千层饼的配方、工艺做过多次改进。经过精心制作，取名“千层油酥饼”，并投入市场销售。由于它是用植物油做的，又有纪念玄奘法师的情意，因而在遍布佛教寺院的唐都长安曾风靡一时，且延续至今。

## 面包的来历

面包是由埃及人发明的。

相传很早很早以前，埃及人就会把小麦磨成面，再将面粉与盐水和在一起烤着吃，这就是最原始的面包。

一天，一个“马大哈”偶然疏忽，把和好的面遗忘在太阳地里，自己出去办事去了。待他回家后不禁惊呼：“坏了！面已胀成这副样子，怎么吃呀？”怀着侥幸心理，他还是坚持把它烤熟。真没想到，这次烤出的面包，松软可口，香气四溢。于是，他将此方广为宣传，终于让发酵面包走进了千家万户。

## 甑糕的来历

甑糕乃西安和关中地区的风味小吃。因蒸制的炊具叫“甑”，蒸出的食品为“糕”，故由此而得名——“甑糕”。

据《古史考》记载：“皇帝始作釜甑，火食之道始成。”可见甑在原始社会后期业已产生。到新石器时代，又出现了陶甑，商周时期发展为铜甑，后来又由青铜改为铁制。如此世代相袭，流传至今。这种铁甑形似圆筒，底部有许多透气的小孔，置于鬲和鍑（即大口锅）上蒸食。

甑糕除了炊具古老外，它还是从我国最古老的“粉糍”演变而来的。先秦的“粉糍”并不放枣，唐代以后才现“枣米合蒸”。韦巨源《食单》里的“水晶龙凤糕”与现今的甑糕相比，极其相似，颇有异曲同工之妙。

甑糕是用江米和红枣蒸制的，必须把握泡米、装甑、加水与火功等重要环节。如此制作出来，不仅层次清晰，软硬适中，而且色泽鲜润，粘甜可口。

## 牛羊肉泡馍的来历

牛羊肉泡馍是古都西安特有的风味食品。它以瘦肉绵软、肥肉不腻、汤浓味鲜、老幼咸宜而见长。

牛羊肉泡馍，是在古代牛羊羹的基础上发展起来的，陕西的牛羊羹在历史上久负盛名。宋苏轼曾有“陇馔（zhuàn）有熊腊，秦烹唯羊羹”的佳句。宋元时，随着回民大量移居西安，牛羊肉泡馍也就正式落户于此。到了清末。西安已有“一间楼”“天福楼”等十余家著名的牛羊肉泡馍馆。现在的“老孙家”“同盛祥”以及“义祥楼”“鼎兴春”等，也都具有百年左右的历史。

牛羊肉泡馍具有较高的营养价值，亦早为人们所认知。西周时，曾将牛羊羹列为国王、诸侯的“礼馔”。据《宋书》记载：南北朝时的毛修之，因向武帝献出羊羹这一绝味，便被武帝封为“太官令”，继而又高居尚书光禄大夫之位。

牛羊肉泡馍分为“单仔”“口汤”“干泡”“水围城”等花色品种，吃的方法亦比较考究。有经验者，总喜欢不紧不慢，一点点地“蚕食”，以真切体验其味香之悠长。

## 涮羊肉的来历

在关中地区，每逢寒冬来临，人们特别喜欢“涮”羊肉。然而此“涮”究竟源于何时，却鲜有人知。

相传700多年前，元世祖忽必烈在率军北征途中，忽然想起草原上的美味佳肴——清炖羊肉来。厨师急忙杀羊剥皮，剔骨剁肉。这时探马急报：“敌军铺天盖地而来，距此不远，安营扎寨，准备厮杀。”眼看清炖羊肉吃不上了，聪明的厨师想出一条妙法：把上好羊肉切成薄片，置于煮沸的水中搅动几下，即捞进放有少许食盐的碗里，再呈奉于忽必烈。那忽必烈早已饥不择食，端起鲜嫩的羊肉片大口吞食起来。直吃得汗珠淋漓，遍体升温。然后精神抖擞地奔赴沙场，把敌人打得人仰马翻，落荒而逃。

忽必烈旗开得胜，班师回朝。在对厨师进行重赏之后，又让他重做上阵前的羊肉片，以大宴群臣。厨师精心配制了多种调料，加入香油、腐乳、麻酱、韭花和辣椒等，使肉片之味更加鲜美。忽必烈连连称赞！高兴之余，遂御赐其名——涮羊肉。

## 火锅的来历

据考证，三国时的“铜爨（cuàn）”，乃为我国最早的火锅。而最早见诸记载的，当属南宋时福建的火锅涮兔肉。

史书记载：南宋林洪到武夷山仙掌峰拜访止止道师。时值雪天，路上偶获一兔，却无厨子烹制。止止笑道：“我们山里人把这兔子‘片’得薄薄的，将肉片放到酒、酱、椒混汁中浸泡。再把小风炉安放到小座上，架上半锅水。水沸，则人手一筷，挟肉片入沸水摆涮至熟，便吃。若想味道浓厚，还可蘸调料汁吃。”于是，林洪如法炮制，与止止大涮大嚼了一番。时隔数年，林洪又在杭州吃到了兔肉涮锅。忆起当年武夷山之事，他恍若隔世，不胜感慨。遂赋诗曰：“沸滚的汤汁雪白如浪涌，涮摆的肉片鲜红似晚霞。”

现今的火锅，用料广泛，花样繁多，且各有特色。如什锦火锅用料自由，荤素皆可；野味火锅山肴野蔬，兼收并蓄；东北的白肉火锅，白肉白汤，锅大实惠；成都的毛肚火锅，佐料倍增，川味十足。

然而如此佳肴，清代美食家袁枚却痛心疾首地将它列入“戒单”。他说，火锅蒸汽升腾扑向宾客，已属可厌；再以急火相逼，令菜肴“撤添失措”，文武难顾，致味道极差，“差不堪食”。

美与不美，就在一字之间。真乃“仁者见仁，智者见智”是也！

## 面条的来历

面条起源于我国汉代。其时面食统称为饼，又因面条要在开水里煮，故而又称“汤饼”。

早期的面条，既有条状，又有片状。其中片状的，是将面团托与手上，拉扯成面片下锅而成。魏晋时期，面条的种类日益繁多。较有名的是《齐民要术》中收录的“水引”“博饦”。水引是将筷子粗的面条压成韭叶状；馎饦则是极薄的面片。上述两种面的共同点，在于都是用肉汁调和，故味道甚为可口。

隋唐五代时期，出现了一种叫“冷淘”的过水凉面，风味独特。还有一种面条，韧性极佳，以至“湿面可以穿鞋带”。这在当时来讲，工艺确是相当不错的。

宋元时期，“挂面”开始问世。南宋的临安市场上，就有猪羊庵生面、三鲜面等。明清之时，面条的花色更为齐全，一些文人墨客还在著作中收录了面条的制作方法。如清代戏剧家李渔，就在《闲情偶寄》中介绍了“五香面”“八珍面”的制法——分别将五种和八种动植物原料研成细末，再掺进面中精制而成。故其堪称面条中的极品。

## 臊子面的来历

臊子面是关中地区招待客人的“招牌”面食，堪称秦地一绝。它原名叫做“嫂子面”，现在又有人称其为哨子面、梢子面、稍子面的。名称虽然五花八门，但以“臊子面”或“稍子面”居多。

话说周王朝西迁岐山时，当地一农户娶了位心灵手巧、聪慧过人的媳妇。过门不久，婆家欣逢喜事，由她担任主厨。只见她先将白面和硬、调软，擀薄、切细放好，再把萝卜、黄花、木耳、豆腐和大肉切碎，另附以生姜、大葱和盐、醋、辣子等辅料，很快做成了一种香气袭人的汤面条，亲戚享用之后，无不称其味美可口。春节来临，在外做官的小叔子回乡省亲，吃过此面后亦赞不绝口，并称其为“嫂子面”。随着世事变迁，“嫂子面”的名称又出现了诸多变化。

## 酿皮的来历

每逢盛夏来临，古城西安的大街小巷，出售酿皮的摊点真是星罗棋布。

酿皮是西安以至整个关中地区人们特别喜爱的夏令食品之一。它薄软筋韧，清凉可口。加之辅以盐醋、蒜水、芝麻酱和油泼辣子等调料，一个色味俱佳、风味迥异且各具特色的绝美食品，一定会使你饱享口福、流连忘返。

酿皮亦称凉皮和面皮，它是由古代的凉面演变而来的，属于“冷淘”的一个分支。早在1000余年前的唐朝，这种食品就十分走俏。据《唐六典》记载：“太官令夏洪槐叶冷淘”。所谓槐叶冷淘，即用槐叶和面粉做成的凉面。唐代诗人杜甫更有《槐叶冷淘》诗：“轻轻高槐叶，采掇付中厨。新面来近市，汁渣宛相敷。入鼎资过煮，加餐愁如无。碧鲜俱照筋，香饭兼苞芦。轻齿冷于雪，劝人投此珠。”杜诗所言，是说槐叶冷淘碧绿清香，实为消暑佳品。故掌管朝廷爨膳事务的太官令，在夏天的膳食中，一般都要加“槐叶冷淘”。

现在，西安的酿皮家族已大有扩充之势。除了同样以面粉为原料的宝鸡擀面皮之外，秦镇米皮、汉中米皮和热面皮等，早就异军突起，大行其道，成为夏令食品中的主力军。

## 点心的来历

点心起源于南京，据说还同抗金英雄梁红玉有关。

梁红玉的丈夫韩世忠带领将士在前线打仗，生活十分艰苦。梁红玉就叫部属烘制各种民间喜爱的糕饼，送往前线慰劳将士，以表“点点心意”。

从此以后，“点心”一词就广为流传起来。从“点心”的用途来看，也确有聊表一点心意的意思。如当今人们在喜庆佳节走亲访友时，带点糖果点心，表示“点点心意”；待客坐席完毕，摆上几样小吃货请客人品尝。此物虽不顶饭吃，却也是瓜子敬人——一片心意吧！

## 月饼的来历

“八月十五月正圆，中秋月饼香又甜”。每逢中秋佳节，人们在团聚赏月的同时，还要吃月饼。这究竟是为什么？此间有两种答案可供参考。

一种意见：月饼又称胡饼和宫饼，它起源于唐朝，为军队庆功祝捷而制。

唐高祖年间，大将军李靖讨伐匈奴旗开得胜，于八月十五日铁血凯旋。在长安经商的吐鲁番人向皇帝献饼祝捷，高祖李渊接过饼盒，笑指空中明月云：“应将胡饼邀蟾蜍。”说完即分给群臣一起享用。后来，民间就开始从事胡饼生产，京城也开始出现糕饼店铺。有年中秋之夜，唐玄宗和杨贵妃赏月尝饼时，嫌“胡饼”之名不雅，商议另改它称。贵妃仰望皎洁的明月，心潮澎湃，随口而出“月饼”。从此“月饼”的名称便在民间逐渐流传开来。

另一意见：月饼产生于元朝末年。当时，蒙古贵族为了维持其反动统治，严禁民间使用铁制武器，并规定每十家合用一把菜刀。老百姓恨之入骨，遂揭竿而起，团结起来进行抗暴斗争。为了秘密传递消息，他们把面粉揉合成团，做成口杯大小的圆饼，里面夹上糖。烙制成熟后，将写有情报的纸条贴到上面，再以走亲访友为名，互相传递。于是，圆饼制作慢慢就在民间风行起来。

清乾隆帝有次巡视江南，行至杭州正值中秋，当地一些学子便将精心制作的这种圆饼献给皇帝。晚间，一轮明月冉冉升起，乾隆边赏月边吃饼，不仅触景生情，连声叫绝：“皓月好饼，中秋良宵也！”

此后，圆饼代代相传，就成为现今的“月饼”。

“月饼”，其形取月之圆，其馅尽味之美，寄托着人们幸福的情思和美好的祝愿。正因如此，古往今来，人们一直把月饼当作吉祥、团圆的象征。每逢中秋，皓月当空，阖家团聚；品饼赏月，谈天说地。真乃天伦之乐也！

## 岐山臊子面的来历

岐山臊子面又叫“蛟（浇）汤面”，其特点是只吃面不喝汤。将汤倒回锅里，继续下面再舀、再吃。

话说西周初年，周族部落在岐山定居。一次，周文王带领部族外出打猎，在渭河畔见一蛟龙腾空而起，张牙舞爪，遮天蔽日。原来它时常兴妖作怪，残害百姓。时而卷起阵阵狂风，吹得飞沙走石，房倒屋塌；时而掀起漫天乌云，致暴雨倾盆，淹没农田农舍。文王对它早已恨之入骨。今方见来，怒从心起。此时，蛟龙于空中连番舞动，张开血盆大口欲施淫威。文王见状，急令随从搭弓射箭。只听“锵锵”几声箭鸣，大蛟之眼即被射瞎，少许挣扎之后跌落地面。这大蛟足有五丈多长，重千余斤。百姓见孽障已除，无不手舞足蹈。

据说蛟龙的肉味格外鲜美。人们吃了，可驱恶除邪，延年益寿。文王命部下把蛟抬了回去，剁成很小的肉块，做成臊子，置于几十口大锅里熬成汤。吃饭时，所有人都将面条捞进碗里，再由文王亲自掌勺舀汤。吃完面条，又把汤倒回锅里，让方圆数万百姓同享同庆。

从此，周部落就在岐山繁衍生息，力量越来越强盛。

## 岐山挂面的来历

岐山挂面以细筋柔光、耐煮味香而遐迩闻名。它是清道光年间，由山西稷山县马金定、马定娃兄弟俩在岐山经商时研创出来的。

当初，马家兄弟只开了一家小门面租房挂面。只因生意兴隆，盈利颇丰，便取了个“顺天成”的字号，扩大生产。咸丰年间，生意已经覆盖整个县城。尤以城南太慈村、四崖头最为驰名火爆。1886 年，岐山县设顺天成挂面局，聘请太慈村的郭世奎、孙治海为面匠，专选“苜蓿麦”为原料，经过精磨、细箩、加盐，在腊月天制作。做出的挂面，拿在手里甩不断，放在水里泡不烂，一直是朝廷的贡品。光绪二十七年间，慈禧太后在西安多次品尝后备加赞赏，遂令御膳房做给她吃。岂料厨师不小心打了个盹，醒来一看，水都快熬干了，立马惊出一身冷汗。可是仔细一瞧，面条竟然一根都未烂。于是，他给顺天成挂面局送了两丈黄绫，感谢岐山挂面的救命之恩。

民国初年，岐山挂面的质量与信誉进入了鼎盛时期。1931 年，参加在美国旧金山举行的“万国博览会”，受到当地华侨的高度赞誉。

## 麻食的来历

麻食为关中人常吃的一种面食。它是以水和面，擀成圆片切成条，再剁成小块状，用拇指一个个推搓而成的。由于它形似猫耳，故俗称“猫耳朵”。

“猫耳朵”推搓完毕，还须与菜肴烩成一锅食用。制作菜肴时，将肉丁、豆腐以及红白萝卜丁配以黄豆、黄花、木耳、粉条及葱花，炒好备用。上述程序完成后，即可将麻食放入开水之中煮熟，再将菜肴倒进搅匀即可。食用时，加些香菜末和油泼辣子，尤觉美不胜收。

喜食麻食者甚众，知其来历者却不多。据考证，元代忽思慧所撰的《饮膳正要》里，就记载有麻食。他说：“秃秃麻食，亦作手撇面。以白面作之，羊肉炒后，用好肉汤下，炒葱，调和匀，下蒜酪香菜末。”明人所撰的《居家必用事类大全》也说：“秃秃麻食，又名秃秃么思，如回族食品。用水和面，剂冷水浸，手搓成薄片，下锅煮熟，捞出过汁。煎炒、酸水，任意食之”。

上述史料说明，早在元、明时代，麻食已流行与民间，而且是回族人的食品。“麻食”一词，亦可能是少数民族语言的译音。当时的麻食制作之法，与现今基本无异，而且可以煎炒或加菜调酸汤食用。

## “葫芦头”的来历

陕西风味小吃“葫芦头”，具有悠久的历史。它起源于唐代，原名叫做“玉肠汤”。

由于玉肠汤的创始人胡仲厨艺不佳，味道不正，生意十分萧条。一日，药王孙思邈在此用餐后，边付钱边感叹：“此乃佳珍，可惜腥味太重！”胡仲见老汉相貌不凡，说的也很在理，就急忙上去求教。孙老看他虚怀若谷，当即开了八味药方，连腰间挂的葫芦一并送给胡仲，嘱咐他“按方抓齐，研成细末，置于葫芦。用时撒点，腥味自除”。胡仲照此一试，果然如此。

从此，葫芦头生意日渐红火，店前人来人往，门庭若市。不多久，便已成为长安城内的名贵食品。为铭记孙思邈的大恩大德，胡仲遂将葫芦尊为珍宝，并把“玉肠汤”改名为“葫芦头”，且一直流传至今。

## “长寿面”的来历

长寿面亦叫“冷面”，是朝鲜族著名的风味小吃。它味道独特，甜辣可口，深受人们垂青。

相传，玉皇大帝的七位仙女厌倦了天宫生活，整天思念人间，想寻机来凡世游览一番。她们乘玉帝不备，悄悄溜出宫苑，徐徐降落在长白山天池，日子过得挺舒心。一次，最小的七仙女正在池中沐浴，忽然有只大鸟衔起她的衣服直飞天际。过路的白衣秀士见状，即搭弓射箭，终使她的绣衣飘然而下。仙女感激不尽，特为秀士做了“冷面”以示犒劳。

这种“冷面”拉力大、弹性好、味美可口，与人间的面条简直不可同日而语。秀士食用完毕，仍觉余味无穷。回家后，遂模仿仙女的制作工艺，做好后送给乡亲们品尝。“冷面”就如此这般地一代一代传承了下来。

现在每逢正月初四，朝鲜族都要阖家相聚吃冷面。据说这天吃了长长的冷面条，便可延年益寿，长命百岁。

## 汽水的来历

炎炎夏日，汽水是人们非常喜爱的饮料，更是旅游者难得的良友。它为人们解渴消暑，竭诚服务，大约已有百余年的历史了。

16 世纪，欧洲的地质学家发现矿泉水特别清凉解渴，经过化验，原来里面含有二氧化碳。进入 17 世纪之后，人们逐渐掌握了用低温或高气压使碳酸气溶解于水的奥秘。1881 年，德国一位药剂师遂配置出同天然矿泉水一样的饮料，这就是最原始的汽水。

汽水于清同治年间输入我国，谓之“荷兰水”。光绪末年，外商在我国设立“老德记”、“正广和”及“屈臣氏”等汽水厂。国人也就如法炮制，组建了苏州的瑞记公司和上海的惠华汽水厂。但因竞争力薄弱，先后进行了倒闭。

解放后，我国的汽水才真正发展了起来。现在无论城乡，色、香、味俱佳的汽水随处可见。尤其是西安市的“钟楼”牌汽水，几十年来一直深得市民之厚爱。

## 冰棍的来历

早在公元前250多年前，人们已经懂得用冰来冷却食品了。后来，皇帝的食谱中就有一种叫做“雪条”的食品问世。这种食品，是用带有樟脑香味的大米油加上牛奶与白糖冰冻而成的。据说，此乃世界上专供皇室食用的最早的冰棍。

在近千年的历史长河中，“雪条”一直被皇廷所垄断。12世纪末期，才在北京街头出现一种手工制作的“冰棍”。这种冰棍与宫廷里的“雪条”十分相似，只是中间多插了一根小竹棍儿作手柄。

1295年，世界著名探险家——意大利人马可·波罗在北京被这种精美冷食所倾倒。饕餮（tāo tiè）之余，遂出高价购买了制造技术。就这样，冰棍随他首次“出使”欧洲，并在罗马市场更名改姓为“雪糕”，成为于欧洲风靡一时的佳珍。

## 冰淇淋的来历

冰淇淋，美味可口，消暑解渴，堪称冷饮族里的娇子。它的名字虽然洋气十足，但却并非西方的舶来之品。很早以前，它就脱胎于古老的中华大地。

世界旅游者的先驱、意大利的马可·波罗来我国远足时，对北京街头小贩叫卖的冰棍和冰冻奶酪情有独钟。品尝之余，他还将制作技术带回国内，并在欧洲其他国家相继开花结果。

时隔不久，有人对原来的配方稍作改进，就生产出甘甜爽口的冰淇淋。一次，法国国王访问意大利，吃过此物后赞不绝口。回国之时，就专门在意大利招聘了一名制作专家，去为法国皇室服务。

冰淇淋成本较高、价格昂贵。当时，除了王公贵族之外，一般人不敢问津。后来，一个犹太人设计出一种制作冰淇淋的专用机器，进入批量生产，才使其逐渐成为物美价廉的大众化冷饮食品。

## 咖啡的来历

西方国家大都以咖啡作为日常饮料。可是，咖啡最早并非产于欧美诸国，而是产于北非的阿拉伯。它本是一种野生的茜草植物，人类与它相识相逢，完全出于偶然。

很久很久以前，一位名叫卡尔迪的阿拉伯牧羊人赶着羊群去放牧。羊群之中，有的在静静地吃草，有的在树荫下休息，还有的在灌木丛中品尝鲜红的浆果。不一会，吃过浆果的羊只突然精神亢奋，蹦跳不休，行为极其异常。连续观察数日之后，他将这种情况告诉了一位相当聪明的朋友。这朋友便采来浆果，放在锅里试着熬汤喝。谁知汤味苦涩难咽，只好倒掉。令人新奇的是，他不慎将一些煮过的浆果掉入火中，清香之气立即散发而出。于是他想，假如把烤过的浆果拿来熬煮，汤味也许就截然不同了。经过试验，果真如此——味道简直妙极了！这就是最原始的咖啡。

咖啡传入欧洲后，瑞典人对其争议很大。有人认为它有害于人体，以至还会毒死人。究竟如何？国王古斯塔夫决定亲自试验一下再分高低。他让一个死刑犯每天连喝几杯，结果对其毫无影响，一直活了 80 多岁。从此，瑞典才颇具信心地加入了咖啡的消费行列。

现在，咖啡已是国际市场上的大宗商品，并成为人们招待嘉宾的必备之物。

## 可乐的来历

在整个饮品市场中，“可乐”虽然涉世不深，但它的得名却是十分有趣的。

上世纪 30 年代。美国一家小饮食店正在出售一种用果汁、香精、苏打与酒精混合而制的饮料。一天顾客较多，服务员一时疏忽，竟把醋当做酒精放入顾客的杯中。当她发现并及时前来更换时，顾客已喝下一大半，并高兴地拍着桌子大叫：“可口！可乐！”服务员见状，只得无奈地随之高喊：“可乐！可乐！”老板知悉内情后，即召唤其他服务人员如法炮制，免费送给在座的顾客品尝。谁知他们用后亦异口同声地喊道“可口！可口！”服务生们惊诧之余忙答：“可乐！可乐！”直喊得众人捧腹大笑。

次日，老板在店门外竖起广告牌：本店经销新式饮料“可口可乐！”无论男女，喝了就“乐”！接着，又在报纸、广播、电视等媒体广为宣传，致使其利润成数十倍地向上逐年翻滚。时隔短短的 20 年，“可口可乐”就远销五大洲 130 多个国家，并成为美国生活方式的象征。

20 世纪 50 年代末期，可口可乐公司对外公开了产品专利，单独保留了“可口”两字的专用权；允许其他国家厂商生产这种饮料并使用“可乐”二字。于是，诸如“百事可乐”“幸福可乐”等各种品牌的可乐型饮料应运而生，十分走俏。

## 西瓜的来历

从 19 世纪初期开始，世界各国的植物学家就为寻找西瓜的“老家”而争论不休。有的说西瓜的故乡在亚洲，有的说在意大利，还有的说在印度。然而无论哪种说法，都缺少可靠的事实依据。

大约 100 多年前，一名叫李文斯顿的英国旅行家周游世界时，对动植物学进行了大量的实地考察。一天，他在南非洲的卡拉哈里沙漠发现了一片野生西瓜地，许多大象、狮子和犀牛，正在大口大口地吞食西瓜。他把这次发现向植物学界公布后，多年来一直争论不休的话题，终于画上了句号。大家开始公认：南非的卡拉哈里大沙漠，才是西瓜的真正“老家”。

## 西红柿的来历

西红柿又叫番茄，它的祖籍是南美洲的秘鲁。当初他生长于密林里，当地人叫它“狼桃”，是一种“禁品”，据说没有一个人敢碰它。

相传 16 世纪时，英国女皇伊丽莎白的情人俄罗达里公爵来到秘鲁。他见“狼桃”有的翠绿如玉，有的艳红若珠，还有的金黄似宝，煞是可爱。就冒险挖了一颗带回英国，作为珍贵的礼品献给伊丽莎白女王观赏。从此，人们才逐渐把它作为观赏品栽进庭院之中。一些青年男女还专门用它馈赠意中人，故其又有“爱情苹果”之雅称。

进入 18 世纪后，德国一位勇敢的画家决定冒死品尝“狼桃”之味道。吃下一口，又酸又甜；瞬间又觉得心惊肉跳。他怀疑是不祥之兆，便穿好衣服上了床，静等死神之召唤。可是时间一分分地过去了，死神并未会见他。这一奇闻很快轰动了法国，画家亦被当做传奇式的英雄誉满整个欧洲。

后来人们才发现，西红柿原是一种营养丰富的菜蔬果品，并开始普遍栽培。西红柿传入我国，大约也只有百年多的历史。

## 罐头的来历

当你品尝着色味俱佳的罐头食品时，你可曾想到——这罐头的问世，还有拿破仑的功劳呢!

1780 年前后，拿破仑率军远离国土，驰骋转战于异国他乡。由于路程遥远，天气炎热，军队补给所需的大量肉类、牛奶与水果等，尚未运到前线即已变质腐烂。这个与战争胜负息息相关的难题，使拿破仑伤透了脑筋。于是，他巨额悬赏，广泛征寻可以久藏远运方法。法国人阿伯特知悉后，经过多年的研究和试验，于 1795 年采取高温灭菌、排气封盖等方法，研制出世界上第一个最原始的玻璃罐头，可在室内常温下保存两个多月。

1801 年，英国人杜兰德进行了类似的试验。他把玻璃瓶改为顶部开有小口的马口铁罐，在对食物进行加热、灭菌处理后，再将小孔用锡焊合，使人类世界第一个金属罐头得以问世。1810 年，杜兰德获得了使用马口铁罐的专利权。

我国的罐头工业始于 1903 年。由于海外华侨怀念祖国，喜食故乡食品。他们投资兴办的上海泰丰公司，率先制造出适合国人口味的罐头，远销南洋及欧美各地，受到海外侨胞的欢迎。

上世纪 60 年代前后，美国陆军又研制出一种用薄膜袋替代马口铁罐，具有重量轻、体积小、储期长等特点的“软罐头”。日本一家公司获知情报后，与 1968 年抢先在世界市场进行销售。据悉，这种异军突起的软罐头，发展势头非常迅猛。

## 臭豆腐的来历

清康熙年间，安徽举人王致和千里迢迢赴京赶考，实指望能够金榜题名，岂料却名落孙山。他走投无路之下，拟开个豆腐店以求谋生。开张不久，便遇霏霏细雨。豆腐滞销，不几日即开始发霉。王举人不忍心将其扔掉，就用盐把它腌了起来。谁知数天后，竟把豆腐腌得色青味鲜，闻着臭，吃着香，别有一番风味儿。他这下好不喜欢，遂取名“臭豆腐”，挂牌叫卖。

人们到店里品尝后，无不啧啧称奇。如此一传十、十传百，不到两个时辰，几大缸臭豆腐就被抢购一空。一宫中太监买了一些献于皇上，皇上一“品”，龙颜大悦，即传旨将臭豆腐列为御膳房的小菜之中，并赐名为“青方”。

## 麻婆豆腐的来历

麻婆豆腐起始于清朝同治年间（即 1862 年至 1874 年），开创于今成都市外北万福桥一家陈氏小饭馆。

店主陈春富的妻子陈氏，心灵手巧，精明干练。她对豆腐的加工、制作与烹调，有一套非常独特的方法。其烹制出来的豆腐，色味俱佳，不同凡响。只因陈氏的俏脸上有几粒不合时宜的麻子，故“陈麻婆豆腐”的声名就不翼而飞，远近闻名。

陈麻婆豆腐的特点，一言蔽之，就是麻、辣、烫、块、酥、嫩。具体来说，作为原材料的豆腐，雪白细嫩，形整不散；加工后的菜肴，则红白相间，色泽明亮。加之口感酥脆，麻辣之味奇浓，深受川人厚爱。该豆腐店已有百余年的历史，但生意至今经久不衰。

## 金华火腿的来历

相传岳飞年轻时，有次因违反军纪被推出问斩。宋代名将宗泽看到这位士兵红光满面，一表人才，连忙喝退刀斧手，把岳飞带进帐中问道：“你犯何种大罪？”岳飞回答：“为的是空负壮志，无法精忠报国。刚才喝酒解闷，因口角差点打死了人。”宗泽听罢，便命他戴罪迎战金兵，立功赎罪。

从此之后，宗泽率兵抗金的捷报，频频相传。百姓经常抬着大肥猪前来慰问。由于猪肉多得吃不了，宗泽就命人将猪腿割下，用盐腌制起来。可这腌肉又湿又重，行军携带极为不便。于是，他们就将其放在太阳之下暴晒，或置于通风之处进行风干。日子一久，腿肉香气四溢，面表红若篝火。大家都管它叫“火腿”。

宗泽抗金大捷的消息传至故乡浙江，百姓高兴地奔走呼号，并仿照军中“火腿”加工泡制，以慰劳前方将士。在送来的诸多火腿中，尤以金华所产至佳。时间一长，“金华火腿”就成为当地的特产。

## “龙凤腿”的来历

相传慈禧对饮食十分讲究，平时稍微吃得不称心，就会大发雷霆。一天，小太监端来几道京帮大菜，她只扫了一眼便埋怨说：“又是老一套！”一句话，吓得厨师心里直哆嗦，连忙重做了几道湖广名菜献上去。可她大手一挥，又让退了下来。这下就难煞了御膳房的师傅们，大家你看我，我瞅你，谁也没有好办法。

这时，一位名叫王阿坤的苏帮厨师忽然急中生智。他想：“鲜”字是鱼、羊合成，我何不用鱼和羊试做一道新鲜菜呢？于是，他将鱼肉、羊肉配上虾仁、香菇和冬笋，同小作料伴和在一起，置于笼中蒸熟；然后用網油包成鸡腿状，上面滚一层蛋粉，下进油锅一氽；最后再给每只的细头插上熟笋即可。搭眼看去，“毛孔”清晰，油光锃亮，简直和鸡腿毫无二致。

此菜贡上之后，慈禧只吃了一口，老脸皮就立马放出光来。她说这菜干中有卤，脆中有柔，说是美味，实为佳肴。遂赐名曰“龙凤腿”。

王阿坤告老还乡之后，把这道菜的烹调技艺带回苏州，传给了一家菜馆。老板为了招徕顾客，就挂起“慈禧御赐名菜龙凤腿”的牌子。这一美味佳肴，便如此这般地代代相传了下来。

## 烤鸭的来历

北京烤鸭皮脆肉嫩，味鲜香醇，早已驰名中外。可是关于它的来历，至今众说纷纭，莫衷一是。然相对集中的认知，主要有以下几点。

一说最早始于古长安。明朝的《饮食绅言》载：武周建立政权后的 690 年，武则天的宠臣、面首张易之为控鹤监时，与其弟张宗昌竞相豪侈。他们用大铁笼把活着的鸭鹅置于其内，当中生起炭火，再将盐、醋、姜、酒和饴蜜等五种佐料调成味汁，放在铁笼内的铜盆中。鸭鹅被烤得口渴难耐，就不停地喝盆中之味汁，直至被火烤死烤熟。这样，吃起来就别有一番风味。由此可见，烤鸭源于古长安，是比较令人信服的。

另一说法称最早始于南京。南京一带的湖鸭多食稻谷，肥厚多肉，做成各种汤菜都好吃。朱元璋建都南京后，宫廷厨师将过去水煮鹅鸭的办法改为炭火烘烤，使其肉酥味美，肥而不腻。皇宫里谓之“烤鸭”。朱元璋死后，他的四儿子燕王朱棣夺取了皇位，遂迁都北京。与此同时，烤鸭技术亦随之传到北京，并得到进一步的发展。宫廷采用北京玉泉山产的填鸭进行烤制，质量更佳。

历史的车轮驶入清朝后，烤鸭便成为乾隆皇帝、慈禧太后以及王公大臣们非常喜爱的一道名菜，并将其正式命名为“北京烤填鸭”。

## 皮蛋的来历

皮蛋的产生，亦来之于偶然。

明代泰昌年间，江苏吴江一家茶馆老板每当应酬客人之后，就把茶叶随手倒进炉灰中。说来也巧，老板的几只鸭子总喜欢在灰堆里面下蛋。一次，他在清除炉灰时发现了不少鸭蛋，以为时间过长，不能吃了。谁知剥开一看，里面竟黝黑光亮，表面还有不少白色的花纹。拿在手中一闻，清香之气扑鼻而来。再咬下一块品尝，顿觉鲜滑可口，余味无穷。

就这样，皮蛋在不知不觉中来到人间。后来人们不断探索改进，使其加工工艺日臻完善，味道亦日趋鲜美。

## 茅台酒的来历

贵州茅台，琼浆玉液，甘醇味美，驰名中外。饮后令人心旷神怡，飘然欲仙。然而谁能料到，最早的“茅台”，却并非黔人所酿，而是出自秦人之手！

全国著名大报《农民日报》曾刊载一篇题为“茅台无处不飞香”的文章，专门讲述了这个问题。

茅台酒，产于贵州省仁怀县城西北约 30 华里的赤水河畔茅台村。约在 18 世纪之初，一位陕西籍盐商在这个小村安了家。这位盐商酷爱饮酒，故专门从家乡带来一位酿酒名师。当酒师酿出新酒之后，盐商惊奇地发现，此酒比以前所喝的八方之酒，都要甘醇、鲜美得多。

在盐商的带领下，茅台村纷纷兴办起酿酒业。过往客商品尝后，无不拍案叫绝！茅台村出美酒的消息，就这样不胫而走，继而饮誉四方，名闻天下。

## “太白”酒名的来历

太白酒产于陕西眉县金渠镇。它历史悠久，驰名神州。近年来漂洋过海，深受欧美客商之青睐。提起它的名字，还有一段故事呢！

很早很早以前，眉县道会沟口住着母子二人。母亲年迈善良，儿子宰祥聪颖好学，在太白山区一所学堂念书。宰祥上学天天迟到，成绩却始终名列前茅。老师纳闷之余，就问他为啥常迟到。宰祥回曰：家中吃水困难，每天早上要去二三十里之外的渭河担水。否则老母无水吃，自己上学难安心。老师暗暗称赞宰祥是个孝子，并寻思如何帮帮他。

一天，老师送给宰祥一根拐棍，让他拉着回家。嘱咐他途中无论听到什么响声，都不要回头看，回家后就把拐棍插在水瓮里。宰祥遵其嘱咐，沿太白山的大爷海边往回走。拉到金渠时，几个老头见其身后跟着一渠清水，高兴得手舞足蹈，并连喊“宰祥快跑，小心水把你淹了！”宰祥受此一惊，慌忙回头。这下可好——清水流进金渠了，拐棍瞬间亦无影无踪。原来这位“老师”，实乃“太白金星”是也！

鉴于此水清甜甘醇，人们就在这里安营扎寨，建厂酿酒，并谓之“太白酒”。

## 西凤酒的来历

产于陕西凤翔县柳林镇的西凤酒，不仅现今闻名遐迩、享誉四方，即使在过去，名声也大得很着呢！

相传唐朝仪凤年间，礼部侍郎裴行俭送波斯王子回国，走到扶风郡首府雍县（今宝鸡市凤翔县）时，郡守在城西十里长亭送行。时值阳春三月，桃红柳绿，风光迷人。行走间，裴侍郎突然发现，沿街的彩蝶与蜜蜂纷纷坠地，心中大为不悦。郡守一见，急忙追究原因。原来，离城 15 里的柳林镇一家酿酒作坊在整修时，从地下挖出一坛窖藏 300 余年的陈酒。这酒色清碧透明，气味香醇无比。只因酒味随风飘散，致镇东十里之地蜂蝶闻之，纷纷坠地。郡守一听大喜过望，遂将这坛美酒送给了裴侍郎。

裴侍郎回朝后，又将此酒献于高宗皇帝。皇帝一尝，果然名不虚传。从此，柳林酒就被列入国宴珍品。北宋时，大文学家苏轼出任凤翔太守，曾“植湖柳，饮此酒”。清宣统二年，柳林酒参加南洋万国赛会，获得了世界美誉。建国后，人民政府出资建设西凤酒厂，“西凤酒”才正式得名，并由宫廷进入寻常百姓家。

## 啤酒的来历

早在公元前3000年左右，啤酒就已开始出现，并成为世界上最古老的酒精饮料之一。

继巴比伦王国和亚述之后，在著名的“汉谟拉比”法典中，就有啤酒与啤酒肆的条款。在埃及，啤酒还作过官僚的奉酬和神殿的借物。其情其景，在一些古代壁画中，目前仍可见到。古人常把药草置于啤酒中当做药品来使用，后来又将药草视作调味增香的东西。到了中世纪，掌有酿造权的僧院使用大量药草来调味，开始酿造生啤酒。与此同时，一些城市又有人试用酒花代替药草制酒，并逐渐取得了酿造权，引起了一系列的竞争。由于著名的布朗得托公竭尽全力充当酒花啤酒的“保护神”，致使后者在发展中取得了决定性的胜利。

啤酒的贮藏得益于法国路易·巴斯德低温杀菌法的成功。丹麦植物学家汉森的纯粹酵母培养法，也为啤酒质量的提高做出了显著贡献。随着制瓶技术的改进和瓶口软木塞的发明，啤酒工业已经奠定了坚实的基础。

我国最早的啤酒厂，是宣统年间在北京玉泉山首建的。时隔不久，上海、青岛等地相继跟进。现在，国内大部分城市和地区，都能生产啤酒，不少名牌还打入国际市场而享誉全球。

## 白菜的来历

据考证，白菜的远祖与甘蓝同宗，原产于欧洲，后由阿富汗传入中国。但从西安半坡遗址出土的陶罐中，曾发现有白菜籽。这足以说明我国的白菜栽培源远流长，距今自少也有6000多年的历史。

白菜最早见于文字的，是汉朝张机的《伤寒杂病论》。那时的白菜谓之“菘”，与现代白菜的质量相差甚远。人们从小白菜开始，继而培养成散叶型白菜。直到宋代，结球包心形的白菜才培育成功。苏东坡曾赋以“白菘类羔豚，冒土出熊蹯”

的诗句来赞美白菜。意思是白菜的味道像小猪的肉一样好吃，它是从土里生长出来的熊掌。元末明初的实心大白菜，已可长到 15 斤左右，曾被誉为蔬菜中的“神品”。清朝光绪年间，清政府曾将 3 棵胶州大白菜送往东京博览会展出，从此传入日本。现在，白菜的品种很多。按形状可分为结球白菜、普通白菜和苔用白菜三大类，其中山东胶州大白菜最为有名。

## “对虾”的来历

市场上烀熟了的大虾，都是一对儿一对儿的，叫作“对虾”。可大虾在海里生活的时候，却并非如此。那么，人们为啥要将其拢在一起，又谓之“对虾”呢?

相传在西太后当政时，宫廷中的宫女都是三年一换。时间一到，便放出皇宫自去嫁人。西太后有个随身宫女，生性聪颖，机灵麻利，很讨主人之喜欢。然而过了三年又三年，宫女已经二十出头，即将变为“老姑娘”，可西太后仍无放回之意，令姑娘心急如焚，毫无办法。

这姑娘有位叔叔在御膳房，亦为侄女之事伤透脑筋。几经苦思冥想，终于计上心来。这天，他给西太后作了一道新菜，是两只大虾。只见它们头对腚、腚对头地被虾枪穿在一起，红彤彤的既好看，又溢香。西太后见了喜形于色，忙问这道菜叫啥名字。厨师答道：“红娘自配”。西太后稍事琢磨，便明白了“盘”中之意。她一时兴起，就将宫女唤来，嘱咐她离宫“自配”去。宫女如获大赦，急忙俯身叩拜。

“红娘自配”之虾传到民间，乡人纷纷照着去做。不过人们觉得名字有点“拗口”，就改为“对虾”，并一直流传下来。

## 菜单的来历

菜单——顾名思义，乃是一份专供结账所用的名称详细、价目清晰的菜肴清单。现今，无论是大酒店，还是小餐馆，只要顾客刚一落座，服务生就会将本店的经营细目送至桌上，待顾客选择完毕后，再列表记录，这就是“菜单”。可是，菜单起初并非为顾客选菜与结账而制，倒是厨师用以“备忘”的自制工具。

16 世纪初期，法国宫廷菜肴的制作工艺十分落后。1633 年，法国国王昂里二世的王妃卡得里努将厨师作为陪嫁，从佛罗伦萨带到了巴黎，使宫廷菜肴有了初步改善。法国厨师为了记住这些舶来菜肴的用料和工艺，遂将它们逐一记录下来。这就是菜单的雏形。

原始菜单的功能“变异”，已是16世纪中叶的事了。

1654年，布伦斯维克侯爵在私人宅第举行晚宴。席间每上一道菜，侯爵都要看着桌上的单子予以核对。客人觉得这种办法很实用，就竞相仿效，菜单就这样正式露面了。

## 梳子的来历

轩辕黄帝的第二妻室方雷氏，是一位非常精明聪慧的女人。在第一妻室嫘祖发明养蚕后，方雷氏亦发明了骨针。她把丝线穿在骨针尾部，缝起衣裳飞针走线，黄宫妇女无不佩服。

然而，她所掌管的20多位宫女，却经常蓬头乱发，有失皇宫风范。每遇重大节日，她总要把这些宫女叫来，用自己的手指将其蓬发一一捋顺。由于过于麻烦，方雷氏为此经常犯愁。一次，河里发了洪水，舟船发明者狄货从水中捞回几条鲤鱼，找方雷氏给他做熟吃。方雷氏将石板用柴火烧热，把鱼上下翻滚，不一会就烧熟了。狄货一口气吃了3条，鱼刺扔了一地。方雷氏信手拣起一根，折了一节，用其梳理肩上的乱发。不一会儿，蓬乱的头发竟被梳得整整齐齐。于是，她便把鱼刺折成一拃长的短节节，给身边女子每人发了一节，教她们梳理头发。有的女子不会使用，将鱼刺扎进了头皮；有的则用力过大，一下把鱼刺折断了。有的还说，不如用手指梳理，既保险还能抓痒。此事虽然失败了，但方雷氏并不气馁。她找来木工睡儿，要其依照鱼刺原理做一把木质梳子。不几天，睡儿便将木梳送了过来，方雷氏看罢这比手指还粗的梳齿直摇头。睡儿甚觉尴尬，便私下同几个木工弟兄一起攻关，终于给她制作了一把做工精细的竹制梳子。方雷氏看后非常高兴。

从此，中华民族妇女就进入了使用梳子的新时代。

## 篦子的来历

篦子，雅号篦箕。它虽与梳子是亲姐妹，但毕竟工艺不同，功能各异，使用的人群自然也也有差别了。

相传古时候，兰陵（又称晋陵、毗陵和龙城，即现今常州）花市街有个人名叫陈七子。他原先为官，后因犯罪而锒铛入狱。在狱中，他的头上生了许多虱子，痒得他每晚辗转反侧，难以成眠。黎明入睡后，往往在日上三竿时仍鼾声如雷。一次，狱卒见他这副懒相，十分气恼，便操起墙角一片竹板，打得他皮开肉绽，直至竹板“开花”方才罢休。晚上，伤痛、虱咬，折磨得他睡意全消。借助惨淡的月光，他瞅着身旁开裂的竹片，突然灵机一动，遂将其破成一把竹篾。密密麻麻地排列成行后，再用两根竹片从两面夹牢、捆紧，然后在石板地上磨成参差不齐的“牙口”，便用来刮头。这一刮，虱子竟被全部清除出来，当晚就睡了个囫囵觉。此事被狱卒发现，连忙上报。受封于延陵邑（今常州）的吴王太子季札知悉后，立即传令释放陈七子，并让他开办专门生产篦子的作坊。

随着时间的推移，常州篦子越做越精美，生意越来越红火。到清朝时，大运河畔东起文亨桥，西至怀德桥的花市街，各式精美竹篦琳琅满目，引得市民游客、远近商贾流连忘返，花市街也随之成为常州西郊著名的景观之一。乾隆皇帝巡视江南时，见此盛景，不禁连声称赞。他唯一不满的是街名，曾说“何以叫花市街，，应唤篦箕巷为好”。“篦箕”二字由此得名。后来，常州竹篦声名大振，越传越响，以至在两次国际博览会上分获银质奖和金质奖。

## 筷子与烹调的来历

筷子是我们祖先发明的重要餐用工具，也是华夏文明的有力见证。远古时候，人们吃饭常用手抓。为了避免炙烫，偶尔辅以小棍相助。经年累月这般去做，慢慢学会了挟食的本领。一根小棍经过“升级”为两根，这就是“筷子”。

不过，它的原名并非“筷子”，而叫“挟”。汉朝改为“箸”，隋唐又称“筯”。“箸”与“筯”都与“滞”“住”相谐，有停止之嫌，故为民间所忌讳。后来改为“快儿”，取不断前进之意。时至宋朝，鉴于“快儿”一般均系竹子所制，遂在

“快”上加竹头。“筷”子从此应运而生，至今未变。

说起烹调，还有一个古老的传说。彤鱼氏是轩辕黄帝第三个妻室，她在黄帝宫里专管人们的衣食住行。有一年，黄帝宫里很多人因吃生肉闹肚子。宫内名医岐伯、俞夫用很多办法都未治好，黄帝为此经常闷闷不乐。

有年夏天，打猎能手于则和彤鱼氏一起带人上山打猎。他们钻进一片茫茫森林后，天气突变，一个炸雷，森林起了大火。队员们惊慌失措，不知如何是好。在这危急关头，熟悉地形的于则突然想起半山腰有个洞穴，便带领大家钻了进去。这时，山上浓烟滚滚。火借风势，风助火威，烈焰飞起十余丈。他们个个浑身打颤，毛骨悚然。仅仅一天时间，整个森林就变成一片灰烬，散发着浓浓的臭腥味。于则发现洞外不远一块大石板上，躺着两只野羊，一头野猪，均已被火烧焦。便迅即跑过去，把烧死的野羊用手一提，只见它全身碎烂。他又提起羊腿闻了闻，除过焦味外还特别油香。于是便把两只野羊的前后腿拿到彤鱼氏面前说：“这是烧死在石板上的野羊，你尝尝，特别好吃。”彤鱼氏尝了一块，感到确实不错。

吃完后，彤鱼氏对大伙说：“今后凡打回的猎物，先不要生吃，都先放在石板上烧烙，等烧熟后再吃”。

彤鱼氏这次上山打猎，虽然遭受了一次磨难，但却开辟了人类吃熟食的新纪元。回到黄帝宫，她整天带领身边女子上山挖石板。彤鱼氏叫大家把石板支起来，从下面用柴烧。等到将石板烧热烧烫后，再把打回来的各种猎肉切成薄片，放在石板上左右翻动，连烙带炒。为了防止手指烫伤，彤鱼氏砍了很多竹子，用竹棒直接翻炒。于是，所有村落都开始照此操作。

人们纷纷议论说：“嫘祖教会了我们养蚕；彤鱼氏教会了石板炒肉；方雷氏创造了梳子，教会了我们梳妆打扮。我们只有好好听从黄帝的话，来报答她们对先民的恩德。”

这就是人类烹调、烹饪和使用竹棒当筷子的开端。

## 辣椒的来历

辣椒又称番椒与海椒，原产南美洲热带地区，是印第安人首先培植的。此物何时传入中国的呢?

鉴于巨著《本草纲目》（1578 年）始终未见辣椒之踪影，有人便认为它是迟至明末才在我国崭露头角的；还有人称，国内书籍最早记载它的是清初陈淏子所著的《花镜》。其实，这些说法都欠确切。

《花镜》一书成书于清康熙年间（约 1688 年），而明天启元年（1621 年）王像晋创作的园艺学专著《群芳谱》中，就已经有了“番椒、秦椒”的记载。此外，明代钱塘人高濂所著《遵生八笺》（1591 年）中的《燕闲清赏笺》“四时花纪”类，亦载有“番椒”。如“丛生白花，子俨秃笔头，味辣色红，甚可观”。而《花镜》亦云番椒“丛生白花，秋深结子，俨如秃笔头倒垂，初绿后朱红，悬挂可观，其味最辣”。就其“秃笔头”之喻来看，源于前者，是显而易见的。

据考证，较之前述更早的材料，还有明代马欢所撰的《瀛崖胜揽》（成书于明永乐十四年，即 1416 年）。书云：“苏门答腊，即古须文达那国。其地依山则种椒园，蔓生如中国甜菜状，花黄子白，其实初青，老则红。半老则採之爆干，每百斤直（值）白金一两”。由于马欢系郑和下西洋的随行通译，故有人猜测，辣椒应是他从南洋引入的。

综上所述不难看出，辣椒传入中国，并非迟至明末，起码也在明代前半期。

## 醪糟的来历

相传盛唐时期，唐玄宗调集天下大批能工巧匠来到临潼，于骊山脚下修建华清宫。由于修宫要用大量的蓝田玉材，为了运输需要，官府遂给沿途每户发放二斗白米，以解决运玉民夫的食宿问题。

一天，潼河边一对善良的老夫妻听说运玉的民夫将至，凌晨就起身做饭。可饭还未蒸熟，突然下起了倾盆大雨。由于道路被毁，民夫无法前来，急得老夫妻像热锅上的蚂蚁。因为官衙出过告示：专粮专用，私食者斩首！老两口想尽办法，米饭还是变味了。

焦急之中，忽闻有人敲门。刚一打开，一位衣衫褴褛、形容憔悴的跛脚老汉破门而入，想要讨口饭吃。老两口见其奄奄一息，恻隐之心油然而生。他们顾不上许多，只想救人要紧。老汉狼吞虎咽地吃完后，始发现老两口蹙眉不展，遂问何以致此？老两口如此这般一一诉说之后，跛脚老汉遂从随身携带的葫芦里倒出四五粒白色小丸，让其放进饭锅里搅匀，三四十天饭都坏不了。言毕，跛脚老头便不翼而飞，可他站过的地方，却放着好端端的一碗米饭。当晚，老两口就按跛脚老汉的说法，将小丸放进锅里。没想到次日打开锅盖，一股香气扑鼻而来。

雨过天晴，饥渴难耐的民夫们刚一进门，老两口就烧好开水，倒进米饭，给民夫一人一碗。民工见其喷香味美，遂问这饭叫什么名字，老汉不经意间发现一民夫正用筷子在碗中捞取那酷似豆腐糟的米粒，遂信口开河道："叫捞{醪}糟"。于是，一传十，十传百，醪糟很快就出了名。后来，夫妻俩还开了个醪糟店，生意十分兴隆。

某日，玄宗携贵妃出游，忽闻一股香气飘然而至，甚觉奇怪。进入店里后，店主特意给醪糟里加入了鸡蛋絮絮，玄宗饭后大加赞赏，贵妃还将随身携带的一枝桂花赐予店家。店主找来一个瓦罐，将桂花在清水里养了起来。说来也怪，不仅店内桂花飘香，就连醪糟里也有了桂花的醉人香气。

从此，临潼的桂花醪糟就声名远扬了。

## 味精的来历

味精是一种鲜味浓郁的调味品。可是在整个调味品家族中，它的资历并不长。

1908 年，东京的早春乍暖还寒。工作了一天的池田菊苗教授刚回到家里，妻子就端上了热气腾腾的饭菜。教授喝了几口汤，忽然问妻子："今天的汤怎么这样鲜美？"妻子说："多放了些海带。"受此启发，池田教授与铃木合作，潜心研究海带的成分构成。经过反复试验，终于从中提出了味道鲜美的物质——谷氨酸钠，也就是味精。

从此，这一新型的调味品，就走进了千家万户，成为人们幸福生活中的"添加剂"。

## 醋的来历

俗话说，开门七件事：柴米油盐酱醋茶。醋作为最基本的日用调料，对人们生活来讲，的确须臾不可离开。醋始于何时，史无可考。但数千年来，民间却有"杜康造酒儿造醋"的经典传说。

相传远在夏朝时期，杜康的儿子黑塔率族移居今江苏镇江一带。他在长江沿岸的渔港开设了一家糟坊，用江水浸泡酒糟。21 天后之酉时开缸，但闻香气扑鼻。口尝之，酸中带甜。黑塔便给“二十一日”右边加了一个“酉”字，命其名曰“醋”。

历史上有不少关于醋的妙用之方。隋炀帝有次大宴群臣，因牛肉久炖不烂，急煞了厨师。慌乱中，有人误将醋倒进锅里，结果肉烂味香，解了燃眉之急。还有一次，清乾隆帝下江南于镇江吃鱼，忽被鱼刺卡住咽喉，陪驾官员束手无策。这时，一位侍者端上醋来，让帝略饮几口，鱼刺很快变软，随之下咽。众人才如释重负，长嘘一口气！

除了调味佐餐，醋在现代家庭中的应用亦十分广泛。它具有除口臭、治冻疮、防感冒、消肿胀、软血管、助消化等众多功能，确是家庭生活的必备之物。

## 乌龙茶的来历

古时候，人们信息闭塞，知识匮乏，竟然不知茶叶可以做饮料。

据说很久很久以前，福建安溪的深山老林里住着一位名叫胡良的猎人。他十分勤快，天天上山去打猎。一次。他见山崖上长着一丛丛小树，碧绿葱茏，枝叶茂盛，便顺手摘下一枝扔进背篼里。胡良翻山越岭，不觉日薄西山，才兴冲冲地踏上归途。

胡良回到家中口干舌燥，便生火烧水。忽然山风吹过，一阵清香扑鼻而来。他十分诧异，凝神四顾，并无他物，便摘下一片树叶来闻。果然，悠悠香气，沁人心脾。胡良试着用它泡水喝，顿觉口舌生津，周身困倦一扫而光。次日一早，他又上山采回一大捆。泡下一尝，却又苦又涩，难以下咽。“怪了，相同的树叶，为何有不同的味道？”他反复寻思着。想呀想，终于悟出一个道理来：上次在骄阳之下爬山越岭，跨涧涉河，单枝树叶经过筐中暴晒、颠簸与揉搓，与“生清”之叶已大不一样了——只有经过加工，方能产生浓香。于是他试呀试，好不容易才摸索出晾晒、揉搓、烘焙等一整套制茶的工艺来。

随着制茶技术的传播，胡良的名字也广为人知。由于安溪方言中“胡良”的发音与“乌龙”极其相近，因而人们便将这种名茶叫作“乌龙茶”。

## 烟草与吸烟的来历

烟草原产于美洲。1492 年哥伦布发现新大陆时，同时发现了印第安人有吸烟的习惯。水手们把烟草带回西班牙后，烟草才逐渐遍及世界各地。

印第安人的吸烟方式十分原始。他们将烟叶扔进火堆里，然后用嘴叼着一根长管，管的另一端架在火上，接着就开始 “吸烟” 了。

伊丽莎白一世时，英国尚无人吸烟。据说，当时一位颇有名气的华尔德·饶利先生周游列国后吸烟成癖，每天躲于室内偷着抽。一次，朋友进门后见满屋子烟雾缭绕，尤其是饶利嘴边青烟正冒，遂误以为室内着了火，提起水桶就浇了过去，弄得两人好不尴尬。

1853 年～1856 年，克里米亚战争爆发。交战双方的士兵久蹲战壕十分苦闷，有人就将烟草用纸卷成小棍状点燃吸用。慢慢地，烟卷就开始在民间流传开来。

明万历年间（1573～1620），烟草就经由菲律宾进入我国福建，再一步步地向内地各省市延伸。机制卷烟的历史并不很长，它发端于 100 多年前的英国。我国的第一家卷烟厂，就是 1902 年由英美人在上海开设的。

## 席梦思的来历

凡是睡过“席梦思”床的人，大都会有舒适、温柔与高雅之感。那么在享受生活之后，你是否还应该知道它的来历呢?

1870 年，美国有位叫扎尔蒙·席梦思的商人产生了用铁丝编织床的念头。历经 30 年的反复听探索，终于在 1900 年造出了世界上第一个用“布口袋”将弹簧垫包起来的软质床垫。后来，一位名叫约翰·加利邦的机械师设计出一台制造弹簧垫的机器，开始投入批量生产。

这种用机器加工制作出的软质弹簧床垫刚一问世，立即受到许多达官贵人和巨贾富商们的高度青睐，产品一直供不应求。由于它的舒适、美观、新颖等性能是其他产品无可比拟的，故而人们将其名曰“睡得美”，后来为了纪念它的发明人，便又正式改名为“席梦思”。

## 自行车的来历

世界上第一辆自行车，是法国人西夫拉克于1790年开始启动研制工作的，迄今已有200百余年的历史。

试验过程中，西夫拉克曾给一匹木马的前后部位装上木轮，自己扶着“马”头，靠两脚交替后蹬地面而前行。可是，这匹木马既无脚蹬与链条来驱动，又无转向装置来控制，使用起来相当别扭。1818年，德国工程师多拉伊斯将“马”头改装成可以转动的车把，从而制成了世界上第一辆自行车——奔跑车，多拉伊斯也因此而成为“自行车之父”。

1839年，英格兰铁匠麦克米伦给车轮装上脚蹬和曲柄连杆，从而免除了两脚蹬地之苦。1884年，英国人斯达叶则发明了用钢铁制成的新型自行车。他在英国人劳森改曲柄传动为链条传动的基础上，配以滚珠轴承和弹簧坐垫，继而又安装上车龄，使自行车的结构与功能日趋完善。1888年，爱尔兰中学生邓洛浦参加自行车比赛时，发现这种实心车胎太费劲、速度慢，还震得人难以忍受，遂将一节胶皮水管充气后绑在车轮上，从而发明了“充气轮胎”，使自行车真正成为一种即舒适省力，又快速便捷的交通工具。

由此可见，自行车确实是在凝聚众人智慧、历经200余年的“接力赛”中才艰难问世和完善的。

现在，自行车在世界范围内，已逐步呈现出材质多元化、结构现代化、整体轻型化、行进快速化等诸多特点。它不仅是最环保、便捷的交通工具，而且是体育运动不可或缺的重要项目。

## 电视机的来历

美国科学家贝尔于1876年发明电话以后，人们就尝试着在短距离内传送图像。1897年，德国发明家卡·菲·勃劳恩发明了光电管。10年以后，有人就提出了用其传输图像的设想。1907年，俄国圣彼得大学工程师帕·列·罗辛格独辟蹊径，自行设计出一种混合系统，即在发射信号时采用机械扫描，而在接收信号时采用勃劳恩发明的光电管。遗憾的是，当事业未竟之时，他却英年早逝了。后来，其学生维拉蒂米尔·斯福罗金继承遗志，终于使电视机得以诞生，被科技界尊为“电视机之父”。

1923年，移居美国的斯福罗金又成功研制出世界上第一只电视发射管——光电摄像管。在其不懈努力下，电子显像管亦于次年相继问世。到了1945年，黑白电视机就已风行于美国市场。

彩色电视机是在美国哥伦比亚广播公司任职的匈牙利人彼得·戈德马克发明的。他看了电影《乱世佳人》之后，从中受到启发，遂着手进行彩色电视机的研制工作。1946年，终于研制成功。

我国最早出现电视机始于1956年。当时，日本在北京举办商品展销会，前门城楼上临时架设了小型电视发射台，市内打开电视即可收看。直至1958年，我国的几个大城市才开始有了自己的电视广播和电视机。

## 门铃的来历

如今，许多城镇居民家中都装有门铃。客人来到，只要按下按钮，主人就开门迎客，十分方便。其实，早在我国的五代时期，门铃就已产生了。

据《江南余载》所记：我国第一个使用门铃的是五代时期的陈致光。他在厅内悬置一颗大铃，并以绳系之。另一端牵于门旁，门侧贴有一张告示：“无钱顾仆，客至，请挽之”。这一办法，使不少人趋之若鹜，竞相效仿。就连设在宫禁中的学士院院吏，也在玉堂门外悬挂一铃，凡有呼召，则挽铃告知学士。

此法传至宋代后，因士大夫们讲排场、比阔气，纷纷顾仆侍主，才使门铃日趋冷落。到了现代，随着电力、电子工业的发展，各种电子门铃、音乐门铃、可视门铃相继出现，门铃又日益普及开来。

## 手杖的来历

手杖是年老体弱者的“第二手足”，亦是盲人的辅助性“眼睛”。它在我国已有2000余年的历史。

手杖最初是尊老敬贤的标志。据《汉书·礼仪表》载：汉代对70岁的老人均“授之以王杖”，因其“端以鸠为饰”，故亦称作“鸠杖”。汉代法令规定，凡持此仗者皆可自由出入官府，他人不得随意干涉。谁若对持杖老人打骂，即被视为“大逆不道”而治罪。

手杖出现不久，就开始传入大宛、康居及大夏等中亚国家，成为失明者须臾不可离开的“探路仪”和老人行路时不可多得的辅助工具。相传，一位修道士曾将蚕种藏进手杖的隐孔中带出国境，把我国的养蚕业很快传播到罗马等西方国家。

在古代，人们就喜欢将一些格言警句刻于手杖上作为“杖铭”，以随时激励自己。有条杖铭为：“于乎危，于忿疐（zhì）；于乎失道，于嗜欲；于乎相忘于富贵。”它告诫人们，真正危险的是缺乏修养、脾气暴躁、贪图享受、腐化堕落以及今日富忘却昨日贫、今日得志忘却昨日之艰辛，居安而不思危。可见其寓意之深刻。

到了现代，手杖的品种真是五花八门，丰富多彩。有普通的龙头寿杖和磁疗手杖；有附加照明、按摩功能的保健手杖；有紧急状态下可自动报警的防爆手杖；还有可自动喷出强化灭火剂的消防手杖以及备有微型电脑的导向手杖等。尤为有趣的是爱尔兰人冬天所用的“冰蛇手杖”，这种蛇冬眠时挺直身子，唯有头部有一小弯，其状极似手杖。当地老人在严冬时都将它作手杖用。待春暖花开之时。“冰蛇手杖”便不辞而别了。

## 熨斗的来历

熨斗古称“火斗”，为一扁勺状平底带把的铁斗，内置燃碳。它最早并非用于熨烫衣物，而是用作灼炙囚徒的。晋代皇普谧《帝王世纪》载：“纣欲重刑，乃先为大熨斗，以火爇之。”将熨斗作为刑具，真乃残酷之至。《李浑传》上说，浑奉李穆之命奔马入京，向隋文帝献一熨斗，“愿执威柄以尉天下也！”看来，此间亦有威慑之意。

熨斗衍作温熨画、帛、衣的工具，首先应用于豪门。梁晋文帝《和徐录事见内人作卧具》中写道：“熨斗金涂。”足见其珍贵无比，庶民岂敢奢望呢？熨斗初传民间时，多为类三角形铁制铸件，俗称“烙铁”，唐代以后开始普及。

关于熨斗的用途，古人多有记述。王建诗曰：“熨帖朝衣抛战袍”。《何敬客传》说：“衣裳不整，伏床熨之”。杜甫的《白丝行》中也有“美人细意熨帖平，裁缝灭尽针线迹”的佳句。其盛几何，可以窥之。

## 伞的来历

伞是人们用以防雨遮阳的工具，它在我国已有2000余年的历史。

春秋末年，我国著名工匠鲁班为了给行路人挡雨，每隔十里砌个亭子。一天，桃花圣母遨游此间，看到鲁班正在动工修建，就说："你这法子不好，如果行人在两亭之间遇到雨，等赶到亭子，早就湿透了。要是我，就造一个可以随身携带的亭子，有雨挡雨，无雨遮阳，不用之时就收起来。"鲁班觉得言之有理，但一时又无妙方，遂曰："圣母高见，你若能造出这种亭子，我就拜你为师。"可是圣母思来想去，同样一筹莫展。

这时，天上忽然下起雨来。圣母和鲁班边走边思忖。猛然间，她看见桃树上一朵向下开的桃花里藏了一只蜜蜂，爪子牢牢抓着中间的花蕊，雨水正顺着它身旁的花瓣往下滴。圣母高兴地连声喊："有了，有了！"

回到仙人洞，圣母解下身上的黄绸带，做了一个亭子一样的伞面子，但伞角不像亭子那样向上翘，而是像桃花瓣一样向下垂。伞面做成了，该用什么来撑呢？她从洞里走到洞外，低头寻思，不小心碰到一根竹子上。"对，就用竹子做。"于是，她找来刀斧，砍竹子削篾子，再做伞骨和伞柄。伞就这样诞生了！

圣母造伞虽然是一个动人的神话传说，但鲁班修建防雨亭，无疑给后来的雨伞发明者以莫大的启迪。因此，雨伞的诞生，不能说没有鲁班师傅的一份功劳。

现在，雨伞的品种越来越多。除了常见的折叠伞、自动伞之外，国外早已设计出一种带有微型收音机的伞。还有一种伞装有电池开关，伞顶可以发光，能有效防止雨中行人匆忙行走时的交通事故。

## 火柴的来历

火柴的出现，取代了原始的火镰与火石。北宋陶岩的《清异录》中有这样的记载："夜有急，苦于作灯之缓，批衫染硫磺，碰火即焰，呼之引火奴。"

1669年，德国人勃兰特发现了易燃品"磷"。18世纪初，罗马出现了火柴。这种火柴是在一根小木棒之顶端涂着浓氯酸钾。当木棒插进盛有硫酸的铁盒时，氯酸钾即刻燃烧。1831年，法国人查尔斯发明了黄磷火柴。两年后，瑞典遂建立了世界上第一家采用黄磷摩擦的火柴厂。但这种火柴含剧毒、易自燃，安全性能较差。1855年，瑞典人伦斯脱姆将其改为赤磷制作，并把引火材料分为两部分。一部分粘附于火柴头，另一部分置于火柴盒的两侧，这就是迄今为止人们还在使用的世界上最早的“安全火柴”。

火柴传入我国，是1839年后随同鸦片由英帝国带入的，当时只有宫廷大臣方可使用。我国第一家火柴厂，1890年后由瑞典人在上海开设，取名为“瑞商洋行”。1894年，“聚昌”“盛昌”这两家由官商合办的火柴厂相继在湖北建立，成为我国最早自办的火柴厂。

解放后，我国的火柴工业发展很快。除普通火柴外，还有能在指甲上一划即着的随燃火柴、不怕雨淋的防潮火柴、足以焊接电线的高热火柴、用纸棒涂脂的蜡梗火柴、能代替镁光灯拍照的闪光火柴、散发阵阵清香的香味火柴、遇到棉毛类可燃物能自行熄灭的南京彩头火柴，以及在10级大风中照样燃烧的抗风火柴等。可谓林林总总，让人目不暇接。

在国外，火柴的品种也是琳琅满目。前苏联有可连续燃烧3小时，能用来焊接金属的强性火柴；美国有能把化合物压进梗内，点燃15分钟后自灭的防火火柴；瑞典有梗长8寸，可供一桌就餐人员点烟的宴会火柴；奥地利有能燃烧600余次，配方至今秘不外传的耐划火柴。

火柴家族中的姊妹们，可谓多矣！可谓美哉！

## 肥皂的来历

人类尚处在原始社会状态时，就已从燃烧过的灰烬里发现了可洗涤污垢的物质。单从可生产最简单的肥皂算起，迄今也有6000余年的历史了。

在古罗马，肥皂是用山羊、绵羊或牛的油脂加水青岗树的灰烬制成的，可分为软质、硬质与液态三种。当时，人们不仅将肥皂用于洗脸，还用来给头发着上红色、黄色或玫瑰色。因为内含的矿物质遇到水就会产生大量泡沫，能使头发变得更为蓬松、柔软与整洁。

俄国在彼得大帝时期就出现了肥皂。但在19世纪中期以前，只有贵族阶级才能使用它。奴隶洗衣洗脸，用的是木柴灰加水烧煮而成的强碱液。

早在欧洲发明肥皂之前，我国民间就已知道把猪胰、猪油及石碱捣成块状，用来洗涤污垢，并取名为“胰子”。

肥皂得名，倒也有趣。据考证，早在使用肥皂、胰子之前，人们就经常采集皂荚树上所结的皂角浸水洗衣。皂荚树有好几种，其中一种开白花，所结皂荚短而粗肥，故名之“肥皂”。因此，当肥皂传入我国后，因其功能、效用与皂荚毫无二致，人们就仍称之为肥皂。

## 牙刷的来历

牙刷究竟诞生与何方，至今见仁见智，各执一词。

一种观点认为，我国是牙刷的诞生地。据唐代医学家王焘《外台秘要》记载：把柳枝一端咬扁，“点取药揩牙，香而光洁”。南京名医周守忠撰著的《养生类篡》记载：“早起不可用牙刷子，恐根浮并牙疏易摇，久之患牙病，盖刷牙子皆是马尾为之，极有所损。”尽管周守中认为刷牙有害于健康，但当时我国已有牙刷却是显而易见的。到了元朝，刷牙才开始被重视起来。据郭钰所著《静思集》云：“南周牙刷寄来日，去垢涤烦一金值。”可见牙刷业已受到人们的欢迎。北京故宫博物馆现藏有两只古代骨柄牙刷，其头部呈扁平长方形，上有 8 个植毛孔，分两排并列，每排四孔。这是从我国辽墓中挖掘出来的，距今已有近千年之久。

另一种观点则认为，牙刷诞生于英国。大约在 1770 年，英国人威廉·阿迪斯由于涉嫌暴乱被拘押在新门监狱。他凌晨素有用布擦牙的习惯，入监后无此条件，煞是难受。一次，阿迪斯从剩饭里找出一块小骨头，在上面钻了几只小眼，接着从看守那里讨来一些硬毛，扎成小束后再涂上胶水，塞入小洞中。这样，人类文明史上的第一支牙刷终于诞生了。

## 镜子的来历

镜子不仅是一种美容必备品，而且是古代科技文化事业长足发展的重要标志。

远古时没有镜子，人们只能守在一潭静水前一睹自己的芳容。水镜虽大，但毕竟形象多变，经不起半点风浪。后来，原始人在打制石器时，发现一种叫“黑曜石”的石头可磨平照人，这就是所谓的“石镜”，是人类历史上的第一面镜子。

随着社会生产力的发展，人类逐渐掌握了金属冶炼技术，于是就出现了金镜和银镜。但由于这两种镜子价格不菲，除王公贵族外，一般人根本不敢企及。待到青铜镜问世后，镜子才开始慢慢地在社会上普及起来。

据考证，铜镜诞生于公元前1800多年前。《淮南子·修务训》载：汉代的铜镜涂料采用“玄锡”，即现今被称为水银的“汞”。西汉时还有一种透光镜，其面部一旦受到阳光照射，镜背的图案立即投影到墙壁上，国外称之为“魔镜”。由此可见，汉代的制镜技术已相当发达。

汉铜镜通过丝绸之路传到西方后，威尼斯人发现它易在空气中氧化，影响使用效果。中世纪中叶时，他们研制出了“水银镜”，遂将制镜匠集中于一个小岛严加看守，以确保工艺机密不被泄露。

14世纪末叶，法国一位工匠在一次化学试验中，不慎将锡汞溶液泼洒在平板玻璃上。当他用清水冲洗时，想不到玻璃竟披上了一层漂亮的银衣，将四周景物映现得清清楚楚。

这便是我们今天使用的玻璃镜的雏形。

## 化妆品的来历

爱美之心，人皆有之。在很久很久的太古时期，人们就养成了化妆的习惯，最早使用化妆品的当属埃及和阿拉伯人，距今已有4000多年的历史。此后的公元前1320年，就有了化妆品配方的记载。这一时期也正是古代希伯来人普及化妆的高潮期。化妆品的科学知识是由希腊传入罗马的。可当时（23 ~79）的罗马，除了演员和贵族阶层外，一般人却无权使用它。

人类发现化妆有益于健康，已有相当长的历史了。早在2300年以前，我国爱国诗人屈原的《楚辞》就有“惠肴蒸兮兰籍”的记载。前苏联的《在国外》杂志曾报道说：流传至今的三卷古埃及纸莎草文献中，也早就记载着以化妆返老还童的妙方，称它能矫正人类躯体缺陷，使之臻于健美。

在我国，化妆即古代的“香妆”。它的起源是：“妆。周文王时代的妇女以使用锌粉擦脸，此后传到秦始皇的宫内，就形成了红妆翠眉。”这就是化妆的开始。现在，描眉粉黛、美发美体以至美化手指脚趾，已在我国城乡妇女中司空见惯了。

## 扇子的来历

每逢夏日，扇子就成为人们的挚友。它不仅能送习习凉风，还能佛尘遮阳。杭州的“金棕黑折扇”就有“一把扇子半把伞”的美称。

我国的制扇历史相当久远。相传舜帝首制“五明扇”，殷商盛行“雉尾扇”，周代阔妇常用羽扇装饰车辇，称作“翣（shà）扇”。到了汉代，扇子即由手摇改为靠人工操纵机械起动的风扇。据东晋葛洪的《西京杂记》记载：西汉中后期，长安人丁缓发明了“七轮扇”。他将七把大扇连接在一个轮子上，“一人运之，满堂寒凛”。比欧洲人发明的机械扇早了足足1000余年。

我国古代文人大都喜欢用羽扇来表现自己的风度。如楚大夫宋玉手执白鹤扇，显得分外潇洒；汉丞相诸葛亮时常挥舞鹅毛扇，更有成竹在胸、飘然若仙的神韵。南北朝时流行折扇，明皇朱棣亦特别喜欢。他下令全国的能工巧匠、书画名家一起制作，每年向皇宫进贡数万把。当时的制扇业十分兴隆，仅杭州一地，就有制扇店铺50多家，工人约四五千之众。

解放后，我国的制扇业发展很快，品种亦不断增多。按地区可分为：苏杭雅扇、湖州羽扇、四川宫扇与广东蒲扇等；按形式及材料可分为：纨扇、折扇、蒲扇、帽扇、檀香扇及芭蕉扇、孔雀羽扇等数十种。其中不少品种，还远销亚洲、欧美地区。

## 凡士林的来历

1859年，美国纽约20岁的药剂师切斯博罗到宾州油田参观时，发现一种奇怪现象：石油工人虽然对不断清除抽油杆上的蜡垢十分讨厌，但又都称赞这种东西对治疗灼伤、烫伤、外创伤有奇效。于是，怀着好奇心理，他采集了一些样本，带回家去研究，想将它制成一种有用的药膏。

可是，当时的药膏都配以动物脂肪和植物油调制，日久即会腐败。切斯博罗想，如果能从蜡垢中提炼出不易腐变的物质，那将会成为供不应求的产品。他潜心钻研，历时11年之久，终于如愿以偿。为了检验这种药物的疗效，他曾多次把自己灼伤、割伤。1870年，他建立了第一座制造这种药膏的工厂，并将产品命名为“凡士林”。

今天，凡士林油膏已行销全球 140 多个国家。它的医外用途也十分广泛，既可涂在脸上防寒润肤，又可为演员脸部卸妆清痕；既能抹在鱼钩之上作钓饵，又能用于蓄电池接头、线路板接头的防蚀、防腐。

## 钥匙的来历

钥匙乃开启锁子的必备物件，但我国最早的“锁”却是没有钥匙的。因为当时的“锁”不过是挂在门上的猛兽图案，仅仅用来吓唬小偷而已。说白了，就是防君子而不防小人。

春秋战国时期，鲁班经过潜心研究，始发明了装有“机关”的门锁，并配置了开锁的钥匙。这种钥匙插入锁孔后，将两片弹簧压拢，锁就立即打开。由于它不够精密，故防御性能很差。

18 世纪后，英国人发明了“焊钩锁”。现今西欧各国赠送给国宾的象征友谊的“金钥匙”，就是按照“焊钩锁”的钥匙式样仿造的。

19 世纪 60 年代，美国画家小尼鲁斯·耶鲁研制出弹子锁，亦为当今千家万户仍在使用的“司必灵”锁。随着锁的演变，钥匙的质地、造型也发生了很大的变化。有把名叫“锁寒窗”的中国唐代青铜钥匙，形状酷似香阁的窗格，它是目前我国保存下来的最早的一把钥匙。此外，造型奇特的清代“铜板”沉孔式钥匙和“直统插齿”式钥匙，也是我国保存年代较久且很有艺术价值的钥匙。埃及巴岛上一家小博物馆内，有把世界上最值钱的钥匙。它是拿破仑一世当年赠给爱妻约瑟芬的一枚金质小信物，曾有人出价数万美元收购它。100 多年前，美国的一些旅馆里都备有一种“蜜月钥匙”，夫妇俩必须将各自的钥匙同时插入锁孔，房门方能打开。

现在的钥匙王国里，更是千姿百态，色彩纷呈。有小巧玲珑的鎏金钥匙、红得惹人喜爱的玛瑙钥匙、可套于手指上的戒指钥匙、造型别致的蝴蝶钥匙以及月琴钥匙、鞋掌钥匙和宝葫芦钥匙等不一而足。特别是近 30 年来市场上新出现的、具有最新现代技术的节电钥匙、数控钥匙等，给人们的现代生活更增添了不少色彩。

## 尼龙拉扣的来历

人类自古就与各种动物生活于同一天地，因而在生产实践中借鉴、模仿了动物的许多功能之长。十分有趣的是，尼龙拉扣的诞生，竟与狗有着极为密切的关系。这点你一定不会想到吧？

本世纪初，一位瑞士人牵着他心爱的小狗去野外散步，回家后发现狗身上粘满了一种绒草，怎么也刷不掉，便对此产生了浓厚的兴趣。他把黏在一起的绒草和狗毛放在显微镜下仔细观察，发现狗的毛端是钩状的，两者紧紧地拉在一起，不易刷下。这时，他不禁怦然心动：能否根据这一原理，制造一种人为的紧密固着物。通过反复试验，终于发明了尼龙拉扣。

现在，尼龙拉扣已在人们日常生活中得到了广泛的应用。它替代了衣服上的纽扣，替代了提包上的拉链，同时还替代了束腰带上的挂钩和雨伞上的按扣。甚至连军人、公安等人员的领章、肩章上，也不难找到它的踪迹。

## 茶壶的来历

饮茶品茗在我国具有悠久的历史，而精美的茶具自然就让嗜饮者情有独钟了。

古书记载：最早的茶具是用陶土所制的缶（fǒu），后有椀。单从字形上看，似乎系木制品，其实不然。古时茶具还有金、银、铜、锡、玉以及竹木、漆器等制品。陆羽的《茶经》上说，唐人多用茶碗，饮前先欣赏茶具。当时的茶碗首推越州窑产的越瓷。越瓷釉色青，茶色显绿，造型也新颖别致。

宋代茶具改用盏和盏托。宋人喜用黑釉盏，因当时茶色尚白，黑色盏与之泾渭分明。明代以来，茶壶开始出现，故烹茶之法大有不同。徐次纾在《茶疏》中写道："先握茶手中，俟（sì）汤先入壶，随手投茶汤，以盏覆定"。如此即可使茶之香味散发溢显。因此，茶壶的出现，乃明朝的一大特色。

到了清代，茶壶有"景瓷宜宾陶"之说。宜陶指宜兴紫砂茶壶。用这种茶壶沏茶，味道清醇芳香，汤色橙黄明亮，因而享有"世界茶具之首"的赞誉。紫砂壶得此殊荣，还在于它素以书画雕刻其上，集名家山水丹青、诗词联句于一体，遂使"壶随字贵，字伴壶传"，成为一种异常精美的艺术欣赏品，为品茗平添一番别样的情趣。

现在，茶壶在我国使用得相当普遍。尤其是在南方，无论是家庭还是茶馆，人们小聚品茗，都离不开精美典雅的茶壶。其时谈天说地，饮茶赋诗，不仅是一种物质需要，更是一种文化艺术方面的精神享受。

## 口琴的来历

口琴是世界上数量最多、使用最广的袖珍型乐器，全球每年出售的口琴高达2000万只以上。

乐器专家考证，口琴起源于4500多年前中国黄帝时代发明的笙。18世纪，一位欧洲旅行家将一只笙从中国带回欧洲，那里的人便根据笙的原理发明了簧风琴、手风琴和萨克管，最后才演变成口琴。

英、法、德、奥等国的一些人，至今仍在争论谁是现代口琴的发明者。比较一致的意见是，德国风琴制造人布什曼于19世纪80年代，用5根定音管制造出一种小巧玲珑的乐器。这种乐器一度曾风行于维也纳，许多贵妇人把它作为装饰品挂在脖子上，一些绅士还将它安装在手杖之顶端。其实，这也不是现代的口琴。

真正的口琴发明者是德国钟表匠玛蒂埃斯·霍纳。1857年，24岁的霍纳根据布什曼发明的乐器设计出了口琴，当年就制造出650只，受到人们的由衷喜爱。从此，霍纳就开始大量生产口琴，并组建了霍纳口琴公司。多年来，霍纳公司已制造出1500多种不同类型的口琴。其中最为珍贵的，当属为教皇庇隆十一世特制的那一只。它的零件除簧片之外，全是用黄金做的。为适合衣服上没有口袋的非洲人使用，霍纳还专门设计了一种可挂在脖子上的、装有长长链环的口琴。

口琴已被列入正式乐器，其演奏效果也越来越好。在世界各地的乐厅中，都能听到它的演奏声。据说有位口琴演奏家，曾在森林中用口琴模仿猎豹捕捉野兽的叫声，效果非凡，竟使附近的猎狗大上其当，连锁反应地一齐加入了“大合唱”。

口琴也是使用地域最广的乐器。在南北两极，在珠穆朗玛之巅，都曾回荡过口琴的声音。美国宇航员也曾在宇宙飞船中吹奏口琴，使人类可直接听到茫茫太空传来的乐曲声。

## 算盘的来历

算盘作为数学运算的重要工具，在我国已有 2000 多年的历史。它是中华民族宝贵的文化遗产之一，曾被誉为中国的“第五大发明”。

在远古时期，我们的祖先靠刻木记事，结绳记数。当商品交换出现后，这种方法已不能适应生产、生活的需要。于是，“古人布算为筹”，发明了“算筹”（即小竹棍）。经过一段时间的实践，大家觉得将“算筹”摆来摆去计算过于麻烦，遂又改用“珠盘”进行运算。把珠子放入盘中表示加数，取出之后表示减数。由于珠子容易滚动，影响计数效果，于是就将珠子串好并列起来，从而创制了算盘。

算盘的发明至少可追溯至汉代。汉朝学者徐岳撰写的《数术记遗》，就曾清楚地描述过算盘，并最早提出“珠算”这一名称。但当时算盘的使用并不普遍。到了宋代，才开始在商业活动中占有一定的位置。北宋张择端的名画《清明上河图》中，就有一只算盘。

最初的算盘中间没有横梁，仅用一根细绳从中隔开上下珠。上方仅有一珠，表示五，下方共有四珠，各表示一。

算盘产生之后，随即出现了一些简单的珠算读物。我国现存最早的一部系统介绍珠算的书，是明代徐心鲁在 1573 年编写的《盘珠算法》。这部书中，首次绘有珠算盘图，并且较为详细地介绍了算盘的各种用法。1593 年，明人程大位所辑的《算法统宗》，也是当时颇有影响的珠算教科书。

由于珠算具有口诀简明、易于记忆、运算简捷、便于掌握等特点，因而它不仅在我国被普遍应用，而且陆续传到了日本、朝鲜、印度、美国及东南亚其他国家，受到了世界人民的广泛欢迎。即使在电子计算机业已普及的今天，算盘仍焕发着青春的活力，继续在人类的生产、生活中发挥着十分重要的作用。

## 自来水笔的来历

自来水笔俗称“钢笔”，它使用起来得心应手，十分方便。在电脑尚未普及之前，它是在校学生及各种文字工作者须臾不可离开的书写工具。可谁能够想到，自来水笔竟是一次盛怒之后的发明物件呢！

100 多年前，人们往往将粗壮的鹅毛根部削尖后，饱蘸墨水用来写字。一天，欧洲一个名叫沃特曼的公司营业员好不容易战胜了几位竞争者，做成了一笔巨额生意，可在签订合同时，羽毛笔尖突然滴下几滴墨水，将合同纸弄脏了。当沃特曼重取合同纸的片刻间，另一家公司乘虚而入，抢走了那笔生意。沃特曼见状十分沮丧。盛怒之下，他决心研制一种不用蘸水、使用方便的“自来水笔”。经过潜心研究与反复试验，世界上第一只自来水笔终于在他的手里诞生了。

此后，人们常把自来水笔称作“盛怒之下的发明”。

## 圆珠笔的来历

第二次世界大战初期，记者们进行战地采访时，常因自来水笔“断水”而烦恼。为了解决这一难题，在英国的匈牙利记者莱兹·比洛根据油性渗透的原理，采用油溶性原料反复试验，终于制造出地球村的第一支圆珠笔，时称“油溶笔”。

当时，匈牙利在德国法西斯的胁迫下，加入了轴心国联盟。富于正义感的比洛便在英国申请了专利权，接着又将其转卖给美国爱弗释公司。后来，英国皇家空军飞机制造厂借战争混乱之际，秘密地生产出世界上第一批商品油溶笔。与此同时，美国冒险家密顿·雷诺也瞅准了这一发财之契机，他在芝加哥开设地下工厂，将油溶笔投入批量生产，开始在各百货商店公开出售。

二战结束后，雷诺为了逃脱国际法的追究，带着大量油溶笔“周游列国”，还吹嘘此笔是“用原子能所制，永远也写不完”等神话，致使“原子笔”在五大洲十分走俏。这场专利权的官司，虽然在旷日持久的诉讼活动之后终于落下帷幕，但爱弗释公司已无力改变“原子笔”在人们心目中的印象，只好依据此笔的某些特征，取了一个近似音，将其改名为“圆珠笔”。

## 铅笔的来历

一般人都认为，铅笔必然用铅制作。殊不知，铅笔与铅却没有任何血缘关系。之所以称其为“铅笔”，主要是因为笔芯的原料色泽与铅很近似。就其实质而言，它是一种含碳量很高的黑色矿石——石墨制成的。

铅笔起源于英国，但在加工制作方面有突出贡献的当首推于法国。1564 年，英格兰的一场飓风将昆布兰郡包罗达尔附近的一棵大树连根拔起。人们在树根下发现了一种黑黢黢的矿物质，这就是石墨的矿脉。当地牧羊人开始用这种东西给羊群做记号，后来又把它切成细条卖给商人，供他们在篮子和柳条筐上做标记。1761年，德国一位名叫卡斯帕尔·费柏的业余化学家将石墨与硫磺、锑、松香混合后调成糊状，再压制成条，辅以适当的外衣，这就是最原始的铅笔。

1795年，拿破仑大军在欧洲大陆连年征战之后，法国的铅笔来源被切断了。于是，拿破仑便命令法国著名化学家、发明家尼古拉斯·康德设法就地取材，自己研制铅笔。康德几经试验，终于摸索出将法国的劣质石墨掺合粘土后，植入窑内烘烤的办法，制出了当时世界上质量最佳的笔芯。但由于一时难以为其找到理想的“套装”，致使铅笔一直赤身裸体，使用时既易脏手，又易折断。

1812年6月，美国一位名叫威廉·门罗的木工研制出一种机器，它能切出6.7英寸的窄木条，并能在木条上刻出槽子。槽内植入纤细的石墨芯后，再将另一根木条相接粘牢，使铅笔的形体日臻完美。

19世纪初期，由德国制造的铅笔才开始传入我国。因此，“铅笔”二字，也是由德语翻译而来的。

我国的铅笔工业兴起于20世纪30年代，解放后才有了快速的发展。现在我国除了生产石墨铅笔外，还可生产各种彩色铅笔、自动铅笔、全塑铅笔以及特种专用铅笔，质量与形体也有了很大的改进与提高。

## 毛笔的来历

毛笔是我国传统的书写工具，它比古埃及的芦管笔和欧洲的羽毛笔的历史还要悠久。据史书记载：早在秦统一之前，我国就有了毛笔，只是诸侯各国当时对笔的称谓不尽相同。如楚国叫“聿”，吴国称“不律”，燕国则名之为“弗”。秦统一六国后，将楚国的“聿”加以意符“竹”，正式命名为“笔”，才一直沿用至今。

从1975年在湖北云梦出土的三支竹笔来看，秦代所用的毛笔已同现代之物十分相近。1954年，在长沙一座战国晚期的木椁墓中发掘出一支毛笔，它系上好的兔箭毛所制。笔杆为圆竹条，用丝缠绕，外面封漆固定。因属楚国文物，故命名为“楚笔”，这是我国出土文物中最早的毛笔实物。

据专家任定，楚笔其实并非我国最早的毛笔。从已经出土的新石器时代的器物来看，上面的图案画得十分精细，没有毛笔是无法绘制出来的。据此判断，新石器时代的人就可能懂得制造并使用毛笔了。

## 锯子的来历

相传鲁班在荆叶的启发下，依照仿生学的原理，发明了锯子。其实，民间对此还有另一传说。

鲁国的鲁庄公一次出游时，发现了一块“新大陆”。这里山清水秀，景色宜人，修葺宫殿的念头油然而生。于是，他命鲁班带着弟子，三日之内伐木一千株，好为动工做准备。可是时间紧迫，工具简陋，人手又不够，一旦拖延了时间，立即就会招来杀身之祸。鲁班苦苦寻思，也别无良策。无奈之下，他把心一横——大不了一死，先歇歇再说。于是，他在一棵树下躺了下来。这时，一只小青虫悄悄爬上他的手背，弄得浑身痒痒的。接着一只大刀螂也前来凑热闹，它举起镰刀似的前腿狠狠向小青虫砍去，小青虫机警地一蹦，那“大刀”就直接劈在鲁班的手背上，鲜血瞬间淌了出来。鲁班迅速捉住刀螂，用其锋利的前腿在树皮上轻轻一划，树皮立即出现一道浅浅的划痕。他见其如此厉害，就仔细琢磨起来。原来，刀螂的前腿上一凹一凸地排列着一道刺钉。“要是用铁制成刺钉，岂不更加厉害了”！想到这里，他眼前一亮，立即跑到铁匠铺，如此这般地讲了一番。一会儿，类似刀螂前腿的铁器就做了出来。鲁班拿来一试，还真的管用。于是，他叫铁匠多做一些，分给弟子后急忙上山。太阳刚刚偏西，五百多棵树木就已倒在地上，乐得大家合不上嘴。

从此，木工的工具系列中，又新增了一员“大将”——锯子。

## 杆秤的来历

现今的青年人，大多不知杆秤为何物。其实，作为公平交易的重要载体，杆秤已在人们生活中默默无闻地服役了两千年之久。

相传，杆秤是由春秋后期越国大臣范蠡发明的。范蠡辅佐越王勾践灭了吴国之后，遂功成思退，隐姓埋名，定居于山东“陶”地开始经商，人称“陶朱公”。由于他经商有术，生财有道，很快成为富甲一方的大财东。

当时的商品交换，一般都是以物易物，其数量与钱值全凭估算，误差无疑是必然的。陶朱公总想尽量将生意做得公平一些。后来，他对吸水工具发生了浓厚兴趣：人们在井边竖根木桩，木桩上安置一根横木，横木一端系着水桶，一端吊着一块石头。吸水时轻轻按下石头，水桶就随之上升。受此启发，他开始研究发明杆秤了。在实践中他发现，石头系得越远，吊起的货物也就越多。于是他寻思，假若将货物重量定死，石头该系多远呢？这就应在横杆上刻下记号，心里方能有谱。回家后，他把南斗六星和北斗七星刻于横杆，一星为一两，13 星为一斤。

杆秤的问世，给人们的商品交换提供了极大的方便，可是不久，一些“灵性人”开始在秤上捣鬼，玩弄短斤少两的把戏。于是，陶朱公又在秤杆上加了福星、禄星和寿星，变 16 两为一斤。意再告知行骗之人：缺一两少福，短二两无禄，少三两折寿。受此“诅咒”，短斤少两的“游戏”一下收敛了许多。

# 其 它

## 姓氏的来历

据记载，我国的“姓”起源于母系社会，而“氏”则起源于父系社会。到司马迁写《史记》时，姓与氏才开始实现了合二为一。

在秦朝以前，姓与氏是有明显区别的。姓是代表具有共同血缘关系的种族称号，故每个人都有姓；氏则是由姓演化出来的分支，而且只有贵族才有权享有。贵族男子作为氏族的主体和代表，当时只称氏而不称姓。经过秦末大乱之后，社会进入西汉时期，姓与氏方融为一体。到了明朝，我国的姓氏已达3000多个了。千百年来，尽管姓氏变化较多，说法各异，但归纳起来大约有以下几个方面。

**一、在母系氏族社会，以母亲为姓。**相传上古时期，神农氏的母亲叫女登，所以其时的许多姓都从“女”旁。如姬、姞、姜、妫、姒等。

**二、以出生地、居住地为姓。**传说上古时期，虞舜出于姚墟，便以姚为姓；春秋时代齐国公族大夫分别住在东郭、南郭、西郭和北郭，遂以东郭、南郭为姓；郑大夫住在西门，即以西门为姓。

**三、以古国名为姓。**虞、夏、商朝都有个汪芒国，汪芒的后代乃姓汪；商朝在泾渭之间有个阮国，其后代便姓阮。

**四、以封地为姓。**造父被周武王封到赵城，他的后代便姓赵；周昭王的庶子被封于翁地，因而姓翁；周公旦的儿子被封到邢国为邢侯，他的后裔就姓邢。

**五、以官职为姓。**古代有五官，即司徒、司马、司空、司士和司寇。他们的后代便以这些官职为姓。

**六、天子赐氏，谥号为姓。**如周穆王死了一个宠妃，为表示哀痛，赐他的后代姓痛；周惠王死后追谥为惠，其后代便姓惠。

**七、以祖辈的字为姓。**如郑国公子偃，字子游，其孙遂姓游；鲁孝公的儿子子彄（kōu），字子臧，其后人则姓臧。

**八、以神话传说为姓。**相传舜时有个纳言是天上龙的后代，其子孙便以龙为姓；传说神仙中有个青鸟公，后人则有姓青鸟的。

**九、以避讳或某种原因改姓。**战国时代，田齐襄王法章的后代本姓田，齐国被秦灭了，其子孙不敢姓田而改姓法；汉明帝讳“庄”字，凡姓庄的都改姓“严”。

**十、以少数民族语言译音为姓。**随着历史的发展，民族日趋复杂多样，有些就用民族语言的译音作为姓。如匈奴首领单于的子孙中，就有不少人姓单于。

此外，还有以动植物为姓的。如牛、马、羊、杨、柳、柏等；也有以数字为姓的，如伍、陆、千、万等，五花八门，名目繁多。

## “同治”年号的来历

1861 年 8 月，清咸丰帝殒于热河的避暑山庄，其 6 岁的儿子载淳继承了皇位。这时，新皇帝采用什么年号，就成为一个亟待解决的大问题。经过肃顺等顾命八大臣商讨，拟采用“祺祥”二字。可当他们面奏西太后时，西太后却缄默不语，事情也就暂时搁置了下来。

辛酉政变后，顾命八大臣中的载垣、端华和肃顺被处死，其余五人被革职或充军，原拟定的“祺祥”年号显然不能再提了。于是，恭亲王奕䜣又召集三位大学士一起研究。大学士周祖培主张采用“熙隆”或“乾熙”，即从康熙、乾隆两代盛朝中各选一字，以示吉祥。

对此，恭亲王奕䜣却觉甚为不妥。他认为两者都撇开了雍正，会使人感到其中必有忌讳。因为雍正是骨肉相残方得帝位的，这样容易叫人联想到推翻顾命制度，是有意同驾崩不久的先帝过不去。最后经过反复斟酌，遂拟定“同治”二字，先去征寻内阁的意见。

内阁一致认为：这个年号取得妙！妙就妙在它可以有不同的解释。在太后看来，是两宫同治；在臣子看来，是君臣同治；在民间看来，是上下一心，同臻郅治。当西太后接到奏呈时，果然大加赞赏。因为两宫同治，意即两宫并尊，无嫡庶之分。对奕䜣来说，“同治”正是对他那个“议政王”头衔的注解。

“同治”二字使上下同悦。于是，这个年号就如此定了下来。

## 故宫房屋 9999 间半的来历

位于北京中南海东侧的故宫，是当今世界上规模最大的王宫建筑群。它的整体布局呈方形，朝南的正门叫午门，北门是神武门，而东西两门则分别称为东华门和西华门。这片错落有致的皇宫楼阁，共占地 72 万平米，有 9999 间半房屋。

为什么不多建半间，使其凑够一万这个整数呢？但凡参观过故宫的人，无不发出如此的疑问。原来，民间传说天上玉帝的宫殿共有一万间，人间的皇帝虽为万民之君，但他毕竟乃天帝之子（即天子），其规格怎么敢超过老子一分一文呢？

其实，这个所谓半间，指的是文渊楼下的那间小屋。而这间小屋之所以修得特别小，它全是出于布局美观之考虑，本应当为一整间的。

## 古城墙呈凹凸形的来历

古代城墙上的小墙叫“女墙”或“女儿墙”。“女墙”一般都呈凹凸形。这种奇特的形状，是古代性崇拜的集中反映。

我国古代，诸侯割据，群雄纷争。他们相互交战时，主要是率兵攻城，而极少在野外兵戎相见。因此在城市建筑中，性崇拜也就慢慢体现了出来。如将城廓建得形似女阴；把城上小墙修为凹凸形，名之为“女墙”；将它们当做神物进行供奉和瞻拜。所有这些，都是希望在战争中能得到神的保佑，从而立于不败之地。

然而，战争中的性崇拜为何单以女性的形式出现呢？这是因为参加战斗的多是男子，充满了阳气；为了阻敌进攻并战胜他们，就只有搬出呈阴性的“女性”，希图取得“以阴制阳、以柔克刚”之奇效。

关于“女儿墙”的来历，还有一段凄楚的传说。

相传建筑大师公输盘（即鲁班）在对建好的城墙进行验收时，跟随其后玩耍的 11 岁的小女儿鲁宇，一不小心从上面跌落致死。大女儿鲁英悲痛之余亲赴现场查看后，遂对父亲说：“城墙上再加造半人高的矮墙，人就不会掉下去了；矮墙每隔一人之宽，另加盖一些高过人头的城垛，既可保护守城将士，又能对敌实施射击。这样岂不更好！”公输盘觉得女儿所言甚是，连夜领工完善了这些设施。

将士们看到后，无不啧啧称赞，遂建议国君给它赐个名字。国君说：“原来因为没有矮墙，公输盘的小女儿献出了宝贵的生命。大女儿又想出了如此高招，实在不易。就叫‘女儿墙’吧！”众人齐声叫好。鉴于小鲁宇是从内城头跌落的，为了纪念小鲁宇，人们遂将内城头女儿墙称为“宇墙”。这一做法和称谓，后来代代相习，至今未变。

## 雕刻艺术的来历

相传孔子死后，他的学生子贡为报师恩，便在老师的墓旁搭棚守墓，一守就是六年的光景。子贡还请画师为老师和师母元官氏各画了一张像，悬挂在棚子里，时时瞻仰，寄托哀思。

小小草棚，既作寝室，又兼灶房。不到两年，老师和师母的画像就被烟熏火燎得模糊不清了。子贡为此愁肠百结，焦虑万状。一天，他外出时偶然看到有人凿石条，从中受到启发。回来后就找了两块檀木与刻刀，照着画像整整刻了两年零两个月的工夫，终于刻成了两尊入化传神、形象逼真的坐像。

清明时节，孔子的子孙为先人扫墓时，看到了这一奇观，非常感激子贡为先人留下了真容，并当即留下几个人，向子贡请教雕刻艺术。

从此，雕刻艺术就一代代地流传了下来。后世从事雕刻业的艺人，也都公推子贡为本行业的鼻祖。

## 圣诞老人的来历

300 多年前，小亚细亚某城有一户贫苦人家，正熬煎无钱为大女儿筹备嫁妆时，忽然从窗外飞进一个小口袋。打开一看，里面装着金子，及时为他们解决了难题。等到二女儿出嫁时，又收到了同样的“礼物”。这家人感到很奇怪，便在三女儿出嫁时，派人暗中观察，终于发现了雪中送炭的恩人，原是本城天主教堂的主教尼格老。

真相大白之后，尼格老名声大震。由于他平时救苦扶贫，死后被尊为教会的圣者。后来在圣诞期间，一些人为了仿效他暗中助人为乐，便乔装改扮，慢慢演变成现在的模样——白须、白发，身着红袍的圣诞老人了。

## 梁山一百零八将的来历

在施耐庵的《水浒》初稿里，梁山只有36员将。可是，书籍正式出版后，却徒增了72位，变成了108将。说起各种缘由，还牵扯到一起“侵权”与“反侵权”的斗争呢！

施耐庵以教书为生，家境贫寒自不待言。女儿出嫁时，他无一相陪，便将《水浒》手稿惠赠，让她在生活拮据时卖给书商，以求谋生。后来，其女迫于生计，就将书稿送到书坊变卖。书商看到书稿惊喜不已，让她先将其暂留于此，待三日之后见话。施女刚走，书坊老板便急速雇人，昼夜不停地将书稿抄完。当施女再来时，老板却推说书写得平平淡淡，不予出版。施女只得照实回禀父亲。施耐庵一听，便知其中有诈。果然不出所料，书印出来后，已更名为《宣和遗事》。施女情知受骗，大哭不止。施耐庵却说：“这部分我再从头写起，将原来的36将写成天罡，另外增补72地煞，让他们英雄108将，书名《水浒全传》。这样，被骗去的书就没有用处了”。

果然，《水浒传》刚一问世，《宣和遗事》就再也无人问津了。

## 用“正”字计数的来历

在投票选举中，我们常看到计票人在黑板上用“正”字来标明每位候选人的票数。在拉运货物时，收发双方也常用“正”字来计数。这一奇特的计数方式，从何而来的呢？

用“正”字计数，起源于清代的戏院。当时戏院还没有门票，主要靠“案目”（服务员）在门外招来观众。“案目”每凑足五人，就领进入座一次。这时，“司事”（记账先生）便在一块大木牌上画个“正”字，待“案目”依次收费完毕后，再与“司事”进行结算。

后来，随着戏院门票的产生，这种计数方式逐渐废弃了，但在民间却一直流传至今。这是由于“正”字笔画简单，易于核计，而且便于公众监督。再则，用“正”不用“歪”，也是图个吉利，符合各方人士希图公平、公正的心愿。

## 幼儿园的来历

世界上最早的幼儿园，是英国著名空想社会主义者罗伯特·欧文于 1802 年在英格兰一家纺织厂当经理时创办的。不过，当时并不叫作幼儿园，而称为“性格形成新学园”，简称“幼儿学校”。

这所幼儿学校，专门招收二至六岁的儿童进行学前教育。孩子们在一起唱歌、跳舞、做游戏、做体操，充满了童稚的欢乐与喜悦。1837 年，德国学前教育家福禄培尔在勃兰根堡开办了一所幼儿园，主要以游戏的方式对儿童进行心理训练。福禄培尔之所以把这种幼儿学校叫作“幼儿园”，是因为一次他在树林里散步时，忽然想起儿童们多像林中茁壮成长的幼苗，需要园丁的培养与护理，于是便拟定了“幼儿园”这一名称。

我国设立幼儿教育机构始于 1903 年，即清光绪二十九年。当时清政府将其定名为“蒙养院”，1912 年改为“蒙养园”。十年之后再次更名，遂叫“幼稚园”。幼儿园之称，是新中国建立后才兴起的。

## 中国园林的来历

我国最早兴建园林始于殷商，其最初形式为“囿”。据《史记》记载：纣王“好酒淫乐……益收狗马奇物，充牣宫室，益广沙丘苑台，多取野兽飞鸟置其中”。这里不难看出，我国的造园首先是从畋（tián）猎囿游开始的。

西周时，文王建灵囿“方七十里”。其间草木丰茂，鸟兽同兴，堪称我国最早的畋猎之园林了。商周不只建囿苑，而且筑台掘沼，营造游憩设施。如纣之鹿台，周的灵台，既是观天文、察四时的方台，也是登高望远、饱览人间盛景之佳地。到了秦汉时期，统治者更是大兴土木，掀起了园林建筑的高潮。汉武帝的“上林苑”，内养珍禽异卉，兴建离宫别馆，真乃豪华之极。

宋代的园林更具艺术特色。它将唐代的庄园别墅式园林，逐渐改造成住宅与园林融为一体的庭院建筑。或广植乔木，使浓荫覆蔽；或引注泉流，让瀑布飞泻。置身其中，简直如入仙境。

明清两代，园林布局更为讲究。园内曲径通幽，变幻无穷，常使人在叹息

"山穷水复疑无路"时，又大有"柳暗花明又一村"之感。尤其是雍正、乾隆至嘉庆三朝，历经150余年的经营，终于培育出了一颗世界上规模最大、造园技艺最高的艺术明珠——圆明园。这一巧夺天工的壮举，为我国夺得了"世界园林之母"的殊荣。

## "O · K"的来历

美语"OK"，乃"好""同意"之意。这个词的产生，源于美国的总统选举。

美国第13任总统马丁·范·比伦，有个外号叫"老金德荷克"。金德荷克乃纽约州的一个地名，也是马丁的出生之地。马丁外号的头两个字母是"O · K"。当他参加竞选时，其狂热的粉丝们不断振臂高呼"O · K""O · K！"直至将它写成横幅挂于大街之上，以表示对他的由衷爱戴和拥护。

从此以后，"O · K"也就成为美国人民表示赞同的、约定俗成的一种方式了。有关专家认为，现在国际上通用的"OK"、"O · K"或"O · Kay"，皆来源于此。

## "正月"的来历

把农历一月称为"正月"，始于公元前21世纪的夏朝。夏代的历法，是我国最早的历法。它已能依据北斗星斗柄旋转之方向来确定四季和月份。当其斗柄指向东北寅时为岁首，称作"正月"。春秋时期的《春王正月》里载："正月为一月，人君即位，欲其常居道，故月称正也。"由此可见，在我国古代，帝王于每年的第一个月份都要接受文武百官的朝拜，因之就将一月改称为"正月"了。

但是，古代"正月"的月序并不固定。每逢改朝换代之时，帝王的头等大事就是"改正朔"，意即将新年的开始往前提，以显示本朝高于前朝。据《尚书大传》载：夏正建寅，把农历一月谓之正月；殷历建丑，把腊月算作正月；周历建子，又将十一月称为正月。秦始皇本生于周历正月，正式称帝后，认为自己功高三代，遂"改年始，朝贺皆以十月朔"。又把阴历十月叫作正月，并首次颁布了全国统一的颛頊历。经过百余年的实践，人们发现颛顼历与天象多有不合，且常违农时，因而在汉武帝元封七年，太史令司马迁积极推行"太阳历"，才又恢复了夏正。当时人们过春节时，春联的横批常书“斗柄回寅”四个字，即指此而言。

在古代，朝廷里许多重大问题一般都放在岁首正月来处理，所以正月亦叫“政月”。到了秦代，为避始皇帝“嬴政”之名讳，故将“政”音改为“征”。

## “打春”的来历

立春俗称“打春”。民间谚语云：“春打六九头、五九尾”，就是把立春称作“打春”的。为什么立夏、立秋、立冬都不称“打”，唯独把立春叫作“打春”呢？

原来在很久以前，农村每逢冬闲之末、春忙之初，都要举行“迎神赛会”活动，其中主要项目之一就是“打春牛”。村民们用竹子与纸张扎糊成一头假耕牛，肚内藏着花生、柿饼、栗子、核桃等干果。立春这天，将“牛”牵到地头，用鞭狠狠抽打。这时，男女老少都来争拾“牛”肚里散落出来的果品。拾得越多，预示当年农作物收获越大。有些地方长官不仅经常参加这种仪式，还亲自鞭打“春牛”，以示不误农时，督促春耕。因此，群众就把一年一度的“立春”节令，普遍叫做“打春”了。

## 爆竹的来历

放爆竹在我国已有 2000 多年的历史。晋朝时，对放爆竹的情况就有了较为详细的记载。不过当时的“爆竹”，的确是“燃竹而爆”。当喜庆佳节来临，人们将砍伐的竹子架在一起，引火而烧，助兴驱邪。其“哔啵”之声此起彼伏，十分悦耳、热闹。自从 1300 多年前的唐人发明火药以后，人们才开始用纸裹成爆竹进行燃放。

古人放爆竹，一是驱除瘟神厉鬼，如“照潭出老蛟，爆竹惊山鬼”；二是送灶王，接财神。“爆竹声中一岁除，春风送暖入屠苏”，就是这种除旧迎新的写照。

爆竹之品种可谓五花八门。始有鞭炮、炸雷、冲天炮与双响炮可供听声，后来又出现了五彩缤纷、花样繁多的孔雀开屏、金盆闹月、青翠欲滴等礼花、焰火，给节日平添了诸多欢乐、浓郁的喜庆气氛。

## 玻璃的来历

玻璃是人们生活中的必需品。我们的居室门窗离不开它，一些器皿、器物更离不开它。那么，玻璃是如何产生的呢？

相传2000多年前，一艘满载天然苏打的希腊商船行至中东的美索不达米亚时，突然遇上了风暴。船员们只好上岸，准备在河滩上野炊。他们搬来几块天然苏打将锅支起，就开始生火做饭。饭后正欲离开时，有人发现炉灰中有几块晶莹闪亮的东西，在阳光下熠熠生辉。原来，这里的沙滩大都是石英砂，船员们烧火做饭时，天然苏打和石英砂在高温下发生了化学反应，变成了一种透明的物质——玻璃。

这次偶然的发现，给了人们以很大的启发。不久，玻璃就在埃及研制成功。制造玻璃的技术后来传输到罗马帝国的首都，发展步伐日益加快。至公元4世纪时，罗马的玻璃制造业已遥遥领先。17世纪以后，威尼斯及欧洲其他国家也都先后跨入了玻璃制造的先进行列。

据日本史籍记载，日本的玻璃制造工艺是从唐末之时传去的。前些年，我国考古工作者从唐代墓葬里也出土过玻璃，这说明我国的玻璃制造技术，最晚在唐代即已掌握。

## 渔网的来历

渔网是渔民必不可少的捕鱼工具，但它却并非专为渔民所发明，而是由明代清官海瑞成功运用仿生学的结果。

相传海瑞年幼时，母亲不幸死于海中。1569年，海瑞做了官，父亲才将这段心酸的往事告诉了他。海瑞听后十分悲痛，决心将母亲的尸首打捞回来安葬，以慰她老人家的在天之灵。

海瑞花钱雇了十多条船，用铁锚在出事海域四处钩拉，但一连几天不见踪影，心里十分懊丧。一天，他偶然发现屋檐下有张硕大的蜘蛛网，上边沾满了飞虫。受此启发，一个织网打捞母尸的念头油然而生。于是，他仿照蜘蛛结网的办法，用粗线织成了一条又宽又长的网，而后请船夫们再次下海打捞。可是一连半月，除了捕到一些鱼虾外，母亲遗体却毫发未见。

船夫认为网是捕鱼的理想工具，就向海瑞请教织网之法。海瑞为报答恩情，遂毫无保留地将编织技术传授给他们，并谓之“渔网”。

## 名片的来历

改革开放以来，由于人际交往越来越频繁，作为交往媒介的“名片”，也越来越受到人们的青睐。

名片起始于我国汉代，距今已有2000多年的历史。最初的名片叫“谒”，是写在木片上的。汉朝末年改为“刺”。纸张出现后，又以纸代替，但仍称作“刺”。清代大考据家赵翼在《胡亥丛考》30名帖中记载：“古人通名，本用木写字，汉时谓之谒，汉末谓之刺，汉以后则用纸，而仍相沿曰刺。”唐代大诗人元稹《重酬乐天》诗：“最笑近来黄叔度，自报名刺占陂湖。”

1982年5月，在河南嵩山峻极峰北侧的石缝中，发现了一个武则天使用过的金简（即名刺）。长36.3厘米，宽8.2厘米。上书：“上言：大周圀（同国）主武曌，好乐真道，长生神仙，谨旨中岳嵩高山门，投金简一通，乞三官九府，除武曌罪名。大岁庚子七月甲申朔七日甲寅，小使臣胡超稽首拜谨奏”。文中的“圀”、“曌”等字，皆为武则天所创，其死后也即被废除。“三官”指天、地、水；“九府”泛指各方仙洞。金简意为700年7月7日武则天到嵩山祈福，以小臣胡超名义向神仙投金简，并向三官九府表明武则天自己的来意。同时，金简还表明武氏至高无上的女皇身份。有趣的是，名刺大约在魏晋时代已传入日本，而直至今天，日本人仍称名片为“刺”或“名刺”。

到了明清，则称名片为“帖”。它主要用于官场拜谒，以红纸书明官衔，谓之“名帖”。名帖有时用织锦做成，以大红绒为字。《官场现形记》第二回曾记载赵温手捧名帖，含笑向前，向上级道明了来意。

“名片”二字在我国出现，则是在清末帝国主义列强侵入中国之后的事了。

## 贺年片的来历

贺年片是我国人民在元旦、春节期间，互相赠送以示祝福的一种吉祥物。由于西方国家是在圣诞节时使用，故他们将其称为“圣诞卡”。

有人说，贺年片系英国维多利亚和伯特博物馆馆长亨利·柯尔于 1843 年所创，至今只有 170 多年的历史。其实，贺年片是伴随着人类文明而产生的，它在 4000 多年前即已问世。当时古埃及人在新年前夕，就常用宝石做成护身符送给亲友，上面镌刻着“诸事如意”之类的祝福与问候。

在我国，贺年片也是由古代的“名刺”（即名片）演变而来的。南宋末年，周密在《癸辛杂识·送刺》一章中曾记述：“节序交贺之礼，不能亲至者，每以束刺佥名于上，使一仆遍投之，习以为常。”由此可见，贺年片在宋代就比较盛行了。不过，当时拜年贺节时，还视礼仪亲疏之不同，而有“亲者登堂，疏者投刺”的区别。关系密切的，登堂入室当面庆贺；关系一般的，送张贺年片也就算了事。

宋时的贺年片，式样比较考究。常见的有单片、合页、连页和书签等。图案有山水画草、鸟兽鱼虫。清康熙年间，其款式及装潢更有创新。除用红色硬纸制作外，还有用竹片、骨质以至象牙雕刻的，也有写在绫罗细软上面的。

到了清末民初，贺年片已成为一种专用的节令工艺品，人们常将它装入“拜盒”后馈赠亲友，以示庄重与华贵。

现今的贺年片愈加丰富多彩。既有画面精美的年历，又有小巧玲珑的套件。在上面写上几句热情洋溢的新年祝辞，将会给朋友平添几多节日的温馨和情趣。

## 历书和日历的来历

历书俗称“皇历”，亦叫“历本”。这是因为唐文宗大和九年（835 年），唐王朝印制我国历史上第一本历书《宣明历》时，文宗帝曾下令内容必须由皇帝“审定”，且只许官方印刷。于是，人们就将历书叫作“皇历”了。

其实，文宗帝的禁令并未完全奏效。在皇室开机印刷的同时，少数私人印刷厂亦着手密印历书。现存的一本最古老的历书，就是唐僖宗时期成都府一私营厂家印的“樊赏家历”。因为它是在中和二年印制的，所以取名为《中和二年历书》。

唐德宗贞元二十一年（785 年），日历开始问世。起初是一天一页，记载国家、宫廷大事和皇帝的言行。后来逐渐发展为把月日、干支、时令等内容事先写在其上部，下部留待记事。从其形式来说，与现今的台历十分相似。

## 印章的来历

印章是我国人民独创的民族文化艺术之一。它起始自春秋战国，盛行于秦汉两朝。最初的印章以白文（文字凹陷，又称阴文）为主，东晋之后，朱文（文字凸起，亦称阳文）方逐渐流行起来。

秦代以前，印章叫做“称”，汉代才叫“印”或“章”，以后又叫“图书”“图章”与“戳记”。由于印章主要用篆体纹刻，故又名之为“篆刻”。

最早的印章被人们视为凭信和权威的象征。随着社会的进步，印章的形式与风格日渐多姿多彩，使用范围亦逐步扩大。周秦的印章圆浑淳朴，汉唐的印章浑厚饱满。及至宋代，不断涌现的玉印、铜印、牙骨犀角印更显得雍容华贵，令人目不暇接。当宋徽宗编辑的第一部印谱《宣和印史》问世时，印章已正式跻身于艺苑，一跃成为与书法、绘画三足鼎立的艺术珍品而大放异彩。这时的印章，种类剧增。除姓名印外，还出现了书柬印、收藏鉴赏印、斋堂馆印以及书画闲章印等。其状有圆形、菱形、葫芦形等多种肖形。真乃异彩纷呈，美不胜收。

明代的文人墨客，制印成风，流派颇多。特别是清朝的乾隆、嘉庆时期，印学尤为兴盛。印章起初皆由书法家写好篆文，而后交给工匠刻制。自元末明初著名画家王冕发明了花乳石刻后，遂带来了我国篆刻史上的一场革命。由于选材方便，名人雅士竞相仿效，自书自刻，质量日益长进。

## 印泥的来历

印泥是伴随着石刻印章的出现而诞生的。

我国古时多使用铜印，钤（即盖印）时用清水调和朱砂涂于印面。南宋以后，逐渐改用蜂蜜去调和，使其变得浓稠而具较强的附着力。

到了元末明初，石章开始流行。因为石章是非油不沾的，于是就有人用麻油、朱砂与艾绒作料，研制出了印泥。清代最著名的印泥产于福建漳州，曾被列为贡品入宫。漳州印泥中，最名贵的首推八宝印泥，其色泽尤为红艳。所谓八宝，即将珍珠粉、辰州朱砂、柬埔寨红宝石、赤金粉、钟乳石、珊瑚屑及车渠粉、水晶粉八种原料研作细面，再用陈年晒过的麻油、用罗筛过的极细艾绒，经九次研、调精制而成。

据说仅制泥一项，就需半年时间。研粉之后，尚须用泉水漂净，而后过箩加碾。各道工序，极为精细。如今的传世书画中，有乾隆御书题跋的，上面所钤印章，凸起如玉，鲜艳可爱，就是用这种印泥钤盖的。

## 理发的来历

早在 3000 多年前的西周、春秋时期，我国民众就开始注意梳理头发了。不过，当时对理发尚有诸多之讲究。

据《礼记》之《内则》篇载："三月之末，择日剪发为髻"；"父母有疾，冠者不栉"。这就是说，古人常在春暖花开之际，选择良辰吉日削剪和整理头发。但遇到父母患病，便不去"栉"。宋人朱熹注曰："栉者，理发器也！"（古时合称梳篦为栉）意即有特殊情况，就不再理发、修饰了。

唐宋之后，城乡市井出现了有组织的理发行会，时称"净发社"，还成立了专门制造理发器具的"篦刀作"。到了明代，理发业渐趋兴旺。据《考盘余事》介绍，一般商旅外出时，常随身携带简单的理发工具，理完发后即戴一顶精心编织的圈发网包，以保护发型不致紊乱。

到了清朝，由于广大民众对"留发不留头，留头不留发"的强制措施深恶痛绝，开展了勇敢的反剃头斗争，在一定程度上促进了理发行业的发展。不少理发匠在长期的实践中，还摸索出了推拿按摩的助疗工艺，编撰了《万法归宗》等指导性的工作手册。

辛亥革命以后，西方的拉火钳、电推子等比较先进的理发器材方引入我国，电烫、冷烫等工艺亦慢慢时兴起来。

现在，理发已不再是简单的削发整理过程，而是使人内在气质与外在风度有机统一，并充分向外展露的重要手段。

## 理发业标志的来历

每家理发店门前，都悬挂着一个外有乳白色灯罩、内有红白蓝三色相间，且不断向上旋转的长形圆锥体，即国际通用的理发行业标志。

关于这一标志的来历，众说纷纭。一说是：法国大革命期间，革命者把它是否转动作为可否行动的联络信号。另一说法是：法国资产阶级革命时期，巴黎一位革命者为了摆脱敌人的追捕，藏进了一家理发店，被理发工人巧妙地掩护了下来。革命胜利后，法国政府为了表彰理发工人，就在理发店门前挂起这个象征法国国旗的三色花柱。从此，这一标志就在世界各地流行开来。

还有一种说法是，中古时代的欧洲各国，理发师除了理发之外，还兼有替人拔牙、包扎伤口、给病人放血等外科医师的服务项目。当时识字的人很少，为了使顾客一目了然，理发师们就在门口装上红白两色的圆柱体，下面再吊上一只半开口的铜盆。红色象征鲜血，白色谕示绷带，铜盆则代表盛血的容器。后来英国虽通过法律把理发与医师分了家，但理发店的标志却未作任何改动。

现在，标志上的铜盆，除英国仍在保留外，其余国家均已取消。至于蓝色，是美国理发师为了与本国星条旗的颜色保持一致，而自行附加上去的。

电动机问世以后，聪明的理发师又将它与三色圆柱体有机地连成一体，使其不断旋转，以期用醒目的标志广泛地招徕顾客。

## “胭脂”名称的来历

胭脂作为一种美容化妆品，自古以来就深受女同胞的由衷喜爱。

胭脂一词，与古地名焉支山关系密切。焉支山又叫燕支山和胭脂山，地处著名的丝绸古道河西走廊，约在今甘肃省永昌与山丹县之间，同祁连山毗邻。祁连山出产良马，而焉支山盛产红蓝花，采其香汁加入油脂，即可用于妇女美容。后来人们借山为名，就将此化妆用品称为“胭脂”。

在有关匈奴的古籍中，常常出现“阏氏”一词。“阏氏”是匈奴皇后的称号，读音仍为“胭脂”。意即皇后长得十分好看，就像胭脂一样漂亮。胭脂是古代吐阙语译为汉语的一个词语，如将其引申，就近似汉语中的“美人”“佳人”之类。

西汉以前，中原逐鹿，匈奴逐渐强大起来，先后占据了西北地区的大片土地，祁连山和焉支山亦在其中。直到汉骠骑将军霍去病出陇西北，攻祁连山，才将焉支山收复。为此，匈奴作歌道：“亡我祁连山，使我六畜不蕃息；失我胭脂山，使我嫁妇无颜色”。“无颜色”，即指失去了合成胭脂的红蓝花产地。

## “解手”一词的来历

在我国南北许多省区，人们都将上厕所叫作“解手”。从字面来看，解手与上厕所并无联系，那它怎么又会成为上厕所的同义语呢?

据史书载：元朝末年，冀、鲁、豫、陕等省，因连年天灾兵祸，致人口大量死亡，以至于“春燕归来无憩处，赤地千里少人烟”。而山西大部地区更是地隘人稠，粮不敷食。

明朝初年，朝廷多次下诏将山西百姓移往他乡，并以洪洞县城北广济寺旁的大槐树为集散地。移民们背井离乡，生死离别，不仅嚎啕大哭，其状十分凄惨。押解的官吏怕他们逃跑，就将他们一个个绳捆索绑，鱼贯而行。移民需要大小便时，先得请差役解开绳索，便后即行再绑。

时间一久，移民们嫌喊起来太过繁琐，就只简单地呼叫“我要解手！”于是，“解手”慢慢地就成为大小便的代名词，快速流传各地。

## “屁股”一词的来历

人们现将臀部俗称“屁股”，可能是望文生义与出“虚恭”的“屁”相联系的结果。严格说来，“屁股”是俗语的转音而成，它的原词应为“髀（bì）股”。

据辞书解释，“髀”为股的外侧，俗称胯骨；“肉部曰股”，二者结合起来，正是连骨带肉的“髀股”。古时无屁股一词。《三国志·蜀志》中记载：刘备在荆州刘表处上厕所，见臀部生肉，慨然流涕曰，“吾常年身不离鞍，髀肉皆消。今不复骑，髀里肉生”。白居易也有诗云：“战袍破犹在，髀肉生欲圆”。这都是在描写屁股。屁股乃俗语，它从清末民初开始流行于街市，并延续至今。

## “五花八门”的来历

“五花八门”原指五花阵与八门阵，是古代兵法中两种变化多端的阵势。后来人们又将它比作各行各业的暗语。

“五花”就是：金银花——卖茶的女人；木棉花——上门治病的郎中；水仙

花——酒楼歌女；火花——杂耍演员；土牛花——走南闯北的挑衔夫。五花简称为：金、木、水、火、土。

“八门”乃为：一门巾——算命占卦的；二门皮——销售草药的；三门彩——变戏法的；四门掛——江湖卖艺的；五门平——说书评弹的：六门团——沿街卖唱的；七门调——糊棚扎纸的；八门聊——高台唱戏的。“八门”简称为：巾、皮、彩、掛、平、团、调、聊。

## “名堂”一词的来历

“名堂”一词，是由“明堂”直接演变而来的。上古时期，明堂是帝王会见诸侯、接见长者的地方。由于地方宽敞，所以大凡祭天敬祖、集会议事、立学讲课等活动，都在此间举行。

相传汉武帝巡狩泰山时，见山上有处古明堂遗址，一时雄心大发，想在旧址上重建新明堂。可是，由于明堂极少见诸于史籍，文武百官皆不知明堂是个啥模样，因而一时束手无策。这时，济南人公玉带借机伪造了一幅《黄帝时明堂图》，图中亭台楼阁，富丽堂皇。众臣见后，有的随声附和，有称内中有诈，故而各执己见，难成定论。

进入唐代，武则天重提此事，要求人们上书献策。这时，有人写了《黄帝明堂经》三卷献给武则天并附图案若干。图中正殿巍峨典雅，殿旁绿荫掩映，曲径通幽，蔚为壮观。这一“杰作”，本来出自他的手笔，可他却谎称是一个仙女转交给他的。武则天信以为真，准备大兴土木，动工建造。大臣刘允沧见如此折腾，劳民伤财，遂写就一篇《明堂赋》讽喻武侯，并提醒她：那人不知搞的什么“明堂经”，明堂经里亦不知弄的什么“鬼明堂”！武则天看后深为赞许，也只好就此作罢。

这事流传开来，人们就将那些稀奇古怪、别出心裁的东西称作“搞什么鬼明堂”。由于“明”与“名”读音相同，久而久之，后人就将其读作“名堂”了。

## “秦”字的来历

公元前 230 年，秦始皇发动了规模空前的统一战争。经过十年的艰苦努力，终于剿灭了韩、赵、魏、楚、燕、齐六国，统一了中国。

统一大业完成后，秦始皇将最高统治者的称号改为“皇帝”，并称自己为“始皇帝”。在此以前，我国秦字的真正写法是“琹”。秦始皇认为：一把椅子上坐了两个王，必然不得安宁，弄不好就要栽跟头。于是，就下令将“琹”字改成“秦”。这个“秦”字，占“春”“秋”各为一半，寓意江山稳固，万古长存。其雄才大略，尽在一字之中。

## 杀人蜂的来历

从20世纪60年代开始，杀人蜂给南美人民带来了无穷的灾难。然而，这绝非“造物主”的恶作剧，而是人类作茧自缚的结果。

1956年，遗传生物学家 Y ·凯尔在非洲考察时，发现当地有一种飞行速度快、酿蜜能力强的蜜蜂，很是难得，便将它带回巴西，同欧洲蜜蜂进行“联姻”。谁知杂交后的蜜蜂虽然保持了原来的一些优点，但性情暴躁，天生好斗。人畜稍有冒犯，它们就群起而攻之。这些蜂的“打击面”较为宽泛，一次便可袭击百余人，结局往往十分悲惨！

据统计，1969年后的几年间，仅巴西就有500余人被蜇死，几十万人被蜇伤。死伤的牲畜更是不计其数。这种情景，直令南美诸国大有“谈蜂色变”之势。于是，“杀人蜂”亦就此而得名。

## 家猫的来历

猫是一种古老的家畜，深受城乡人民之宠爱。说起人类养猫的历史，大约可追溯至6000多年前。家猫的祖宗是野猫。相传神农氏发明种植业后，收储的粮食便引来了成群的老鼠，老鼠又引来了野猫。后来有几只野猫被人们捕获，大家觉得很好玩，经过数代驯养，终于变成了家猫，并伴随人类繁衍到今天。

与猫感情最深的是埃及人。约在3000多年前，大批老鼠像潮水般地涌进这个文明古国，给当地人民的生产、生活带来了极大的灾害。正当人们处于危难之时，猫儿挺身而出，日夜奋战，很快平息了这场“鼠患”。从此，猫就在埃及赢得了很高的荣誉和地位。据有关资料记载：古埃及从奴隶制向封建社会过渡时期，朝廷仍明文规定——打死猫者，处以极刑。

世界各国养猫的历史先后不同。欧洲养猫始于公元1世纪，普及于12世纪；亚洲国家最迟也在1000余年前就开始进行驯养。

## 斗蟋蟀的来历

蟋蟀俗称蛐蛐儿，分布于世界各地，约有2300余种，我国亦有近30种。由于它鸣叫悦耳动听，且雄性相遇会发生殊死搏斗，所以从古到今，养、斗蟋蟀之风经久不衰。

国内养、斗蟋蟀始于唐代天宝年间。据史志记载："每至秋时，宫中嫔妃辈皆以小金笼提储蟋蟀，闭于笼中，置之枕畔，夜听其声。庶民之家皆效之也。"到了宋代，斗蟋蟀之风大盛。南宋宰相贾似道酷爱蟋蟀，遣人在西湖万岭专为所养蟋蟀筑屋，雅称"半闲堂"。他斗蟋蟀成癖，时常累月不朝。元明时期，宫中养、斗之风尤烈，官吏屡次勒索百姓进贡。其时养技亦日臻成熟。宫中的蟋蟀，可通过加温、精喂等手段养至元宵灯节参展，民间也有养到来年春季而观其斗的。

蟋蟀在我国虽然有近30种，但善斗者并不多见。从颜色来看，善斗的蟋蟀"白不如黑，黑不如赤，赤不如黄"；从形态上分，龟背、虾脊、螳螂状的蟋蟀善斗；从头型来看，蝴蝶头、青麻头、红麻头、青丝额者善斗；就羽翅来讲，蟹壳青、金琵琶、长翼梅及花翅等善斗。

在我国南方，有一种体长40多毫米的蟋蟀，硕大无朋，凶猛善战，但数量极少。"油葫芦"及"棺材头"虽然分布十分普遍，然平庸无奇，士气不佳。若作儿童玩物尚可，假如鏖战沙场，就难免有负众望了。

## 飞鸟的来历

鸟系人类的朋友。据有关方面考证，截至上世纪末期，世界上共有各种飞鸟9201种，它们是由早期爬行动物中的一支进化而来的。始祖鸟可称之为鸟类的祖先。

始祖鸟的第一件化石标本发现于1861年，是在联邦德国巴伐利亚州索伦霍芬附近的印板石石灰岩中採到的，命名为"始祖鸟"。16年后，该地又採到第二件标本，当时被命名为“原鸟”。其后的1956年、1970年和1973年，又连续发现三个标本。截至目前，全世界只有这5例标本，而且都发现于距离不远的同一地点、同一位层。该地层属于晚侏罗纪，距今约1.4亿年。

始祖鸟代表着由爬行类过渡到鸟类的中间类型。它一方面像爬行类，如有一根多节尾椎组成的长尾，有牙齿；3个掌骨彼此分离，没有愈合成腕掌骨；前肢趾端有3个爪；无肋骨的钩状突。另一方面，它又具有鸟类的明显特征：全身长羽毛，前肢变为翼，有“V”字形锁骨。

动物学家认为，鸟类是爬行类的主干初龙类中原始的槽齿类进化来的。槽齿类繁盛于3世纪，其后就灭绝了。它是鳄类、翼龙类、恐龙类及鸟类的祖先。至于鸟类究竟来源于槽齿类中的那一个分支，目前尚无定论。不过比较一致的看法，认为始祖鸟是从鸟龙类进化而来的。在这个问题上，美国耶鲁大学的古鸟类学家奥斯特龙则独树一帜。他认为鸟的祖先是地面奔跑的动物，前肢上游离的爪不是用来攀援树干的，而是用来捕猎昆虫、蜥蜴及哺乳动物的。

## 给飞鸟“环志”的来历

何谓环志？简言之，就是用布、线或其他物件在飞鸟腿部所作的编号及标记。近一个世纪以来，全球的鸟类学家在研究候鸟的迁徙规律时，纷纷采用丹麦鸟类学家马尔坦斯1899年所创立的这种科学方法，并取得了重大进展。

其实，运用环志法观察候鸟迁徙，在我国古代早已有之。相传2000多年前，吴国宫女就曾用红线缚在家燕的腿上，以视其翌年能否回归。据《中洲集》载：金宣抚史田琢以蜡为丸包在燕子腿上，数年后居然又得此燕。此外，从《吕氏春秋》的“孟春之月鸿雁来，孟秋之月鸿雁去”以及《礼记》的“仲春之月无鸟至，仲秋之月无鸟归”等文字中亦可得知，古人已注意到了候鸟迁徙这种自然现象。因此，人们很早就有“雁飞旧道，燕归故巢”的科学总结，更有了“似曾相识燕归来”等脍炙人口的名言和佳句。

1982年，我国“鸟类环志中心”成立，翌年就在青海湖鸟岛首次放飞了佩有我国鸟环的1015只渔鸥和斑头雁。从此，蓝天白云里开始有了我们中国的环志鸟在展翅翱翔。

鸟类环志具有十分重要的科学价值。如我国在青海放飞了3只环志斑头雁，它们竟飞越世界屋脊到孟加拉沿海过冬。这使“鸟儿可以飞越喜马拉雅山”的神话变成了现实。一只在澳大利亚环志的红胸滨鹬，居然穿越广阔的澳洲大陆和浩瀚无垠的太平洋，来到 9000 公里之遥的中国传宗接代。另一只在香港环志的白鹭，过了 14 年半之后才又被发现，这足以证明此鸟的寿命至少已有 15 个春秋了。

总之，给鸟类环志，有助于进一步揭开鸟类世界之奥秘，对爱鸟、护鸟，保持生态平衡具有极其重要的作用。

## 石榴的来历

石榴系安石榴科安石榴属，叶深绿而狭长，平滑而富于光泽，属多年生的落叶乔木。它原产于伊朗、阿富汗等中亚国家，2000 多年前通过丝绸之路传入西域（今新疆）。《群芳谱》记载：石榴“本出涂林安石国，汉张骞使西域得其种以归”，故名“安石榴”，简称“石榴”。

石榴引入内陆之后，最先在京城长安上林苑和临潼骊山北麓安家落户，以后逐渐扩展到全国其他地区。因此可以说，长安城是我国石榴的第一故乡。

石榴仲夏开花。花有红、黄、玛瑙等色，色泽艳丽，十分招人喜爱，故而成为西安市（古长安城）的市花。在古代，妇女常以石榴花图案装饰裙子，因而有人就用“拜倒在石榴裙下”来形容男女之间的亲昵之情。

成熟的石榴，内分千房，外隔一膜。红似玛瑙，白若水晶，酸甜可口，味道鲜美。古人曾有诗赞曰：“雾壳作房珠作骨，水晶为粒玉为浆”。中秋时节，月明风清，天高气爽，石榴当为阖家赏月之佳果。此外，石榴还有十分重要的药用价值。据《本草纲目》介绍，石榴可“御饥疗渴，解醒止醉”。它皮性温，味酸涩，能治虚寒久咳、下血绷带以及肠内绦虫等疾病。其花亦可医治吐血、流鼻血和耳道脓水不干等疾病。

现在，石榴已植根于祖国的四面八方。尤其是在国内发源地——骊山北麓的华清池畔和秦始皇陵一带，它根深叶茂，绿茵成片。每到初夏，漫山遍野，花团锦簇，因而素有“骊山石榴火样红”之美誉。

## “金花落”村名的来历

“金花落”是西安市碑林区的一个城中村，这个村名已有上千年的历史。关于这个名称的来历，大约有如下3个版本。

A、相传盛唐时期，“金花落”是个广植秋菊的地方。一旦菊花盛开，大地一片金黄，直令皇帝龙颜大悦，遂命在此修建宫殿，赐名为“金花落”。唐人丘浚的《咏菊》云：“浅红淡白间深黄，簇簇新妆阵阵香。无限枝头好颜色，可怜开不为重阳。”就是对当时这种情景的真实写照。

B、据碑林博物馆史料记载：“金花落”原是唐长安城内的一座宫殿，它始建于唐玄宗开元年间，天宝年间重新扩建。里面有殿、楼、阁、亭二三十座，隶属于唐兴庆宫建筑群的一部分。同时，它也是八方秀女集中培训和居住的专用场所。这些秀女一旦成才中选，即可横空出世成为皇室嫔妃，犹如“金花落地”一般荣耀。故名“金花落”。

C、还有一种传说：当年八国联军侵入北京后，慈禧太后匆忙逃往西安避难。初来乍到，她不知西安人到底淳朴不淳朴，厚道不厚道，就变着法儿想测试一下。一天，她途经东郊一个无名小村时，故意将一枚纯金打造、雕有朵朵金花的金簪从头上拔下扔到路边。家境贫寒的周王氏捡到后，毫不犹豫地将它交给了咸宁县衙役，衙役又层层转交至西安府，西安府再将其“完璧归赵”，送还于慈禧。慈禧被当地人的淳朴之风深为感动，遂给这个村子御赐“金花落”。

## “摸着石头过河”的来历

“摸着石头过河”是句著名的“川骂”，它后边再加上“哄鬼”二字，才是其标准的完整句式。假如你到了这个“天府之国”，必须时时留心避讳此话。否则，一些厉害的川人定会立刻回骂：你才摸着石头过河！你全家都摸着石头过河！你祖宗八代都摸着石头过河！你子子孙孙都摸着石头过河！那个没完没了的阵势，不气死你也会烦死的。

川人为何如此忌讳“摸着石头过河”？听完下面这个荒诞不经的民间鬼怪故事，也许你就内心释然了。

话说古时候，巴蜀一少年书生夜间出游时偶遇一迷路之鬼。为了寻找回家之途，鬼欲和书生结伴而行。于是两者同路，交谈甚欢。走了一会儿，前面出现一条十分宽阔而又波涛汹涌的大河。书生说："河水很深，我们绕道从桥上过吧！"鬼随即言道："那怎么行？此桥太远、太宽，如果走到中间，听到三声鸡叫，阳光会把我的游魂驱散，我岂不彻底完蛋了？"书生说："既然如此，那你只有下河从水里过吧！这河水又深又暗，既听不到鸡叫，也见不到阳光。"那鬼道："好是好，可水里什么也看不见啊！"书生便说："那你就摸着石头过河，绝对稳当！"于是，那鬼迅即下河入水，在底下摸石头。东摸一块，西摸一块，结果摸了1300余年，至今还在那条河底忙活着。

"摸着石头过河"，原意为"哄鬼、糊弄鬼"；川人俚语则是"傻儿、犯贱、畜生不如"的骂人话。